高等职业教育农业部“十二五”规划教材

高等职业教育“十四五”规划教材

农村经济管理实务

马俊哲　主编

中国农业大学出版社
·北京·

内 容 简 介

本教材为高职高专农村经济管理、农林经济管理及涉农专业相关课程的专用教科书。按照“任务基础，项目单元，模块组装，工学交替”的教学模式，将农村经济管理的主要内容分为四个模块，二十个项目，八十项任务，供教学中根据实际需要选用。全书在内容上，系统全面，逻辑严密；在体例上，围绕主题，突出案例；在选材上，来源实践，务求实用；在表述上，简明严谨，通俗易懂。本书按照高职高专人才培养的目标要求，针对不同项目的内涵及实际工作要求，列出了学习目标、能力目标、重点和难点内容、教学方法与手段，以及阅读与思考、实践训练、复习思考与练习等，供师生在实际教学活动中把握。特别是每个项目以“引导性案例”开篇，为学生在开始本项目学习前营造一个学习与实践的实际情境，让学生“身临其境”地学好相关内容，完成学习与实践的任务。

图书在版编目(CIP)数据

农村经济管理实务/马俊哲主编. —北京：中国农业大学出版社，2013.5(2022.7 重印)
ISBN 978-7-5655-0687-1

Ⅰ.①农… Ⅱ.①马… Ⅲ.①农村经济-经济管理-研究-中国 Ⅳ.①F32

中国版本图书馆 CIP 数据核字(2013)第 080631 号

书　名 农村经济管理实务
作　者 马俊哲　主编

策划编辑 康昊婷　**责任编辑** 冯雪梅
封面设计 郑　川　**责任校对** 陈　莹　王晓凤
出版发行 中国农业大学出版社
社　址 北京市海淀区圆明园西路 2 号　**邮政编码** 100193
电　话 发行部 010-62818525,8625　读者服务部 010-62732336
编辑部 010-62732617,2618　出　版　部 010-62733440
网　址 http://www.cau.edu.cn/caup　**E-mail** cbsszs @ cau.edu.cn
经　销 新华书店
印　刷 涿州市星河印刷有限公司
版　次 2013 年 5 月第 1 版　2022 年 7 月第 3 次印刷
规　格 787×1 092　16 开本　23.75 印张　560 千字
定　价 59.00 元

编写人员

主　　编　马俊哲

副 主 编　鄢毅平　夏学文　朱京燕　邓银章

参编人员　（按姓氏笔画排序）

马俊哲　王　弢　车红莉　邓银章

冯乐平　朱京燕　杜一馨　李　颖

李万祥　李伟伟　杨宏祥　张进华

耿红莉　夏学文　温春娟　鄢毅平

前言

党的十一届三中全会以来，我国农村经济迅猛发展，其内涵越来越丰富，外延愈来愈广泛，给农村经济管理充实了许多新的内容。农村不同于城市，其以合作经济为主体，多产业并存；地域广阔，但交通运输条件相对较差；信息不畅，生产活动受自然条件影响较大；劳动力资源丰富，但文化水平不高，科技吸纳能力较弱；等等。从而决定了农村经济管理的复杂性。此外，农村集体经济是农村政治、文化、社会和生态文明存在与发展的基础和前提，促进农民增收，有利于农村的繁荣发展，有利于拉动国民经济的增长，有利于国家的政治和社会稳定。因此，搞好农村经济管理，实现壮大农村集体经济和促进农民增收的双重目标，具有十分重要的现实意义和深远的历史意义。

进入21世纪，特别是党的十七届三中全会以来，我国农村的发展进入了一个崭新的阶段。农村经济组织多元化发展、农村产业结构和农民就业结构不断优化、农村产业园区和新型农村社区建设加快、公共服务逐渐向农村延伸、农村基层民主自治日益深化等新事物和新气象层出不穷，对农村经济管理提出了更新更高的要求。因此，农村的发展也对为农村培养各方面专业人才的专业建设和课程建设提出了新的要求。本教材就是根据这一需要编写的，以为将在农村建功立业的高职高专学生了解和掌握农村经济管理的基本知识和技能提供支持和帮助。此外，本教材对于已经或者即将走上大学生村官岗位的非农专业毕业生，也不失为良师益友，通过自学，可以系统掌握农村经济管理的内涵与外延，为做好工作打好基础。本书也可以作为广大农村干部的培训教材和案头工具书，为其系统思考和有效解决农村经济管理问题提供帮助。

本教材以农村经济管理的内容体系为构架，分成农村经济管理总论、农村经济组织管理、农村生产要素管理和农村产业管理四个模块，共二十个项目，八十项任务。本教材由北京农业职业学院马俊哲教授担任主编，负责总体架构设计，北京农业职业学院鄢毅平教授、湖北黄冈职业技术学院夏学文教授、北京农业职业学院朱京燕副教授、北京现代职业技术学院邓银章副教授担任副主编。具体编写分工为：项目一、十四、十六由马俊哲编写，项目二由马俊哲与邓银章编写，项目三、十七由朱京燕编写，项目四、五由北京农业职业学院杜一馨编写，项目六、七由夏学文编写，项目八由北京农业职业学院车红莉编写，项目九由北京农业职业学院王弢与马俊哲编写，项目十、十五、十八由鄢毅平编写，项目十一由北京农业职业学院温春娟编写，项目十二由北京农业职业学院李伟伟编写，项目十三由北京利源科技发展有限公司李颖编写，项目十九由北京农业职业学院耿红莉编写，项目二十由陕西杨凌职业技术学院杨宏祥、李颖、朱京燕、王弢编写。北京市海淀区四季青镇香山村党总支书记李万祥、北京市房山区周口店镇涞沥水村党支部书记张进华、北京市大兴区庞各庄镇乐平西甜瓜专业合作社理事长冯乐平对该教材的部分内容提出了补充和完善的建议。鄢毅平、马俊哲、朱京燕、夏学文分别对相应的模块进行了统稿，之后鄢毅平又对全书进行了简缩和编纂。在此基础上，马俊哲对全书内容进一步进行了文字加工、协调完善和统纂定稿。

本教材在出版过程中，得到了中国农业大学出版社社长汪春林、顾问陈肖安、高职高专教材策划部主任伍斌、经济管理类教材策划编辑康昊婷、责任编辑冯雪梅，北京农业职业学院王晓华和王福海两位副院长及教务处崔坤处长、张晖副处长与高怀宝科长、胡清晨副科长等的精心指导和热情帮助，在此特向这些领导、专家和同志表示衷心的感谢！

本教材在编写过程中，参阅了许多专家、学者的相关专著、教材、论文及实践素材，特别是书中因篇幅所限没有列出所有文献，在此特向这些作者朋友表示诚挚的谢意！

本教材的编写是一种新的尝试，由于编者水平所限，书中难免存在不完善甚至错谬之处，恳请使用本教材的同仁、学生，以及读者朋友，不吝指正，以使我们不断加深对农村经济管理有关问题的认识和理解，共同把农村经济管理这门学科建设好！

马俊哲

2012年11月12日

目　录

模块一　农村经济管理总论

模块二　农村经济组织管理

模块一　农村经济管理总论

项目一 农村经济管理总括

【学习目标】

- 通过本项目内容的学习，了解农村经济管理所涉及的有关概念，理解农村、农村经济、农村经济管理的概念、内涵和特点。
- 通过本项目内容的课堂学习、课外自学和实训环节，掌握管理的原理和农村经济管理的职能与方法。

【能力目标】

- 通过本项目内容的课堂学习和实训环节，能熟练运用管理原理与本章其他知识思考和认识农村经济管理实际中的一些问题。

【重点与难点】

- 本项目的重点：管理原理；农村经济管理的职能；农村经济管理的方法；农村经济管理基础工作。
- 本项目的难点：管理原理与职能的运用。

【教学方法与手段】

- 案例式、启发式教学；多媒体辅助教学。

【引导性案例】

管理的作用

美国国际商业机器公司的创办人托马斯曾经讲过这样一个故事,深入浅出地说明了管理的作用。

有一个男孩子买了一条长裤,穿上一试,裤子长了一些。他请奶奶帮忙把裤子剪短一点,可奶奶说眼下的家务事太多,让他去找妈妈。而妈妈回答他,今天她已经同别人约好去玩桥牌。男孩子又去找姐姐,但是姐姐有约会,时间就要到了。这个男孩子非常失望,担心明天穿不上这条裤子,他就带着这种心情入睡了。

奶奶忙完家务事,想起了孙子的裤子,就去把裤子剪短了一点;姐姐回来后心疼弟弟,又把裤子剪短了一点;妈妈回来后,觉得让儿子尽快穿上新裤子是自己的责任,于是又拿来裤子剪短了一点。

第二天早晨起来,男孩子想穿上裤子卷起裤脚去学校,可不曾想一穿上裤子,高吊着裤脚,太短了,无法穿了。

这个例子说明,任何集体活动都需要管理。农村经济活动纷繁复杂,更是如此。

(http://wenku.baidu.com/view/3737fb7a168884868762d637.html)

任务一 掌握管理的基本知识

随着我国社会主义市场经济体制的日渐完善,农村经济活动日趋复杂,加强农村经济管理便成为加快农村经济社会发展的重要手段。搞好农村经济管理工作,首先应了解和掌握管理的概念、内涵、特征、性质和原理。

一、管理的概念与内涵

进入21世纪以来,人类社会因步入信息时代,经济的全球化、一体化进程加快,管理的领域越来越宽广、管理的内涵越来越丰富。因此,科学地理解管理的概念与内涵,就显得尤为重要。

(一)管理的概念

许多学者从不同角度对管理的概念进行了不同的解释。综合这些观点、认识和表述,我们可以给出如下的定义:管理是在特定的环境下,对所拥有的资源进行决策、计划、组织、领导和控制,以达到预定目标的过程。

(二)管理的基本要素

从以上管理的定义可以看出,任何一项管理活动都必须由以下五个基本要素构成,即:

1. 管理的主体——管理者

即执行管理职能,并对预定目标的实现负有直接责任的人。

2.管理的客体——管理对象

即管理过程中管理措施的承受者。

3.管理的目的——预定目标

即管理应达到的归宿,表现为效果、效率和效益,其具有阶段性。

4.管理的职责与功能——管理职能

也是管理者所应承担的职责与功能,有决策、计划、组织、领导、控制等。

5.管理的客观条件——管理环境

即管理的基础和出发点,是选择和确定管理措施的前提。

二、管理的基本特征

综观人类社会各种各样的管理活动,管理具有以下几个基本特征:

1.管理是一种社会现象

由于管理是一种与人类社会共生的社会活动,只要有人类社会存在,就会存在管理活动。

2.管理的载体是组织

组织是人们为了实现共同的目标而形成的一个协作系统。有效的协作就需要进行管理。

3.管理具有任务、职能和层次性

管理作为一个过程,管理者所发挥的作用,应该是管理的职能所赋予的;管理的职能主要有决策、计划、组织、领导、控制等;管理者在组织中是有层次区别的,不同的层次,职能有所不同。

4.管理的核心是处理各种人际关系

由于管理是在由一群人构成的组织中进行的,其每个环节都不可能不与人打交道。因此,管理的核心是处理组织中的各种人际关系。

5.管理活动不同角色发挥的作用不同

美国著名管理学家德鲁克把管理者分为三类角色,即第一类是管理一个组织,求得组织的生存和发展;第二类是管理管理者;第三类是管理工人和工作。他认为不同角色在管理活动中发挥的作用不同。

三、管理的基本性质

透过管理活动的现象可以发现,管理具有以下两个基本性质:

1.管理既具有自然属性又具有社会属性

管理的自然属性是指管理要处理人与自然的关系,要合理组织生产力,其与生产力相联系,因此也称管理的生产力属性;管理的社会属性是指管理要处理人与人之间的关系,要受一定的生产关系、政治制度和意识形态的影响和制约,与生产关系相联系,因此也称管理的生产关系属性。事实上,管理所体现的自然属性和社会属性是由社会生产过程具有的二重性决定的,这就是社会生产既是物质资料的再生产,又是生产关系的再生产。

2.管理既具有科学性又具有艺术性

从管理的科学性表现来看,管理经过一个多世纪的实践探索和理论研究,已经逐步形成了一套比较完整的、反映管理过程客观规律的理论知识体系,为指导管理实践提供了根本的原理、原则和方法;从管理的艺术性表现来看,管理中存在的大量内容要用形象思维的形式来考量，再加上管理的核心是"人"，而人是靠思想、感情支配的，因此管理工作必然带有浓厚的艺术色彩。管理工作就像其他各种技艺一样，要利用经过整理的基本知识，并根据实际情况加以创造性地、灵活性地运用，这样才能收到更为理想的效果。

四、管理的基本原理

管理原理是对管理工作的实质内容进行科学分析和总结而形成的具有普遍性和规律性的结论，是对管理的实质及其客观规律的表述。管理要顺应和利用原理，也就是说要顺应和利用规律。只有这样，管理才能取得预期的成效。

1. 系统原理

管理的系统原理认为：任何一种组织都可视为一个完整的开放的系统或某一大系统中的子系统，在认识和处理管理问题时，应遵循系统的观点和方法，以系统论作为管理的指导思想。因此，为了达到最佳管理，必须进行系统分析，并按照系统科学所揭示的规律进行管理。

2. 人本原理

管理的人本原理就是以人为本、以人为中心的管理思想。它要求将组织内的人际关系放在首位，将管理工作的重点放在激发被管理者的积极性和创造性方面。因此，为了实现有效管理，必须在管理过程中依靠人、尊重人、发展人、为了人，充分调动人的主观能动性和创造性。

3. 责任原理

管理是追求效果、效率和效益的过程。管理的责任原理就是要求在管理活动中，为了实现管理的效果、效率和效益，在合理分工的基础上，明确规定有关各部门和每个人必须完成的工作任务和必须承担的责任。

4. 效益原理

效果是指由投入经过转换而产出的有用成果，反映目标的完成程度；效率是指单位时间内所取得的效果的数量，反映实现目标的途径；效益是有效产出与投入之间的一种比较结果，可从社会和经济这两个不同角度去考察，即社会效益和经济效益。管理工作应把追求经济效益和社会效益有机地结合起来。

任务二　了解农村经济的内涵与外延

农村经济是农村经济管理的对象。因此，了解、认识和掌握与农村经济有关的概念十分必要。

一、农村的概念、特点与新农村建设

(一)农村的概念界定

农村是一个区域，是相对于城市的称谓，是同城市相对应的区域，有村落和集镇，是以从事农业生产为主的人口工作和居住的地区。简言之，农村是由农民、农户组成的，以经营农业为

主,有特殊生产和生活方式的社区。

我国农村分为自然村和行政村。自然村是由村民经过长时间聚居而自然形成的村落。受地理条件和生活方式等影响,如在山区,可能几户人家集中居住,几代后便逐渐形成一个小村落,就成了自然村。行政村是指国家为了便于管理,在乡镇以下所划分的辖区,具有对生产和生活进行管理的功能,并实行村民自治。一般来说,一个或几个相邻的自然村构成一个行政村。为管理方便,行政村通常划分出若干个村民小组。实际中,有一个自然村就是一个村民小组,也有一个自然村划分出几个村民小组,还有一个村民小组由好几个自然村组成的情形。

(二)我国农村的特点

我国农村有以下几个方面的显著特点:

1.农民占多数,以务农为主要职业

我国农村居住的人口主要是农民,就是外出务工者,多数也要在农忙时回乡务农。

2.人口密度小,居住分散

我国农村人口居住密度一般都比城市小。平原地区多以分散的村落为单元集中居住,部分处于丘陵和山区的农村大都以户为单元分散居住。

3.人口素质、生产力水平和劳动生产率普遍较低

由于长期以来二元社会的影响,我国大部分农村教育、科技发展明显滞后,农村人口素质偏低,生产力水平不高,农业劳动生产率低下。

4.具有鲜明的地域性和地缘性

由于农村的村落大都是在漫长的历史长河中逐渐形成和演变的,处于其中的人群无不深受祖祖辈辈延续和积淀下来的传统与文化的影响,加上其所处地域特征的耳濡目染,从而使不同地区的农村具有不同的地域性和地缘性。

(三)我国的社会主义新农村建设

2005年,党和国家将建设社会主义新农村作为我国现代化进程中的历史性任务提了出来,并要求按照“生产发展、生活宽裕、乡风文明、村容整洁、管理民主”的要求进行农村建设。

1.生产发展

目的是要打牢物质基础。一要大力推进现代农业建设,加快农业科技进步,转变农业发展方式,提高农业综合生产能力;二要深化农村经济结构调整,按照循环经济的思路和环境友好的要求大力发展农村二、三产业;三要提高农业机械化水平,推进农业标准化建设,健全农业技术推广、农产品质量安全和动植物病虫害防控等体系。

2.生活宽裕

目的是要千方百计增加农民收入。一是要按照统筹城乡经济社会发展的要求,加大扶持力度,广泛开辟增收渠道;二是要充分挖掘农业内部增收潜力,扩大养殖、园艺等劳动密集型产品和绿色食品的生产;三是要积极开拓农民外部增收潜力,引导富余劳动力向非农产业和城镇有序转移,切实增加农民工资性收入;四是加大扶贫开发力度,改善农村基本生产生活条件;五是继续完善各项农村补贴政策。

3.乡风文明

目的是要在农村形成文明健康的精神风貌。一要加大农民培训力度,大力培养有文化、懂

技术、会经营的新型农民；二要加强农村精神文明建设，奠定广大农民健康文明生活的社会基础；三要大力发展农村文化事业，开展健康有益的文化体育活动；四要加强农村公共卫生和基本医疗服务体系建设，不断健全农村养老、医疗、低保等社会保障体系；五要依据国家法律法规，制定乡规民约，破除农村的陈规陋习。

4. 村容整洁

目的是要改善农村人居环境。一要实行“工业反哺农业、城市支持农村”的方针，强化政府对农村的公共服务；二要加强对农村道路、安全饮水、农村能源、改厨改厕等设施的建设，完善电力、广播、通讯、电信、电力及供排水等配套设施，使农村基础设施不断改善；三要开展农村生活垃圾、沟渠水塘、院落畜圈的整治，以及农村危旧房屋更新改造，创造良好的生态环境和优美的生活环境；四要搞好乡村建设规划，因地制宜地建设具有民族特色和地域风情的民居民宅，并使之更加美观实用，节约土地。

5. 管理民主

目的是要加强和完善农村民主法制建设。一要发展和扩大农村基层民主，健全村党组织领导的充满活力的村民自治机制；二要进一步完善“一事一议”制度，搞好村务公开、政务公开和财务公开，逐步建立农民自我管理、自我服务、自我教育和自我监督的机制，教育引导农民依法行使民主权利；三要不断增强集体经济服务功能，积极发展农民专业合作经济组织，提高农业的组织化程度；四要加强农村法制建设，加大法制宣传和教育力度，使依法办事和依法行政的理念深入人心，切实保障农民的合法权益。

生产发展、生活宽裕、乡风文明、村容整洁、管理民主，体现了农村经济建设、政治建设、文化建设、社会建设、生态文明建设和党的建设“六位一体”的发展理念，是我们党领导农村社会主义现代化建设的一项重大举措。在农村建设中，要紧紧围绕建设社会主义新农村这个主题，着眼于促进农村经济社会的持续发展和农民增收致富，为农村的进一步发展打好基础。

二、经济与经济效益

(一)“经济”的含义与类型

经济是社会物质生产、流通、交换等活动的总称，是人类社会的物质基础。与政治是人类社会的上层建筑一样，经济是构建人类社会并维系人类社会运行的必要条件。

由于社会物质生产、流通、交换等活动复杂程度和运行特点的不同，经济有宏观与微观之分。所谓宏观经济，是指整个国民经济或国民经济总体及其经济活动与运行状态，其为了实现高水平和快速增长的产出率、低失业率和稳定的价格水平等主要目标，需要从社会的全局利益出发，运用适当手段，进行宏观调节和控制；而微观经济，是指单个企业、经营单位及其经济活动，其运行通常以价格和市场信号为诱导，通过竞争而自行调整与平衡。

(二)经济效益

1. 经济效益的含义

经济效益是衡量一切经济活动有效性的综合指标，是指经济活动中一定时期内劳动占用与劳动消耗同劳动成果之间的比较。实践中，经济效益通常表现为经济活动中资金占用与成本支出同有用生产成果之间的比较。所谓经济效益好，就是资金占用少、成本支出少，而生产成果多。

2.经济效益的表示形式

经济效益是经济活动中资金占用与成本支出同生产成果之间的比较，由于其具体比较方法的不同，表示形式也就不同。

①总产出比率表示法

$$经济效益=\frac{生产成果}{资金占用与成本支出}\times 100\%$$

如实际中的劳动生产率、土地产出率等。

②差额表示法

$$经济效益=生产成果-资金占用与成本支出$$

如实际中的利润等。

③净产出比率表示法

$$经济效益=\frac{生产成果-资金占用与成本支出}{资金占用与成本支出}\times 100\%$$

如实际中的投资收益率、成本利润率、资产收益率等。

(三)提高经济效益的途径

从经济效益的概念出发，我们可以从以下几个方面考虑提高农村经济活动的经济效益：

1.降低资金占用与成本支出，增加生产成果

这是提高经济活动经济效益的最佳途径，如一些企业开展的技术革新、技术改造、增产节本活动等。

2.保持生产成果不变，降低资金占用与成本支出

如一些企业开展的降低损耗节约成本活动等。

3.保持资金占用与成本支出不变，增加生产成果

如一些企业采取的控制成本提高产量措施等。

4.适当增加资金占用与成本支出，大幅度增加生产成果

如一些企业采取的扩大生产规模、加强营销等措施。

5.适当减少生产成果，大幅度降低资金占用与成本支出

如一些企业采取的适当降低产能、以减少库存积压等措施。

三、农村经济

(一)农村经济的概念

农村经济是农村地区社会物质生产、流通、交换等活动的总称，具体包括人、财、物、信息等生产要素，农、林、牧、渔、工、商、运、建、服等所有经济部门或行业，以及农村社区合作经济组织、农民专业合作经济组织、农村股份合作经济组织、农村企业、农户等经营组织。

(二)我国农村经济的特点

我国农村经济具有以下几个方面的鲜明特点：

1.主要实行家庭承包经营制度

改革开放后，我国农村推行了家庭承包责任制。农村集体经济组织通过与农户签订书面

的土地承包经营合同，将土地的经营权下放给农户，而其保留对土地的所有权。在农村土地承包经营制度之下，农民获得了对所承包土地的经营自主权和对自身劳动力的自由支配权，农民与集体经济组织的关系主要成为一种契约关系。

2. 各地的农村经济发展不平衡

我国幅员辽阔，农村经济社会发展十分不平衡，东、中、西部地区农村经济发展的差距在改革开放后不断拉大，区域之间的不平衡性不断加剧，已成为影响我国国民经济长远协调发展的一个重要问题。

3. 农业劳动力数量多，素质相对较低

改革开放以来，特别是进入21世纪以来，我国农村富余劳动力向非农产业和城市迅速转移，对国民经济发展和农村繁荣起到了巨大的推动作用。但由于二元社会的长期制约，我国农村劳动力滞留农业的比重依然巨大，加上长期以来我国对农村人力资源开发不足，农业劳动力接受现代生产技术和知识的能力较差。

4. 农村生态环境保护任务繁重

长期以来，因忽视对农村生态环境的保护与改善，过量施用化肥、农药，不重视水土保持、生态修复和对农村工业污染的治理，致使不少农村生态环境急剧恶化，严重影响着农村建设与发展的进程。

5. 农村资本、资源稀缺，科技不发达

当前，我国农村资本形成能力弱，但外流又十分严重，造成农村资本十分稀缺，经济发展受到严重影响。此外，随着农村劳动力的转移就业，农村优质人力资源的单向外流不断加速，造成农村务农人才和优质劳动力资源日益枯竭，“谁来种地”的问题日渐突出，重视科技和应用科技也在农村渐成“空中楼阁”。

【典型阅读】

养牛人和农夫的故事

养牛人和农夫都很喜欢吃牛肉和土豆。假设他们每周工作40小时，那么就会有两种情况：

(1)养牛人和农夫都既生产牛肉又生产土豆。养牛人生产1千克牛肉的时间是120分钟，生产1千克土豆的时间是80分钟；而农夫生产1千克牛肉的时间是240分钟，生产1千克土豆的时间是40分钟。如果2人在生产两种产品中均分劳动时间，则80小时后，养牛人所得牛肉为20千克，土豆30千克；农夫所得牛肉为10千克，土豆60千克。

(2)养牛人和农夫都各自在擅长的领域进行生产，养牛人生产牛肉，农夫生产土豆。于是他们各自的生产效率都提高了，养牛人生产1千克牛肉只需要60分钟，农夫生产1千克土豆也只需20分钟。80小时后，养牛人得到了80千克牛肉，农夫得到了240千克土豆。

也许有人会认为第一种情况更好，每个人都既能得到牛肉还有土豆可吃。其实不然，不要忘了社会生产的物质还可以进行交换。实际上，社会物质的生产、流通、交换等活动就是经济活动。

实际中，如果1千克牛肉可换得4千克土豆，养牛人拿出7.5千克牛肉就可换得30千克土豆，而自己还剩了72.5千克牛肉；此时，农夫也只要拿出40千克土豆就可换得10千克牛肉，而自己还剩了200千克土豆。从此，养牛人和农夫两人都可以专门从事自己最擅长的生产，再也不用忙了这头还要顾那头！

这就是专业化生产带来的好处。它使生产者专心致志地生产一种产品，不仅生产效率和产品质量提高了，而且还降低了生产成本。

(《生活中的经济学》，北京：中信出版社，2009)

(三)新时期我国农村经济发展的主要任务

新时期我国农村经济发展的任务，主要有以下几个方面：

1.挖掘农业内部增收潜力

在稳步提高农业物质技术装备水平和农业综合生产能力的前提下，适应人民生活水平提高和市场需求变化，积极优化种养结构，发展优质高效农业和特色农业，提高农业的经济效益。完善农业龙头企业、农民专业合作经济组织与农民的利益联结机制，使农民合理分享农产品加工和流通增值所带来的收益。拓展农业功能，利用农村田园风光、山水景观、乡风民俗等资源，发展“农家乐”、休闲农业、旅游农业和手工制品经营等。结合农业结构调整，发挥比较优势，发展“一村一品”，培育一批特色鲜明、类型多样的专业村。

2.大力发展农产品加工业

加快发展农产品产地初加工，改善产地初加工设施设备，降低产后损失，提升入市品级。以资源为基础，以市场为导向，提升农产品精深加工水平，发展粮油、糖料、果蔬、肉类、水产品、乳制品和农业特色资源加工业，生产优质、安全、卫生、方便、营养、附加值高的农产品加工制品。优化农产品加工业布局，引导农产品加工企业向农产品优势产区集聚、向园区集中。重视农产品加工企业技术改造，改善装备条件，改进工艺技术，提升产品质量，培育市场占有率高的名牌产品。

3.提升农村企业发展水平

引导农村企业加快转型升级，加大科技创新力度，优化农村产业结构，完善经营管理机制，提高从业人员素质，提升企业核心竞争力。推进农村企业节能减排，开展清洁生产，发展循环经济。鼓励有条件的农村企业通过跨地区、跨行业的联合、兼并、重组、收购、控股等方式，组建大型企业集团。科学规划，促进农村企业向县城、小城镇及园区集中，提高聚集效应。落实和完善财政、税收等优惠政策，加强对农村企业担保、贷款、上市融资等方面的金融支持，为农村企业发展创造良好环境。

4.加快发展农村第三产业

适应农村经济发展需要，大力发展农村金融、信息、科技等生产性服务业。支持商贸企业及供销社、农民专业合作经济组织等发展农资连锁经营，推行农资信用销售。深入实施“万村千乡市场工程”，引导城市大型商贸流通企业等向农村延伸服务，推进农村电子商务体系建设，发展高效的农村物流配送体系，提高农村物流效率。面向农村居民生活需要，积极发展通讯、文化、餐饮、旅游、娱乐等生活性服务业，丰富服务产品类型，扩大服务供给，提高服务质量，满足和方便农民多样化的生活需求。适应农村人口老龄化和居住方式变化，积极发展农村养老服务和社区服务业。

5.积极发展小城镇

以县城和中心镇为重点,培育发展一批规模较大、辐射带动能力强的小城镇。强化土地利用总体规划的整体管控作用,合理确定小城镇开发边界,强化规划约束力,走集约式城镇化道路,努力实现城镇面积扩张与人口产业集聚的合理匹配。加强小城镇基础设施建设,提高小城镇综合经济实力,增强小城镇公共服务和居住功能,吸纳农村富余劳动力就近就地转移就业、返乡创业和落户定居。

6.拓宽农民就业渠道

加大对农民转移就业培训的支持力度,为农民工提供职业技能培训和技能鉴定补贴,根据市场需求开展订单培训、定向培训,切实提高农民转移就业能力。结合农村基础设施项目建设,扩大农民就地转移就业规模。农村二、三产业和小城镇建设要更加重视发展劳动密集型产业,带动农民就近转移就业。加强农民外出就业信息引导,组织开展劳务输出对接,促进农民外出转移就业持续增长。落实好农民工创业扶持政策,为有创业需求的农民工免费提供创业咨询指导、创业培训、创业项目推介等服务,提供创业小额担保贷款贴息,引导农民工返乡创业,以创业带动就业。

7.加强农民工劳动权益保护

建立统一规范灵活的人力资源市场,促进城乡劳动者平等就业。全面推行劳动合同制度,着力提高农民工合同签订率,规范劳务派遣用工和企业裁员行为。建立健全农民工工资决定和正常增长机制,健全工资支付保障机制,完善最低工资和工资指导线制度,逐步提高最低工资标准,努力实现农民工和城镇就业人员同工同酬。改善农民工劳动条件,保障安全生产,加强职业病防治和农民工健康服务。健全协调劳动关系的三方机制,发挥政府、工会和企业作用。加大劳动保障监察立法和执法力度,加强劳动人事争议调解仲裁服务体系建设,为农民工免费提供劳动关系协调、劳动人事争议调解仲裁和劳动保障监察执法维权等服务。

【实践训练】

农村经济发展状况调研

1.实训要求:找一个你熟悉的行政村,了解该村的经济发展情况。

2.实训目的:通过此次调研实训,加深学生对农村经济发展的体会与理解,并提高学生开展农村调研的能力。

3.实训组织:全班同学按每3～5人进行分组,每组都要制订切实可行的调研计划。

4.实训实施:由学生自主联系或任课教师统一联系一个行政村,在任课教师的指导下,具体进行调研。

5.实训考核:每组集思广益撰写一篇1 000字左右的调研报告,内容包括该村的基本情况(人口、村域面积、耕地面积、劳动力、外出打工人数、主要产业、三次产业的产值、村集体资产总值、农民人均纯收入等)、经济发展的阶段划分及变化情况(用三次产业产值构成比例的变化反映)、资产数量,发展中遇到的难点和问题,有益建议等。教师对调研计划和调研报告进行考核评定并给出成绩。

任务三 了解农村经济管理的概念、特点与原则

为了深刻认识农村经济管理的概念、特点与原则，有必要首先弄清楚“什么是经济管理?”这一问题。

一、经济管理概述

经济管理是指对社会经济活动进行合理决策、计划、组织、领导和控制，以达到预定目标的过程。与经济分为宏观经济和微观经济相对应，其也分为两个方面：一是宏观经济管理，即国家对国民经济体系和社会经济活动的指导、调节、监督与控制；二是微观经济管理，即各类企业、合作经济组织、个体劳动者的经营管理。经济管理是综合应用性学科，它融合多种社会科学和自然科学的知识，注重经验总结和可行性研究。宏观经济管理从纵向可以划分为工业、农业、交通运输、商业等部门经济管理；从横向又可以划分为国家、省、市、县、乡、村的经济管理。

经济管理也同样既具有自然属性又具有社会属性，以及既具有科学性又具有艺术性等性质。

二、农村经济管理的概念与内涵

农村经济管理就是对农村经济活动进行合理决策、计划、组织、领导和控制，以达到预定目标的过程。根据农村经济管理的具体实践和所涉及的范畴，其也可以更为具体地表述为：农村经济管理是根据市场需求和国家对经济手段的运用情况等外部环境和本地区的内在条件，确定农村经济发展目标，并对农村生产和再生产过程中的生产、分配、交换、消费等环节和人、财、物、信息等生产要素进行决策、计划、组织、领导、控制，以达到预定目标的一种自觉的、有组织的活动。由此可以看出，农村经济管理具有以下几个方面的内涵：

1. 以市场需求和国家的经济政策为导向

农村经济管理要自觉按照市场规律办事，以市场需求为导向发展农村经济。此外，国家为了保证国民经济持续健康发展，通过制定经济政策来对农村经济的发展进行引导和干预。因此，农村经济管理要善于以国家的经济政策为指导，以获得国家和地方政府的扶持和帮助，加快农村经济发展步伐。

2. 以农村生产要素、各种产业及不同类型的经济组织等多种形态为管理对象

事实上，农村的人、财、物、信息等经济资源，农户、合作经济组织、企业等经济组织，农、林、牧、渔与工、商、建、运、服等部门或行业是农村经济系统的构成要素或者子系统、分系统，虽然形态多种多样，但都是农村经济管理的对象和客体。因此，在管理中要科学分析其“排列”、“组合”的规律与效应，以求获得最佳效果。

3. 以壮大农村集体经济和促进农民增收致富为目标

从本质上说，农村经济主要表现为农村集体经济和农民个体经济两个部分。因此，农村经济管理的目标：一是发展和壮大农村集体经济，二是促进农民增收致富，发展和壮大农民个体经济。

4. 以决策、计划、组织、领导、控制为手段

决策、计划、组织、领导、控制是管理的职责与功能，自然也是农村经济管理的重要手段。

【典型案例】

农妇饲养野猪致富，年纯收入80余万元

2000年春天，山东枣庄农民孙中林得知野猪肉供不应求，便在网上了解有关情况，当得知武汉有家野猪饲养户时，便萌发了学习饲养野猪的念头。当她几经周折找到武汉那家野猪饲养户时，人家非得要她买500元钱的"门票"才允许进去参观。她狠了狠心掏钱买了"门票"。到里边一看，总共有五六头野猪。陪同她去的丈夫问她后悔吗？她说："这有什么后悔的，他们能养五六头野猪，说明这野猪能够人工饲养，我们就能饲养10头、20头、100头。"此后，孙中林又南下广州，西到四川，北去吉林长白山等地学习饲养野猪的经验，还先后到大专院校和科研院所，虚心向专家、教授请教有关饲养野猪的知识。通过精心准备，科学饲养，孙中林饲养的成年野猪存栏量在2007年就达到260头，年繁殖野猪崽3 800头，年收入超过80万元。

高兴之余，孙中林告诉来访者，饲养野猪要有专门的经营手续，其中《国家重点保护野生动物驯化繁殖许可证》和《陆地野生动物或其产品经营许可证》是必不可少的两样证件，必须到有关部门去办理，否则会受到处罚。

(http://www.foodsl.com/content/714249/)

三、我国农村经济管理的特点

(一)区域性特点

从外部看，由于一个具体的农村都处于一个特定的区域，而这个区域所在的地区不同，其人文特点也就有可能不同，从而对其进行管理的方式方法也就不可能相同；从内部看，农村经济管理通常表现为对一个区域(农村社区)的经济的管理，而各个区域的范围、构成要素等也就不可能相同，尤其是其主要产业——农业因自然属性的不同会表现出自己独有的特点，从而导致其管理具有不可复制性。实际上，这就是农村经济管理的区域性表现。

(二)阶段性特点

农村经济管理同样既具有自然属性又具有社会属性。就其自然属性而言，由于农村生产力是不断发展进步的，因而对其的管理就不可能一成不变，要按照所处的不同发展阶段的特点进行管理；而就其社会属性来说，人类社会也是不断发展前进的，人的认识水平在不断提高，因此，对其进行管理的措施和要求就不能始终如一，要与时俱进，要适应发展了的新形势的新要求。这就是农村经济管理的阶段性特征。

(三)综合性特点

农村经济属于区域经济的范畴，而区域经济就不是一个单一的行业经济。从生产要素

上来看，既有农业生产要素，又有工商业生产要素；从经济组织的类型上看，既有社区合作经济组织，又有专业合作经济组织，还有股份合作经济组织；从产业构成上看，既有农、林、牧、渔等第一产业，又有农村制造业等第二产业，还有由农村服务业等构成的第三产业。因此，农村经济管理就是对极其复杂的农村经济进行综合管理。这就是农村经济管理的综合性特点。

四、农村经济管理的原则

（一）整体效益原则

一方面，农村经济管理往往追求的是经济效益、社会效益和生态效益相统一的整体效益。坚持农村经济管理的整体效益原则，就是要从农村经济和社会的整体出发，寻求三大效益在不同情况下的最佳组合，以推动农村经济社会的健康发展。另一方面，农村经济管理的对象是一个庞大的复杂系统，在管理工作中，不能只追求局部的效益最大化，要考虑系统的整体利益。只有这样，农村经济管理才能最终实现预定的目标。因此，农村经济管理必须牢固树立全局意识，坚持整体效益原则，千万不可以小失大。

（二）民主管理原则

一方面，目前我国的农村经济以集体经济等公有制经济为主，客观要求农村经济管理必须按照“民主、公平、公开”的要求坚持民主管理的原则；另一方面，由于我国农村经济活动常常处于村民自治的大环境之中，与此相适应，农村经济管理一定要按照民主管理的原则行事，接受民主监督。此外，民主管理是科学管理的重要基础。因此，坚持农村经济管理的民主管理原则，就是要按照农村民主管理的要求，对被列入村务公开、财务公开、“一事一议”，以及村级事务民主决策等范畴之内的农村经济活动，严格按照有关要求办理，接受村民的监督。

（三）实事求是原则

毛泽东同志在揭示“实事求是”一词的内涵时曾指出：“‘实事’就是客观存在着的一切事物，‘是’就是客观事物的内部联系，即规律性，‘求’就是我们去研究。”因此，坚持农村经济管理的实事求是原则，就是要一切从实际出发，按照农村经济的客观实际情况和发展规律办事，防止超越现实和违背客观规律的主观臆断。

（四）利益协调原则

农村经济管理就是要在农村的人、财、物、信息等生产要素占用和生产、分配、交换、消费等环节中正确处理国家、集体和个人三者的利益关系，使三者的利益都得到合理的兼顾，以调动利益各方的积极性，提高农村经济管理的效率和效果。

（五）责任、权力和利益相统一原则

责任、权力和利益三者相互依存、相互制约、密切联系、缺一不可。责任、权力和利益三者之间，责任是前提，是第一位的；权力是实现责任、获得利益的保证；利益则是尽责尽能的动力。因此，坚持农村经济管理的责任、权力和利益相统一原则，就是要在农村经济管理中正确划分经济活动中的各个方面的责任和权力，明确相应的利益，并使之相统一、相协调、相一致，以激发动力，获得预期效果。

【典型阅读】

壮大集体经济和促进农民增收是根本

大桥村位于山东省枣庄市峄城南郊，是远近闻名的蔬菜种植专业村。村干部瞅准蔬菜交易大市场，打造服务经济，借市兴村。到 2011 年，大桥综合果蔬批发市场拥有硬化水泥场地（包括停车场）1.8 万米^2，高标准商贸服务楼 26 座，可容纳 100 多个批发摊位，1 000 多位固定客商，辐射 100 多个大中城市，年销售各类瓜果蔬菜 1 亿多千克。大桥村通过收取摊位、管理、服务费以及以果蔬成交额为基准的提成费，年集体收入达 100 余万元，集体经济迅速发展壮大；同时，由于市场的建设和市场环境的改善，村民种植的蔬菜也卖上了好价钱，从而也促进了农民的增收致富。

(http://www.ycq.gov.cn/zgjw/shownews.asp? id=17373)

任务四　掌握农村经济管理的任务、职能与方法

为正确对农村经济活动进行管理，并实现预定目标，就必须了解农村经济管理的根本任务，把握其所具有的职能，掌握其有效的方法。

一、农村经济管理的根本任务

农村经济管理担负的根本任务主要有以下两个方面：

(一)发展农村生产力

我国还处在社会主义初级阶段，经济不发达，农村尤其不发达，需要集中力量发展生产力。当前不少农村，农业生产仍以手工劳动为主，多数地方还是靠天吃饭；市场化程度较低，农民收入不高，生活水平总体上还较低；城乡差别较大，农村内部经济发展也不平衡，这种状况需尽快改变。

(二)完善和创新农村生产关系

马克思主义认为，生产力决定生产关系。随着生产力的发展变化，生产关系必然会相应地发生变化。同时，生产关系并不是消极地适应生产力的发展要求，它对生产力发展起着巨大的反作用。当生产关系适应生产力发展的时候，它就能促进生产力的发展；当生产关系不适应生产力发展的时候，它就会阻碍生产力的发展。因此，在实践中，要明确农村经济管理所承担的不断完善和创新农村生产关系的任务，充分调动管理者和生产者的积极性，使农村生产关系适应生产力发展的新要求，从而进一步提高农村经济管理的效率与效果。

二、农村经济管理的职能

农村经济管理的职能是农村经济管理的任务所要求的，是由农村经济管理的性质决定的。我国农村经济管理的职能可以概括为以下五个方面：

(一)决策

决策,简言之,就是作出选择或决定。农村经济管理的决策职能,就是对农村经济活动中的一些重大问题,如发展方向、经营项目,以及实现管理目标所应采取的重大措施等,作出选择和决定的工作。目前,由于我国的社会主义市场经济体制逐渐完善,科学技术日新月异,农村经济信息瞬息万变,决策在农村经济管理中的地位越来越重要。决策是农村经济管理的首要职能,是农村经济管理的重要前提和基础。

(二)计划

"凡事预则立,不预则废。"在农村经济管理的过程中,要重视计划职能的履行,不仅要求农村社区合作经济组织、农民专业合作经济组织、农村股份合作经济组织、农村企业、农户制订发展计划和管理工作计划,而且要按照需要对不同的产业与项目制订发展计划和管理工作计划。农村经济管理中的计划,通常包括年度计划、半年计划、季度计划、月计划,以及按照项目实施要求确定的项目实施计划等。目前,一些村也开始重视长期计划的编制,一般有三年规划、五年规划等。

实际上,计划的制订是管理目标细分和落实的过程。因此,编制计划必须遵循一定的程序和步骤,以保证计划的科学性和合理性。这些程序和步骤包括:第一步,分解目标;第二步,对现状作深入的调查和对未来作出科学的预测;第三步,权衡各种计划,选择实施路径;第四步,确定实现目标的最佳方法。计划也是全部管理职能中最基本的职能之一,是履行其他管理职能的基础和前提。

(三)组织

组织是指按照计划对系统的要素及其活动进行的分派和组合的过程。因此,农村经济管理的组织职能是指为了实现农村经济活动的目标,而按照计划确定、协调系统内各要素及其相互关系的工作,也就是设计一种组织结构,并使之协调运转的工作。农村经济管理组织职能的履行,对于合理配置资源、发挥集体力量、提高劳动生产率具有重要作用。

实际中,组织职能的履行,需要注意以下两个方面的问题:一是按照目标要求设置机构、明确岗位、配置资源、确定权限、赋予职责,并建立一个协调统一的组织系统;二是按照实现目标的计划,合理地调配人力、物力和财力,并保证它们在数量和质量上相互匹配,以取得最佳的组合效果。事实上,组织职能是管理工作在组织结构和运行秩序上的重要保证。因此,组织职能也是全部管理职能中最基本的职能之一,是履行其他管理职能的重要保障。

(四)领导

领导是对组织内每名成员及其行为进行影响和引导的过程,其目的在于使组织内的个体和群体能够自觉自愿而充满信心地为实现预定目标而工作。

在农村经济管理中,作为一个履行领导职能的管理者,其主要的职责就是激发下属人员发挥潜能,让每一个下属工作人员的工作潜力得到最大发挥。因此,在实际管理工作中,要履行好领导职能,就不仅要讲究科学——领导科学,而且更要讲究艺术——领导艺术。领导科学是研究领导活动内在矛盾运动及其规律性的科学,而领导艺术是指在领导的方式方法上表现出的创造性和有效性。讲究领导科学,就是要尊重领导过程中的客观规律;讲究领导艺术,就是要根据领导对象的特点创造性地实施领导,追求领导的有效性。在实践中,只有将二者巧妙地结合起来,才能获得事半功倍的效果。

(五)控制

控制是按照预定目标、标准和计划对系统的活动进行监督、检查,发现偏差及时采取纠正措施,使系统按照预定目标、标准和计划的要求进行,或适当调整计划以达到预期目标的过程。因此,农村经济管理中的控制职能是指对农村经济活动的要素和环节通过检查、监督、制约或者激励,使之高效实现预定目标的工作。

控制职能是与计划职能紧密相关的职能。实践中,它包括制定各种控制标准,检查工作是否按计划进行、是否符合既定的标准,若工作发生偏差应及时发出信号、并分析偏差产生的原因、及时纠正偏差或者修订计划等主要步骤。事实上,控制工作是一个延续不断的、反复进行的过程,其目的在于保证系统活动及其结果同预定目标相一致。

总之,以上管理职能形成了一个循环往复的过程,这也就是管理的基本过程,其中各项职能之间是相互联系、相互影响的,构成了一个统一的有机整体。

【实践训练】

农村经济管理职能运用访谈

1.实训要求:找一个你熟悉的农村经济管理者,了解其在管理工作中对管理职能的运用情况。

2.实训目的:通过此次实训,加深学生对管理职能的认识与理解,并提高学生在将来实际管理工作中运用的自觉性。

3.实训组织:全班同学按每3～5人进行分组,每组对访谈对象确定一个侧重点,并制订切实可行的访谈计划。

4.实训实施:由学生自主联系或任课教师统一联系一名农村经济管理者,在任课教师的指导下,具体进行访谈。

5.实训考核:每组集思广益撰写一篇1 500～2 000字的实训报告,内容包括访谈对象的基本情况(年龄、职务、分管工作等)、管理职能在管理工作中的运用情况、遇到的难点和问题,有益建议等。教师对访谈计划和实训报告进行考核评定并给出成绩。

三、农村经济管理的方法

农村经济管理的方法是指用来实现农村经济管理目标而进行的手段、方式、途径和程序的总和。其主要有以下四种:

(一)行政方法

农村经济管理的行政方法是指在一定的农村经济组织内部,以组织的行政权力为依据,运用行政手段,如决议、决定、指示、计划、标准、定额、制度、纪律等,按照行政隶属关系来执行管理职能,实施管理的一种方法。管理的行政方法具有以下三个鲜明的特点:

1.强制性

它以组织的行政权力为基础,以下级服从上级为原则实施管理。因此,行政方法的时效性很强,见效较快。

2. 辖区性

它只能在行政权力所能管辖的范围内起作用。

3. 无偿性

行政方法是以组织的权力为基础，以服从为天职的。上级对下级发出命令，下级在执行中不能以任何利益或者其他方面的要求为代价，要无条件地执行。

在管理中需要注意：一是管理者应该具有正确使用行政权力的意识和能力；二是管理中采取行政方法也要注意按照客观规律办事，切忌长官意志。

(二)经济方法

农村经济管理的经济方法，是指按照客观经济规律，依靠经济组织，通过经济手段(价格、税费、利润、信贷、汇率、补贴、工资、奖金、罚款等)及经济措施(经济合同、经济责任制度、经济核算等)，利用利益驱动机制来实施管理的一种方法。其具有以下四个鲜明的特点：

1. 利益性

管理的经济方法是通过利益机制引导被管理者去追求某种利益，从而间接影响被管理者行为的一种管理方法，利益是其核心内容。因此，其具有利益性。

2. 关联性

管理中，不但各种经济手段之间的关系错综复杂，而且每一种经济手段的变化都会对社会多方面的经济关系产生连锁反应。因此，其具有关联性。

3. 灵活性

一方面，管理的经济方法针对不同的管理对象，如对企业、职工个人，可以采用不同的手段；另一方面，就是对同一管理对象，在不同情况下，也应采用不同的方式来进行管理，以适应形势发展的要求。这就是其灵活性的表现。

4. 平等性

管理的经济方法承认被管理的组织或个人在获取自己的经济利益上是平等的，而且各种经济手段的使用对于相同情况的被管理者的作用是相同的，不允许有特殊性。这就是其平等性的表现。

管理的经济方法可以有效地调节各种经济活动和各方面的经济利益关系，有利于把管理对象的物质利益与其劳动成果挂钩，激励和调动员工的工作积极性和创造性。但在实践中，要注意不要单纯依靠经济方法来进行管理，要与其他方法有机地结合起来，以免产生“一切向钱看”的不良倾向。

(三)思想教育方法

从管理理论和实践来看，人的行为受思想支配，思想是行为的先导。一个人有了健康向上的思想认识和科学的思想方法，就能产生正确的行为。因此，农村经济管理是离不开经常、细致和强有力的思想教育工作的。

在管理工作中，运用思想教育方法，不能只靠简单的说教，也不能靠思想上的压制，要按照人的思想行为形成变化和实施思想教育的客观规律来做工作。因此，要运用管理的思想教育方法，一要善于研究普遍联系、错综复杂的社会因素与教育对象的价值观、人生观和世界观形成发展的关系，以及教育对象在受环境影响时的能动作用等；二要善于研究人的思想行为活动的规律；三要善于研究实施思想教育的规律与方法。只有这样，思想教育才能对症下药，真正调动被管理者的积极性、主动性和创造性，实现管理的目标。

任务五 了解农村经济管理的基础工作

农村经济管理基础工作是指为实现农村经济管理目标和履行管理职能而提供资料依据、共同准则、基本手段和前提条件的必不可少的前提性工作。

一、农村经济管理基础工作的特征

农村经济管理基础工作一般具有以下几个方面的特征：

(一)科学性

由于农村经济管理基础工作是为日常管理工作提供资料依据、共同准则、基本手段和前提条件的，因此，这就要求必须按照客观规律科学地做好农村经济管理基础工作。

(二)群众性

由于农村经济管理基础工作分布在农村经济活动的各个环节，并贯穿于整个农村经济活动的全过程，因此，必须依靠农村经济活动的参与者共同做好有关工作，使其准确反映农村经济活动的实际情况。

(三)动态性

由于农村经济活动及其内外部环境条件都是处于不断发展变化之中，因此，要根据客观环境的变化，以及农村经济不断发展壮大的要求，及时对农村经济管理基础工作作出调整。

(四)先行性

由于农村经济管理基础工作要先于各项一般的管理工作，因此，要做好农村经济管理工作，就必须要有超前意识，以使农村经济管理基础工作真正为农村经济的日常管理工作打好基础。

二、农村经济管理基础工作的作用

农村经济管理基础工作对于搞好农村经济管理具有十分重要的作用。其主要表现在以下几个方面：

(一)它是履行农村经济管理职能的必要前提

农村经济管理基础工作提供的资料、准则、手段，是为农村经济管理的决策、计划、组织、领导与控制职能的实施和履行奠定基础的。如果没有基础工作，没有所需要的资料、准则、手段，那么管理的决策、计划、组织、领导与控制等职能就无法实施和履行。

(二)它是建立农村生产经营正常秩序的重要依据

农村经济管理基础工作能够解决“做什么”、“怎么做”、“何时做”和“做多少”等问题，能够确保农村生产经营活动按照预定目标正常进行，因此农村经济管理基础工作是建立农村生产经营正常秩序的重要依据。

(三)它是由传统管理向科学管理、现代管理跨越的必要条件

传统管理主要是依靠管理者的个人经验进行管理,而科学管理、现代管理则要依靠基础工作所提供的资料、准则、手段等来进行管理,因此农村经济管理基础工作是实施科学管理、现代管理的必要条件。

(四)它是合理分配劳动成果的有效依据

农村经济管理基础工作能够提供绩效分析与考核的基础数据,并为劳动成果分配提供参数、指标、标准等,因此农村经济管理基础工作是合理分配劳动成果的有效依据。

三、农村经济管理的主要基础工作

(一)原始记录与统计工作

原始记录是生产经营活动中的具体记载,反映生产经营活动的原始状态;统计是对原始记录的分类、汇总,从数量上反映事物的本质和动态。原始记录和统计数据既是进行决策、编制规划与计划及实施控制的主要参考资料,又是核算生产经营成果的重要依据。

(二)规章制度建设

规章制度是以文字的形式对农村经济活动的各项管理工作和作业操作要求所作出的规定,是农村经济活动参与者行动的规范和准则。农村经济管理的规章制度,一般分为基本制度,如农村经济组织的章程等;工作制度,如生产管理制度、产品销售制度、财务管理制度等;责任制度,如各种岗位责任制等。

(三)定额管理工作

定额是指在一定的生产经营条件下,关于人、财、物的消耗、占用及利用的数量规定,如劳动定额、物资消耗定额、能源消耗定额等。定额管理工作,一般包括各类定额的制定、执行和修订等,其关键在于合理确定定额水平。

(四)信息工作

它是指对农村生产经营活动及其管理所涉及的资料、数据等进行收集、处理、传递、储存等工作。其具体包括原始记录、统计、技术情报以及档案等的收集、处理与管理工作。

(五)培训工作

包括岗前培训和岗位培训等,主要是对农村生产经营活动的参与者进行职业道德和岗位所需专业知识与技能的培训,使之符合产品生产对所在岗位人员的素质、知识和技能要求。

任务六 把握农村经济管理的内容体系与本课程学习方法

一、农村经济管理的内容体系

(一)农村经济管理的基本内容框架

农村经济管理的内容是由其所涉及的范围和它的属性决定的。就其所涉及的范围而言,

农村经济管理的内容包括宏观(政府层面)和微观(经济组织层面)管理两个部分;就其属性而言,农村经济管理的内容涵盖生产力和生产关系两个方面。无论是宏观管理还是微观管理,是生产力属性还是生产关系属性,根据前述农村经济管理的概念与内涵,农村经济管理应该包括的内容,如图 1-1 所示。

- 农村经济管理
  - 管什么?(管理对象)
    - 农村生产要素
      - 自然资源
      - 劳动力
      - 资金
      - 科学技术
      - 信息
    - 农村产业
      - 第一产业(农业)
      - 第二产业(农村工业)
      - 第三产业(农村服务业)
    - 农村经济组织
      - 社区合作经济组织
      - 专业合作经济组织
      - 股份合作经济组织
      - 农户与农村企业
  - 怎么管?(管理方法)
    - 管理的基础与前提
    - 管理的职能
    - 管理的原则
    - 管理的具体方法

图 1-1　农村经济管理内容体系

(二)本教材的内容特点与结构安排

根据教学对象的特点和要求,本教材以微观的农村经济管理为主,适当突出微观的过程管理,以体现"实务"的特点。本教材共有二十个项目,分为四个模块(单元)。

第一模块(单元),农村经济管理总论,包括项目一至项目三,主要介绍农村经济管理的一些基本知识、我国农村经济管理运行的支撑体系及农村经济决策等内容;

第二模块(单元),农村经济组织管理,包括项目四至项目八,主要介绍农村经济组织管理的总体情况,以及农村社区合作经济组织(农村集体经济组织)、农民专业合作经济组织、农村企业和农户的内涵与管理;

第三模块(单元),农村生产要素管理,包括项目九至项目十五,主要介绍农村生产要素管理的总体情况,以及农村自然资源、土地资源、劳动力资源、资金与财务、科学技术和信息的内涵与管理;

第四模块(单元),农村产业管理,包括项目十六至项目二十,主要介绍农村产业管理的总体情况,以及农村第一、二、三产业与产业融合新业态的内涵与管理。

二、本课程学习方法

农村经济管理课程是一门广泛吸收多学科知识的边缘学科,具有很强的实践性。在学习时,应该注意运用以下学习方法:

1. 把握原理

即对该课程的基本原理和基本方法，在理解的基础上加强记忆，并能够熟练掌握和应用。

2. 借助资源

充分借助并运用多种资源，如网络资源、图书报刊资源等，加强自主学习，以提高学习效果。

3. 分析案例

对本课程的案例教学内容应该结合相应的基本原理和基本方法进行认真分析，并通过主题讨论、小组讨论等案例研讨活动加深对其的理解，努力提高自己分析问题和解决问题的能力。

4. 体验实践

积极参与并运用所学的实用方法和技术，努力完成实践教学任务，通过角色扮演、开展访谈和深入调研等实践活动，努力提高自己的实践应用能力。

5. 归纳重点

及时归纳各模块和各项目的重点难点内容，并在教师的指导下做好复习，以巩固所学知识。

6. 完成作业

认真完成作业，以检查各部分的学习情况，找出薄弱环节及时予以弥补。

7. 参与活动

积极参加教学活动，注重协作性学习，加强与老师及同学的沟通与分享，遇到问题及时解决，并将体会和经验与同学分享，努力提高协作意识，培养团队精神。

【阅读与思考】

华西村的八大变化

改革开放以来，华西村发生了翻天覆地的变化。其主要表现为以下八个方面：

一是村民变灵。过去华西没有一个中学生，现在初中以上的村民占总数的86%，其中大、中专毕业生200余人。通过引进和培养，现有中、高级工程技术人员1 000多人。

二是村庄变新。过去，零零落落12个小村落；现在，通过小村并大村，旧房、矮房变成了新房、楼房，实现了水、电、气配套。村内娱乐、休闲、体育、购物、旅游设施配套齐全，已是一个万人规模的小城镇。

三是土地变多。改革开放以来，通过有偿兼并、合作开发等办法，扩大了400多公顷耕地、200多公顷山地，还在宁夏和黑龙江开垦荒地近700公顷。近几年，开发利用的土地，约等于华西本村原有土地面积的6倍左右。

四是产品变精。改革开放前，华西村只有小敲小打的手工业，为农业和生活服务的小产品。现在，全村58家企业，已形成六大系列，1 000多个品种的生产规模，有50多种产品获省、市和国家优质产品称号。

五是集体变富。当前全村现有固定资产21亿元，总产值人均300万元，是建村初期人均300元的10 000倍！

六是生活变好。全村人人就业，个个安居，没有暴发户，也没有贫困户，家家都是余钱户。美国客人来华西村访问时说："像这样的社会主义，我们也要！"

七是贡献变大。多年来，华西村共向国家缴纳税金3亿多元，人均纳税20多万元。集体拿出5 000余万元，支持邻村及经济欠发达地区发展乡镇企业，并为中西部地区举办培训班100多期，累计培训干部1万余人。

八是环境变美。过去的泥路、小道，已经全部变成平坦、宽阔的水泥路，展现在人们面前的是"田边绿树成荫，河塘黄石驳岸，工厂整齐清洁，地面草坪成片，村中鸟语花香，人人喜气洋洋"的典型的江南田园风光。

(http://www.studentboss.com/html/news/2011-09-06/88559.htm)

思考：华西村为什么会发生巨变？

【复习思考与练习】

1. 如何理解管理的定义？管理包含哪些基本要素？
2. 管理具有哪些基本特征？
3. 如何理解管理的两个基本性质？
4. 如何理解管理的四个基本原理？
5. 何谓经济？提高经济效益都有哪些途径？
6. 我国的农村都有哪些特点？
7. 什么是农村经济？农村经济有哪些特点？
8. 什么是农村经济管理？农村经济管理有哪些特点？
9. 农村经济管理应坚持哪些原则？
10. 农村经济管理都有哪些职能？
11. 如何理解农村经济管理的三种方法？
12. 农村经济管理都有哪些基础工作？

项目二 我国农村经济运行的支撑体系

【学习目标】

- 通过本项目内容的学习，了解支撑我国农村经济运行的基本经济制度、“乡政村治”管理体制、行政村“三位一体”管理体制和农村市场体系，熟悉农村双层经营体制、行政村“三位一体”管理体制，以及农村市场体系的构成。
- 通过本项目内容的课堂学习、课外自学和实训环节，掌握农村双层经营体制、行政村“三位一体”管理体制和农村市场体系的运行特点。

【能力目标】

- 通过本项目内容的课堂学习和实训环节，能比较熟练地运用农村双层经营体制、行政村“三位一体”管理体制和农村市场体系的运行规律思考和认识农村经济管理实际中的一些问题。

【重点与难点】

- 本项目的重点：农村双层经营体制的运行特点；行政村“三位一体”管理体制的运行特点；农村市场体系的构成与建设。
- 本项目的难点：行政村“三位一体”管理体制运行中存在问题的成因。

【教学方法与手段】

- 案例式、启发式教学；多媒体辅助教学。

【引导性案例】

重庆万州:农村双层经营体制成为农村基本经济体制

1979年,万州区开始有步骤地推行家庭联产承包责任制。一是增划自留地、饲料地、包产地等“三地”。二是大力推行各种形式的生产责任制。1980年9月,党中央下发了《关于进一步加强和完善农业生产责任制的几个问题》的文件,敞开了包干到户的大门。1982年包干到户普及万州全区。

到1982年底,“政社合一”的人民公社体制基本解体,统分结合的双层经营体制在万州农村全部建立,并成为农村的基本经营制度。改革开放30多年来,家庭联产承包责任制不仅重构了农村的微观经营基础,并且通过“交够国家的,留足集体的,剩下都是自己的”的新的分配模式,极大地激发了农民的生产积极性,全区农业与农村经济进入了一个黄金发展期。

1998年,第一轮土地承包15年到期,全区又开展了第二轮土地延包,30年不变;荒山荒坡及林地承包50年。在第二轮土地承包期内基本上实行“增人不增地,减人不减地”的长期稳定政策。农村第二轮土地延包工作的开展,对于进一步落实党的农村政策,调动广大农民的生产积极性,推动农业农村经济发展,促进农民持续增收起到了积极作用。

(http://www.ycsagri.gov.cn/ShowDetails.aspx? id=7126)

任务一 了解我国的基本经济制度与农村经营体制

农村的基本经济制度是农村经济运行的重要基础,也是农村经济管理的重要前提。

一、我国的基本经济制度

(一)经济制度的概念与作用

制度一般是指要求大家共同遵守的办事规程或行动准则,也指在一定历史条件下形成的法令、礼俗等规范或规格。经济制度是组织社会经济活动的根本原则,是在社会经济活动的一定(或全部)范围内,人们普遍承认,并且共同遵守的一种行为规范。

一定社会的经济制度是由其社会生产力发展状况决定的。一方面,生产力的发展变化决定着生产关系的发展变化;另一方面,生产关系对于生产力也有反作用。经济制度构成一个社会的经济基础,它决定其政治制度和社会意识形态,并受到政治法律制度的保护。先进的社会经济制度,会推动生产力的发展和社会的进步;落后的社会经济制度,会阻碍生产力的发展和社会的进步。

(二)我国社会主义初级阶段的基本经济制度

《中华人民共和国宪法(2004年修订版)》第六条规定:“中华人民共和国的社会主义经济

制度的基础是生产资料的社会主义公有制，即全民所有制和劳动群众集体所有制。社会主义公有制消灭人剥削人的制度，实行各尽所能、按劳分配的原则。国家在社会主义初级阶段，坚持公有制为主体、多种所有制经济共同发展的基本经济制度，坚持按劳分配为主体、多种分配方式并存的分配制度。”由于我国当前还处于社会主义初级阶段，因此我国现阶段应坚持“公有制经济为主体、多种所有制经济共同发展”的基本经济制度。

(三)我国经济的构成

由于我国现阶段实行的是“公有制经济为主体、多种所有制经济共同发展”的基本经济制度，因此我国的经济构成即可划分为公有制经济和非公有制经济两大类。其具体内容如表 2-1 所示。

表 2-1 我国的经济构成一览表

类型		概念	地位	作用
公有制经济	国有经济	由社会全体劳动者共同占有生产资料的公有制形式。	国民经济的支柱。	掌握国民经济的命脉，在国民经济中起主导作用；它的发展壮大对于发挥社会主义制度的优越性，增强我国经济实力、国防实力和民族凝聚力，提高国际地位，具有关键作用。
	集体经济	由社会部分劳动者共同占有生产资料的一种公有制经济形式。	社会主义公有制经济的重要组成部分。	可以广泛吸收社会资金、增加公共积累和国家税收；发展集体经济对发挥公有制的优越性，实现共同富裕具有重要作用。
	混合经济	由不同所有制经济按照一定的原则进行联合生产或经营的经济形式。	它里面的国有成分、集体成分属于公有制经济。	
非公有制经济	个体经济	由劳动者个人或家庭占有生产资料，以劳动者自己劳动为基础，劳动成果直接归劳动者所有和支配的经济形式。	我国社会主义市场经济的重要组成部分。	在利用分散的资源、发展商品生产、促进商品流通、扩大社会服务、方便人民生活、增加就业等方面有着不可替代的作用。
	私营经济	以生产资料私有和雇佣劳动为基础，以取得利润为目的的经济形式。		可以集中和利用一部分私人资金，为发展生产和满足人民生活需要服务；可以吸收劳动者就业，增加劳动者个人收入和国家税收；对提高国家的综合经济实力有积极作用。
	外资经济	外国投资者根据我国法律法规，在我国大陆设立的独资企业，以及中外合资企业、中外合作企业中的外商投资部分。		有利于引进外资和先进技术，学习国外先进管理经验；有利于扩大就业、扩大出口，增加财政收入。
	港澳台投资经济	港澳台投资者根据我国大陆法律法规，在我国大陆设立的独资企业，以及合资企业、合作企业中的港澳台投资部分。		有利于引进资金和先进技术，学习境外先进管理经验；有利于扩大就业，增加财政收入。

【阅读与思考】

我国的经济构成

单丽一家五口人，都在广东惠州农村居住。这五个人都有工作，其工作单位和工作分别为：单丽在亲戚开的酒店当领班，父亲在家庭所在的农村种地，丈夫在村头开了个小卖部经营小百货，儿子在一家中外合资企业当工程师，女儿在一家国有电信企业当接线员。

思考：这一家人的工作单位大致可以反映出我国主要有哪些经济成分？

二、我国农村所有制形式及其变迁

所有制形式，又称"经济形式"、"经济成分"，是指社会上的生产资料或企业的资产归谁所有、由谁支配、谁来受益并承担经济责任等基本生产关系或基本经济制度的概括。因此，农村所有制形式，是指农村中的生产资料或企业的资产归谁所有、由谁支配、谁来受益并承担经济责任等基本生产关系和基本经济制度的总称。农村所有制形式的变革，能够促进或制约农村生产力的进步，推进或延缓农村经济的发展。

由于土地是我国农村的主要生产资料，所以土地的所有制形式决定着我国农村的所有制形式。我国农村土地所有制形式的的变迁，如表 2-2 所示。

表 2-2 我国农村土地所有制形式的变迁

序号	时期	土地占有形式	经济形态与运行机制	经营组织形式
1	1950 年底前	占人口 10%的地主占全国 70%～80%的土地	自然经济、剥削制度	地主庄园或家庭经营
2	1950—1952 年	土地改革后，农民个体占有土地	自然经济、小商品生产	农户个体家庭经营
3	1953—1955 年	农民个体占有土地	自然经济、劳动合作、小商品生产	互助组、初级农业合作社
4	1956—1958 年	集体占有土地	自然经济、集体计划运行机制	高级农业合作社
5	1959—1960 年	集体占有土地和其他生产资料	自然经济、政社合一的计划运行机制	人民公式
6	1961—1978 年	集体占有土地等生产资料	自然经济、生产队计划运行机制	"队为基础"经营
7	1979—1993 年	土地集体占有，农户承包经营	自然经济、小商品生产大发展	统分结合家庭经营
8	1994—2001 年	土地集体占有，农户承包经营	商品经济、市场运行机制	统分结合家庭经营
9	2002 年以后	土地集体占有，农户承包经营，亦可流转	商品经济、市场运行机制	农户经营、大户经营、农业企业经营

三、我国农村双层经营体制

改革开放以后，我国根据处于社会主义初级阶段的特点，以基本经济制度为前提，逐步在广大农村建立起了以农户家庭承包经营为基础的统分结合的双层经营体制。

(一)双层经营体制的概念与内涵

所谓双层经营，是指在我国农村实行联产承包责任制以后所形成的农户家庭分散经营和集体统一经营相结合的一种经营模式。按照这一经营模式，农村集体经济组织在建立家庭承包经营这个层次的同时，还对一些不适合农户承包经营或农户不愿承包经营的生产项目和经济活动，诸如某些大型农机具的管理使用，大规模的农田基本建设活动，制种、植保、防疫、配种，以及各种产前、产后的农业社会化服务，某些工副业生产等，由集体统一经营和统一管理，从而建立起一个统一经营的层次。由于这种经营体制具有集体经济组织统一经营和农户家庭分散经营两个不同的层次，所以称之为统分结合的双层经营体制。

在我国广大农村，以家庭为单位实行分散经营，适应了现阶段农业生产力水平较低的状况，有利于克服长期存在的管理过分集中、经营方式过分单一，以及吃"大锅饭"的弊端，有利于扩大农民的经营自主权，调动农民的积极性。但是，分散经营难以实现机械化耕作，抗御自然灾害能力较低，而集体经营能够完成一家一户难以承担的生产活动。分散经营的"分"与统一经营的"统"相结合的双层经营体制，可以较好地协调集体利益与个人利益，并使集体统一经营和劳动者自主经营两个积极性同时得到发挥，取得更大的经济效益。

(二)双层经营体制的基本特征

我国农村建立的统分结合的双层经营体制具有以下四个方面的基本特征：

1. 以土地集体所有为基础

推行以家庭联产承包经营为基础的农村双层经营体制，完全保留了土地为劳动农民集体所有的性质，这表明它不仅没有脱离社会主义方向，而且使已经建立起来的农村社会主义经济制度得到了完善。

2. 以土地"两权分离"为前提

土地"两权分离"是指土地的使用权从所有权中分离出来，成为产生家庭经营这一基础层次的前提。实践证明，在土地集体所有制的基础上实行家庭分散经营的"两权分离"，一般优于集体所有、集体统一经营的"两权合一"。因为"两权分离"后，既充分发挥了家庭个体经营的积极性，又克服了集体高度统一经营的弊端。

3. 以双层经营结构为基本特点

所谓双层经营结构，是指集体统一经营的主导层次和家庭分散经营的基础层次的有机结合，所形成的双层经营的基本构架。从动态的角度看，集体统一经营和家庭分散经营的发展、完善并非齐头并进，在不同地区不同条件下，集体统一经营的层次和家庭分散经营的层次在双层经营结构中的比重并不完全相同，大体有三种情况：一是统分结合以统为主；二是统分结合以分为主；三是统分结合，集体统一经营与家庭分散经营的比重相当。

4. 以种植业为基本经营内容

由于土地的承包经营制度是我国农村经济制度的主要内容，而家庭联产承包责任制的核心又是农户对土地经营权的承包，所以双层经营体制的核心内容是种植业。土地的均等分散承包经营、种植业生产力水平较低及其自身的特点，使种植业中的集体统一经营与家庭分散经营相结合的双层经营体制具有特殊的意义。

（三）农村双层经营体制的构成要素

在农村统分结合的双层经营体制中，其基本的构成要素有以下三个方面：

1.分散经营的层次——农户家庭

在农村，农户既是社会生活的基本单位，又是社会生产的组织形式。农户家庭经营，是指以农户为生产经营活动单位，以农户劳动力为主，利用农户自有生产工具、设备和资金，在占有的宅基地和通过承包、租赁或其他形式占有的土地上，按照社会市场的需求，独立地或相对独立地从事生产经营活动的方式，是农村统分结合双层经营体制的基础，是农业微观经济组织形式中最重要和最基本的组织形式。

农业生产经营中，农户以家庭为单位向农村集体经济组织承包土地等生产资料和生产任务，其具体形式：一是包干到户，即承包农户向国家交售合同定购产品以及向集体上交公积金、公益金等公共提留，其余产品全部归农户自己所有；二是包产到户，即对农户定产量、定投资、定工分，超产归自己，减产赔偿。目前，绝大部分地区采用的是包干到户的形式。

农户家庭经营的优越性，一是源自家庭成员具有利益目标的认同感，生产经营中无需监督，管理成本最小；二是源自家庭成员在性别、年龄、体质、技能上的差别，适合于劳动时间被分割得相当细碎的农业生产经营活动，使一些闲散和辅助劳动力也能得到充分利用，有利于社会分工和劳动能力的充分利用；三是源自家庭成员的责任心，有利于实现农业生产经营的劳动对象——动物、植物等生命体对劳动者的特殊要求。

2.统一经营的层次——农村集体经济组织

农村集体经济组织，即现在的农村社区合作经济组织，产生于20世纪50年代初的农业合作化时期。它是为实行社会主义公有制改造，在自然乡村范围内，由农民自愿联合，将其各自所有的除宅基地以外的生产资料，如土地、大型农机具、耕畜等投入集体所有，由集体组织农业生产经营，农民进行集体劳动，各尽所能，按劳分配的农业社会主义经济组织。它既不同于企业法人，又不同于社会团体，也不同于行政机关，自有其独特的政治性质和法律性质。

由于改革开放以来农村集体经济发展变化很大，《中华人民共和国宪法（2004年修订版）》第八条规定："农村集体经济组织实行家庭承包经营为基础、统分结合的双层经营体制。"在农村家庭联产承包责任制逐步建立以后，原交由集体统一生产经营的耕地、大型农机具、牲畜等生产资料全部或决大部分承包或分配到农户。此时，农村集体经济组织除了作为农村土地等集体财产的所有者代表，进行发包和承包合同管理之外，还对一些不适合农户承包经营或农户不愿承包经营的生产项目和经济活动，诸如某些大型农机具的管理使用，大规模的农田基本建设活动，制种、植保、防疫、配种以及各种产前、产后的农业社会化服务，某些工副业生产等，进行集体统一经营和统一管理，从而使其成为一个统一经营的层次。

3.联系两个经营层次的纽带——承包合同

承包合同，是指在实行农业家庭承包经营的过程中，农村集体经济组织与其成员——农户，为了发包、承包集体所有的土地等生产资料，以及依法确定农户长期使用该生产资料，明确其相互权利与义务,而订立的协议。一般来说,可按承包项目的不同分为耕地、果(茶、桑)园、林地、山场、草原、水面、荒山、荒沟、荒丘、荒滩、农业机械、水利设施等承包合同。

签订承包合同必须手续完备,并以标准文本的书面合同形式明确下列内容:

(1)合同的名称,双方当事人(代表人)的单位和姓名;

(2)承包项目,包括资源的名称、品种、数量、地址或者资产的名称、规格、牌号、质量、价值、用途等;

(3)合同的起止时间;

(4)承包经营方式;

(5)双方当事人的权利、义务;

(6)违约责任和奖罚办法;

(7)双方约定的其他事项。

承包合同的标准文本,由省级农业承包合同主管机关统一印制。

承包合同一经签订,即具有法律约束力,从而使农村集体经济组织和农户在生产经营中的合法权益受到法律保护。因此,签订承包合同应坚持以下原则:一是必须符合国家的法律、法规和政策;二是要兼顾国家、集体和个人三者的利益;三是要符合农村集体经济组织章程,遵守农村集体经济组织成员大会或成员代表大会的决议;四是要维护农民的合法权益;五是要有利于农村基本政策和基本经营制度的稳定和完善。

【典型阅读】

农村土地承包合同

订立合同双方:

发包方:________村民委员会(以下简称甲方)

承包方:____(以下简称乙方)(家庭承包的承包方是本集体经济组织的农户)

根据《中华人民共和国物权法》、《中华人民共和国土地管理法》及《中华人民共和国农村土地承包法》等相关法律、法规和政策规定,甲乙双方本着民主协商、公平合理的原则,签订本合同,并共同遵守。

第一条:本承包方案已按照《中华人民共和国农村土地承包法》第十二条的规定,依法经本集体经济组织成员会议三分之二以上成员或者成员代表会议三分之二以上成员代表的同意。

农村土地承包方案已经向全体成员公示,公示时间已经超过15日。

第二条:土地的面积、位置坐标。

甲方经成员或成员代表会议同意,将位于____县____乡____村面积____亩(具体面积、位置坐标以合同附图为准,附图经甲乙双方签章确认)农用耕地承包给乙方使用。土地方位东起____,西至____,北至____,南至____。

第三条:土地用途及承包形式。

1. 土地用途:农林业种植和养殖。

2.承包形式:家庭承包。

第四条:土地的承包经营期限。

该地承包经营期限为____年,自____年____月____日至____年____月____日止。(耕地的承包期为三十年。草地的承包期为三十年至五十年。林地的承包期为三十年至七十年;特殊林木的林地承包期,经国务院林业行政主管部门批准可以延长。)

第五条:地上、地下物的处置。

1.该地上的村集体资产(附表),在合同有效期内,由乙方无偿使用并加以维护;待承包期满或解除时,按使用的实际状况与所承包的土地一并归还发包方。

2.承包期内发现的地下各类矿产资源和埋藏的文物(明确有主物除外)依法归国家所有。

第六条:承包金及交付方式。

1.该土地的承包金为每亩每年人民币____元,承包金每年共计人民币____元。

2.每年____月____日前,承包方向发包方全额交纳本年度的承包金。

第七条:发包方的权利和义务。

1.发包方享有下列权利:

(1)发包本集体所有的或者国家所有依法由本集体使用的农村土地;

(2)监督承包方依照承包合同约定的用途合理利用和保护土地;

(3)制止承包方损害承包地和农业资源的行为,按照合同约定收取承包金;

(4)法律、行政法规规定的其他权利。

2.发包方承担下列义务:

(1)维护承包方的土地承包经营权,不得非法变更、解除承包合同;在合同有效期内,甲方不得提高承包金数额;

(2)尊重承包方的生产经营自主权,不得干涉承包方依法进行正常的生产经营活动;

(3)依照承包合同约定为承包方提供生产、技术、信息等服务;

(4)执行县、乡(镇)土地利用总体规划,组织本集体经济组织内的农业基础设施建设;

(5)承包方无正当理由,弃耕承包土地的,发包方可以组织代耕,代耕期间由代耕方享受权利,并履行相应义务(代耕期间,承包方要求继续承包土地的,应当提前半年通知发包方,发包方可根据作物生长周期适时终止代耕,将承包地交由承包方经营);

(6)法律、行政法规规定的其他义务(如承包期内发包人不得调整承包地,而因自然灾害严重毁损承包地等特殊情形,需要适当调整承包的耕地和草地的,应当依照农村土地承包法等法律规定办理)。

第八条:承包方的权利义务。

1.承包方享有下列权利:

(1)依法享有承包地使用、收益和土地承包经营权流转的权利,有权自主组织生产经营和处置产品。

(2)承包地被依法征用、占用的,有权依法获得相应的补偿。

(3)承包期内,承包方家庭成员升学、服兵役、外出经商务工、服刑的,其承包的土地予以保留;承包期内,妇女结婚,在新居住地未取得承包土地的,发包方不得收回其原承包土地;妇女离婚或者丧偶,仍在原居住地生活或者不在原居住地生活但在新居住地未取得承包土地的,发包方不得收回其原承包土地。

(4)可在承包的土地上建设与约定用途有关的生产设施。

(5)法律、行政法规规定的其他权利。例如:①土地承包经营权人依照农村土地承包法的规定,有权将土地承包经营权采取转包、互换、转让等方式流转,流转的期限不得超过承包期的剩余期限;②通过招标、拍卖、公开协商等方式承包荒地等农村土地,依照农村土地承包法等法律和国务院的有关规定,其土地承包经营权可以转让、入股、抵押或者以其他方式流转。

2.承包方承担下列义务:

(1)维持土地的农业用途,不得用于非农建设。

(2)依法保护和合理利用土地,不得给土地造成永久性损害;保护自然资源,搞好水土保持,合理利用土地。

(3)不得用取得承包经营权的土地抵偿债务。

(4)除发生自然灾害、战争、土地征用、国家政策调整等不可抗力因素外,承包方应当按照本合同约定的期限足额缴纳承包金。

(5)法律、行政法规规定的其他义务。例如,土地承包经营权人将土地承包经营权互换、转让,当事人要求登记的,应当向县级以上人民政府申请土地承包经营权变更登记;未经登记,不得对抗善意第三人。

第九条:违约责任。

1.发包方的违约责任:干涉承包方依法享有的生产经营自主权、发包方非法变更、解除合同;强迫或者阻碍承包方进行土地承包经营权流转,剥夺、侵害妇女依法享有的土地承包经营权和发包方未依合同约定交付承包标的,发包方应当承担停止侵害、恢复原状、排除妨害、赔偿损失的民事责任。

2.承包方的违约责任:承包方改变土地的农业用途,用于非农建设;承包方进行破坏性、掠夺性经营,给土地造成永久性损害的和承包方没有依约定交纳承包金时,应当承担停止侵害、恢复原状、排除妨害、赔偿损失的民事责任。

赔偿损失包括但不限于守约方的直接损失、间接损失(可得利益)、公证费、诉讼费和律师费等。

第十条:其他。

本合同由双方当事人签字,并加盖发包方公章后生效。土地承包经营权自土地承包经营权合同生效时设立。

本合同一式三份,发包方、承包方各执一份,乡(镇)农村合作经济管理机构存档一份。

发包方为承包方统一向政府有关部门办理农村土地承包经营权证，并不得额外收取除政府部门收取的工本费以外的其他费用。

本合同未尽事宜双方可协商解决，协商不成时，争议任何一方均可以向________土地仲裁委员会提请仲裁。

附土地平面图

附表

发包方：______乡______村村民委员会（公章）　　承包方：______（签字）

委托代理人：______（签章）

______年____月____日　　______年____月____日

签约地点：________

（四）双层经营体制中的"统"与"分"

1.所有权的"统"与"分"

（1）土地、农业基础设施等基本生产资料，集体所有、家庭使用而上缴的承包或租金提留，以及集体生产经营中购买的生产资料等，归集体所有；

（2）家庭生产经营中购买的生产资料和按合同上缴后的结余等，归家庭所有。

2.经营权的"统"与"分"

（1）涉及集体整体利益的经营，由集体统一决定；

（2）家庭承包经营不涉及集体利益的，由农户自主决定。

3.劳动方式的"统"与"分"

（1）集体统一经营的部分由集体统一安排；

（2）家庭承包经营的以家庭为单位自主组织。

4.分配方式的"统"与"分"

（1）干部报酬、提留比例、积累的使用，以及集体统一经营的企业的分配方式，由集体统一决定；

（2）家庭按政策和合同上缴后剩余的部分，由家庭自主决定积累和消费的比例，以及积累的使用。

（五）稳定和完善农村双层经营体制的原则

当前，稳定和完善农村双层经营体制，需要坚持以下原则：一是既要发展壮大集体经济统一经营的层次，又要巩固、发展和完善家庭承包经营的层次，不可片面强调一方，而忽视另一方；二是按照多样化的原则，鼓励广大农村干部、群众对农村双层经营体制在方式、步骤、内容等方面大胆试验、大胆创新和大胆创造；三是根据国家的政策和群众的要求，不断探索、改进和完善双层经营的领域、方式、步骤和内容；四是在决策中要充分发扬民主，按照科学、民主的程序进行决策。

【实践训练】

农村双层经营体制调研

1. 实训要求：找一个实行双层经营的村，了解其生产经营的运行情况。

2. 实训目的：通过此次实训，加深学生对农村双层经营体制的认识与理解。

3. 实训组织：全班同学按每3～5人进行分组，每组制订切实可行的调研计划。

4. 实训实施：由学生自主联系或任课教师统一联系一个行政村或者村民小组，在任课教师的指导下，具体进行调研。

5. 实训考核：每组集思广益撰写一篇1 500～2 000字的调研报告，内容包括调查地的基本情况(村域面积、耕地面积、户数、人口等)，承包土地的户数、面积、每年的承包上缴指标、承包户的权利与义务、村集体具体承担的“统”的职能等方面的情况，实际工作中遇到的问题，建议和要求等。教师对调研计划和调研报告进行考核评定并给出成绩。

任务二　了解我国农村基层管理体制

一、我国农村基层管理体制的变迁

(一)初创时期

从新中国成立到1958年，为新中国农村基层管理体制的初创时期。农民协会是新中国最早的农村基层政权。从1950年底开始，国家制定《乡(行政村)人民政府组织通则》等一系列法令，基本上确立了区村或区乡建制的两级管理体制。

1954年《中华人民共和国宪法》将上述两级建制中的行政村和乡统称为乡，作为农村主要的基层政权，对于乡以下的工作单位，则没有统一的规定。从职能定位上看，行政村只是作为一级辅助机构。

1956年社会主义改造基本完成之后，96.3%的农民参加了合作社，其中参加高级合作社的农户占到了农户总数的87.8%。高级社的区划基本与行政村相吻合，行政村逐渐与合作社合并，形成“政社合一”的村级组织。

(二)人民公社体制时期

从1958年到20世纪80年代初是人民公社体制时期。“大跃进”使农村基层组织从高级社跨越到了人民公社。原来的乡变为公社，行政村改为生产大队，生产大队再划分若干生产队，生产队成为最基础的组织管理单位，即形成了“三级所有、队为基础”的“政社合一”、“党政合一”的人民公社体制。这一体制的突出特点是权力高度集中。

(三)重新构建时期

从20世纪80年代初到现在，是乡村基层组织重新构建，以村党支部领导下的村民自治为主要内容，基层民主政治逐步发展的时期。这个时期的发展可以分为三个阶段：

第一阶段：从20世纪80年代初到80年代末，是乡村基层组织发生重大调整，村民自治初步探索的阶段。1984年，民政部制定下发了《村民委员会组织条例(草案)》，明确村委会是村党支部领导下的村民组织。1987年11月，在总结一些地方实行村民自治具体做法和经验的基础上，全国人大常委会通过了《中华人民共和国村民委员会组织法(试行)》，将村民自治制度用法律形式确定了下来。

第二阶段：从1990年到1998年11月，是村民自治开始规范化发展的阶段。1990年8月，中央在山东莱西召开全国农村村级组织建设座谈会，明确党支部要成为一个村的坚强领导核心，同时搞好村民委会员、村级合作经济组织等的配套建设。《中华人民共和国村民委员会组织法(试行)》颁发后，各地根据该法制定了具体实施细则，推动了村民自治的发展。

第三阶段：从1998年11月到现在，是农村基层组织建设进一步完善，村民自治进入全面发展的新阶段。1998年11月，全国人大常委会通过了《中华人民共和国村民委员会组织法》，并于颁布之日起施行。该法是在试用法试行十多年的基础上，对村民自治制度的进一步规范和完善。它将村民自治的内容概括为“民主选举、民主决策、民主管理、民主监督”。同时，明确了村党组织对村民自治的支持和保障作用，规定党组织在村级组织中处于领导核心地位。1999年3月，中央组织部颁发了《中国共产党农村基层组织工作条例》，就党的农村基层组织的设置、职责等作了明确规定。这两个文件的颁布实施，为解决村民自治过程中遇到的重大问题特别是“两委”关系问题提供了法律依据和制度保证。

二、我国乡村的“乡政村治”体制

所谓“乡政村治”，包含“乡政”和“村治”两个层面的内容，“乡政”即国家在乡(镇)设置最低一级政府，代表国家对农村进行管理；“村治”即村民自治，在农村成立村民自治组织，实行民主选举、民主决策、民主管理和民主监督。“乡政”体现的是国家权力，而“村治”则是社会权力的化身；“乡政”是主导力量，“村治”是基础。“乡政”和“村治”在权力的来源和性质、权力的结构、权力的运作方式、权力的职能目的等方面表现出诸多不同。

(一)权力的来源与性质

从权力的来源与性质来看，“乡政”和“村治”分享相同的权力来源，但表现出不同的权力性质。我国宪法规定，国家一切权力属于人民。这就决定了“乡政”所代表的国家权力和“村治”所代表的自治权力都来源于人民。虽然来源相同，但二者性质迥异。“乡政”是国家权力的代表，而“村治”则代表社会权力。“乡政”与“村治”之间的关系就是国家权力和社会权力在基层的关系，这也是与全能化人民公社体制的重要区别。

(二)权力的结构

从权力的结构来看，“乡政”作为最低一级政府，其权力机构是乡镇人民代表大会，权力的执行机构是乡镇人民政府，乡镇党委则对乡镇人民代表大会和乡镇人民政府实行领导；“村治”是基层农民群众的自治，其权力决策机构是村民会议或村民代表会议，权力的执行机构是村民委员会，村党支部是基层的领导核心，凸显党的领导。

(三)权力的运作方式

从权力的运作方式来看，“乡政”体现的是国家权力，代表国家依法对基层施行管理和治理。作为最低一级政府，“乡政”要贯彻落实国家对基层的方针政策，其权力运作方式强调自上而下的行政命令。而“村治”则要求实现村民的民主选举、民主决策、民主管理和民主监督。村民委员会主任、副主任及其成员等都应由村民选举产生，村内公共事务应由村民共同商议决定，村规民约应由村民参与制定。村民自治权力的运作，处处决定于权力对象的意志。

（四）权力的职能目的

从权力的职能目的来看，“乡政”身处国家行政序列的末梢，国家对基层的方针政策，通过层层分解传导，最终落实在“乡政”身上。“乡政”权力的职能目的更多的是为完成国家下达的任务指标，其责任向度更多体现为对上负责。而“村治”并非隶属国家的行政序列。实行村民自治的目的，是为了实现村民自我管理、自我服务、自我教育，通过直接民主的方式，实现村民当家做主，其责任向度更多体现为对下负责。

总而言之，“乡政”和“村治”虽然表现出不同的特点，但在实际的农村基层管理中，这二者是紧密联系在一起的，其表现为，乡政府常常是在业务上指导村民委员会开展工作，而不是通过行政手段强制干涉村民委员会的工作。

三、我国行政村的“三位一体”管理体制

改革开放以来，我国的行政村一级逐步形成了以党组织为领导核心，村民自治组织和村级集体经济组织各司其职的“三位一体”管理体制。

（一）村级党组织

村级党组织是党在农村的基层组织，是本村各种组织和各项工作的领导核心，是团结带领广大党员和群众建设社会主义新农村的战斗堡垒。《中国共产党农村基层组织工作条例》规定，村级党组织的主要职责：一是贯彻执政党的路线、方针、政策和上级党组织及本村党员代表大会或党员大会的决议；二是讨论决定本村经济建设和社会发展中的重要问题，而需由村民委员会、村民会议或集体经济组织决定的事项，由村民委员会、村民会议或集体经济组织依照法律和有关规定作出决定；三是领导和推进村级民主选举、民主决策、民主管理、民主监督，支持和保障村民委员会依法开展自治活动，领导村民委员会、村集体经济组织和共青团、妇代会、民兵等群众组织，支持和保证这些组织依照国家法律法规及各自章程充分行使职权；四是搞好党组织领导班子的自身建设，对党员进行教育、管理和监督，并负责对要求入党的积极分子进行教育和培养，做好发展党员工作；五是负责村、组干部和村办企业管理人员的教育管理和监督；六是搞好本村的社会主义精神文明建设和社会治安、计划生育工作。

（二）村民自治组织

村民自治是农村社会的基本治理模式，是我国农村社会治理的基础。《中华人民共和国宪法（2004 年修订版）》第一百一十一条规定：“城市和农村按居民居住地区设立的居民委员会或者村民委员会是基层群众性自治组织。”《中华人民共和国村民委员会组织法（2010 年修订版）》第二条规定：“村民委员会是村民自我管理、自我教育、自我服务的基层群众性自治组织，实行民主选举、民主决策、民主管理、民主监督。”并规定，村民委员会的主要职责：一是宣传贯彻宪法、法律、法规和国家的政策，维护村民合法权益，教育和推动村民履行法律、法规规定的义务，发展文化教育，普及科技知识，促进村和村之间的团结、互助，开展多种形式的社会主义精神文明建设活动；二是依照法律规定，管理本村属于村农民集体所有的土地和其他财产，教

育村民合理利用自然资源,保护和改善生态环境;三是支持和组织村民依法发展各种形式的合作经济和其他经济,承担本村生产的服务和协调工作,促进农村生产和社会主义市场经济的发展;四是尊重村集体经济组织依法独立进行经济活动的自主权,维护以家庭承包经营为基础、统分结合的双层经营体制,保障集体经济组织和村民、承包经营户、联户或者合伙的合法财产权和其他合法权利与利益;五是举办和管理本村的公共事务和公益事业;六是组织实施本村的建设规划,兴修水利、道路等基础设施,指导村民建设住宅;七是依法调解民间纠纷,协助维护本村的社会治安,向人民政府反映村民的意见要求和提出建议;八是向村民会议或者村民代表会议报告工作并接受评议,执行村民会议或者村民代表会议的决议、决定;九是建立健全村务公开和民主管理制度;十是法律、法规规定的其他职责。

(三)村级集体经济组织

村级集体经济组织,即农村社区合作经济组织,是农村土地等基本生产资料的所有者,是农村劳动群众在基本生产资料公有的基础上进行生产经营活动所形成的经济关系在组织上的体现。凡属于村级集体经济组织所有的土地、山林、水面、滩涂、企业及其他公共财产,受国家法律保护,任何单位和个人不得侵犯。村级集体经济组织具有以下职权:一是对法律规定属于集体所有的土地、林木、山岭、草原、荒地、水面、滩涂、农业机械、农田水利设施,以及建筑物和工业设备等生产资料拥有所有权;二是根据有关法规,制定本组织章程,对组织内部的经营管理享有自主权;三是对本组织所有的生产资料,有权发包给本组织成员或者外来人员经营,并取得合理的收益;四是对国家所有而依法确定由本集体经济组织使用的土地、森林、山岭、草原、荒地、滩涂、水面等自然资源,依法享有使用、收益的权利;五是依据国家计划和市场需求,根据当地的资源条件,有权与国家有关部门及其他经济组织签订购销合同或者劳务合同,推销本组织的产品,输出或者引进劳动力和科技人才;六是有权获得金融机构的贷款,接受社会的生产扶持或者馈赠;七是有权按规定确定并实施本组织内部集体收益的分配;八是有权拒绝不合法的收费和摊派;九是法律、法规规定的其他权利。

四、我国现阶段新型农村社区建设的探索

党的十六届六中全会提出了“积极推进农村社区建设”的号召,建设新农村、建设农村社区的活动在全国普遍开展起来,新型农村社区应运而生。新型农村社区的出现,是农村改革发展的必然结果,反映了广大农民群众渴望新生活的迫切愿望,也反映了城乡一体化发展的大趋势。

所谓新型农村社区,就是指打破原有的村庄界限,把两个或两个以上的自然村或行政村,经过统一规划,按照统一要求,在一定的期限内搬迁合并,统一建设新的居民住房和服务设施,统一规划和调整产业布局,组建成新的农民生产生活共同体,形成农村新的居住模式、服务管理模式和产业格局。新型农村社区建设,既不是简单的村庄翻新,也不是单纯的人口集聚,而是通过新社区建设,改变农民生活和生产方式,提升农民生活质量,集约使用土地,优化产业结构,发展农村二、三产业,推进农业现代化,促进农民就地就近转移就业,加快缩小城乡差距,让农民享受到跟城里人一样的公共服务,过上像城里人那样的现代文明生活,共享经济发展、社会进步所带来的物质和精神文明成果。

目前,在新型农村社区建设的探索中,主要形成了以下几种模式:

(一)搬迁重建模式

它是指一些处于生活环境恶劣,如面临天旱绝收、缺乏饮用水源、交通困难、山洪和泥石流多发等问题而难以彻底解决的村庄,在政府的统一安排下,向异地搬迁,向中心村集中,并采用新型建筑材料和新的居住方式建设新型农村社区的模式。

(二)园区带动模式

它是指因农业园区及农民就业基地建设的需要而对周边村庄实施搬迁,按照新型农村社区的建设标准统一组建新型农村社区,同步配套基础设施和公共服务设施,使园区或就业基地获得发展空间,农民获得就业岗位,农村社区获得新的改造的模式。

(三)滚动发展模式

它是指对部分人口规模超大、一次性投入困难的村庄,按照统一规划、统一配套、统一样式、统一标准的要求,实行滚动式、分阶段建设,逐步完成村庄改造,建成面貌焕然一新的新型农村社区的模式。

(四)联村共建模式

它是指远离城镇的村庄,依据综合条件,因地制宜地选择中心村位置,打破行政区域和村庄界限,对周边村庄进行撤并,实施中心村扩容,并进一步完善基础设施和公共服务设施,共同组建功能齐全的新型农村社区的模式。

(五)村企联建模式

为缓解建设资金不足的困难,农村社区合作经济组织(农村集体经济组织)在确保农民利益的前提下,可与企业等联手开发兴建新型农村社区,企业以资金和技术入股,农村社区合作经济组织以集体土地入股,形成新的股份制经济组织,所产生的效益实施按股分红,从而有效保障双方权益的模式。

(六)自主建设模式

它是指具有经济实力或经营能力的农村社区合作经济组织(农村集体经济组织)注册工程公司,引导农民以资产和资金入股形成股份合作制经济组织,承揽村民住宅、基础设施和公共服务设施等建设工程,实施自主建设、自我管理和自主发展的模式。

(七)双生(生产生活)联动开发模式

它是指旅游资源丰富的村庄,把新民居建设同乡村旅游开发结合起来,达到既改善农民居住条件,又提升旅游接待档次的模式

(八)土地增值发展模式

它是指对靠近城市区域的村庄,发挥其地缘优势,将原有宅基地与农用地依法置换,对新建农村社区后剩余的宅基地部分依法变更为建设用地,充分利用土地增值空间,发展第二、三产业,推动新型农村社区建设和农村经济同步发展的模式。

新型农村社区的建设,必将改变我国农村的生产生活方式,改变传统的管理体制,为农村经济管理的体制机制创新提出了新的要求。

【实践训练】

村级管理体制调研

1.实训要求:找一个行政村,了解其管理体制及其运行情况。

2.实训目的:通过此次实训,加深学生对农村内部管理体制的认识与理解。

3.实训组织:全班同学按每3～5人进行分组,每组制订切实可行的调研计划。

4.实训实施:由学生自主联系或任课教师统一联系一个行政村,在任课教师的指导下,具体进行调研。

5.实训考核:每组集思广益撰写一篇1 500～2 000字的调研报告,内容包括调查地的基本情况(村域面积、耕地面积、户数、人口等)、管理体制的构成与运行情况,以及实际工作中遇到的问题,有益建议和要求等。教师对调研计划和调研报告进行考核评定并给出成绩。

任务三　了解我国农村市场体系

在市场经济体制下,市场机制是配置资源的重要手段。因此,在农村,支撑市场机制运行的农村市场体系,是农村经济运行的重要基础。

一、我国的社会主义市场经济体制

(一)市场经济

1.市场经济的有关概念

(1)资源配置。它是指在经济运行过程中,各种现实的生产性资源(如资本、劳动力、技术、自然资源等)在不同部门之间的分配和不同方向上的使用。资源配置有计划和市场两种方式。其特点如表2-3所示。

表2-3　计划与市场配置资源比较

项目	计划配置	市场配置
决策者	中央计划机构	企业
决策特点	集中决策	分散决策
资源流动	行政划拨、人为流动	供求调节、自由流动
企业目标	完成计划目标	追求经济利益

(2)市场机制。即市场经济的运行机制,是指市场有机体内的价格、供求、竞争等要素之间互相联系与作用的机理。市场机制通常包括价格机制、供求机制和竞争机制。

(3)市场经济。它是指主要依靠市场机制来配置社会资源和调节人们利益关系的一种经济。也就是说,市场经济是市场在资源配置中起基础性作用的经济。

2.市场经济的一般属性

(1)市场经济是货币经济。货币经济所强调的是在生产领域之外的商品与货币交换,其本质是货币作为价值尺度和流通手段发挥着重要作用。作为价值尺度,在交换过程中,所有商品的价值都化为计算货币;作为流通手段,在不断转手的过程中仅有货币的象征存在。

(2)市场经济是自主经济。其实质是市场主体不管是人还是企业,必须具有独立的产权、独立的经济利益,是自主经营、自负盈亏、自我约束、自我发展的商品生产者或经营者。

(3)市场经济是竞争经济。其实质是在商品经济条件下,商品生产经营者之间以市场为中心争取有利的产销条件和投资场所。其基本特征,一是必须发生在两个或两个以上的主体之间;二是必须发生在同行业的生产经营活动中;三是必须发生在同一个特定的商品市场或劳务市场上。

(4)市场经济是法制经济。法治经济是指国家通过制定法律、法规,使整个经济按照法律预定的方式健康有序地发展。法治经济在本质上是信用经济。诚实守信是市场经济法律制度得以实现的保证,是所有市场主体在经营活动中必须遵守的行为规范。它要求各自独立的市场主体之间在经济往来中讲信用,杜绝欺诈行为。

(5)市场经济是开放型经济。在开放型经济中,要素、商品与服务可以比较自由地跨国界流动,从而实现最优资源配置和最大经济效益。开放经济强调把国内经济和整个国际市场联系起来,尽可能充分地参与国际分工,同时在国际分工中发挥本国经济的比较优势。

(二)社会主义市场经济体制的概念与特点

1.社会主义市场经济体制的概念

市场经济体制是指以市场机制作为配置社会资源基本手段的一种经济体制。因此,社会主义市场经济体制就是在社会主义国家宏观调控下,使市场在资源配置中起基础性作用的一种经济体制,是社会主义生产关系借以实现的具体形式。事实上,社会主义市场经济是市场机制与公有制为主体、多种所有制并存的所有制结构相结合的市场经济,而不是建立在私有制基础上的市场经济。

2.社会主义市场经济体制的特点

社会主义市场经济所具有的特性,是由作为社会主义基本制度所具有的规定性决定的,也是社会主义市场经济体制同社会主义基本制度相结合而形成的制度性特征。

(1)在所有制结构上,以包括全民所有制和集体所有制在内的公有制经济为主体,个体经济、私营经济、外资经济等多种所有制经济长期共同发展,而且不同经济成分还可以自愿实行多种形式的联合。

(2)在分配制度上,以按劳分配为主体,其他分配方式为补充,效率优先,兼顾公平。

(3)在宏观调控上,社会主义国家能够把人民的当前利益与长远利益、局部利益与整体利益结合起来,更好地发挥计划与市场两种手段的长处。事实上,社会主义制度优越性的重要表现之一,就是能够做到全国一盘棋,集中力量办大事,能够更好地处理中央与地方、全局与局部的关系。

(三)我国社会主义市场经济体制的基本内容

1993年,党的十四届三中全会通过的《中共中央关于建立社会主义市场经济体制若干问

题的决定》,对社会主义市场经济体制的基本框架作出了规定。主要有以下几方面的内容:

1.规范的现代企业制度

坚持以公有制为主体,多种经济成分共同发展的方针,形成产权清晰、权责明确、政企分开、管理科学的现代企业制度。

2.统一开放的市场体系

建立全国统一开放的市场体系,实现城乡市场紧密结合,国内市场与国际市场相互衔接,促进资源的优化配置。

3.健全的宏观调控系统

转变政府管理经济的职能,建立以间接手段为主的完善的宏观调控体系,保证国民经济的健康运行。

4.合理的收入分配制度

建立以按劳分配为主体,多种分配方式并存,体现效率优先,兼顾公平的个人收入分配制度。

5.完善的社会保障制度

建立多层次的社会保障制度,为城乡居民提供与我国国情相适应的社会保障,促进经济发展和保持社会稳定。

以上五个主要方面是相互联系和相互制约的有机整体,构成社会主义市场经济体制的基本内容。

二、市场的概念、构成要素与分类

(一)市场的概念

市场是生产力发展到一定阶段的产物,它随着商品经济的产生而产生,随着商品经济的发展而发展。市场有狭义和广义之分。狭义的市场是指商品和劳务交换的场所;而广义的市场是指商品交换过程中商品交换关系的总和。

市场作为商品交换关系的总和,体现了商品经济条件下,人们在生产、交换、分配和消费中形成的各种经济关系。由于商品经济下的各种经济活动都是通过市场来进行的,因而商品经济就表现为市场经济。

(二)市场的构成要素

市场作为商品交换关系的总和,它所表现出来的是一个由市场主体、市场客体、市场构成、宏观调控、市场法规等要素组成的完整的统一体。

1.市场主体

市场交换活动是由人来进行的,离开了人的具体的生产活动和交换活动,市场就不复存在。人是从事经济活动的主体,自然也就是市场经济的主体。所以,市场主体就是从事市场交换和为了进行交换而进行生产的人和人的群体。农村市场主体是农民,农民的特点决定了农村市场的发展。

2.市场客体

市场客体是指用于市场交换的指向物,即用于交换的物品和劳务。一种物品或劳务要成

为市场交换的客体,必须具备以下几个特性:

(1)它必须能够满足人的某种需要。

(2)相交换的物品或劳务虽然具有不同的使用价值,但能够分别满足交换双方的需要。

(3)能够用于交换的必须是稀缺的物品或劳务。

(4)相互交换的物品或劳务不仅要有不同的效用,而且还要有价值量的差别等。

3. 市场构成

既然市场是商品交换关系的总和。它可以有固定场所,也可以没有固定场所。因此,现代社会的市场构成是非常复杂的。从市场要素的特点来看,有物质商品市场、服务市场、劳动力市场、资本市场等;从市场供应商的特征来看,有完全竞争市场、完全垄断市场、垄断竞争市场和寡头垄断市场等;从市场涉及的范围来看,有区域市场、民族市场和国际市场等。

4. 宏观调控与市场法规

经济发展的实践证明,市场作为配置资源的基本手段具有较多的优点,但也存在一定的缺陷,这使它不能独自很好地完成资源配置的任务。因此,在现代社会里,宏观调控及市场法规也是市场的构成要素。

(三)市场的分类

实践中,往往由于出发点不同,对市场的分类有多种形式。

1. 按照商品流通的区域分类

可分为国内市场与国际市场。

2. 按照商品属性分类

如果按照商品的物质性进行分类,可分成物质商品(或称有形商品)市场和非物质商品(或称无形商品)市场;如果按照商品的使用性质进行分类,可分成生产资料市场和生活资料市场;如果按照商品的使用归属部门进行分类,可分成工业用品市场、农业用品市场、文化用品市场、人才市场、技术市场、信息市场、劳务市场、服务市场等。

3. 按照生产者的生产特征分类

可分成生产要素市场和产品销售市场等。

4. 按市场要素的特征分类

可分成商品市场、劳动力市场、土地市场、资金市场、技术市场和信息市场等。

5. 按照供应商的属性分类

可分成完全垄断市场、寡头垄断市场、垄断竞争市场和完全竞争市场。

6. 按照市场需求关系分类

可分成卖方市场和买方市场。

7. 按照交易对象的时间特性分类

可分成现货市场和期货市场。

8. 按照购买者分类

可分成妇女用品市场、儿童用品市场、青少年用品市场、中年人用品市场和老年人用品市场等。

9. 按照购买者的购买目的和身份分类

可分成消费者市场、生产商市场、中间商市场和政府市场。

10. 按照单笔流通量分类

可分成批发市场和零售市场。

【典型案例】

白沟的“大市场带动大工业,大工业支撑大市场”战略

河北省的白沟是中国北方著名商镇。近几年先后被国家发改委等11部委确定为“全国小城镇发展改革试点镇”,被国家建设部命名为“全国小城镇建设示范镇”,被联合国开发计划署命名为“中国可持续发展小城镇试点”。

改革开放后,白沟在上级党委、政府的正确领导和各界朋友的支持下,富民至上、科学和谐、艰苦奋斗、追求卓越,发生了日新月异的变化。

在市场建设上,白沟按照“大市场带动大工业”的发展战略,确定了“十城”的发展规划。目前,服装城、小商品城、箱包交易城、国际箱包城、五金皮革城、五金机电灯饰建材城已成功启动、运营,服饰辅料城、汽贸汽配城、温州鞋帽城、食品药品保健品城正在建设招商中。

在工业建设上,白沟按照“大工业支撑大市场”的发展战略,以箱包制造为第一主业,打造工业发展体系。目前,白沟镇区已形成规模企业近300家、个体加工企业2 000多家,周边5个县市个体加工企业4 200多家,年产箱包2.9亿只的生产能力。不仅使白沟成为了全国最大的箱包产销基地,而且带动了周边50多个乡镇、50多万人走上致富道路。

在城镇建设上,白沟以“文明城、卫生城、环保城、园林城、旅游城、文化城”六城同创为目标,完善基础设施、增强服务功能,使白沟的经营从地摊进入商城,居住从旧宅进入新区,不但环境一新、气象一新,而且面貌一新、形象一新。

(http://tieba.baidu.com/p/377507861)

三、我国农村市场体系

(一)我国农村市场体系的概念与构成

农村市场体系就是在农村范围内实现商品流通功能的一系列市场及其关系的总和,包括农村生活消费品市场、农产品市场、农村生产要素市场和农村其他专业市场等。

1. 农村生活消费品市场

农村生活消费品市场是指在农村实现生活消费品流通的一类市场。同样,它也有狭义与广义之分,狭义的农村生活消费品市场是指以农村为范围实现生活消费品交换的场所;而广义的农村生活消费品市场是指以农村为范围的生活消费品在交换过程中所形成的交换关系的总和。这类市场可按照其在商品流通渠道中所处的位置不同分为农村生活消费品批发市场和农村生活消费品零售市场。

2. 农村生产要素市场

生产要素是进行物质生产所必需的一切要素及其环境条件。优化农村生产要素配置是发展农村生产力的有效途径。实际上,农村生产要素市场是以农村为范围实现生产要素流通的一类市场,是有效配置农村生产要素的重要基础。同样,农村生产要素市场也有狭义与广义之

分。狭义的农村生产要素市场是指以农村为范围实现生产要素交换的场所；而广义的农村生产要素市场是指以农村为范围的生产要素在交换过程中所形成的交换关系的总和。这类市场可按照流通的具体要素不同分为农村劳动力市场、农资市场、农村技术市场、农村信息市场、农村资本市场、农村土地经营权流转市场等。

3. 农产品市场

农产品市场是实现农产品流通的一类市场。它也有狭义与广义之分。狭义来讲，是指农产品交易的场所；广义来说，是指实现农产品价值和使用价值的各种交换关系的总和。由于农产品生产的特殊性，农产品市场具有以下几个方面的特点：一是农产品市场具有明显的季节性特点，二是农产品市场流通具有从分散到集中的特点；三是农产品市场经营具有鲜明的地域性特点。实践中，农产品市场具有的类型有：农产品零售市场、农产品集贸市场、农产品批发市场、农产品期货市场等。除农产品交换功能以外，与一般的市场一样，农产品市场还具有自组织与自协调、调节资源配置、信息传导和经济利益分配等功能。

4. 农村工业品市场

农村工业品市场是以农村为范围实现工业产品流通的一类市场。同样，它也有狭义与广义之分，狭义的农村工业品市场是指以农村为范围实现工业品交换的场所；而广义的农村工业品市场是指以农村为范围的工业品在交换过程中所形成的交换关系的总和。农村工业品市场是改革开放以来我国农村市场建设中的重要制度创新，它对农村经济的发展和市场机制的建立起到了十分重要的作用。

5. 农村专业市场

专业市场是一种以现货批发为主，集中交易某一类商品或者若干类具有较强互补性或替代性商品的场所，是一种大规模集中交易的坐商式的市场制度安排。其主要特点：一是一种典型的有形市场；二是以批发为主，兼营零售；三是集中交易，有一定数量规模的卖者，接近完全竞争的市场结构；四是以现货交易为主，远期合同交易为辅。专业市场的主要经济功能是通过可共享的规模巨大的交易平台和销售网络，节约中小企业和批发商的交易费用，形成具有强大竞争力的批发价格。专业市场的优势，是在交易方式专业化和交易网络设施共享化的基础上，形成了交易领域的规模经济，从而确立了商品的低交易费用优势。

（二）我国农村市场体系的建设

为了完善社会主义市场经济体制，繁荣我国农村经济，应着力加强农村市场体系建设。当前，应主要做好以下几个方面的工作：

1. 系统建设农村生活消费品和农资流通网络

进一步鼓励更多的流通企业进入农村流通市场，积极推进农业生产资料连锁经营进乡镇、生活消费品连锁经营进村庄、农副产品进市场的“三进工程”，形成更全面的便民利民的农村生活消费品和农资流通网络。

2. 加快农产品流通基础设施建设

农产品批发市场、冷链系统、物流中心、农贸市场等流通基础设施是农业产业化发展的市场支撑。当前，要创新机制，加大投入，加快农产品批发市场、农产品冷链硬件基础设施、物流中心等涉及农产品流通的基础设施建设。

3. 深入建设农产品流通渠道

当前我国农产品流通主要是通过农产品批发市场、集贸市场、出口市场、期货市场、网上交易市场和超市等渠道，其间虽然有交叉，但总体上看都能独立成为农产品流通的重要渠道。下一步应着力整合资源，着力深入建设农产品批发市场体系、规范建设农产品集贸市场、积极推进“农超对接”，以及大力开拓我国农产品出口市场和提升农产品出口竞争力。

4. 积极发展农产品期货和电子交易等无形市场

农产品期货市场和电子交易等无形市场已经成为我国农产品流通的一个重要渠道，要不断增加农产品期货交易品种和发展农产品电子交易市场，以深入建设和完善我国的农村市场体系。

5. 积极培育壮大农产品加工与流通主体

在我国农产品流通中，农产品加工和流通龙头企业、农民专业合作经济组织、运销大户等多种主体发挥着重要作用。因此，一要积极引导农民依法成立专业合作经济组织，提高农民参与农产品流通的主动性和组织化程度；二要围绕农产品流通、储运加工、质量安全、国内外市场等内容，加强对农民专业合作经济组织、中介组织、经纪人、农产品加工和流通企业的有关人员进行多层次的培训，增强其市场开拓能力；三要扶持农产品加工企业延长产业链，缓解农产品卖难压力，同时实现农产品加工增值；四要鼓励农业龙头企业和流通组织发展连锁经营、加工配送、直供直销等新型营销方式，形成产销一体化，培育一批具有较强核心竞争力的农产品大型流通企业。

6. 努力抓好农村商务信息网络建设

要继续夯实农村商务信息网络的发展基础，继续完善省、地、县三级信息服务网络，并逐步把网络向更多乡、村延伸，加强国内外农产品市场信息的收集、研究和发布工作，引导农业生产，促进农产品流通。

7. 完善农村市场相关法律法规体系和加强执法

虽然我国加快了农村市场相关法律法规和标准体系建设，但农村市场法律法规体系建设仍然需要从国家法律、地方法规、行政规章、规范性文件等多个层次来完善，要逐步健全我国食品、药品、农资安全信用的监管体制，征信制度，评价制度，披露制度，服务制度和奖惩制度等。同时，要进一步严格执法，打击农村制售假冒伪劣商品的不法行为，严厉处罚违法经营假冒伪劣有害商品行为，深入开展“农资打假下乡活动”和不断强化农资生产监管，营造一个规范有序的市场环境。

【阅读与思考】

寿光蔬菜批发市场

寿光蔬菜批发市场是全国目前最大的专业蔬菜批发市场，也是我国的蔬菜信息交流中心和蔬菜价格形成中心。

市场总占地面积30万米^2，日均上市量200万千克，人员4万多。除当地蔬菜外，市场吸引了来自全国的蔬菜和鲜果，呈现出淡季不淡、四季常鲜、南果北菜、品种齐全的繁荣景象，辐射29个省、市、自治区。

在市场配套设施建设方面，除建有玻璃钢瓦棚和水泥交易场地外，还有交易服务大楼10栋，交易服务房600间，蔬菜贮藏恒温库5座，总库容2 000多吨。市场内有蔬菜经营单位75家，商店、宾馆、饭店、理发室、菜种经销、储蓄所、维修加工等服务单位171家，并有2 500多人专门在市场从事装卸服务。工商、公安、交通、邮电、储蓄、医疗卫生等管理服务机构配置齐全。市场与全国190多个城市的农副产品批发市场建立了信息联系和蔬菜供销关系。同时，建立健全信息处理系统，市场微机与全国联网。

寿光蔬菜批发市场的兴起，带动了全市商品经济的发展，使寿光跻身于全国百强县(市)之列，成功地走出了一条运用市场机制发展农村经济的新路子。

(http://www.infobase.gov.cn/bin/mse.exe? K=a&A=62&rec=36&run=13)

思考：寿光蔬菜批发市场的构成要素有哪几个方面？

【实践训练】

农村市场建设与管理调研

1. 实训要求：找一个农村市场管理机构，了解该市场的建设与管理情况。

2. 实训目的：通过此次实训，加深学生对农村市场建设与管理的认识与理解。

3. 实训组织：全班同学按每3～5人进行分组，每组制订切实可行的调研计划。

4. 实训实施：由学生自主联系或任课教师统一联系一家农村市场管理机构，在任课教师的指导下，具体进行调研。

5. 实训考核：每组集思广益撰写一篇1 500～2 000字的调研报告，内容包括所调查市场的基本情况(市场面积、基础设施、流通的主要品种、覆盖范围等)，建设的基础、历程、投资、所形成的资产等情况，市场管理的措施，建设与管理工作中遇到的问题，建议和要求等。教师对调研计划和调研报告进行考核评定并给出成绩。

【复习思考与练习】

1. 我国社会主义初级阶段的基本经济制度是什么？包括哪些经济成分？
2. 我国农村的基本经营体制是什么？有哪些特征？
3. 农户家庭经营与农村集体经济组织的统一经营的联系纽带是什么？
4. 稳定和完善农村统分结合的双层经营体制应坚持哪些原则？
5. “乡政村治”体制的运行特点是什么？
6. 如何保证行政村“三位一体”管理体制的协调一致运行？
7. 如何确保“三位一体”管理体制在农村经济管理中追求以经济效益为主不偏移？
8. 新型农村社区主要有哪些类型？各有哪些特点？
9. 什么是社会主义市场经济体制？其有哪些特点？
10. 我国农村的商品流通都有哪些特点？
11. 我国农村市场体系的市场构成都有哪些？
12. 我国农村市场体系建设应着力做好哪些工作？

项目三 农村经济决策

【学习目标】

- 通过本项目内容的学习，明确决策的概念、组成要素、特点和类型；了解农村经济决策的内容；熟悉农村经济决策的原则、一般程序，以及非确定型决策方法；掌握"一会两票"法、"四议两公开"法、八步工作法、盈亏平衡分析法及决策树法等决策方法。

【能力目标】

- 通过本项目内容的课堂学习和实训环节，能熟练运用农村经济决策的一般程序思考以至处理农村经济活动中的一些实际问题；学会运用"一会两票"法、"四议两公开"法及八步工作法处理农村经济决策问题；学会运用盈亏平衡分析法、决策树法分析农村经济决策问题。

【重点与难点】

- 本项目的重点：决策的原则、程序及方法。
- 本项目的难点：后悔值法和决策树法。

【教学方法与手段】

- 案例式、启发式教学；多媒体辅助教学。

【引导性案例】

茅坪场镇:推行村务公开 促进农村经济又好又快发展

近年来,湖北省远安县茅坪场镇坚持切实维护农民群众对村务管理的知情权、参与权、表达权和监督权,其主要做法就是抓好"一个机构、两大重点、三项机制、四个规范"。

成立"一个机构"。镇委、镇政府成立了村务公开民主理财工作领导小组,由镇长任组长,分管副镇长任副组长。各村相应建立了村支部书记、村委会主任负总责,村财经委员具体抓,"两委"班子成员齐抓共管的工作机制。

突出"两大重点"。首先,实行"村账镇管"制度,即在村集体资金所有权、使用权、管理权不变的原则下,村级财务由镇农村财务管理中心统一管理。其次,在具体财务开支中,茅坪场镇严格把关,重点审核。一是实行民主理财小组定期理财制度。每月23日为各村民主理财日,理财小组依照规章制度对当月财务收支进行审核;二是实行"三签两审制",即村级财务由会计具体负责,每笔开支必须由经办人签字后报村民主理财小组会审,并由理财小组加盖同意报销公章,村书记、主任再审核签字后报镇农村财务管理中心审核入账,接受群众查询,切实规范开支行为。

健全"三项机制"。一是严格操作程序,规范代表议事流程,健全村民代表议事机制;二是健全重大事项评议机制,对各村年度工作计划、财务预决算和"一事一议"等村级重大事项,认真开展评议;三是健全工作检查督办机制,由镇村务公开领导小组定期组织相关部门深入各村,对村务公开情况进行检查和督导,发现问题及时纠正。

抓好"四个规范"。一是规范公开栏建设。二是规范公开内容,做到"四个必须公布",即年初必须公布财务收支计划、集体资源发包情况、公益事业筹资指标的分解和落实情况;每月必须公布各项收入及支出情况、各项惠农政策的执行情况、村级重大事项落实情况及公益事业的建设情况;年末必须公布收益分配、承包上交、公益事业筹资使用、干部工资、五保户供养、债权债务的清偿情况;随时公布重大事项、重大财务活动、群众关心的热点难点问题等。三是规范活动主题,做到年年有主题,事事合民意,群众知晓率和参与率达98%以上。四是规范档案管理,即组织村会计对村务公开栏公开的内容、会议记录、村务公开记录,以及村级档案管理内容进行培训,并分期分批对各村村务公开档案资料进行集中审核检查,要求各村会计熟练掌握做好会议记录、收集档案资料的方法和要求,档案管理日趋规范。

(http://mz.yuanan.gov.cn/art/2011/4/12/art_1734_75456.html)

任务一　了解农村经济决策的概念、内容层次及作用

一、决策的有关知识

(一)决策的概念

决策就是作出决定或选择,是为了实现特定的目标,根据客观的可能性,在占有一定信息

和经验的基础上，借助一定的工具、技术和方法，对影响目标实现的诸因素进行分析、计算和判断，并在若干种可供选择的方案中选择出满意方案的过程。

决策是一个过程，包括发现问题、确定目标、确定评价标准、方案制定、方案选优和方案实施等。决策过程强调：目标必须清楚；必须有两个或两个以上的备选方案；决策是以可行方案为对象，是一个择优的过程，贯穿整个管理活动的始终。事实上，科学决策是现代管理的核心，是现代管理者的主要职责。

（二）决策的组成要素

从系统的观点看，决策是由决策主体、决策客体、决策理论方法和决策结果等要素构成的有机整体。

1. 决策主体

它是指参与决策的领导者、参谋者及决策的执行者。决策主体可以是个人，也可以是集团——决策机构。决策主体是决策系统的核心，决策能否成功，取决于决策主体的素质。

2. 决策客体

它是指决策对象和决策环境。决策对象是指决策主体能影响和控制的客体事物，如某项业务的经营目标、经营规划，某个产品的研究开发等；决策环境则指促进或者制约决策对象按照一定规律发展变化的条件。决策对象与决策环境的特点、性质决定着决策活动的内容及其复杂程度。

3. 决策理论与方法

决策理论与方法的功能在于将现代科学技术成果运用于决策过程，从整体上提高决策活动的科学性，减少和避免决策结果的偏差与失误。如遵循科学的决策程序，采用适宜的决策方法，把定性分析和定量分析有机结合起来等。

4. 决策信息

信息是决策的前提和基础。要保证决策的正确，拥有大量、丰富的有关信息是必不可少的条件。决策主体只有掌握了充分准确的有关信息，才有可能作出正确的决策。

5. 决策结果

决策的目的是为了得到正确的决策结果。没有决策结果的决策不算是决策。任何决策都要得到决策结果，所以决策结果是决策必不可少的构成要素。

（三）决策的特点

由于科学技术的不断进步，生产经营规模的不断扩大，市场竞争的不断加剧，以及生产经营主体目标的进一步多元化，农村经济决策出现了许多非常鲜明的特点。

1. 决策的客体越来越复杂

随着科学技术的不断发展，生产经营规模的不断扩大，以及市场竞争中的不确定因素越来越多，从而导致了决策客体的复杂化。

2. 决策环境变化越来越快

今天的社会环境，从一个科学发现、发明转化为社会生产力的周期愈来愈短。而且随着新技术的不断被应用，旧技术不断被替代，导致了社会环境的加速变化，进而给决策带来了更大的困难。

3. 决策所涉及的信息量越来越大

现代决策要求在及时、准确和充分的信息基础之上进行，而与决策对象相关联的市场、产品，以及内部和外部信息越来越多。信息量的不断加大，不仅使处理信息的工作量加大，还使判断这些信息价值的困难程度加大。

4. 决策时间要求越来越短

决策环境的快速变化，必然对决策的时间和速度提出新的要求。市场的激烈竞争要求决策者尽早地先他人而动，尽快抢占市场"制高点"。

5. 决策的影响面越来越广泛

决策总是与有关无关的各方面有着千丝万缕的联系，牵一发而动全身。决策成败的意义不仅只在决策本身，还必须考虑可能引起的有关环节，甚至与社会相关联的环节。实际上，这是因为决策的影响面越来越大所致。

6. 决策主体已由个人转向群体

进入后工业时代，决策的关联性使决策变得异常复杂，决策已不可能像过去那样仅凭个别决策者的经验和胆略就能完成，它逐步向群体决策转变。同时，由于决策的技术化和知识化不断加强，不少专家、学者，甚至是单位外部的专业人员也加入其中。为防止决策失误，决策技术被广泛应用，主观判断的成分越来越少，决策已经成为一种主要依靠众多具有不同知识、分别扮演不同角色而共同进行决策的群体决策。

(四)决策的类型

从不同的角度，决策可以分成不同类型。了解各种类型决策所具有的特点，有助于农村经济管理者进行合理决策。

1. 按照决策问题的性质分

(1)战略决策。它是影响全局活动和长远发展的重大决策，多为复杂的、不确定性的决策，涉及组织与外部环境的关系，常依赖于决策者的直觉、经验和判断能力。

(2)战术决策。它是在实现战略目标过程中对所要采取的具体方法、手段的决策。

战略决策和战术决策是相互依存和相互补充的。战术决策是实现战略决策的必需步骤和环节。没有战术决策，再好的战略决策也只是空想。反之，战略决策是战术决策的前提。没有战略决策，战术决策的存在也就没有必要。

2. 按照决策问题的特点和活动形态分

(1)程序化决策(常规决策)。它是对管理活动中经常反复出现的问题的决策。处理这些问题的特点，就是要预先建立相应的制度、规则、程序，当问题发生时，只需根据已有的规定加以处理即可。程序化决策可以为决策者节省宝贵的时间和精力，使其可以投入到其他更重要的活动中去。

(2)非程序化决策(非常规决策)。它是对管理活动中偶然出现的一次性问题的决策。如重大的投资问题、组织变革问题、开发新产品或打入新市场的问题等。非程序化决策时往往缺乏足够的信息资料，无先例可循，无固定模式，常常需要决策者倾注全部精力，进行创造性思维。一般来说，组织最高层所作的决策大多是非程序化的。

随着现代决策技术的发展，很多以前被认为是非程序化决策的问题已经具有了程序化决策的可能，程序化决策的领域日益扩大。一方面是运筹学等数学工具被广泛地运用到以前被认为只能依靠判断力的决策中来；另一方面是计算机的广泛应用，进一步扩展了程序化决策的范围。

3.按照决策目标的多少分

(1)单目标决策。决策目标只有一个的决策。

(2)多目标决策。决策目标有两个或两个以上的决策。

4.按照对决策问题的条件的知晓程度分

(1)确定型决策。它是对事件未来的条件(自然状态)和影响结果已知的决策。

(2)非确定型决策。它是对事件未来发展的条件(自然状态)和影响结果不能肯定、不可控制,一个方案可能出现几种不同的结果,而且各种结果出现的可能性无法估计的决策。

(3)风险型决策。它是对事件未来发展的条件(自然状态)和影响结果不能肯定、不可控制,一个方案可能出现几种不同的结果,但各种结果出现的可能性可以估计出来的决策。

5.按照决策的过程及其方法分

(1)经验决策。它是指决策者对决策对象的认识与分析,以及对决策方案的选择完全凭借自己在长期工作中所积累的经验和解决问题的惯性思维所进行的决策。

(2)科学决策。它是指决策者为了实现某种特定的目标,运用科学的理论、方法和程序,系统地分析主客观条件所作出的决策。科学决策具有程序性、创造性、择优性、指导性。

所谓程序性是指科学决策是在正确的理论指导下,按照一定的程序,充分依靠群体性决策主体和广大群众的集体智慧,正确运用决策技术和方法来选择行为方案。

所谓创造性是指决策是针对需要解决的问题和需要完成的任务而运用逻辑思维、形象思维、直觉思维等多种思维方式进行创造性的劳动。

所谓择优性是指在多个方案的对比中寻求能获取最佳效益或效果的行动方案。择优是科学决策的核心。

所谓指导性是指在管理活动中,决策一经作出,就必须付诸实施,对整个管理活动、系统内的每一个人都具有约束作用,指导每一个人的行为方向。

二、农村经济决策的概念与内容层次

(一)农村经济决策的含义

农村经济决策是指在农村经济活动中,对所遇到的问题进行科学分析、判断,从多种可行方案中选择出满意方案,以实现其预定目标的一系列活动。

(二)农村经济决策的内容层次

农村经济决策的内容非常广泛,可以概括为农村村级及农村经济组织与农户个体两个层面的内容。

1.农村村级经济决策

农村村级经济决策是指对涉及农村经济全局活动和长远发展等重大问题的决策,目前主要由村党组织和村民自治组织负责。主要内容有:

(1)农村经济发展战略目标、战略重点和战略措施;

(2)农村生产力布局和经济结构,农村各产业部门发展的规模、速度及比例关系;

(2)农村自然资源和经济资源的开发利用;

(3)农村基本建设规划;

(4)农村经济管理体制的改革方案；

(5)农村经济发展与科学技术、生态环境、社会发展的协调统一。

2.农村经济组织及农户个体经济决策

它是指农村经济组织及农户个体在生产经营活动中对供、产、销，人、财、物的决策，具体包括：

(1)投资决策。如投资方向的确定，投资项目、基本建设、技术改造、设备购置与更新等方案的选择和确定。

(2)生产决策。如生产经营项目、经营方针、产品结构、生产规模、资源配置与利用等方案、技术措施的选择和确定。

(3)供应决策。如原材料供应渠道的选择，供应方式、采购时间、采购数量等的确定。

(4)销售决策。如产品销售渠道、销售方式、销售范围、销售价格、储运方式、产品包装、商标和广告等的选择和确定。

(5)财务决策。如资金筹集的渠道、资金的构成、贷款的时间与数量、资金调度和使用策略、产品成本、利润分配等的确定。

(6)组织与人事决策。如管理层次和职能机构的设置、责权的划分，管理人员的选拔、考核、任免、奖惩制度，职工的思想教育与技术培训等问题的决策。

三、农村经济决策的地位与作用

(一)农村经济决策是农村经济管理的核心工作

农村经济决策规定了农村在未来一定时期内的活动方向和方式，它提供了农村中各种资源配置的依据。农村经济管理各项职能的发挥运用都是建立在科学决策的基础上，都是以决策为前提，围绕着决策目标的实现和决策方案的施行而开展的。因此，决策贯穿于农村经济管理工作的各个方面，是管理工作的核心。

(二)农村经济决策是农村经济健康发展的重要基础

农村经济发展的各个环节都离不开决策，决策是否科学，不仅关系到整个农村经济的发展方向、发展战略、发展目标等根本性问题，而且还关系到农村经济各个生产经营主体的生存和发展。因此，保证农村经济决策的合理性和正确性是促使农村经济健康发展的重要条件。

(三)农村经济决策的水平是农村经济管理水平的重要体现

面对瞬息万变的农村经济客观环境，能否及时、正确地作出决策，是农村经济管理能力和素质的重要体现。因此，提高农村经济管理水平的关键是要运用科学的决策程序和方法，提高决策水平。

(四)科学民主的农村经济决策是农村推进民主管理的重要内容

科学民主的农村经济决策就是要把握客观事物的发展规律，在深入调查研究，掌握大量情报信息的基础上，进行科学的分析判断。同时，要集思广益，倾听各方面的意见，力求在求大同存小异的基础上形成统一认识。实际上，这个过程就是充分发扬民主并推进民主管理的过程。

【典型案例】

灵台县科学民主决策统筹发展农村经济

2011年以来，甘肃省灵台县政府坚持科学民主决策，把农业项目建设作为落实科学民主决策的关键，统筹发展农村经济，不断扩张产业规模，扩大农村经济总量，促进了现代农业的发展。他们的做法主要有：

一是狠抓项目科学民主决策。2011年初，县政府3次组织党政考察团、群众代表考察团赴山西、山东、陕西等省考察学习发展现代农业的经验，邀请陕西、甘肃的农业科技研究人员对2011年重点农业项目进行论证，召开乡镇长、部门负责人、人大代表、政协委员、农业科研人员和群众代表会议，集中民智，统筹考虑，议定了29个重点项目。

二是立足资源优势，制定优惠政策，全力争取引进项目。县政府制定优惠政策，抢抓国家政策机遇，敏锐地把握政策、省市扶持重点、市场资金流向和产业发展方向，强化服务意识，充分发挥民智，因地制宜地招引客商，有效拓宽了农业发展渠道。

三是统筹整合项目，发挥资金的最大效应。灵台县打破各种壁垒，按照“渠道不乱，用途不变，各负其责，各计其功，优势互补，形成合力”的思路，最大限度地把整村推进、农综开发、乡村道路、安全饮水、能源生态等项目资金进行巧妙整合，制订项目实施方案，规范建设程序，把资金集中用于重点区域、难点工作，以实现资源的优化利用和发挥资金的最大效益。

四是树立典型，培植亮点。按照有规模、上档次、出精品的要求，灵台县2011年确定了朝那镇马寨333公顷全膜双垄沟播玉米示范基地、什字镇西郊标准化果园示范点等20个县级典型，切实发挥了示范引导作用，推动了全县现代农业的发展。

(http://www.gsfzb.gov.cn/FZJG/ShowArticle.asp? ArticleID=48702)

任务二 掌握农村经济决策的原则、程序与方法

一、农村经济决策的原则与要求

(一)农村经济决策的原则

农村经济决策的原则是指决策必须遵循的指导原理和行为准则，它是科学决策指导思想的反映，也是决策实践经验的概括。科学决策必须遵循以下原则：

1. 客观原则

客观原则是科学决策的首要原则。它要求决策者坚持实事求是的思想路线，从客观实际出发，准确把握决策对象的发展趋势、发展规律，做出符合客观实际的判断和选择。

2. 信息原则

信息是决策的基础，决策的科学性是和信息的准确性、及时性、适用性成正比的。只有掌

握了及时、准确和适用的信息，才可能作出正确的决策。

3. 预测原则

科学预测是科学决策的前提。科学的预测就是运用科学的技术和方法，通过对信息资料的分析处理，对事物未来的发展趋势作出预先推测和估计的过程。科学的预测为决策者的正确决策提供客观依据。

4. 程序原则

严格遵循科学的决策程序，是科学决策区别于传统的经验决策的重要原则。传统的经验决策缺乏严格的决策程序，往往导致决策的失误。科学的决策要求按照科学的决策程序一步一步地进行，从而减少了决策的失误。

5. 可行原则

可行原则要求对决策方案进行充分的可行性研究。只有经过可行性研究后，才能进行方案的最终选择。可行性研究是运用科学的手段和方法对决策方案在经济、技术、社会等方面的合理性所进行的综合分析和论证。

6. 选优原则

选优原则强调多方案的对比选择。多方案选优是现代决策的一个重要特点。

7. “外脑”原则

“外脑”原则强调在决策过程中，要充分发挥由各方面专家组成的智囊系统的咨询和辅助决策作用。

(二)农村经济决策的基本要求

1. 要有明确的目的

决策或是为了解决某个问题，或是为了实现一定的目标，没有问题就无需决策，没有目标就无从决策。因此，决策所要解决的问题必须是十分明确的，要达到的目标必须有一定的标准可资衡量比较。

2. 要有若干可行的备选方案

如果只有一个方案，就无法比较其优劣，更没有选择的余地。因此，多方案择优是科学决策的重要原则。决策时不仅要有若干个方案可供比较，而且决策所选择的各方案必须是可行的。

3. 要对各方案进行比较分析

每个可行方案都有其可取之处，也存在一定的弊端。因此，必须对每个方案进行综合分析与评价，以明确各方案对目标的贡献程度和所带来的潜在问题，进而综合比较各方案的优劣。

4. 要选择满意方案

决策理论认为，最优方案往往要求满足各种苛刻的条件，只要其中有一个条件稍有差异，最优目标便难以实现。所以，决策的结果应该是从诸多方案中选择一个相对合理的方案，觉得相对满意就可以了。

5. 要不断分析判断

决策虽然有一定的程序和规则，但它也受决策者价值观念和经验的影响。在分析判断时，参与决策的人员的价值准则、经验和知识会影响决策目标的确定、备选方案的提出、方案优劣的判断及满意方案的抉择。决策者要作出科学的决策，就必须不断提高自身素质，以在不断的分析判断中，提高自己的认识水平和决策能力。

二、农村经济决策的程序与方法

（一）农村经济决策的一般程序

农村经济决策程序如图 3-1 所示。这种划分是相对的，既可简化步骤，也可具体细分，但其逻辑顺序和科学要求基本是一致的。

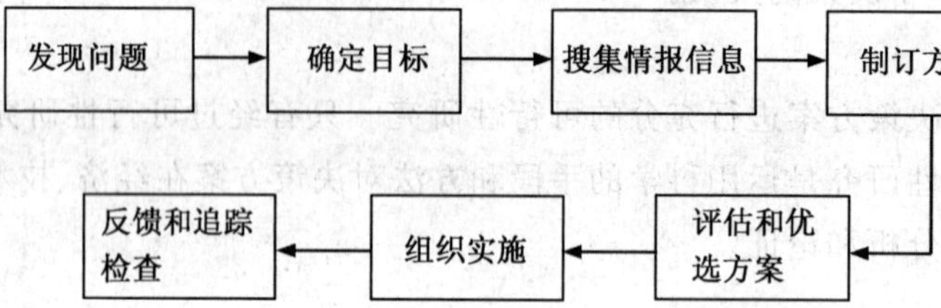

图 3-1　农村经济决策程序图

1. 发现问题

包括两个方面，一是要弄清问题的性质、范围、程度及其价值和影响，以及各个问题之间的相关性、层次性、历史性，并认识其状态、趋势和特点；二是要找出问题产生的原因，进而分析其主观原因与客观原因、主要因素与次要因素、直接原因与间接原因等。

面对纷繁复杂的问题，要善于抓住有价值的问题，把握其关键和实质。如果真正的问题没有抓住，或者抓得不准，决策的效果就大打折扣。

2. 确立目标

要注意以下几个问题：

(1)要有层次结构，建立目标体系。目标是由总目标、子目标、二级子目标等，从总到分、从上到下组成的一个有层次的目标系统，是一个动态的复杂系统。

(2)目标要具体明确。决策目标应该是可以计量其成果、规定其时间、确定其责任的。

(3)明确实现目标的限制条件。限制条件主要有资源条件、质量规格、时间要求及法律、制度、政策等。

(4)建立衡量决策的价值标准。要建立科学价值、经济价值及社会价值指标，并进行综合权衡，以构成衡量决策的价值系统，以此对决策进行科学评价。

(5)目标的确定。要经过专家与决策者的集体论证。

3. 搜集情报信息

要达到以下要求：

(1)情报信息必须具有完整性。凡与目标要求有关的直接或间接情报信息，都要尽可能搜集齐全。

(2)情报信息必须可靠。搜集的情报信息要有依据，要具有时间、地点及对象的连续性要求等，数字要准确无误。

(3)对情报信息要进行系统分析。要着重从事实的全部总和与事实的各种联系中掌握事实，从事物的发展变化中准确把握事物的本质，以保证所掌握情报信息的科学性。

(4)能用反映现状的情报信息预测未来。科学决策中，对事物的过去和现状进行定量定性分析是重要的，但还是不够的，由于决策是为未来的行为而作的，因此，分析历史和现状的目的是为了预测未来。

4. 拟定可供选择的可行方案

要求做到：

(1)必须制定多个可供选择的方案，方案之间要具有原则性区别，便于权衡比较。

(2)每个方案能以确切的定量数据反映其成果。

(3)要说明各方案的特点、弱点及实际条件。

(4)各方案的表达方式必须做到条理化和直观化。

对各备选方案进行评估可聘请有关专家进行。在评估的基础上，要权衡各个方案的利弊得失，并将各方案按优劣顺序进行排列，提出取舍意见，交由决策者定夺。

5. 进行方案选优

需要满足两个条件：一是要有合理的选择标准；二是要有科学的选择方法。

选择方案的标准：一是价值标准，即选择方案的基本判据。其内容有：确定各项价值指标，分清主次，进行综合评价。一般从系统性、先进性、效益性、现实性四个方面进行综合评价。其中效益性是核心。二是满意标准。实际中，绝对的最优标准是不存在的，最优也是相对而言的。决策理论学派的代表西蒙，提出了一个现实的标准，即满意标准，或者“有限合理性标准”。方案只要足够满意即可，不必追究最优。多数决策都是按“满意标准”进行的。当然，这样做并不排除在可能条件下达到最优的可能性。

选择方案的方法很多，归纳起来，有经验判断法，以及归纳法、试验法等。

经验判断法是最古老的一种方法。今天把数学方法、物理模型、网络模型等方法引进决策以后，经验判断法仍然是一种不可缺少和忽视的方法。尤其是一些涉及社会、心理因素等复杂问题的决策，还是需要决策者的经验判断。

归纳法是在方案众多的情况下，先把方案归成几大类，先看哪类最好，然后再从其中选出最好的方案。这个方法的优点是可以较快缩小选择范围。缺点是可能漏掉最优方案。因为最优方案也可能处在不是最好的那个类中。不过，在不允许进行全面对比的情况下，这个办法仍常被采用，因为按此法选出的方案一般还是比较不错的。

试验法是对重大问题，尤其是对新情况、新问题及无形因素起重大作用，而不便用定性和定量方法分析时，先选择少数几个典型单位进行试点，然后总结经验，以作出决策的方法。

6. 组织实施

在组织实施中，要抓好以下工作：

(1)把决策的目标、价值标准及整个方案向下属交底，动员干部、群众和科技人员为实现目标而共同努力。

(2)围绕目标优化实施方案，并制定具体的实施措施，明确各部门的职责分工和具体任务，做出时间和进度安排。

(3)建立各级各部门及执行人员的责任制度,确立规范,严明纪律,赏罚分明。切忌吃“大锅饭”及粗放管理。要把统一指挥同调动群众的积极性结合起来,加强思想政治工作。

(4)随时纠正偏差,减少偏离目标的震荡。

7.反馈和追踪检查

反馈和追踪检查工作的任务,就是要准确、及时地把方案实施过程中出现的问题、执行情况等信息输送到决策机构,以进行追踪检查。在组织实施中一般遇到的问题,大致可归纳为三种:一是执行人员没有按规定完成任务;二是执行中遇到实际困难,发现方案中有不妥当之处的问题;三是已经按方案执行了,但未达到预定目标。

对发生的问题要进行具体分析,第一种是需要进行教育和落实的问题;第二种是需要修正方案,使其更加切合实际的问题;第三种是属于已危及到决策目标的实现,需要对决策进行根本性的修正,甚至要改变决策目标,即需要进行追踪决策的问题。如果证明原决策是完全错误的,那就不属于追踪决策的问题,而是要推倒重来重新进行决策的问题了。

(二)农村经济决策的典型方法

1.“一会两票”决策法

“一会”即由群众、党员、村组干部共同讨论重大事务和疑难问题的民主议事会;而“两票”即对议事会内容,党员投的建议票、群众投的表决票。“一会两票”决策法就是对村级重大事务和涉及村民切身利益的村务要事,通过召开村民议事会,提请党员投建议票、村民代表投表决票,对其进行民主决策的方法。

【典型案例】

巴东沿山村:“一会两票”决策村级事务

2012年,湖北巴东溪浦镇计划以土地置换的方式,在沿山村新建一座乡镇卫生院。由于涉及的项目用地已由村里在此前投资建有厂房,出租给了3家企业,每年仅租金就达20万元。厂房拆迁后的补偿问题,沿山村决定采用“一会两票”方式进行决策。为确保公正透明,在“两票”决策时,党员和村民代表人数必须占到应到会人数的4/5和2/3以上,以无记名方式投票。党员赞成票超过80%形成建议案,提交村民代表会议讨论,村民代表会议赞成票超过半数以上形成决议。“村里的事务,过去是村干部说了算,我们总会有疑问,‘是不是有猫腻?’现在好了,让党员和群众代表投票决定,公开透明,没啥说的!”该村党员代表金小玉如是说。“一会两票”制度,拓展了党员和村民参与农村事务决策的范围,让村级事务处理更加民主公开。

(http://www.enshi.cn/20080521/ca119021.htm)

2.“四议两公开”法(4+2工作法)

“四议”,即党支部会提议、村“两委”会商议、党员大会审议、村民代表会议或村民会议决议;“两公开”,即决议公开、实施结果公开。“四议两公开”法的工作流程,如图3-2所示。

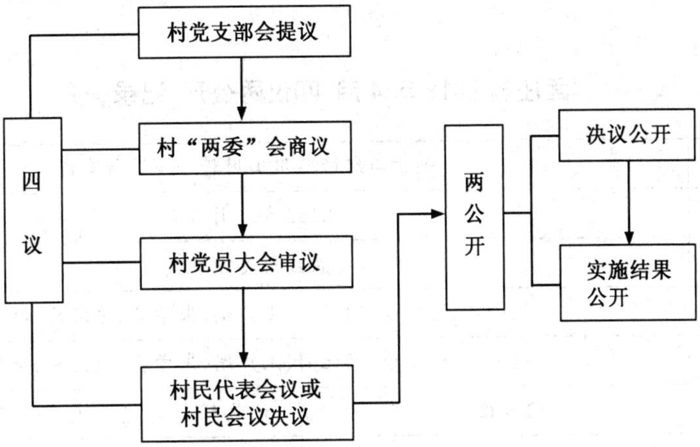

图 3-2 “四议两公开”工作法流程图

“四议两公开”法的具体内容为：

提议前，征求支委意见；确定议事事项；支委会议研究提出初步意见；重大事项报镇党委审核备案。提议中，书记主持召开支委会介绍相关情况；充分讨论，集体研究提出方案；支委会表决，形成提议意见。提议后，整理支委会记录，书面材料存档；书面提交乡镇党委会审核把关；提交“两委”会商议。

商议前，书记、主任沟通提议内容；发放提议方案，“两委”成员酝酿。商议中，书记主持“两委”会议，主任通报提议意见；“两委”充分讨论（可邀专家参加）；修改补充完善方案；“两委”表决方案，形成商议案。商议后，整理“两委”会记录；党支部主要成员主动做好有不同意见的“两委”委员的工作，争取得到支持。

审议前，村党支部将方案呈交全体党员，充分酝酿。审议中，召开党员会，书记主持，并通报决策事项和方案；党员讨论，充分发表意见，并完善方案；表决方案，形成审议意见。审议后，整理党员会议记录；及时修改完善方案；党员深入农户宣传、动员、解释，做好群众工作。

决议前，要告知决议事项的内容及动因；征求村务监督委员会意见。决议中，村委会主任主持会议通报决策事项和方案；接受代表咨询，做好详细记录；进行表决。决议后，整理会议记录；通过的事项做好宣传和有不同意见者的解释工作；未通过事项视情况或中止或暂缓或重新完善再进入“四议两公开”工作法决策程序。

对形成的决议要及时在村务公开栏公示，公示时间为 7～10 天，并设征求意见箱，以补充完善决议事项。若发现公告内容有遗漏、不真实，应立即重新公示。村务监督委员会审核实施结果。

村委会对收集到的意见，在 3 日内给予解答；对村委会解释答复不满意或村委会不能解决的问题，村党支部组织党员大会审核，把审核结果提交村民大会或村民代表大会讨论表决，表决结果作为村级最终处理的结果。

【典型案例】

孟庄村2012年4月“四议两公开”记录

事项	关于二组修路用工用料一事进行商议		
会议时间	2012年4月6日		
会议地点	孟庄村委办公室		
应参加人员	边小广、边章栓、闫记周、王广瑞、朱学安、边文义、李弗田		
实参加人员	边小广、边章栓、闫记周、王广瑞、朱学安、边文义、李弗田		
主持人	边章栓	记录人	边留柱
事项内容： 二组下余120米东西街和60米南北街需要继续硬化路面，经过村组干部和联户代表讨论表决，大家一致认为由赵国林施工队负责施工，价格为6元/米^2，商混料继续由元升料厂供给，价格按合同价270元/米^3，东西街120米按4米宽的路面，厚度18厘米硬化。以上所议各项由联户代表签字表决。			
表决情况	联户代表签字表决，一致通过。		

（http://www.zmygcww.gov.cn/plus/view.php? aid=21327）

3.八步工作法

八步工作法是指凡涉及村级经济发展规划、村级财务预决算、兴办公益事业、重点项目和村民切身利益的大事，都要通过八个步骤，广泛听取群众意见，由村民或村民代表集体决策，并由村民代表进行管理和监督。八步工作法的八个主要步骤如图3-3所示。

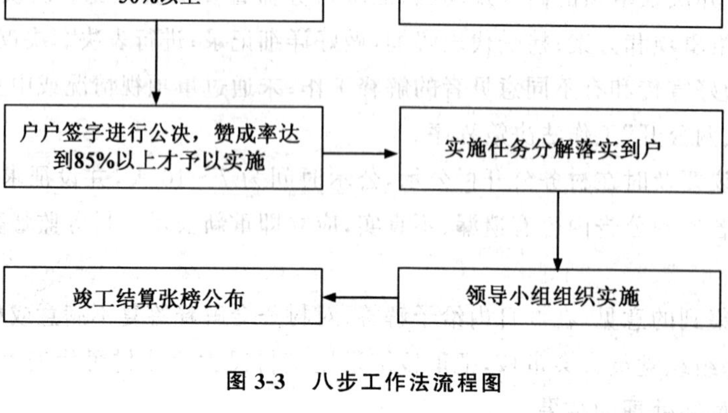

图3-3 八步工作法流程图

【典型案例】

农村八步工作法:问计于民 造福于民

重庆开县麻柳乡百废待兴,群众需要办的事情很多。乡党委和乡政府清醒地认识到:现在不抓发展混日子容易,但错失机遇会更加落后。而抓发展一定要运用八步工作法"问计于民",尽心竭力为群众办实事。

新建乡初级中学,解决"上学难";改建卫生院,解决"看病难";15 个村农网改造,解决"看电视难";程控电话由 5 部发展到 426 部,解决"通信难";发展长毛兔、山羊养殖,引导群众致富;……近几年,并不富裕的麻柳乡共投资投劳折合 1 200 多万元(其中现金 240 万元),兴办公益事业,群众自愿出力出钱,没有一个告状的。

丰元村地势险峻,乡里决定修路 24.8 千米,是全乡最长的村路。但公路路线的走向如何,各村民小组争执不下。为此,乡里组织召开了 7 次群众大会,拿出初步方案。第一方案由于受益面不均,近 70%的群众不同意;第二方案由于走向分散,仍有 50%的群众不同意;直至第三方案"两头赶中间,26 个转盘转上山",才得到了所有村民的同意,之后才开始施工。

群众是八步工作法的最大受益者。曾与政府"闹对立"的大碧村六组村民赵乐均说:"为啥现在群众把干部当成自家人?因为靠八步工作法,件件事都办到了老百姓的心坎上。"

(http://www.cq.xinhuanet.com/2004-07/04/content_2429711_1.htm)

任务三 掌握农村经济决策的定量分析法

一、确定型决策的定量分析方法

确定型决策最常用的定量分析方法是盈亏平衡分析法。

(一)盈亏平衡分析法的概念

盈亏平衡分析法又叫量本利分析法,是通过分析产量、成本和利润的关系,以盈亏平衡点为依据来评价备选方案的决策方法。

盈亏平衡分析法可以用于利润的预测、目标成本的控制、生产方案的选优等。

(二)盈亏平衡点

盈亏平衡点是成本总额曲线与销售收入曲线的相交点,因此也称保本点。盈亏平衡点的表达形式有多种,可以用产品产量、单位产品售价、单位产品可变成本以及年固定成本总量等来表示,也可以用生产能力利用率(盈亏平衡点率)等相对量表示。

盈亏平衡点产量与成本和售价的关系为

$$Q_0=\frac{F}{W-C_r}$$

其中：Q_0为盈亏平衡点产量；

F 为固定成本；

W 为单位产品的售价；

C_r 为单位产品的变动成本。

固定成本是指费用开支额相对稳定，不随销售量的变化而变化的成本项目。包括厂房、营业建筑、设备折旧费、企业管理人员的工资等。在一般情况下，固定成本总额基本不变，但摊入单位产品的固定成本却随着销售量的变动而变动，销售量增加，单位产品固定成本就会减少。

变动成本是指随着产量的变动，费用额也将发生相应变动的成本项目，包括直接材料费、工人工资、产品包装费等。

（三）盈亏平衡分析的应用

1. 盈亏平衡分析的假设条件

(1)产量等于销售量，且销售量变化，销售单价不变，销售收入与产量呈线性关系，即经营过程中不会通过降低价格来增加销售量；

(2)假设项目正常生产年份的总成本可划分为固定成本和可变成本两部分；

(3)假定项目在分析期内，产品市场价格、生产技术、技术装备、生产方法、管理水平等均无变化；

(4)假定项目只生产一种产品，或当生产多种产品时，产品结构不变，且都可以换算为单一产品计算。

2. 判断销售量对盈利和亏损的影响

$Q>Q_0$　盈利；

$Q=Q_0$　盈亏平衡，即保本；

$Q<Q_0$　亏损。

3. 分析经营安全率

经营安全率是安全边际与实际销售量的比率。计算公式为

$$经营安全率\ \eta=\frac{Q-Q_0}{Q}$$

经营安全率是反映经营状况的一个重要指标。

η值越大，经营状况越好；

η值越小，经营的风险越大；

η值等于零时，经营状况不佳。

经营安全率的判定标准，如表 3-1 所示。

表 3-1　经营安全率的判定标准表

经营安全率	>0.30	0.25～0.30	0.15～0.25	0.10～0.15	<0.10
经营安全状况	安全	较安全	不太安全	要警惕	很不安全

4. 降低盈亏平衡点产量 Q_0 的措施

由

$$Q_0=\frac{F}{W-C_r}$$

可以看出，要降低盈亏点产量 Q_0，可以通过降低单位变动成本 C_r，或者降低固定成本 F，或者降低单位产品成本，或者提高销售价格 W 等措施来实现。

5. 盈亏平衡点的确定

已知单位变动成本 C_r，固定成本 F，营业税金 $i\%$，产品价格 W，求盈亏平衡点产量的公式为

$$Q_0=\frac{F}{W\times(1-i\%)-C_r}$$

【典型案例】

某农业企业生产某农产品的总固定成本为 60 000 元，单位变动成本为每千克 3.6 元，如果产品价格设定为每千克 6 元，该方案的实际产量为 50 000 千克，问该方案是否可取？

首先，确定保本产量。根据保本产量公式：$Q_0=F/[W\times(1-i\%)-C_r]$，由于农业税费的取消，则盈亏平衡时的产量为 25 000 千克。且该方案的实际产量为 50 000 千克，故该方案可取。

其次，分析该方案的经营安全率。根据经营安全率 $\eta=(Q-Q_0)/Q$，该方案的经营安全率为 0.5，即经营状况安全。

二、非确定型决策的定量分析方法

非确定型决策定量分析的主要方法有：等可能性法、保守法、冒险法、乐观系数法和后悔值法等。

(一)等可能性法

采用这种方法，是假定自然状态中任何一种发生的可能性是相同的，通过比较每个方案的损益平均值来进行方案的选择。在利润最大化目标下，选择平均利润最大的方案；在成本最小化目标下，选择平均成本最小的方案。

(二)保守法

也称悲观决策法、小中取大法。采用这种方法，是决策者不知道各种自然状态中任一种发生的概率，决策目标是避免最坏的结果，力求风险最小。决策者在进行方案取舍时，以每个方案在各种状态下的最小损益值为标准(即假定每个方案最不利的状态发生)，再从各方案的最小值中取最大者对应的方案。保守法的决策过程为：

(1)在各方案的损益值中找出最小者；

(2)在所有方案的最小损益值中找出最大者。

(三)冒险法

也称乐观决策法、大中取大法。采用这种方法，是决策者不知道各种自然状态中任一种可能发生的概率，决策的目标是选最好的自然状态下获得最大可能的利润。冒险法的决策过程为：

(1)在各方案的损益值中找出最大者；

(2)在所有方案的最大损益值中找出最大者。

(四)乐观系数法

也称折中决策法。采用这种方法，是决策者确定一个乐观系数ε(0<ε<1)，运用乐观系数计算出各方案的乐观期望值，并选择乐观期望值最大的方案。乐观系数法的决策步骤如下：

(1)找出各方案在所有状态下的最小损益值和最大损益值。

例如，有三个方案，每个方案的最小损益值和最大损益值如表3-2。

表3-2 三个方案最小最大损益值表

方案	最小损益值	最大损益值
Ⅰ	20	50
Ⅱ	0	70
Ⅲ	-20	100

(2)决策者根据自己的风险偏好程度给定乐观系数ε(0<ε<1)，其为决策者乐观或悲观程度的度量。

(3)用给定的乐观系数ε和对应的各方案最大最小损益值计算各方案的乐观期望值。

例如，决策者将乐观系数定为0.75，则各方案的乐观期望值为

方案Ⅰ：$20\times(1-0.75)+50\times0.75=42.5$

方案Ⅱ：$0\times(1-0.75)+70\times0.75=52.5$

方案Ⅲ：$(-20)\times(1-0.75)+100\times0.75=70$

由此可以看出，方案Ⅲ的乐观期望值为最大，其即为乐观系数ε=0.75时的折中决策方案。

用乐观系数法选择方案的结果，取决于反映决策者风险偏好程度的乐观系数的确定。当ε=0时，结果与保守法相同；当ε=1时，结果与冒险法相同。这样，保守法与冒险法便成为乐观系数法的两个极端特例。

(五)后悔值法

采用这种方法，是决策者不知道各种自然状态中任一种发生的概率，决策目标是确保避免较大的机会损失。该方法是用后悔值标准选择方案。所谓后悔值是指在某种状态下因选择某方案而未选取该状态下的最佳方案而少得的收益。用后悔值法进行方案选择的步骤如下：

(1)计算损益值的后悔值矩阵。方法是用各状态下的最大损益值分别减去该状态下所有方案的损益值，从而得到对应的后悔值矩阵。以下述三个方案为例，每个方案在不同状态下的后悔值如表3-3。

表3-3 三个方案不同状态的后悔值计算

方案	畅销(最大值为100)	一般(最大值为50)	滞销(最大值为20)
Ⅰ	50(100-50)	10(50-40)	0(20-20)
Ⅱ	30(100-70)	0(50-50)	20(20-0)
Ⅲ	0(100-100)	20(50-30)	40(20+20)

(2)从各方案中选取最大后悔值。

表 3-4 三个方案最大后悔值选取

方案	畅销	一般	滞销	最大后悔值
Ⅰ	50	10	0	50
Ⅱ	30	0	20	30
Ⅲ	0	20	40	40

(3)在已选出的最大后悔值中选取最小值,对应的方案即为用后悔值法所应选取的方案。对于此决策问题,方案Ⅱ即为所应选取的方案。

三、风险型决策的定量分析方法

风险型决策问题的定量分析,通常采取以下两种描述和解决方法:

(一)决策树法

决策树是一类常用于决策的定量分析工具。由于在决策分析中运用树形图的形式来表示决策过程中的各种方案、各方案可能发生的状态,以及它们之间的关系,所以把这种方法称为决策树法。

1. 决策树的结构

如图 3-4 所示。

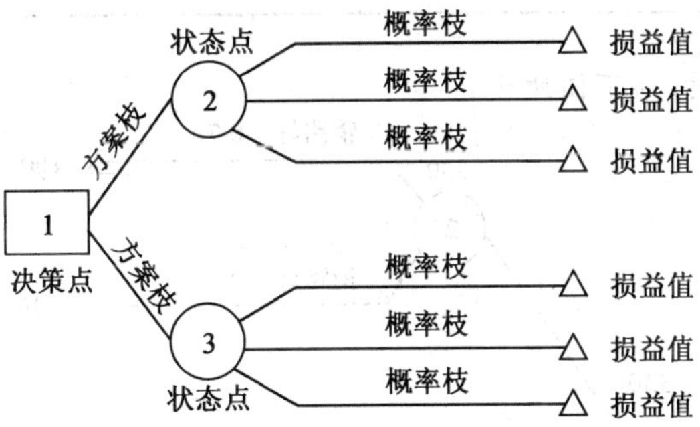

图 3-4 决策树的结构

(1)决策点。它是以方框表示的结点,表示最终的决策结果。

(2)方案枝。它是由决策点起自左而右画出的若干条直线,每条直线表示一个备选方案。

(3)状态节点。在每个方案枝的末端画上一个圆圈"○"并注上代号。

(4)概率枝。从状态结点引出若干条直线"——"叫概率枝,每条直线代表一种自然状态及其可能出现的概率(每条分枝上面注明自然状态及其概率)。

(5)结果点。它是画在概率枝的末端的一个"△",在其后标上对应的损益值。

2. 决策树法的分析步骤

(1)分析决策问题,确定有哪些方案可供选择,各方案又面临哪几种自然状态,从左向右画出树形图;

(2)将方案序号、自然状态及概率、损益值分别写入状态节点及概率分枝和结果点上;

（3）计算损益期望值，即把从每个状态点引出的各概率分枝的损益期望值之和标在状态点上，选择各状态点的最大损益期望值，标在决策点上；

（4）剪枝决策。凡是状态点上的损益期望值小于决策点上损益期望值的方案枝一律剪掉，最后剩下的方案枝就是要选择的决策方案。

【典型阅读】

某农业加工企业决策前的定量分析

某农业加工企业为了生产某种新产品，对一条生产线的技术改造问题拟出两种方案，一是全部改造，二是部分改造。若采用全部改造方案，需投资 280 万元；若采用部分改造方案只需投资 150 万元。两个方案的使用期都是 10 年。估计在此期间，新产品销路好的概率是 0.7，销路不好的概率是 0.3，两个改造方案的年度损益值如表 3-5 所示，请问该企业的决策者应如何选择改造方案。

表 3-5 某农业加工企业技术改造方案投资及年度损益 单位：万元

方案	投资	年度损益值		使用期（年）
		销路好（$P=0.7$）	销路不好（$P=0.3$）	
A_1（全部改造）	280	100	−30	10
A_2（部分改造）	150	45	10	10

解：（1）绘制决策树，如下图所示：

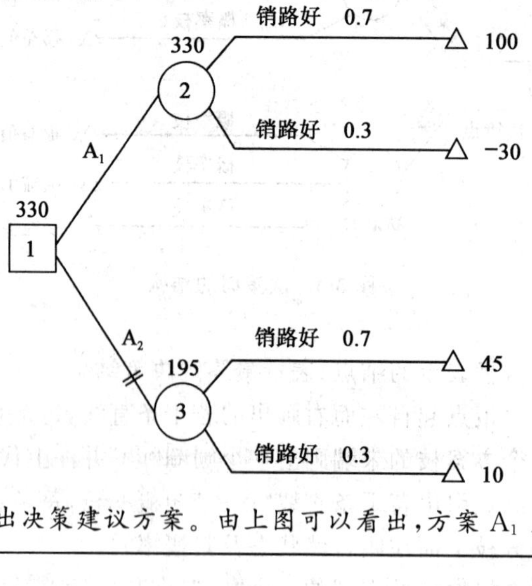

（2）根据决策树得出决策建议方案。由上图可以看出，方案 A_1 为比较好的方案。

（二）决策矩阵法

决策矩阵是风险型决策常用的分析手段之一，又被称为“决策表”、“益损矩阵”、“益损表”、“风险矩阵”等。决策矩阵法就是通过计算各个方案在不同状态下的收益值，然后按照客观概率的大小，加权平均计算出各个方案的收益值，进行比较，从中选择满意方案的方法。

【案例分析】

西塘肉食加工厂决策前的定量分析

西塘肉食加工厂 2011 年 6—8 月熟食日销售量统计资料如表 3-6，日销售量 100 吨有 18 天，日销售量 110 吨有 36 天，日销售量 120 吨有 27 天，日销售量 130 吨有 9 天。预测今年 6—8 月熟食日销售量与去年相同，熟食每销售 1 吨可获利 50 元，每剩余 1 吨要增加 30 元的费用，该企业的日生产计划该如何安排？

首先，确定各种自然状态的概率。上述案例各自然状态的统计概率，如表 3-6 所示。

表 3-6 6—8 月自然状态统计概率表

自然状态	日数	概率
100	18	0.2
110	36	0.4
120	27	0.3
130	9	0.1
合计	90	1.0

其次，计算各个方案的收益值和期望利润。

每天的销售量大于等于日生产量时，收益＝每吨利润×销售量；

每天的销售量小于等于日生产量时，收益＝每吨利润×日实际销售量－每吨增加的费用×每日剩余量。

上述各个方案的收益值和期望收益计算，如表 3-7 所示。

表 3-7 决策收益表 元

方案（产量）\ 自然状态概率	100(0.2)	110(0.4)	120(0.3)	130(0.1)	期望收益
1(100)	5 000	5 000	5 000	5 000	5 000
2(110)	4 700	5 500	5 500	5 500	5 340
3(120)	4 400	5 200	6 000	6 000	5 360
4(130)	4 100	4 900	5 700	6 500	5 140

最后，根据表 3-7 中的期望收益，应选择日产量为 120 吨的方案，因其期望收益最大。

【实践训练】

农村经济决策实训

实训项目：模拟农村经济决策过程。

实训目的：掌握农村经济决策的一般程序及“一会两票”法、“四议两公开”法、八步工作法的决策过程。

实训组织：全班同学按每3～5人进行分组，每组都要制订切实可行的实训计划。

实训考核：结合实训计划、决策程序设计及问题解决方案综合评定并给出成绩。

【复习思考与练习】

1. 什么是农村经济决策？农村经济决策应坚持哪些原则？
2. 农村经济决策的过程是什么？
3. 农村经济决策的基本要求是什么？
4. 村级“四议两公开”决策方法的内涵是什么？
5. 确定型、风险型和非确定型决策各根据什么进行分析判断？如何分析判断？
6. 练习题：

(1)某公司生产某产品的固定成本为30万元，单位可变成本为30元，产品单位售价为45元，如果现在的产销量为25 000件，则该公司的经营安全状况属于何种状况？

(2)某企业拟开发新产品，有三种方案可供选择，各种方案在不同市场状态下的损益值如下表(单位：万元)：

方案＼市场状态	畅销	一般	滞销
甲	65	45	40
乙	80	50	0
丙	120	40	－40

试分别用保守法和冒险法选出满意方案。

(3)某企业开发新产品，经过预测今后几年市场对该产品的需求会扩大(概率0.7)，但也存在需求量减少的可能(概率0.3)。公司面临两种可能的选择：一是扩建厂房，更新设备；二是使用老厂房，更新设备。两个方案的投资额及获利情况如下表：

两个方案的投资额及获利情况

方案	投资(万元)	获利(万元)		服务年限
		需求量大	需求量小	
方案一	700	300	－50	5
方案二	400	100	60	5

试为该企业找出最佳方案。

模块二　农村经济组织管理

项目四　农村经济组织管理总括

项目五　农村社区合作经济组织管理

项目六　农民专业合作经济组织管理

项目七　农村企业管理

项目八　农户生产经营管理

项目四 农村经济组织管理总括

【学习目标】

- 通过本项目内容的学习，了解农村经济组织的发展历程，掌握农村经济组织在新农村建设中的地位和作用。

【能力目标】

- 通过本项目内容的课堂学习和实训环节，能够思考和认识农村经济组织在生产、流通中的实际问题。

【重点与难点】

- 本项目的重点：农村经济组织的基本形式；农村经济组织管理的重点工作。
- 本项目的难点：农村经济组织创新。

【教学方法与手段】

- 案例式、启发式教学；多媒体辅助教学。

【引导性案例】

合作社成为帮农致富的“金桥”

在黑龙江佳木斯同江市乐业镇，在没有组建合作社之前，由于养牛规模小、销售零散，养殖户在市场竞争中没有“话语权”，所以经常出现买生牛的价格被抬高、卖成品牛的价格被压低等情况。2010年组建乐业镇大文肉牛养殖合作社以后，这种情况得到明显改变，合作社肉牛养殖规模达到200余头，全部采取集中饲养，仅此一项一年就可节约成本5万元。同时，由于经营规模扩大了，养殖户们就能“拧成一股劲”在市场竞争中“讨价还价”。现在通过生牛集中采购，每头牛可以节约成本近200元；通过集中销售，每头牛又可以多创造利润300多元钱，这样算下来，该合作社一年就可以多盈利15万元，社员每人增收近3万元。

（http://finance.people.com.cn/money/n/2012/0831/c218900-18889620.html）

任务一　了解农村经济组织的概念、作用及变迁

农村经济组织是发展农村经济的微观载体，是农村生产力发展的客观要求。因此，在发展农村经济的过程中，要注重农村经济组织建设，以推动农村经济发展和农民增收致富。

一、农村经济组织的有关概念

（一）组织与经济组织

1.组织

从社会学的角度看，组织是人们通过特定的社会关系和社会结合方式而形成的高于群体的社会共同体。组成这种共同体的人们或单位，遵守着共同的社会关系准则，体现出一种共同或相似的生活方式。

任何组织都具有共同的基本特征和基本要素。一是一定数量人员的结合，这使组织区别于个体；二是有确定的组织目标，它不是组织成员个体目标的简单相加；三是有约束组织成员的组织章程或道德行为规范，这是维护组织运行的约束机制；四是有组织者，即组织要有有权威的领导人和领导机构；五是要有一定的组织财产，这是组织赖以运行的基本物质条件。

组织一般分为三种类型：

（1）自然形成的有共同目的的组织，包括家庭和爱好者团体；

（2）通过暴力手段实现的征服性组织，目的是为了狭义的统治；

（3）以交换为基础形成的组织，经济组织即属此类。

2.经济组织

经济组织是以经济性活动为其主要业务内容的组织，也就是上述的“交换型”组织。经济性活动从其环节上看，包括生产、流通、分配、消费等；从产业或行业看，包括农业、工业、商业、服务、科技等各产业部门及其中各行各业。

经济组织具有共同的目的，其存在要求满足四个规则：一是目标认同；二是规范协调；三是具有环境适应性；四是可以重组。

（二）农民组织

农民组织是指以农民为行为主体的社会组织。我国的农民组织可分为四类，第一是以村民委员会、党支部为代表的具有行政管理色彩，更多体现行政职能的正式组织；第二是农村经济组织，包括农村社区合作经济组织和各种专业合作经济组织等；第三是农民自发形成的维权组织；第四是功能性组织，其不一定具有完整的组织结构，但具有较强的动员力和组织力，如农村红白事理事会等。

（三）农村经济组织

农村经济组织是指在农村范围内建立的以农民为主体主要从事经济活动的一类组织，在实践中有多种形式。

二、农村经济组织的作用

农村经济组织把农民组织起来，对于抵御自然和市场风险、增加农民收入、促进农村经济发展具有不容忽视的作用。

（一）提高了农民的组织化程度

农业生产分散，规模化程度低，农民进入市场的成本高，是农业综合效益低下的一个主要原因。而农村经济组织把农民组织起来，提高了农业的规模化程度，增强了农民在市场中的谈判地位和抗御市场风险的能力。

（二）促进了农村社会化服务体系建设

当前的农村经济组织，特别是农民专业合作经济组织，在不改变产权关系，不削弱农民独立自主经营地位，不影响农民生产积极性的前提下，通过发展农民的劳动联合和资本联合，把农民组织起来，大大降低了农民的个体经营成本，促进了农村社会化服务体系建设。

（三）带动了农村产业结构的调整

农村经济组织一方面通过提供信息、技术、加工、营销等方面的服务，及时指导农民调整农业内部结构，变“我能生产什么就在市场销售什么”为“市场需要什么我就生产什么”；另一方面通过聚集力量和筹集资金发展新型农产品生产和农村二、三产业，促进了农村产业结构的调整。

（四）培养了农民的民主意识

农村经济组织特别是农民专业合作经济组织的民主管理，不仅有利于促进分散农民之间的合作与联合，提高了他们的合作意识，而且从长远看，也培养了农民参与管理经济生活的民主意识，提高了广大农民的现代文明水平，有利于推进农村的民主化进程。

农村经济组织既是农业和农村经济发展的产物，又是进一步推动农业和农村经济发展的重要力量。因此，要积极从农业与农村发展的新形势、新任务、新特点出发，加快发展农村经济组织。

三、新中国成立以来我国农村经济组织的变迁

(一)新中国成立至社会主义改造基本完成时期(1949—1957年)

这一时期是我国国民经济和农业生产的恢复与发展时期,土地改革使广大农民获得了土地的所有权,激发了广大农民的生产积极性。同时,中国共产党制定了关于农业合作的方针政策,并做了大量的思想动员和组织工作,使我国农村经济组织得到了快速发展,为国民经济的恢复和发展做出了突出贡献,也为以后的农业集体化奠定了思想和实践基础。这一时期的特点:一是合作经济组织由政府强有力地引导和推进;二是合作经济组织建立在私有产权的基础上,坚持自愿原则。合作经济组织是以农户为基本生产单位进行组织的,产权关系较为简单。

这一时期,农业的合作经营经历了互助组、初级社和高级社三个阶段。

1. 互助组(1950—1953年)

互助组被视为是带有社会主义因素的劳动经济组织,是在“耕者有其田”的土地制度的基础上,根据群众的意愿自发组织起来的。它以个体经济为基础,分为临时性互助组和常年互助组。其特点是:土地私有,个人经营,按等价交换原则实行劳动联合和共同使用生产资料。

2. 初级社(1954—1956年)

初级社是半社会主义性质的劳动经济组织,其特点是:农民将土地等主要生产资料作股入社,由合作社实行统一经营,经营权与农户初步分离,劳动报酬实行按劳分配。1956年3月通过的《农业生产合作社示范章程》,标志着我国基本实现了农业的初级合作化。

3. 高级社(1956—1957年)

高级社为以生产资料集体公有为基础的具有完全社会主义性质的劳动经济组织,其特点是:生产资料为合作社公有,劳动报酬实行按劳分配。农民私有的土地、耕畜、大型农具等主要生产资料转为合作社集体所有。到1957年,全国参加高级社的农户占到农户总数的96.2%,我国农村基本上完成了由农民个体所有向社会主义集体所有的转变。

农业合作化构建起了我国新的农业生产组织形式,对调动广大农民的积极性,提高农业劳动生产率起到了积极作用。

(二)人民公社体制时期(1958—1978年)

在我国农村经济发展的历史进程中,以“三级所有,队为基础”的集体经济影响时间长、范围广。这一时期农村经济组织发展的基本过程是:1958—1961年,我国大部分地区形成了人民公社这一农村基本经济单位;从1962年农村生产关系调整直至1979年,我国农村经济组织都稳定在“三级所有,队为基础”的这一形式。其中1962—1965年,全国个别地方出现过“三自一包”的农村经济组织形式,但存在时间极其短暂,影响力也极为有限。因此,这一时期的农村经济组织发展基本都是人民公社化后形成的人民公社、生产大队、生产队“三级所有,队为基础”的体制。

人民公社是在高级社的基础上通过联合发展起来的劳动群众集体所有制的经济组织。1958年8月,中共中央政治局扩大会议通过了《关于在农村建立人民公社问题的决议》,随后两三个月,全国农村普遍建立了人民公社体制。人民公社体制的特点:一是经济组织内生产资料归集体公有;二是公社内部根据按劳计酬原则分配农产品;三是经营管理权高度集中;四是农民没有进退社的自由。人民公社是一种具有超前性的强制性制度安排,脱离了当时我国农

业生产力的发展水平，挫伤了农民的生产积极性。

(三)改革开放初的过渡时期(1979—1984年)

党的十一届三中全会以后，我国经济体制改革首先在农村展开。1983年，中共中央开始对人民公社体制进行改革，建立了基层乡政府和各类供销社、物资公司、农工商联合公司等，分别承担人民公社原有的政治职能和经济职能。到1984年底，全国完成了对人民公社体制的改革工作，绝大多数地方在原来的人民公社、生产大队和生产队解体后，相应组建了乡村行政管理体制和不同层次的农村社区合作经济组织，即农村集体经济组织。

随着农村商品经济的发展，农民的生产经营活动越来越面向市场，农业开始由自给自足的半自然经济向大规模的商品经济转变。

(四)农村经济组织创新发展时期(1985年以后)

1985年以来，随着以家庭承包经营为基础的统分结合的双层经营体制的建立，确立起农户作为农村生产经营基本单位的地位，并在壮大农村集体经济与带动农民增收等方面发挥了重要作用。

随着社会主义市场经济体制的完善，在政府的引导和支持下，农民按照自愿互利原则，联合起来建立了新型农村经济组织——农民专业合作经济组织，如各种农民专业合作社、农村专业协会等。这些新型农村经济组织和从政府部门分离出来专门承担某些经济职能的合作性经济组织一起，成为争取和保护农民利益、连接小家生产与大市场的重要中介组织。此外，随着农村经济的发展，由于农村经济中资金联合的出现以及与劳动联合的结合，加上农村集体资产产权制度改革的快速推进，农村股份合作经济组织应运而生并得到了迅猛发展。再加上20世纪80年代以来乡镇企业的异军突起和农村二、三产业的发展，农村企业也得到了飞速发展。实际上，这一时期的农村经济组织创新发展，彻底改变了我国长期以来农村经济组织非常单一的局面。

任务二 了解农村经济组织的基本形式

目前，我国农村经济组织的基本形式主要有以下几种：

一、农户

农户的概念有多种内涵。归纳起来，至少有三重含义：一是按职业划分，农户是以从事农业为主的户，它与工业、运输业、商业等非农业户相对应；二是按经济区位划分，农户是居住在农村的住户，它与城市或城镇住户相对应；三是按政治地位或身份划分，农户是一些不享受国家福利待遇的户。本教材所述农户是指其主要成员户口在农村、主要从事农业生产劳动的户，既是一种农村住户，也是一种职业农户，是从事农业生产经营的基本单位，也是农产品生产的最基本、最重要的主体。

农户家庭经营是我国农村经济组织体系的最基层的组成部分，是农村经济组织体系中最小的组织单元。在我国，以家庭血缘关系和婚姻为主组成的家庭，由于共同的家庭利益，使其有较强的内在凝聚力，能够在一定限度内自我维持、自我调节、自我发展。在现代化过程中，传统的家庭经济形式与适量资本和技术结合，便能形成符合中国资源禀赋的、低成本的、具有顽强生命力的新生产力和各种新生产方式。事实上，农户家庭经营在规模、生产方式、生产手段上会随着社会、经济的发展而变化。农户家庭经营可与农村合作经济组织、农村企业、城市企业互为补充、相互促进、协调发展，共同走向现代化。

实践中，农户有专业农户与兼业农户之分。专业农户是指专门从事农业生产经营的农户，或者说是指专门从事某农产品或以某农产品生产为主的农户。为统计工作方便，我国国家统计局 1984 年规定了专业农户的统一标准：①以户为单位，其主要劳动力或多数劳动力从事某项农业生产或进行农业专业经营活动，时间在 60%以上；②农业专业收入占家庭总收入的 60%以上；③农业专业产品的商品率达到 80%以上（粮食专业户商品率达到 60%以上）；④出售农产品的收入（包括服务性收入）高出当地（县）农户家庭经营每户平均出售农产品收入水平的 1 倍以上。而兼业农户是指既从事农业生产，又从事非农业活动而获得收入的农户。以农业收入为主的农户称为第一种兼业农户，以非农业收入为主的农户称为第二种兼业农户。

二、农村企业

农村企业是指在农村区域内以营利为目的，运用各种生产要素（土地、劳动力、资本和技术等），向市场提供商品或服务，实行自主经营、独立核算、自负盈亏的，具有法人资格的经济组织。实践中，农村企业包括农村家庭企业、私营企业和乡镇企业等类型，表现为个人独资企业、合伙企业和公司制企业三类基本形式。

农村家庭企业是以一家一户为单位的企业，是农民从副业发展起来的，主要从事农业、工业和服务业等；农村私营企业是指在农村由农民自然人投资设立或由农民自然人控股，以雇佣劳动为基础的营利性经济组织；乡镇企业是指农村社区合作经济组织或者农民投资超过 50%，或者虽不足 50%，但能起到控股或者实际支配作用，在乡镇及所辖村举办的各类企业。

农村个人独资企业亦称自然人企业，即在农村由个人出资经营、归个人所有和控制、且个人承担经营风险和享有全部经营收益的企业，主要有零售业、手工业和家庭作坊等。农村合伙企业是指自然人、法人和其他组织依照《中华人民共和国合伙企业法》在我国农村设立的，由两个或两个以上的合伙人订立合伙协议，为经营共同事业，共同出资、合伙经营、共享收益、共担风险的营利性组织，有由 2 个以上普通合伙人组成，合伙人对企业债务承担无限连带责任的普通合伙企业，以及由 2 个以上 50 个以下的普通合伙人和有限合伙人组成的有限合伙企业，普通合伙人对合伙企业债务承担无限连带责任，有限合伙人以其认缴的出资额为限对合伙企业债务承担责任。公司制企业又叫股份制企业，是指由 2 个以上的自然人或法人依法出资组建，有独立法人财产，自主经营、自负盈亏的法人企业。

三、农村合作经济组织

我国的农村经济是以合作经济为主体的经济。事实上，合作经济是社会经济发展到一定阶段，由劳动者自愿联合，实行民主管理，从而获得服务和利益的一种合作成员个人所有与合作成员共同所有相结合的经济形式。目前，我国农村合作经济组织主要有农村社区合作经济组织、农民专业合作经济组织和农村股份合作经济组织三种基本类型。

(一)农村社区合作经济组织

农村社区合作经济组织,即农村集体经济组织,是农村经济体制改革后形成的"农业集体统一经营和家庭分散经营相结合的双层经营体制"中处于"统"的层次,以土地的集体所有制为基础,以乡村区域为范围,以管理土地和集体资产、组织本集体成员共同开展大规模的生产经营活动和提供其他社会经济服务的集体性经济组织。在现实情况下,大多数村级社区合作经济组织与村民自治组织融为一体,既是合作经济组织,通过管理社区集体资产,开办集体企业,组织资源开发,开展生产经营,兴建农业生产基础设施等;又是社区自治组织,为社区农民提供各种公共物品,兴办各种公益、福利事业,维护社区社会秩序,承担政府委托的社会公共服务职能。

(二)农民专业合作经济组织

农民专业合作经济组织,在实践中有农民专业合作社和农村专业协会两种形态。它是在农村家庭承包经营的基础上,同类农产品的生产经营者或者同类农业生产经营服务的提供者、利用者,自愿联合、民主管理的互助性经济组织。实际上,农民专业合作经济组织是以其成员为主要服务对象,在不改变农业产权关系,不削弱农民独立自主经营地位,不影响农民生产积极性的前提下,通过农户的劳动联合、资本联合、生产联合来组建使用者拥有控制权,按照成员出资额和交易量(额)进行盈余分配的经济组织。农民专业合作经济组织把分散经营的个体农户组织起来,统一农业投入品的采购供应,统一农产品质量安全标准、技术规程和培训服务,统一农产品品牌、包装、价格与销售,统一产品和基地的认证认定,解决了家庭承包经营体制下,诸多政府想管管不了、集体经济组织想统统不了、个体农户想办办不了的事情。农村专业合作经济组织利用自己的特殊身份和国家政策保护的优势,在发展现代农业的同时,着力提高农民的组织化程度,现已成为我国农村最具代表性的现代农业组织模式与制度安排。

(三)农村股份合作经济组织

20世纪80年代中期,各种以劳动者的劳动联合和劳动者的资本联合相结合为标志的股份合作经济组织在农村涌现,特别是以股份合作制形式兴办农村企业,取得了积极的效果。20世纪90年代以来,为适应建立社会主义市场经济体制的要求,一些地区的农村又把股份合作制这种组织形式和经营机制引入到种养业、农业资源开发以及社区合作经济组织的集体资产产权制度改革中,取得了显著成效,受到了广大农民的热情欢迎。事实上,股份合作经济组织作为我国农村的一种新的经济组织形式,首先,它适应了我国农村经济社会发展中广大农民扩大再生产的需要。同时,在农村个体工业需要扩张的时候,农村集体工业也需要开辟新的投融资渠道,以获得新的发展。于是,通过股份合作制这一形式,吸收外单位、外企业、其他个人资金入股来扩大经营规模,也成为股份合作制产生的重要原因。其次,它也是明晰产权关系、完善经营机制的需要。股份合作制采用"谁投资、谁所有、谁受益"的原则,将权、责、利、风险四者紧密结合起来,符合市场经济的运行规则,避免了农村社区合作经济组织与乡镇企业在改制前所常常出现的产权不清、职责不明等弊端。实践中,对于符合企业特点的农村股份合作经济组织已纳入到农村企业的范畴,而具有社区特征的农村股份合作经济组织也常常按照特殊的农村社区合作经济组织来管理。

任务三　搞好农村经济组织管理

农村经济组织在农业和农村经济发展中扮演着十分重要的角色，要因地制宜地做好对其的管理工作。

一、农村经济组织管理的概念

农村经济组织管理，就是对农村生产经营活动的载体——农村经济组织的管理，是指对农村经济活动中的农村经济组织体制、结构、运行及其行为、效果所进行的决策、计划、组织、领导和控制，以达到预定目标的过程。具体来讲，农村经济组织管理就是在农村经济活动中遵照农村经济组织的结构、作用、特点与规律，充分利用管理的职能和手段，积极发挥组织效应，提高农村经济适应市场经济体制和运行效益的过程。

二、农村经济组织管理的必要性

管理是各级各类组织的永恒主题。因此，要积极引导和组织农村经济组织加强管理，眼睛向外关注市场变化发展生产，眼睛向内节支增收提高经济效益，从而确保农村经济的持续健康发展。

(一)加强农村经济组织管理是社会主义市场经济体制运行的客观要求

市场经济是信用经济，它要求各种市场主体诚实守信，按规则行事。因此，加强农村经济组织管理，规范农村经济组织的行为，就是要求农村经济组织按照市场经济的运行规则处理一切事务，在激烈的市场竞争中苦练内功，强化能力，以赢得一席之地。

(二)加强农村经济组织管理是推动农村经济又好又快发展的必然选择

在市场经济条件下，农村经济组织管理水平的高低，直接决定着农村经济社会发展的快慢、好坏和持久性。随着市场竞争的加剧，各级各类农村经济组织面临的发展环境和市场形势也越来越严峻。农村经济组织只有着力进行管理创新，才能适应新形势和新要求，在激烈的市场竞争中求得生存和发展。

(三)加强农村经济组织管理是增强广大农民认同感的客观要求

加强农村经济组织管理，规范农村经济组织行为，有利于增强广大农民对农村经济组织行为的认同感。就是对于农户家庭的生产经营，加强管理，规范其生产经营行为，也会增强家庭成员的认同感，调动其参与生产经营的积极性。其他农村经济组织由于成员人数多、构成也相对复杂，因此，加强农村经济组织管理，推进其科学化、民主化，规范农村经济组织的运行秩序，对于统一农村经济组织全体成员的意志，调动其积极性就显得尤为重要。

(四)加强农村经济组织管理是落实科学发展观，促进节能减排的重要保障

近年来，我国农村经济快速发展，但经济发展与资源环境的矛盾日趋尖锐，节能减排的任

务非常艰巨。只有按照科学发展观的要求,进一步加强农村经济组织管理,由粗放经营转变为集约经营,才能更加有效地控制能源和资源消耗,减少污染物排放,全面实现节能减排的任务和目标,保证我国国民经济和社会的健康发展。

(五)加强农村经济组织管理是实现农村安全生产的基本要求和根本保证

安全生产事关人民群众的生命财产安全,也事关农村经济组织的生死存亡。大量安全生产事故的教训表明,只有从农村经济组织的基础管理入手,切实加强生产现场管理,严格执行工艺纪律、工艺标准和操作规范,才能从根本上消除不安全因素和隐患,有效减少各类事故的发生。

三、农村经济组织管理的重点工作

根据农村经济组织管理的实际,当前应重点做好以下工作:

(一)明确农村经济组织的体系架构

随着农村经济组织的多元化建设与发展,要做好农村经济组织管理工作,首先应搞清楚农村经济组织的体系架构,即弄清楚各种类型的农村经济组织之间的关系。事实上,农户与农村企业是农村经济组织体系架构中的第一层次,是农村经济运行的基础;而农村合作经济组织属于第二层次;第三层次是由农村经济组织组合起来的层次,以形成合力参与市场活动,如"农户+农村社区合作经济组织"、"农户+农民专业合作经济组织"、"农户+农村股份合作经济组织"等,或者直接进入市场、参与市场竞争,或者与农产品加工企业发展产业化经营等。明确各类农村经济组织之间的这种联系与区别,以及它们之间的层次关系,有助于在实践中对不同农村经济组织采取不同的管理措施。

(二)优化农村经济组织的治理结构

治理结构,原是法律用语,意为公司等企业权力机关的设置、运行及权力机关之间的法权关系。由于农村经济组织的类型多样,除农户以外,其他农村经济组织都有一个治理结构问题。往往因为农村经济组织的经济规模小,其治理结构常常被忽视。但由于农村推进村民自治的大环境,农村经济组织的治理结构建设也就显得非常必要。因此,要根据各类农村经济组织的不同特点,按照其章程或有关规定,建立科学高效的治理结构,并使其在农村经济组织管理中切实发挥作用。

(三)重视农村经济组织管理的基础工作

为规范农村经济组织的经济行为,应重视农村经济组织管理的基础工作,如规章制度建设、生产经营现场记录与统计,以及定额管理等,这些是对农村经济组织进行科学管理的基础。要根据不同类型的农村经济组织的具体实际制定切实可行的规章制度,使其运行有规可依;做好生产经营现场记录及统计工作,便于发现生产经营活动的运行规律,提高管理水平;定额管理是责任制度的基础,加强定额管理,可以节本增收,能有效提高管理的经济效益。因此,要做好农村经济组织管理工作,就必须高度重视农村经济组织的这些基础工作。

(四)培育农村经济组织的管理人才队伍

农村经济组织的发展离不开带领农民共同致富的带头人,要强化对农村经济组织的管理团队建设，加大教育培训力度，增强他们驾驭市场经济、适应市场竞争、经营集体资产的能力和水平。培育一批既懂市场经营管理，又愿意带领农民群众共同致富的复合型基层干部队伍。有条件的农村经济组织，可通过引进职业经理人的方式，以提高农村经济组织的经营管理水平。

【典型阅读】

中和村经济组织运行机制创新

广西北流市隆盛镇中和村有220户农民从事荔枝、龙眼的营销活动，1995年成立了村级经济有限责任公司，将本村经纪人的积极性有效地调动起来，为农户提供生产技术指导和农业生产资料的购买服务。

隆盛镇是小城镇建设试点镇，1997年中和村的村级公司抓住这一机遇，兴建集贸市场，村级公司投资120万元，在村中心地带开辟了2 000米^{2}的临街市场，建起220家商住两用的三层店铺。兴建市场的资金筹措采取股份制形式，每万元为1股，出资股东28人，股份数额在1～8股之间不等，股东中既有村领导干部、也有农村经纪人，还有普通村民。集贸市场的经营采取出租摊位、收取租赁费的方式，市场的管理实行股东大会领导下的董事会负责制，其中董事长由村党支部书记担任，会计由村会计兼任。集贸市场建成后，当地农产品交易规模迅速扩大，全村220名经纪人的能力显示了出来，并带动了当地农业产业结构的调整。通过农村经纪人的个人营销网络，前来中和村进行贸易的客户流量明显增加。1999年，中和村农民仅从销售荔枝一项中获得的人均收入就达到了千元以上。

中和村级公司主要依靠集体果园承包收入维持运转，公司本身并没有进行工商登记注册，它还是个松散组织，它的最大作用在于将本村的经纪人队伍有效地组织起来，形成了合力，同时充分发挥"集体"的组织优势和良好商誉。这种服务方式已经成为广西北流市专业村中的一种较为典型的方式。

(http://www.gx.xinhuanet.com/newscenter/2006-07/13/content_7503506.htm)

【实践训练】

农村经济组织发展状况调研

1. 实训要求：找一个你熟悉的行政村，了解该村的经济组织发展情况。

2. 实训目的：通过此次调研实训，加深学生对农村经济组织发展的体会与理解。

3. 实训组织：全班同学按每3～5人进行分组，每组都要制订切实可行的调研计划。

4. 实训实施：由学生自主联系或任课教师统一联系一个或若干个行政村，在任课教师的指导下，具体进行调研。

5. 实训考核：每组集思广益撰写一篇1 000字左右的调研报告，内容包括该村的基本情况（人口、村域面积、耕地面积、劳动力、主要产业、三次产业的产值、村集体资产总值、农民人均纯收入等）、经济组织发展的阶段划分及变化情况，发展中遇到的难点和问题，有益建议等。教师对调研计划和调研报告进行考核评定并给出成绩。

【复习思考与练习】

1. 什么是经济组织？目前我国农村经济组织主要有哪几种形式？
2. 农村经济组织的特点是什么？
3. 结合实际论述农村经济组织在我国农村经济发展中的作用。
4. 结合实际论述目前我国农村经济组织中存在的问题并提出合理的解决对策。

项目五 农村社区合作经济组织管理

【学习目标】

- 通过本项目内容的学习，了解农村社区合作经济组织的概念、作用，认识农村社区合作经济组织的特征与基本功能，进而熟悉农村社区合作经济组织管理的重点工作。

【能力目标】

- 通过本项目内容的课堂学习和实训环节，能熟练掌握农村社区合作经济组织与农村股份合作经济组织的联系与区别，并运用所学知识思考和认识农村社区合作经济组织实际运行中的一些管理问题。

【重点与难点】

- 本项目的重点：农村社区合作经济组织与农村股份合作经济组织的概念和基本特征；农村社区合作经济组织管理的重点工作。
- 本项目的难点：农村社区合作经济组织集体资产产权制度政策。

【教学方法与手段】

- 启发式教学；案例分析与多媒体教学手段相结合。

【引导性案例】

以“三条驴腿”起家的国家形象

20世纪50年代的河北遵化的西铺村是个山多地少、沙多土薄的穷村。“糠菜半年粮，祖居破草房，全家一条被，三载着一装”是西铺村当时的真实写照。为摘掉贫困帽子，从1952年开始，王国藩等党支部一班人响应党中央的号召，动员23户贫农办起仅有“三条驴腿”为生产资料的农业生产合作社，人称“穷棒子社”。

“穷棒子社”从三条驴腿起家，依靠自己的力量，克服重重困难，赢得了第一个丰收年。这一年粮食每公顷产量达到1 905千克，超过互助组上年平均产量近1倍，粮食总产量超过22 900千克，扣除集体留粮以后，平均每户分配的收入达190多元。在3年时间内，西铺人利用农闲上山砍柴，卖钱换回大批必需的生产资料，以不向困难低头、艰苦奋斗的“穷棒子”精神赢得了一个又一个大丰收。

1955年12月，毛泽东主席亲自为《勤俭办社》的调查报告写下了按语：“遵化县的合作化运动中，有一个王国藩合作社，23户贫农只有三条驴腿，被人称为‘穷棒子社’。他们用自己的努力，在三年的时间内，‘从山上取来’了大批的生产资料，使得有些参观的人感动得流下泪。我看这就是我们整个国家的形象。”1960年，毛泽东主席还亲自接见了“穷棒子社”社长王国藩。

如今，“穷棒子社”已成历史，但“穷棒子”精神依然传承，激励着一代一代人奋进。

(http://epaper.yzdsb.com.cn/201107/01/101109.html)

任务一　了解农村社区合作经济组织的概念、特征与功能

农村社区是有广阔地域、居民聚集程度不高、以村或镇为活动中心，以从事农业劳动为主的社会生活区域。农村社区的发展对我国整个经济社会的发展有着举足轻重的意义。

一、农村社区合作经济组织的概念

农村社区合作经济组织，亦称农村集体经济组织，是指以集体土地、农业设施和其他公共财产为基础，以村落或农民居住区或行政辖区为单位组建起来的，履行生产服务、管理协调、资产积累、资源开发等基本职能的区域性合作经济组织。农村社区合作经济组织一般设在乡、村两级，其称谓在各地并不完全统一。有的地方称为“乡(镇)经济合作社”、“村经济合作社”，有的地方称为乡(镇)、村“经济实业公司”、“农工商总公司”等。

农村社区合作经济组织最早开始于新中国成立初期的农民带着土地、耕牛等私有财产入股的生产合作，其在改革开放前经历了互助组、初级社、高级社和人民公社四个阶段。20世纪70年代末期以来，我国农村改革获得了极大成功，以家庭承包经营为基础的统分结合的双层经营体制得到确立。1985年，农村人民公社“政社分开”后，建立农村基层政权组织和农民自治组织的工作顺利进行。同时，农村社区合作经济组织的重新构建也逐步铺开，为社会主义市

场经济体制的建立创造了良好的条件。

在我国农村，农村社区合作经济组织是在坚持土地集体所有的前提下，以土地经营为基本特征的合作经济形式。它是对原来“三级所有，队为基础”的农村人民公社体制进行政社分设后的集体经济组织的统称。它的成员即承包经营农户，虽然对土地等基本生产资料没有完全的、独立的所有权，却具有相当充分的基于个人利益的独立的经营权，因而具有“统分结合，双层经营”的典型特征。这种合作经济组织在家庭经营的基础上担负着农村生产经营的管理、服务、协调等多种职能。

二、农村社区合作经济组织的特征

我国农村社区合作经济组织具有以下几个鲜明的特征：

(一)管辖的地域性

农村社区合作经济组织是基于以土地为主的生产资料集体所有的基础上形成的，这就决定了其经济活动只能以此地域为范畴，并按照由此划分的区域进行管理。

(二)结构的双层次性

由于我国农村实行的是以家庭承包经营为基础的统分结合的双层经营体制，农村社区合作经济组织为“统”的层次，其成员——农户为“分”的层次。这就是农村社区合作经济组织在结构上的双层次性。

(三)目标的双重性

农村社区合作经济组织既是合作组织，又是经济组织。合作组织内部，是一种互利关系，强调的是服务；经济组织之间，是一种竞争关系，追求的是赢利。因此，作为合作组织与经济组织于一身的农村社区合作经济组织，一方面要为各个成员提供生产经营服务，满足互利互惠的要求；另一方面又要参与市场竞争，最大限度地追求利润，发展壮大自己。

(四)治理的民主性

农村社区合作经济组织是由彼此相互信任、需求基本一致的社区农户，在自愿的基础上组合而成的，其内部事务在没有外界干预的条件下，应由农民自主作出选择。因此，农村社区合作经济组织应该按照民主自愿的原则，加强民主决策、民主管理和民主监督，充分发扬民主，促进农村社区合作经济组织健康发展。

三、农村社区合作经济组织的基本功能

按照有关法律和政策规定，农村社区合作经济组织的基本功能有以下几个方面：

(一)积累功能

农村社区合作经济组织作为本社区集体资产的所有者，管好、用好本组织的集体资产，开展好生产服务，目的就是实现集体资产的保值增值，增加集体积累。因此，农村社区合作经济组织一方面要防止集体资产的流失，使其能够保值并不断增值；另一方面要拓宽生产门路，兴办新的集体企业，为富余劳动力充分就业提供机会。

(二)协调功能

农村社区合作经济组织的一个重要任务，就是协调成员利益关系和促进资源的合理流动。

在协调成员利益关系方面，要按照公平、公正、公开的原则，使国家、集体和农民个体利益得到兼顾；在促进资源的合理流动方面，要按照科学配置、效率优先、利益最大化的原则，使农村有限的资源发挥最大的效用。

(三)服务功能

农村社区合作经济组织向农户提供生产经营方面的服务，是农村统分结合的双层经营体制对农村社区合作经济组织所赋予的一项基本职能。农村社区合作经济组织作为“统”的层次，为农户提供生产经营服务，既包括产前、产中、产后的生产性服务，又包括经营市场开拓、营销及信息等服务，一方面促进农户增收，另一方面壮大集体经济。

(四)监督功能

农村社区合作经济组织的一个重要职能，就是监督党和国家在农村的各项法律法规及富民政策的落实，以及广大农户执行党和国家发展农村经济的路线方针政策情况。

任务二 搞好农村社区合作经济组织的集体资产产权制度改革

随着经济体制改革的不断深化，以保障农民利益为前提，以建立现代产权制度为目标的农村社区合作经济组织集体资产产权制度改革，成为解决新形势下农村社区合作经济组织面临诸多新问题的现实选择。

一、农村社区合作经济组织的集体资产构成

农村社区合作经济组织的集体资产是发展农村经济，促进社会主义新农村建设的重要物质基础。一般来说，其构成主要有以下三大类：

(一)资源性资产

资源性资产主要是指农村集体的土地，包括集体所有的土地、山林、矿山、滩涂、水面等自然资源。这是农村集体资产的“原始资本”。这类集体资产的所有权归集体所有。

(二)经营性资产

经营性资产，即农村集体所有的各种固定资产、流动资产和无形资产等。固定资产包括过去农村社区合作经济组织投资购建的各类设施、投资兴办实业所形成的各类资产、部分农村集体的留用土地等；流动资产包括农村集体所有的银行存款、对外投资等；无形资产如农村集体所拥有的专利权、商标权等。这类资产的产权归集体所有，收益也归集体共同支配。

(三)公益性资产

公益性资产，即农村集体所有的学校、养老院、公园、道路、桥梁、供水、供电等公益设施。这类资产的产权归农村集体所有，农村社区合作经济组织全体成员享有使用权。

二、农村社区合作经济组织集体资产产权制度改革的必要性

改革开放以来，以城镇郊区、沿海及经济发达地区农村为代表的农村社区合作经济组织集

体资产产权制度改革，实质上是我国农村城镇化和工业化发展新形势下，生产力发展对生产关系调整提出的新要求，具有客观必然性。

（一）集体资产产权制度改革是解决面临新问题的必由之路

近年来，随着城乡经济一体化程度的提高，特别是农村工业化、城镇化进程的加快，发达地区和城镇周边农村社区合作经济组织或多或少都面临着资源重新配置、利益格局重大调整等问题，由此引发的利益冲突在局部地区甚至影响了社会稳定。

1. 农民的土地权益保护问题

对农村土地，特别是对城镇郊区农村土地的征占不断增加，由此造成这些地区农村普遍出现耕地面积大幅度减少，甚至出现了不少“无地村”、“无地户”，农民尤其是失地农民，仅靠征地补偿费和外出打工收入难以解决后顾之忧和长远生计，农民利益因此受到严重侵犯。如何有效配置集体资产，提高农民的社会保障，成为现阶段农村集体经济发展与改革面临的新问题。

2. 农村集体资产流失问题

随着城市范围的扩大和行政区划的调整，许多地区实行撤乡并村，尤其是城乡结合部实行的“村改居”，农民一夜之间就变成了城镇或城市居民。在这一过程中，原农村社区合作经济组织成员和集体资产的关系被变更，集体资产被大量平调或流失，严重损害了农村社区合作经济组织及其成员的利益，对集体资产的产权保护已刻不容缓。

3. 农村社区合作经济组织成员分化后的利益冲突问题

因城市化、工业化的拉动，许多原农村社区合作经济组织成员流出，也有新的移民进入，户籍也不再是农村社区合作经济组织成员身份的唯一尺度，农村社区合作经济组织成员构成日趋复杂。随之而来的是，土地补偿费、集体不动产收益在农村社区合作经济组织成员中的分配中出现冲突。

（二）集体资产产权制度改革是建立和完善农村市场经济体制的迫切要求

农村集体经济是我国公有制经济的重要组成部分，农村集体资产产权制度改革不是孤立的。这项改革对坚持基本经济制度，增强集体经济的活力，进一步发展和壮大集体经济，发展社会生产力，具有现实意义。从产权经济学的角度看，“产权是所有制的核心和主要内容”。在市场经济条件下，产权的意义在于为市场构建了具有排他性和流动性产权的、有效率的市场主体，没有这样的市场主体，市场经济体制就不能真正确立。

（三）集体资产产权制度改革是完善家庭承包经营体制的客观需要

实行家庭承包经营体制是党在农村的基本政策，稳定和逐步完善农村基本经营制度，应抓住真正确立和实现农民作为集体经济财产主体地位这一根本问题。按照十六届三中全会提出的要求，应积极推进农村社区合作经济组织的制度创新，探索新的发展道路。目前，农村中普遍出现的要求强化土地承包经营权的倾向，以及发达地区和城郊农村出现的要求享有集体资产收益权的现象，就是农民追求财产主体地位这一愿望的具体体现。因此，推进农村社区合作经济组织制度创新，增强集体经济实力和服务功能，不能按过去的老办法，仅在“统一经营”的内容上做文章，而是要从产权制度改革的层面，从根本上解决土地承包经营权的实现问题，以及集体经营性资产产权配置及其实现问题等。

（四）集体资产产权制度改革是保障集体资产安全、维护农民合法权益的重要举措

传统产权制度下的集体经济存在严重弊端，集体所有制下单个集体成员的无权利状态，加

上农村社区合作经济组织与行政辖区相重合，容易使基层政权机构和自治组织管理者成为集体资产的直接代表，并实际拥有集体资产的产权，这就容易导致农民作为农村集体资产所有者的地位不能充分体现，使农民实际拥有的产权被虚置。其结果一方面降低了农村社区合作经济组织对成员的凝聚力，使农民对集体经济运行质量关切度不高，民主议事、民主管理和民主监督流于形式，集体资产的经营与增值责任难以落实；另一方面，也使农村社区合作经济组织在运行中很难避免一些严重损害集体资产安全及农民利益行为的发生，导致集体资产被挪用、平调、挥霍浪费，或低价承包、变卖等，使农民土地权益极易受到侵害，也为滋生腐败提供了条件。

这些现实问题的存在，限制了集体经济的发展壮大，阻碍了生产力水平的提高，因此迫切需要从农村社区合作经济组织集体资产产权制度的改革上，探索集体经济发展的新形式、新道路。

三、农村社区合作经济组织集体资产产权制度改革的实践

近年来，在农村工业化加快发展和城镇化快速推进的新形势下，经济发达的城郊地区及沿海地区的农村客观地面临资源的非农化转移和重新配置，外部环境的变化和集体经济自身的发展有力地推动着农村集体资产产权制度改革迈出新步伐。这些地区传统的产权虚置、社企合一的集体经济正逐渐被股份合作等农村集体经济的多种实现形式所替代，引发了农村社会经济多方面的积极变化。

(一)农村社区合作经济组织集体资产产权制度改革的指导思想与目标

从宏观层面上看，农村社区合作经济组织集体资产产权制度改革应有明确的指导思想，应有统一的、取向一致的改革目标和基本原则，在此基础上，农村社区合作经济组织集体资产产权制度改革的组织定位、产权模式及操作方案才能易于选择和方便实施。

根据实践探索，农村社区合作经济组织集体资产产权制度改革的指导思想是：在坚持家庭承包经营的基础上，按照十六届三中全会“农村集体经济组织要推进制度创新，增强服务功能”的要求，以科学发展观为指导，以保护农村集体经济组织和农民合法权益为核心，以农村产权制度创新为主线，以股权配置、股权界定、股权流转为突破口，逐步建立起适应市场经济体制的集体资产管理运营机制，促进集体经济发展，提高服务保障功能和管理水平，促进农民增收，加快城镇化步伐，促进农村社会稳定和经济可持续发展。

农村社区合作经济组织集体资产产权制度改革的目标是：构建“归属清晰，权责明确，保护严格，流转顺畅”的现代产权制度。为此，要明晰社区集体资产产权各项权能的归属，提高股权人格化程度；理顺农村社区合作经济组织与村委会、所属企业，以及成员的关系，形成按“产权规则”运行的制度规范；界定新一代农村社区合作经济组织的职能和作用，进一步探索出适合不同条件、不同发展阶段的农村集体经济实现形式，确立农村社区合作经济组织的市场主体地位以及保护农民利益的长效机制，最终全面建立起与市场经济体制相适应的现代产权制度和集体资产营运机制。

(二)农村社区合作经济组织集体资产产权制度改革的基本原则

无论改制前或改制后的农村社区合作经济组织，都兼具获取经济效益和开展社区服务的双重功能，与“纯粹”的企业不同，其最重要的区别在于它直接承担农村社区的公共福利事业。

因此，农村社区合作经济组织不能完全等同于一般的企业以利润最大化作为发展目标，而在推进和深化集体资产产权制度改革中，应坚持以下基本原则：

1. 坚持农民自愿、自主，尊重农民创造的原则

在推进集体资产产权制度改革中，要始终坚持尊重农民群众的意愿和自主原则，不搞“一刀切”，不刮风。对具体制度安排，如在股份构成、股权界定、民主管理方式等，不强调千篇一律，应根据实际情况，采取多种模式，尊重农民群众的创造。

2. 坚持因地制宜，分类指导，稳步推进的原则

农村社区合作经济组织要不要进行产权制度改革，需要有三个基本条件：一是要有积极推动制度变迁的利益主体；二是要有基层干部的主动性和积极性；三是上级政府和主管部门的指导要到位。具备了这三个条件，改革才可能顺利推进。由于集体资产产权制度改革政策性强，改革难度大。因此，应按照“先行试点、总结经验、逐步完善、分类指导、稳步推进”的方针进行。

3. 坚持公开、公平、公正的原则

集体资产产权制度改革是重大利益格局的调整，涉及方方面面的利益关系，因此必须在民主参与的前提下，把公开、公平、公正的原则贯穿于改革的全过程。尤其是在资产量化和股权确认时，既要承认差别，也要公平合理地处理历史遗留问题。只有这样，才能确保改革取得预期的成效。

4. 坚持规范操作和切实加强指导的原则

规范操作是改革成功的基本保障，民主参与是规范操作的基础。改革方案要经过充分的民主讨论并进行可行性论证，整个改革工作的各个环节必须经过合法的民主程序，要严把财产清查关、资产评估关、债权债务处理关和审计监督关，并在农村集体资产管理部门备案，确保集体资产的安全。要切实加强政策的供给和引导，使股份合作制成为农村社区合作经济组织集体资产产权制度改革的方向，成为农村市场经济体制框架的重要组成部分；注重把政策法规的指导与群众民主选择结合起来，注意各方的承受力和环境条件的许可，控制制度转化的成本。

（三）农村社区合作经济组织集体资产产权制度改革的基本做法

概括地说，农村社区合作经济组织在集体资产产权制度改革中，所涉及的主要是以厂房为主的不动产、生产设施、资金和土地等资源性资产。从发展的要求着眼，其在股权设置上应采取折股量化和募集股相结合的办法，一般应设立集体股、个人股和募集股。按照约定的标准和程序折股量化到农村社区合作经济组织及相关人员。具体操作环节有六个方面：一是清产核资；二是资产量化；三是股权设置；四是股权界定；五是股份分配；六是成立农村股份合作经济组织，建立法人治理结构。

农村社区合作经济组织集体资产产权制度改革中，由于各村的条件、人文环境、发展潜力各有差别，因此选择的产权制度改革的模式也不宜划一。对处于城镇郊区的富裕村或“城中村”，要积极推进集体资产产权制度改革，在总结经验的基础上不断完善，并在改革中可根据自身经济实力，探索以建立社区社会保障为内容的各种配套改革；对有一定集体经济收入的村，可先行做好组建股份合作经济组织的前期工作，认真开展清产核资、成员资格认定和股权设置等基础工作，为开展产权改革创造条件；对于集体经营性资产不多的村，重点是加强民主管理和监督，以建立健全各项内部管理制度为核心，做好财务公开、村务公开等工作。

【典型阅读】

平湖市集体资产产权制度改革在泖河村"试水"

浙江省平湖市新埭镇泖河村集体资产产权制度改革以股份合作为主要形式,以清产核资、资产量化、股权设置、股权界定、股权管理为主要内容,对农村集体资产中的集体房屋及其他经营性净资产进行量化,以股权形式明晰各集体经济组织成员所拥有的量化资产。改制后将建立以资产为纽带、股东为成员的村股份经济合作社,实行独立核算、自负盈亏、自主经营、民主管理、按股分红。泖河村集体资产产权股份制改革中,股权设置为"集体股"和"家庭股"。"集体股"占量化资产的30%,"家庭股"占量化资产的70%。"家庭股"由"人口股"和"农龄股"两部分组成,股权以户为单位,每户一本。折股量化到人的资产所有权仍属集体所有,任何组织和个人不得以任何形式平调或非法侵占、私分。折股量化的股权作为社员享受集体经济收益分配的依据,根据人口、劳动贡献年数等标准分配股份,股权以户为单位实行"增人不增股、减人不减股",保持股权的相对稳定。

2011年3月29日,全村100多名村民代表经过认真讨论,同意了这一改革方案,并当场在产权制度改革方案上签了字,表示支持这一改革。

(http://www.zjagri.gov.cn/html/main/xxkdView/141959.html))

任务三 认识农村社区股份合作经济组织

一、农村社区股份合作经济组织概述

农村社区股份合作制是将股份制的某些制度机理引入农村,将原来的农村社区合作经济组织改造成农村社区股份合作经济组织,从而形成的经济制度。

(一)农村社区股份合作经济组织的含义

农村社区股份合作经济组织就是将农村集体资产的所有权和经营权分离,在集体资产明晰的基础上,让全体成员作为股东享有决策权、监督权和分配权,并承担相应义务的既有劳动联合,又有资本联合的经济组织。实际上,其就是对农村社区合作经济组织的集体资产在其内部进行股份合作制改革的结果。通过改革,建立起以社区合作经济为基础,以股份制为形式,以资产为纽带,以加强集体资产经营管理为核心,以资产保值增值和效益最大化为目标的新型农村合作经济组织。

(二)农村社区股份合作经济组织的治理结构

农村社区股份合作经济组织都有自己明确的章程,在章程中都以条款方式规定了其治理结构。根据章程,股份合作经济组织一般设有董事会、监事会和成员代表大会。其中成员代表大会是最高权力机构,一般每届任期五年;董事会是最高执行机构,负责股份合作经济组织的

日常管理工作；监事会是监督机构，负责对成员大会所形成决议的执行情况进行监督；董事会和监事会由成员代表大会选举产生并对其负责。

(三)农村社区股份合作经济组织的股权设置

农村社区股份合作经济组织一般将股权分为集体股和个人分配股，各占一定的比例。集体股用于农村社区内的公益事业；个人分配股用于给社员分红。

(四)农村社区股份合作经济组织的运行条件

要使农村社区股份合作经济组织得以正常运行，其最重要的条件就是农村社区必须拥有一定数量的集体净资产，有较高较稳定的经济效益。这是因为农村社区如果没有一定规模的净资产，就无法量化折股，从而也就无法折股到个人。此外，只有具有良好的可经营的资产，才能在集体统一经营后获得较好的收益，从而给成员分红。

二、实施农村社区股份合作制改革的意义

实践表明，实施农村社区股份合作制改革，完善了农村集体经济的管理体制与运行机制，明晰了产权和收益分配权，让农民持股进城、按股分红，解除了进城农民工的后顾之忧，是一个既能保护农民利益、又能激励农民离乡进城的有效办法。

(一)实施农村社区股份合作制改革是维护农民合法权益的一种制度创新

目前，农村集体资产的所有权，理论上是全村的人"人人有份"，但实际上又是"人人无份"。对农村社区合作经济组织进行股份合作制改革，将集体资产固化、量化到人，明晰产权，就是要建立真正属于农民自己的经济组织，从根本上维护经济组织成员的利益。

(二)实施农村社区股份合作制改革是新形势下增加农民收入的重要途径

统筹城乡发展，促进农民增收，除了拓展就业渠道和政策性增收外，更重要的就是通过股份合作制改革，在发展集体经济的同时让农民增加财产性收入。经过多年的发展积累，一些农村的集体经济相对比较发达，特别是一部分经济强村，可用的集体资金较多，更应通过深化改革和制度创新来确保农民在集体经济发展中的应有利益，规范集体经济的收益分配，增加农民的收入。

(三)实施农村社区股份合作制改革是加强农村基层民主政治建设的重要抓手

通过股份合作制改革，改变农村集体经济由少数人决策、少数人管理、少数人监督和运作的固有模式，真正把农村集体经济的管理权、监督权、收益权和处置权交给社区农民，实现民主管理、民主决策，形成科学透明的决策机制和规范有力的内部约束机制，有利于集体资产的保值增值，有利于促进集体经济的发展，有利于改善农村基层的党群、干群关系，有利于推进农村民主政治建设，增强农村党组织的凝聚力与号召力。

三、农村社区股份合作经济组织在建设实践过程中存在的问题

推进农村社区股份合作制改革，有利于较好地经营农村集体资产，使其保值增值。但在实践过程中，还存在着一些问题，如果处理不好，将会影响农村经济社会的发展。

(一)"经社不分"

村民委员会是我国农村基层的村民自治组织，主要承担社会管理职能，经济特征不明显。

但许多地区的农村社区股份合作经济组织的管理机构与村民委员会合一，严重影响了社区股份合作经济产权代理的转变，民主管理难以得到真正落实。就目前而言，一些农村的成员代表大会还远没能成为真正意义上的最高权力机构，董事会、监事会也没能真正做到民主决策、民主管理、民主监督。如一些农村社区股份合作经济组织中，村党支部书记是董事长，村民委员会主任是监事长，成员代表大会形同虚设。这样的管理模式难以保证农村社区股份合作经济组织按照经济运行规律进行民主决策、民主监督。因此，应该将村民委员会的社会治理职能和农村社区股份合作经济组织的经济职能相分离，以权责明确，各司其职。

(二)产权不够清晰

农村社区股份合作经济组织的成立条件之一就是要明晰集体资产产权。然而一些农村社区股份合作经济组织的内部产权不够明晰，如一些农村社区股份合作经济组织成立之后，对如何界定农村社区内的集体企业与社区股份合作经济组织的关系，如何确定这些企业的性质，以及如何对这些企业进行经营管理等，不甚明了。事实上，这些问题不解决，社区内部的集体资产产权就不可能明晰。

(三)封闭性特点导致股权缺乏流动性而具有高福利性

农村社区股份合作经济组织从集体资产作价评估到确认股东资格，从股权设置到股份分配，从存量配股到增量扩股，从股权管理到股红分配，从经营管理到收益分配，都严格限制在社区范围之内，社区之外的个人和法人资本不能进入，社区内的股权也不能流出。这种格局，使社区股权凝固，造成了产业布局的分散和资本规模的狭小，影响了资本的流动和产业的集中与升级。此外，农村社区股份合作经济组织的章程中都明确规定股权不得继承、转让，不得买卖、抵押，不得退股提现等，通过这些条款严格限制股权流动。虽然该规定是出于固化股权，保护集体资产的目的。但如此做法，使股权的分配具有了极强的福利性和再分配的性质，而使其丧失了作为资产经营的功能和应有的流动性。这不利于解决因人口变动而带来的配股方面的问题。

四、推进农村社区股份合作制改革的具体措施

全面实施农村社区股份合作制改革，是加快推进农村经济社会发展的重大举措，是促进农民增收和维护农村社会稳定的关键。因此，应把全面实施农村社区股份合作制改革作为深化农村改革的重要任务抓紧抓好。

(一)确立农村社区股份合作经济组织的法人地位

确立各类市场主体的法人地位是我国建立社会主义市场经济体制的必然选择。因此，应明确农村社区股份合作经济组织作为市场主体的法人地位，并对有关管理部门的注册登记作出明确规定，对由农村社区合作经济组织转制而来的农村股份合作经济组织的法人身份予以确认，以解决其在登记注册、政策优惠等方面遇到的问题。

(二)明确农村社区合作经济组织产权制度改革后的发展定位

在目前农村社区依旧要靠自身经济收入承担社会管理和公共服务职能的条件下，“社企分离”只能是形式上的职能分开，农村社区合作经济组织都要以各种方式承担其运转费用，因此农村集体资产产权制度改革取向在其内部进行股份合作制改革并保留一定比例的集体股比单纯的股份制更符合现实逻辑。因此，现阶段的农村社区型股份合作制是现实可行的改革方向，

需要鼓励和支持。

(三)正确看待农村社区合作经济组织内部的土地股份

土地股份合作制实际上是在坚持农户土地承包权长期不变的基础上,放活土地经营权,以股份的形式进一步明确和完善了农户承包权的收益功能,使其成为取得集体二次分配的依据,进而使农户能够按其土地占有份额直接分享到相应的集体剩余分配权。可以认为,农村社区土地股份合作制是目前农村土地集体所有制条件下,在农村社区范围内兼顾公平与效率的一个好办法。

任务四 做好农村社区合作经济组织管理工作

一、农村社区合作经济组织管理的必要性

(一)加强农村社区合作经济组织管理是壮大农村集体经济的现实需要

农村社区合作经济组织是农村集体经济的重要代表。加强农村社区经济组织管理,有助于提高农村集体经济的运行质量与效益,增强农村集体经济的发展后劲,保障农村集体资产的保值增值。因此,加强农村社区合作经济组织管理,提高农村集体经济的运行质量与效益,是壮大农村集体经济的现实需要。

(二)加强农村社区合作经济组织管理是促进农民增收致富的必然选择

农村社区合作经济组织与农户构成农村统分结合的双层经营体制,其中农村社区合作经济组织的“统”与农户的“分”是相辅相成、密不可分的,没有农村社区合作经济组织的“统”,小农户的“分”就很难在市场竞争中立足;反过来,没有小农户的“分”,而农村社区合作经济组织的“统”也就失去了意义。因此,加强农村社区合作经济组织管理,保障其为农户提供生产经营服务,是促进农民增收致富的必然选择。

(三)加强农村社区合作经济组织管理是推进农村民主政治建设的客观要求

由于我国农村基层实行的是“三位一体”管理体制,农村党组织、村民自治组织与社区合作经济组织的工作常常交织在一起。因此,加强农村社区合作经济组织管理,规范其行为,对于推进农村民主管理,加强农村民主政治建设具有重要意义。

二、农村社区合作经济组织管理的原则

农村社区合作经济组织的管理原则,主要有以下几个方面:

(一)承认和保护个人产权的原则

因为我国农村实行的是以家庭承包经营为基础的统分结合的双层经营体制,农村社区合作经济组织作为“统”的层次,无论对于集体资产,还是对于所属的农户与企业,要尊重和承认个人产权,要承认和保护个体的劳动成果,使成员真正拥有参与决策权、剩余索取权和对资产净值的处置权,这是集体经济发展的前提和保证。

(二)强化服务意识的原则

农村社区合作经济组织在农村双层经营体制中的重要职能，就是为其所属的农户和企业提供生产经营上的服务，通过高质量的服务来增强农村社区合作经济组织内部的凝聚力，通过提供高质量的服务来发展壮大集体经济。因此，农村社区合作经济组织管理应强化其服务意识，在服务中发展壮大自己。

(三)民主管理的原则

充分发挥农村社区合作经济组织成员大会或成员代表会议在讨论决定发展大计、搞好生产经营管理中的作用，坚持成员大会或成员代表会议制度，是防止集体经济向实际上的小团体经济演变的重要保障。少数地方，农村社区合作经济组织已经异化为小团体经济。究其原因，是因为没有坚持民主管理原则，成员的民主权利没有得到切实保障的结果。

三、农村社区合作经济组织管理的重点工作

我国各地农村的自然条件、经济发展水平及社会文化传统不同，从而各地的农村社区合作经济组织发展也必然存在着各自的特点，有着各自面临的矛盾与问题。因此，各地农村社区合作经济组织管理的具体工作也不尽相同。但就其共性而言，当前应重点做好以下几个方面的工作：

(一)切实做好完善规章制度工作

近年来，随着我国社会主义市场经济体制的完善，以及农村社区合作经济组织的创新与发展，原有的规章制度已不适应新形势的新要求，应及时进行改进、补充和完善，以使农村社区合作经济组织管理有规可依。特别是要按照农村集体经济管理规范化要求，进一步完善农村集体经济重大事项民主决策制度、财务收支预决算制度、民主理财和财务公开制度、现金与银行存贷款管理制度、非生产性开支控制制度、财务开支审批制度、集体资产台账和资产清查制度，以及经济责任和重大项目审计制度等，以适应发展的需要。

(二)切实加强“三资”管理

农村集体资金、资产、资源简称“三资”，是农村社区合作经济组织的家底，应作为重点，切实管好、用好。要建立产权清晰、权责明确、管理民主、监督有力的管理体制和运行机制，形成科学高效、公开透明的指导、服务、监管体系，确保农村集体“三资”安全和保值增值，增加农民财产性收入。当前，要全面推进农村集体“三资”管理信息化，在农村会计电算化的基础上，加快推进农村集体“三资”的计算机管理网络建设，实现对农村集体“三资”运行情况的实时查询、实时分析和实时监管，改善管理手段，提高监管水平。

(三)切实强化民主管理

由于农村社区合作经济组织脱胎于人民公社时期的“三级所有，队为基础”体制，目前我国的一些农村社区合作经济组织还是沿袭传统“政社合一”的运行模式，模仿政府的行政命令式管理方法。但实际上，农村社区合作经济组织是具有合作性质的经济组织，其特征就是强调成员的民主参与、民主管理与民主监督。因此，当前要规范农村社区合作经济组织的民主决策程序，强化其成员的民主参与意识，加强其运行过程的民主监督，使农村社区合作经济组织得以健康发展。

【实践训练】

农村社区合作经济组织发展状况调研

1. 实训要求：找一个你熟悉的行政村，了解该村的社区合作经济组织（集体经济组织）发展情况。

2. 实训目的：通过此次调研实训，加深学生对农村社区合作经济组织（农村集体经济组织）发展的体会与理解。

3. 实训组织：全班同学按每3～5人进行分组，每组都要制订切实可行的调研计划。

4. 实训实施：由学生自主联系或任课教师统一联系一个行政村，在任课教师的指导下，具体进行调研。

5. 实训考核：每组集思广益撰写一篇1 000字左右的调研报告，内容包括该村的基本情况（人口、村域面积、耕地面积、劳动力、主要产业、三次产业的产值、村集体资产总值、农民人均纯收入等）、社区合作经济组织（集体经济组织）发展的阶段划分及变化情况，发展中遇到的难点和问题，有益建议等。教师对调研计划和调研报告进行考核评定并给出成绩。

【阅读与思考】

兴十四村的发展之路

改革开放后，黑龙江省甘南县兴十四村党支部决定从本村实际出发，坚持走集体经营、共同致富的道路。到2010年，兴十四村已由刚建村时无分文固定资产的山东移民村，发展成为年人均纯收入1.9万元的社会主义新农村。

（1）坚持土地集体所有，实现农业生产专业化、规模化和产业化。

兴十四村始终坚持土地连片种植，实行规模经营。现在全村1 120公顷耕地，由村里2%的农民种植，98%的劳动力进入村办二、三产业，成为产业工人。同时，建起了大型集体牧场2处，饲养奶牛1 000头，实现了畜牧业养殖的专业化。

在农业专业化、规模化的基础上，兴十四村立足当地农畜产品资源，大力发展村办工业，先后建起了乳品厂、甜蜜素厂、柠檬酸厂、饲料厂和淀粉糖厂等多家企业，组建黑龙江富华集团，实现了农业产业化经营。

（2）坚持工业富村、科技强村，实现经济多元化。

在农业专业化、规模化和产业化的基础上，兴十四村大力招商引资，大胆实施资本运营。富华集团华冠科技股票A股2002年在上海成功上市，募资1.38亿元，成为黑龙江省第一家农业板块上市的股票。在强有力的资金支持下，兴十四村努力加快新型工业化进程。目前，富华集团年加工玉米30万吨，形成了生物工程、精细化工、畜禽饲料和绿色食品等系列产品体系，有4项高科技产品和技术填补了国内空白。富华集团1998年被认定为黑龙江省高新技术企业，2004年被确定为国家级农业产业化重点龙头企业，2009年被授予黑龙江省“五一”劳动奖状。兴十四村2007年被联合国机构评定为“促进农村经济发展最佳范例”。

在做大做强第二产业的同时，他们充分发挥资金、资源优势，进一步做活第三产业。他们成立了富华建筑公司、富华绿化工程公司、富华房地产开发公司和富华路桥公司四个外向型企业和富华国际贸易有限公司。2008 年，这四个企业开发建筑面积 3.6 万米^2，收入 3 500 万元。富华国际贸易有限公司的贸易范围不断拓宽，贸易项目不断增加，2008 年贸易额近 1 000 万元。

(3)坚持发展壮大村级集体经济，实现村民待遇福利化。

由于有强大的集体经济做后盾，兴十四村很早就实施了一系列优厚的福利待遇，村级社会保障制度不断健全和完善。现在，村民吃粮、吃水、物业管理、合作医疗和小孩入托、学生上学等全都免费。村民实行退休制，享受合作医疗和社会保险等待遇。兴十四村人真正体会到了集体经济的优越性，体会到了社会主义制度的优越性。

(4)注重环境保护和生态建设，实现村级集体经济发展可持续化。

从 20 世纪 70 年代开始，兴十四村坚持每年都举全村之力人工植树造林。目前，兴十四村别墅区绿化面积达 90%，全村已建成年产 2 000 万株，集“育、管、造”于一体的集体林场 1 处，农业防护林网 48 条，累计人工栽种松林 870 公顷，森林覆盖率达 40%。成片人工松林不仅自身创造经济效益，而且还有效抵御了风沙对兴十四村良田的侵袭，切实调节了村及周边的小气候，使当地自然生态环境从根本上得到维护和改善，成为名副其实的“天然氧吧”。

(http://myy.cass.cn/news/439051.htm)

思考：你对类似于兴十四村以集体经济为主发展农村经济的路子是如何认识的？

【复习思考与练习】

1. 什么是农村社区合作经济组织？其特点是什么？
2. 为什么要对农村社区合作经济组织的集体资产产权进行改革？具体做法是什么？
3. 什么是农村社区股份合作经济组织？其与农村社区合作经济组织的关系是什么？
4. 结合实际谈谈农村社区合作经济组织管理应重点做好哪些工作。

项目六 农民专业合作经济组织管理

【学习目标】

- 通过本项目内容的学习，理解农民专业合作经济组织的概念，了解农民专业合作经济组织的特点、类型、运行原则及作用。
- 通过本项目内容的课堂学习、课外自学和实训环节，掌握农民专业合作经济组织的组建条件、程序、运作及管理。

【能力目标】

- 通过本项目内容的课堂学习和实训环节，能根据农民专业合作经济组织组建程序，准备申报文件及其他条件，申报组建农民专业合作经济组织，并做好农民专业合作经济组织的主要管理工作。

【重点与难点】

- 本项目的重点：农民专业合作经济组织的组建准备、申报与审批、成立与运行；农民专业合作经济组织的业务管理、资金管理。
- 本项目的难点：农民专业合作经济组织的治理结构、制度建设、团队管理。

【教学方法与手段】

- 启发式、案例式教学，多媒体辅助教学。

【引导性案例】

新疆农民办养牛协会尝到了甜头

20世纪90年代中期，新疆乌苏附近建了一家奶粉厂，部分村民开始饲养奶牛。农户在单独售奶过程中，经常被厂方拖欠奶款，几年下来被欠奶款达20多万元，严重影响了农户收入，也挫伤了奶农养牛的积极性，甚至有人迫不得已卖掉了奶牛。为了解决拖欠奶款问题，1999年由村干部牵头，18个奶牛养殖户组建了养牛协会，养牛大户、现任村民委员会主任被推选为理事长。协会成立后做的第一件事，就是以协会名义和厂家谈判，解决了拖欠养殖户的全部奶款；随后，协会成员进行分工，发挥经营能手的特长；协会还购买了贮奶罐，打开了更大的市场。这些举措不仅提高了奶价，降低了坏奶率，还确保了牛奶销售渠道的通畅，激发了更多农户饲养奶牛的积极性。

(http://www.jrxjnet.com/guanzhu/ncjs/201209/36507.html)

任务一 了解农民专业合作经济组织的概念、特点与运行原则

随着农村的发展，我国农村产生了多种组织资源，农民专业合作经济组织就是最贴近农民群众的组织资源之一。

一、农民专业合作经济组织的概念

农民专业合作经济组织是由从事同类产品生产经营的农户（专业户）自愿组织起来，在资金、技术、信息、生产、购销、储运、加工等环节实行自我管理、自我服务、自我发展，以提高市场竞争能力、增加成员收入为目的的专业性合作经济组织。它的发展是建立在家庭承包经营基础之上，不改变现有生产关系，不触及农民的财产关系，以适应农村的改革与发展，是农村组织制度的一种创新。

二、农民专业合作经济组织的特点

农民专业合作经济组织的特点主要表现在以下几个方面：

(一)基础不变，按需合作

农民专业合作经济组织不改变农民的土地承包关系，不改变农户自主经营权利，农民可以根据生产经营活动的需要参加各种各样的专业合作经济组织。

(二)专业性强，纽带明确

农民专业合作经济组织以专业化生产为基础、以某类专业产品为龙头组织起来，如柑橘生产合作社、食用菌销售合作社、养猪协会、养牛协会等，都具有明显的专业特征和联系纽带。

(三)突出服务，同舟共济

农民专业合作经济组织以服务为宗旨，有效地帮助农民解决了一家一户做不了、做不好的

事情，使成员与专业合作经济组织同舟共济，共创市场，同担风险。由于它最了解农民需要什么，所以它能有针对性地为农民开展服务。

（四）入退自由，民主管理

在组织管理上，自愿结合，入退自由，民主管理。农民只要愿意接受专业合作经济组织的管理规定，加入或退出专业合作经济组织是自由的。专业合作经济组织内部事务由农户协商解决，实行民主决策、民主管理、民主监督。

（五）方式灵活，独立自主

农民专业合作经济组织，可以由专业大户、龙头企业牵头，也可以由能人、基层供销社带领，也可以由基层政府引导来组建。合作方式多种多样，可以是生产合作、销售合作、储运合作、加工合作等，由成员根据需要独立自主地选择。

（六）利益共享，风险共担

农民专业合作经济组织内部每个成员既是利益的共享者，又是风险的同担者。专业合作经济组织根据他们交售农产品的数量和质量返还利润，根据资本和劳动的投入量进行分红。

三、农民专业合作经济组织的类型

农民专业合作经济组织类型较多，根据不同的分类方式可以划分为不同类型。

（一）按经济活动中有无经营性业务进行划分

包括农民专业合作社、农民专业协会等。

（二）根据合作的领域不同进行划分

1. 生产合作

包括农业生产过程的合作、农业生产过程某些环节的合作或农产品加工的合作等。

2. 流通合作

包括农业生产资料的供应、农产品购销储运等方面的合作。

3. 信用合作

其是农民为解决农业生产和流通中的资金需要而成立的合作经济组织，如农村资金互助社等。

4. 其他合作

如消费合作、技术合作等。

（三）按照合作中的生产要素不同进行划分

1. 土地合作

一般是农民将土地使用权作为股份联合组成的合作经济组织，如土地合作社等。

2. 劳动力合作

一般是具有某种相近技术专长的劳动力，联合组建的以提供某种劳务的合作经济组织，如劳动力合作社等。

3. 技术合作

一般是专业生产方向相同的农户，联合组建的技术协会等合作经济组织，以解决农业生产中的技术问题，如植保技术协会、兽医协会等。

4.资金合作

一般是农民将资金作为股份联合组建的合作经济组织，如农村资金互助社等。

四、农民专业合作经济组织的运行原则

合作经济遵循的原则中，最基本的是自愿、互利、公平、民主原则。这四条基本原则体现了合作经济的本质特征。合作经济组织在组建、运作过程中必须遵守这些原则。

(一)自愿原则

农民专业合作经济组织是农民按照自己的意愿组建起来的，因此，其最大特点就是："加入自愿，退出自由"。只有坚持这一原则，农民专业合作经济组织才有群众基础，才有旺盛的生命力。这种依靠农民自愿建立的专业合作经济组织，才是真正能代表农民利益的组织，才能在农民中享有较高的威望。

(二)互利原则

"我为人人，人人为我"是互利原则的具体表现。在农民专业合作经济组织中，每个人的工作和贡献都会影响到其他成员的利益。如果一个人贡献少而所得多，那必定是他侵占了别人的利益。因此，在合作经济组织中，要求每个人的存在都要有利于组织，这是农民专业合作经济组织顺利发展的保证。同时，在合作经济组织中，也要让每个人都有利可图，这也是巩固农民专业合作经济组织的关键。

(三)公平原则

采用什么原则分配，对农民专业合作经济组织的发展有着重要影响。对农民专业合作经济组织来说，成员不仅追求分配的绝对额，而且在成员之间会不断进行相对的比较，如果利益分配不公平，势必会影响成员的积极性和稳定性。因此，农民专业合作经济组织一定要制定公平的规章制度，特别是分配制度，以形成公平的运作机制，营造公平的工作氛围。

(四)民主原则

农民专业合作经济组织的民主原则，是独立个体平等要求的体现。然而，农民专业合作经济组织作为一个组织，它又必须要有一部分人居于领导地位，指挥和控制另一部分人，协调成员之间的平等要求。因此，只有依靠民主，通过成员参与和民主管理才能监督和约束管理者，形成一个循环封闭的管理网络，从而在一定程度上消除管理者与成员间的不平等。

五、农民专业合作经济组织的作用

农民专业合作经济组织是市场经济的产物，是弱势群体生存与发展的载体，在农村经济发展中发挥非常重要的作用。

(一)提高了农户进入市场的组织化程度

农民专业合作经济组织依据国家有关产业政策，按照市场信息，引导农民有组织地进入市场，使一家一户的小生产与千变万化的大市场进行了有效对接。如专门从事流通服务的农民专业合作经济组织活动在流通领域，在一定程度和一定范围解决了农民进入市场难的问题，减少了中间环节，节约了交易成本，也减轻了市场波动给农民造成的经济损失。

(二)提升了农业的社会化服务水平

随着市场经济的发展，农民对服务内容和需求日益多样化，农民专业合作经济组织正好适

应了这一要求。其通过引进新技术、新品种，开展技术培训和推广服务；提供信息咨询，进行生产资料供应服务；开展资金互助，解决农民的燃眉之急等，受到了农民的热情欢迎。有的专业合作经济组织创办技术、经济服务实体，从事农副产品精深加工等服务，不仅为成员发展生产提供了便利，同时也为专业合作经济组织带来了效益。

（三）推进了农业的产业化经营

农民专业合作经济组织的组建与运行多种多样，有的是龙头企业办专业合作经济组织，有的是专业合作经济组织办经济实体，有的专业合作经济组织与龙头企业建立某种经济关系。通过这些方式，农民专业合作经济组织将农业产业链条的各个环节有机地组合起来，通过提供配套的系列化服务，进而提高了专业化生产的整体效益，促进了农业的产业化经营。农民专业合作经济组织已经成为推进农业产业化经营的有效组织载体。

（四）增加了农民的收入

农民专业合作经济组织把一家一户的农民组织起来参与市场竞争，增强了农民的话语权和谈判地位，增加了农民销售农产品的收入；专业合作经济组织把农业生产经营过程中产前、产中、产后的各个环节连成一体，形成规模效应，提高经济效益，并让农民分享到了产业链延伸增值所产生的平均利润；专业合作经济组织通过为农户提供技术、购销、资金及信息等服务，提高农业的集约化程度，减少农户生产经营的盲目性，让农民增产增收；专业合作经济组织通过创办实体和对外开展经营追求经济效益，并将部分利益返还给成员，增加了成员收入。

（五）提高了农民的现代文明素质

广大农民通过参加专业合作经济组织，在生产经营实践中不仅掌握了科学技术，而且还经受了分工协作、组织管理、市场营销、对外交往，以及民主决策、民主管理、民主监督等方面的锻炼，从而提高了其科技意识、市场意识、民主意识、团队意识，以及自我组织、自我服务、自我管理的能力，有效提高了广大农民的现代文明素质，为广大农民参与现代化建设和过上现代文明生活奠定了坚实的基础。

任务二　搞好农民专业合作社的组建工作

2006 年 10 月 31 日，我国出台了《中华人民共和国农民专业合作社法》，并从 2007 年 7 月 1 日起开始施行；2007 年 5 月 28 日，国务院发布了《农民专业合作社登记管理条例》，其中明确规定了农民专业合作社成立的条件、登记事项与程序，以及运作管理等要求，农民专业合作社应据此进行组建与运作。由于农民专业合作经济组织类型较多，这里只介绍农民专业合作社组建的有关要求与工作，其他类型的农民专业合作经济组织可参照进行。

一、组建农民专业合作社的准备工作

组建农民专业合作社，需要做好以下准备工作：

(一)成员发动

组建农民专业合作社时,必须有5名以上符合《中华人民共和国农民专业合作社法》规定的成员。成员可以是具有民事行为能力的公民,也可以是从事与农民专业合作社业务直接有关的生产经营活动的企业、事业单位或者社会团体。这些个人或组织能够利用农民专业合作社提供的服务,承认并遵守《农民专业合作社章程》,履行章程规定的入社手续的,可以成为农民专业合作社的成员。农民专业合作社的成员中,农民至少应当占成员总数的80%。成员总数在20人以下的,可以有一个企业、事业单位或者社会团体成员;成员总数超过20人的,企业、事业单位和社会团体成员不得超过成员总数的5%。

企业、事业单位或者社会团体的分支机构不得作为农民专业合作社的成员。农业系统的植物保护站、农业技术推广站、畜牧检疫站以及卫生防疫站、水文检测站等具有管理公共事务职能的单位不得成为农民专业合作社成员。

(二)筹备调研

农民专业合作社成立之前,应进行筹备调研。调研的内容主要包括:国家有关农民专业合作社成立运作的法规与政策、组建农民专业合作社的需求状况、农民专业合作社业务范围、区域内同类专业合作社的运作情况等。调研后,根据收集的资料进行分类、整理和分析,得出调研结论,撰写调研报告。通过筹备调研,明确相关政策和信息,为组建农民专业合作社提供依据和思路。

(三)文件准备

1.申请设立农民专业合作社应提交的文件与证件

(1)全体设立人指定代表或者委托代理人签署的《农民专业合作社(分支机构)名称预先核准申请书》;

(2)全体设立人签署的《指定代表或者委托代理人的证明》。

2.农民专业合作社法人设立登记应提交的文件与证件

(1)法定代表人签署的《农民专业合作社设立登记申请书》;

(2)全体设立人签名、盖章的设立大会纪要;

(3)全体设立人签名、盖章的《农民专业合作社章程》;

(4)法定代表人、理事的任职文件;

(5)法定代表人、理事的身份证明;

(6)全体出资成员签名、盖章的出资清单;

(7)法定代表人签署的成员名册;

(8)成员身份证明复印件;

(9)住所使用证明;

(10)指定代表或者委托代理人的证明;

(11)名称预先核准通知书(经名称预先核准的须提交)。

农民专业合作社的业务范围有属于法律、行政法规或者国务院规定在登记前须经批准的项目的,应当提交有关许可文件。

二、农民专业合作社的申报与审批

根据《农民专业合作社登记管理条例》的规定,农民专业合作社以申请登记的住所为依据,由所在地区县工商行政管理部门负责登记注册。

申报审批时,需要按照以下程序进行:

第一步,咨询后领取并填写《农民专业合作社(分支机构)名称预先核准申请书》,同时准备相关材料;

第二步,递交《农民专业合作社(分支机构)名称预先核准申请书》及相关材料,领取《名称登记受理通知书》,等待名称核准结果;

第三步,领取《名称预先核准通知书》,同时领取并填写《农民专业合作社设立登记申请书》等有关表格,准备其他登记文件;经营范围涉及前置审批的,应办理相关审批手续;

第四步,递交申请材料,材料齐全后领取《准予设立登记通知书》;

第五步,按《准予设立登记通知书》确定的日期领取营业执照。

其申报审批程序的流程图如图 6-1 所示。

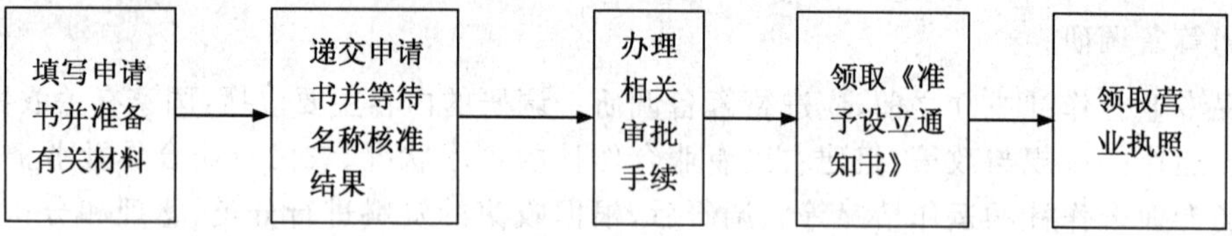

图 6-1　农民专业合作社申报审批流程图

不申请名称预先核准的,咨询后领取《农民专业合作社设立登记申请书》办理登记手续。

农民专业合作社的名称应当符合国家有关企业名称登记管理的规定。农民专业合作社名称依次由行政区划、字号、行业、组织形式组成。名称中的行政区划是指农民专业合作社住所所在地的行政区划名称,如北京市延庆县、湖北省黄冈市等;名称中的字号应当由 2 个以上的汉字组成,可以使用农民专业合作社成员的姓名作字号,但不得使用县级以上行政区划名称作为字号;名称中的行业用语应当反映农民专业合作社的业务范围或者经营特点;名称中的组织形式应当标明"专业合作社"字样,但不得含有"协会"、"促进会"、"联合会"等具有社会团体性质的字样。如果组建农民专业协会、促进会、联合会等社团性农民专业合作经济组织,则根据社会团体管理相关规定,到民政部门申请,由民政部门依规审批。

三、农民专业合作社的成立与组织机构设置

农民专业合作社经相关部门批准后,就可宣告成立,并依据其章程设置精干的组织机构。《中华人民共和国农民专业合作社法》第四章规定了农民专业合作社的治理结构——组织机构。根据该法规定,农民专业合作社通常可以有以下机构:成员(代表)大会、理事长或者理事会、执行监事或者监事会、经理等。因为农民专业合作社的规模不同、经营内容不同,设立的组织机构也并不完全相同,《中华人民共和国农民专业合作社法》对某些机构的设置不是强制性规定,而要由专业合作社根据自己的需要决定。

(一)成员(代表)大会

成员大会是农民专业合作社的最高权力机构。法律规定,成员人数超过 150 人的,可以设置成员代表大会行使成员大会职权。农民专业合作社的章程一般规定,成员代表大会的代表,

由成员民主选举产生,代表人数不应少于成员人数的 1/5,每届代表的任期年限一般为 3 年。成员(代表)大会一般应每年召开两次,遇特殊情况如理事会认为必要、监事会建议、1/5 以上成员或 1/3 以上成员代表提出时,也可以提前或延期召开。成员(代表)大会的召开,必须有 2/3 以上成员或者成员代表出席,决议必须有半数以上成员或者成员代表通过方为有效。成员(代表)大会制度是实现民主管理专业合作社的重要途径。特别是在成员代表大会闭会期间,成员代表应经常征集和反映成员对专业合作社经营管理方面的意见,协助专业合作社管理机构搞好工作。

(二)理事会

理事会是在成员(代表)大会闭会期间的执行机构。理事会由成员(代表)大会所选举产生的若干理事组成,对成员大会或成员代表大会负责。在理事会中推选理事长 1 人,副理事长若干人主持理事会工作。理事任期与成员代表大会届期相同,一般每届 3 年,可连选连任。根据法律规定,理事长、副理事长和理事,都必须是本社的成员,并应当依照规定通过选举的方式产生,依照《中华人民共和国农民专业合作社法》和本社章程的规定行使职权。理事会遵照民主集中制原则,实行集体领导和个人分工负责相结合。专业合作社的重要问题需经理事会讨论决定,并经 2/3 以上理事同意方可形成决定,并由理事长、副理事长组织实施。理事会须有半数以上理事出席,决议须有参加会议半数以上理事通过方为有效。理事会开会时,应通知监事会监事列席会议。理事会成员应经常调查研究,听取成员意见,把专业合作社工作搞好。

根据《中华人民共和国农民专业合作社法》第二十六条规定,农民专业合作社理事长,可以作为本社的法定代表人,即不需要特别委托,对内依照职权从事内部管理工作,对外直接以本专业合作社名义从事经营活动,并代表本专业合作社参加诉讼和仲裁。由于各专业合作社的情况不同,是否设立理事会由专业合作社自己决定。

(三)监事会

为加强内部监督,防止有关负责人滥用职权,农民专业合作社可以根据需要设立执行监事或者监事会。根据法律规定,执行监事或者监事会成员,都必须是本专业合作社的成员。当然,专业合作社根据需要,也可以不设执行监事或者监事会,而由成员直接行使监督权。

监事会是由成员(代表)大会选举产生,是成员(代表)大会闭会期间的监察机构。监事会由主任、副主任、监事若干人组成,人数一般为 1～3 人,规模小的专业合作社可由 1 名监事组成。监事会的任期一般与成员代表大会届期相同。监事会议由监事会主任召集,须有 2/3 以上监事出席,决议须有参加会议 2/3 以上的监事通过方为有效。监事会成员向成员(代表)大会负责。监事会成员必须秉公办事,认真调查研究,监督保证专业合作社工作的正常开展。

(四)经理与财务会计人员

为了方便经营,提高效益,农民专业合作社可以聘任经理和财务会计人员,负责具体经营事务和财务会计工作。对经理和财会人员的聘任要以成员(代表)大会的决议为依据,由理事长或者理事会选聘。为了减少管理者,减轻成员负担,提高专业合作社的运行效率,理事长或者理事可以兼任经理。

任务三 做好农民专业合作经济组织的管理工作

一、规章制度建设

农民专业合作经济组织在运作过程中，主要的管理制度有：成员(代表)大会制度、理事会工作制度、监事会工作制度、财务管理制度、社员管理制度、盈余分配制度、学习培训制度等。农民专业合作经济组织应结合自身实际，制定切实可行的规章制度，以规范专业合作经济组织的经济运行和行为。

【典型阅读】

______专业合作社社员(代表)大会制度

一、为了保护合作社员的合法权益，体现民主管理的原则，依据《中华人民共和国农民专业合作社法》和《_____专业合作社章程》，特制定本制度。

二、社员(代表)大会由全体社员(代表)组成，是合作社的最高权力机构。

三、社员(代表)大会职责：

1. 审议、修改本社章程和各项规章制度；
2. 选举和罢免理事长、理事、执行监事(或者监事会成员)；
3. 决定社员入社、退社、继承、除名、奖励、处分等事项(注：如设立理事会此项可删除)；
4. 决定社员出资标准及增加或者减少出资；
5. 审议本社的发展规划和年度业务经营计划；
6. 审议批准年度财务预算和决算方案；
7. 审议批准年度盈余分配方案和亏损处理方案；
8. 审议批准理事会、执行监事(或者监事会)提交的年度业务报告；
9. 决定重大财产处置、对外投资、对外担保和生产经营活动中的其他重大事项；
10. 对合并、分立、解散、清算和对外联合等做出决议；
11. 决定聘用经营管理人员和专业技术人员的数量、资格、报酬和任期；
12. 听取理事长或者理事会关于社员变动情况的报告；
13. 决定其他重大事项。

四、社员代表从全体社员中选举产生，每_____名社员选举产生一名社员代表，组成社员代表大会。社员代表大会履行社员大会的_____、_____等(注：部分或者全部)职权，社员代表任期_____年，可以连选连任。(本社社员超过150人时，成立社员代表大会。不成立社员代表大会的可以不设立此条)

五、社员(代表)大会由理事会(理事长)负责召集，每年至少召开两次。

六、合作社召开社员(代表)大会，出席人数应当达到社员(代表)总数2/3以上。

七、社员(代表)大会选举或者做出决议,应当由具有本社社员(代表)表决权总数过半数通过;做出修改章程或者合并、分立、解散的决议应当由具有本社社员(代表)表决权数的2/3以上通过。

八、遇下列情况,可以临时召开社员(代表)大会:

1.20%以上的社员提议;

2.执行监事或者监事会提议;

3.理事会提议;

4.社员共同议决的其他情形。

九、社员(代表)大会对有关议案进行表决时,实行一人一票制。社员(代表)因故不能参加时,可书面委托社员代理,一个社员最多只能代理两个社员。

十、社员(代表)大会所议事项要形成会议记录,出席会议的社员、理事、监事应当在会议记录上签名。

十一、本制度从____年____月____日起执行。

【典型阅读】

________专业合作社理事会工作制度

一、为了规范理事会的行为,促进合作社发展,依据《中华人民共和国农民专业合作社法》和《______专业合作社章程》,特制定本制度。

二、理事会是合作社的执行机构,对社员(代表)大会负责。

三、理事会由______名理事组成,理事会成员由社员(代表)大会从本社社员中选举产生,任期______年,可连选连任。

四、理事会职责:

1.组织召开社员(代表)大会并报告工作,执行社员(代表)大会决议;

2.制订本社发展规划、年度业务计划、内部管理规章制度等,提交社员(代表)大会审议;

3.制定年度财务预决算、盈余分配和亏损弥补等方案,提交社员(代表)大会审议;

4.组织开展社员培训和各种协作活动;

5.管理本社的资产和财务,保障本社的财产安全;

6.接受、答复、处理执行监事或者监事会提出的有关质询和建议;

7.决定社员入社、退社、继承、除名、奖励、处分等事项;

8.决定聘任或者解聘本社经理、财务会计人员和其他专业技术人员;

9.履行社员(代表)大会授予的其他职权。

五、理事会会议的表决,实行一人一票。重大事项集体讨论,并经2/3以上理事同意方可形成决定。理事个人对某项决议有不同意见时,其意见记入会议记录并签名。

六、社员(代表)大会从本社社员中选举产生1名理事长,依照章程的规定行使职权。

七、理事长是本社的法定代表人。主要职责为：

1.主持社员(代表)大会,召集并主持理事会会议；

2.签署本社社员出资证明；

3.签署聘任或者解聘本社经理、财务会计人员和其他专业技术人员；

4.组织实施社员(代表)大会和理事会决议,检查决议实施情况；

5.代表本社签订合同等；

6.履行社员(代表)大会授予的其他职权。

八、理事会在接到监事会质询或建议的书面通知后,应在______个工作日内做出答复。

九、理事会所议事项要形成会议记录,出席会议的理事应当在会议记录上签名。

十、本制度从______年______月______日起执行。

【典型阅读】

________专业合作社监事会工作制度

一、为了规范监事会行为,促进合作社发展,依据《中华人民共和国农民专业合作社法》和《______专业合作社章程》,特制定本制度。

二、监事会是合作社的监督机构,代表全体社员监督合作社的财务和业务执行情况。

三、监事会由______人组成,设监事长一人。监事会成员由社员(代表)大会选举产生,每届任期______年,可连选连任。专业合作社理事、监事不得互相兼任。

四、监事会职责：

1.监督理事会对社员(代表)大会决议和本社章程的执行情况；

2.监督检查本社的生产经营业务情况,负责本社财务审核监察工作；

3.监督理事长或者理事会成员和经理履行职责情况；

4.向社员(代表)大会提出年度监察报告；

5.向理事长或者理事会提出工作质询和改进工作的建议；

6.提议召开临时社员(代表)大会；

7.代表本社负责记录理事与本社发生业务交易时的业务交易量(额)情况；

8.履行社员(代表)大会授予的其他职责(注:如不作具体规定此项可删除)。

五、监事会会议由监事长召集,监事长因故不能召集会议时,可以委托其他监事召集。

六、监事会会议的表决实行一人一票。监事会会议须有2/3以上的监事出席方能召开。重大事项的决议须经2/3以上监事同意方能生效。

七、监事会所议事项要形成会议记录,出席会议的监事应当在会议记录上签名。监事个人对某项决议有不同意见时,其意见也要记入会议记录并签名。

八、本制度从______年______月______日起执行。

【典型阅读】

______专业合作社财务管理制度

一、为了规范合作社财务行为，依据《中华人民共和国农民专业合作社法》、《农民专业合作社会计核算办法(试行)》和《______专业合作社章程》的规定，结合本合作社实际，制定本制度。

二、理事会负责合作社的财务管理工作。

三、合作社资金来源包括成员出资、每个会计年度从盈余中提取的公积金和公益金、未分配盈余、国家扶持补助资金、他人捐赠款和其他资金。

四、任何单位和个人不得截留、挤占、平调和挪用合作社资产。

五、合作社财务管理坚持"增收节支、勤俭节约"的原则，各项支出必须用于合作社的生产、经营、服务活动以及日常管理等相关事项。

六、合作社费用支出由理事长负责审批，一般经费开支在______元以内，由理事长直接审批；______～______元，经理事会集体审核后，由理事长审批；______元以上及重大项目建设与投资，由社员(代表)大会讨论通过后，由理事长履行审批手续。办理各项支出，要取得合法的原始凭证，凭证必须有经办人、审批人签字方可入账。经集体审核通过的，需有会议记录或形成的决议作为依据入账。

七、合作社年度收益分配顺序依次是：(1)弥补上年度亏损；(2)计提积累，包括提取公积金、公益金、风险金等，提取比例按章程规定；(3)向社员进行盈余返还；(4)向投资者分利。

八、合作社设会计和出纳各一名，会计负责建立总账和明细分类账，做好财务收支、成本费用核算、会计报表编制和会计档案管理等工作；出纳负责建立现金日记账、银行存款日记账以及合作社资金收支、账款划转和支取等。支票和印鉴不得由同一人保管。

九、合作社银行账号、账户不得出租、出借或转让，不得将公款外借，禁止以合作社名义为其他单位和个人提供担保。

十、合作社实行"财务公开、民主监督"，每季度将财务收支情况张榜公布于办公地点。每年1月底前向社员(代表)大会汇报上年度财务决算情况、盈余分配方案和本年度财务预算方案。

十一、合作社购销产品的价格确定，做到公开、公正、公平，实行透明化管理。购销价格的确定及变更要经理事会通过。购销价格确定后，要将购销价目表(如果有变化，原因要注明)张贴在办公地点明显位置，便于社员了解。

十二、合作社要建立社员账户，详细记载社员的出资额、应享有的公积金份额、国家财政扶持资金和接受捐赠份额、交易量和交易额。社员与非社员要单独核算。

十三、合作社财务要接受执行监事或监事会的监督指导和业务主管部门的审计监督。

十四、本制度从______年______月______日起执行。

【典型阅读】

______专业合作社社员管理制度

一、为保护社员的合法权益，坚持"入社自愿、退社自由"的原则，规范社员管理，依据《中华人民共和国农民专业合作社法》和《______专业合作社章程》，特制定本制度。

二、社员入社管理

(一)入社手续

1.凡是有民事行为能力的公民，从事______经营，能够利用并接受本社提供的服务，承认并遵守本社章程，即可书面向本社或理事会提出申请，填写《______专业合作社入社申请书》。

2.提出书面申请后，经社员(代表)大会核查讨论通过后，即成为本社社员。

3.自提出书面申请后，1周内由理事长或理事会做出答复。

4.本社社员持有统一印制的《______专业合作社社员证》。

(二)社员权利

1.参加社员(代表)大会，并享有表决权、选举权和被选举权；

2.利用本社提供的服务和生产经营设施；

3.按照本社章程规定或者社员(代表)大会决议分享本社盈余；

4.查阅本社章程、社员名册、社员(代表)大会记录、理事会会议决议、监事会会议决议、财务会计报告和会计账簿；

5.对本社的工作提出质询、批评和建议；

6.提议召开临时社员(代表)大会；

7.自由提出退社声明，依照本社章程规定退出本社；

8.社员共同议决的其他权利。

(三)社员义务

1.遵守本社章程和各项规章制度，执行社员(代表)大会和理事会的决议。

2.按照章程规定向本社出资。

3.积极参加本社各项业务活动，接受本社提供的技术指导，按照本社规定的质量标准和生产技术规程从事生产，履行与本社签订的业务合同，发扬互助协作精神，谋求共同发展。

4.维护本社利益，爱护生产经营设施，保护本社社员共有财产。

5.不从事损害本社社员共同利益的活动。

6.不得以其对本社或者本社其他社员所拥有债权，抵消已认购或已认购但尚未缴清的出资额；不得以已缴纳的出资额，抵消其对本社或者本社其他社员的债务。

7.承担本社的亏损。

8.社员共同议决的其他义务。

三、社员退社管理

1.个人社员要求退社的，须在会计年度终了的3个月前向理事会提出书面声明，填写《______专业合作社退社申请表》。

2.团体社员退社的，须在会计年度终了的6个月前提出，并填写《______专业合作社退社申请表》。

3.退社社员的社员资格于该会计年度结束时终止，资格终止的社员须分摊资格终止前本社的亏损及债务。

4.社员资格终止的，在该会计年度决算后3个月内，退还记载在该社员账户内的出资额和公积金份额。如本社经营盈余，按照本社章程规定返还其相应的盈余所得；如经营亏损，扣除其应分摊的亏损金额。

5.社员在其资格终止前与本社已订立的业务合同应当继续履行。

6.退社社员需要将《______专业合作社社员证》上缴收回，进行社员资格注销。

四、其他规定

社员死亡的，其法定继承人符合法律及本社章程规定的条件的，在3个月内提出入社申请，填写《______专业合作社入社申请书》，经社员（代表）大会讨论通过后办理入社手续，并继承被继承人与本社的债权债务。

五、本制度从______年______月______日起执行。

二、管理团队建设

农民专业合作经济组织一般设理事长、理事，执行监事或监事长、监事及经理，其组成农民专业合作经济组织的管理团队，在成员（代表）大会的领导下，负责农民专业合作经济组织的日常管理工作。理事长为农民专业合作经济组织的法定代表人。理事长、理事、执行监事或者监事长、监事，由成员大会或成员代表大会从本组织成员中选举产生，依照法律和本组织章程的规定行使职权，对成员（代表）大会负责；农民专业合作经济组织的理事长或者理事会可以按照本组织章程与成员（代表）大会的决定聘任经理和财务会计人员，理事长或者理事可以兼任经理；理事长、理事、经理和财务会计人员与执行监事或监事长、监事不得相互兼任；经理按照章程规定或者理事会的决定，可以聘任其他人员，并按照章程规定和理事长或者理事会授权，负责本组织的具体生产经营活动。其相互关系如图6-2所示。

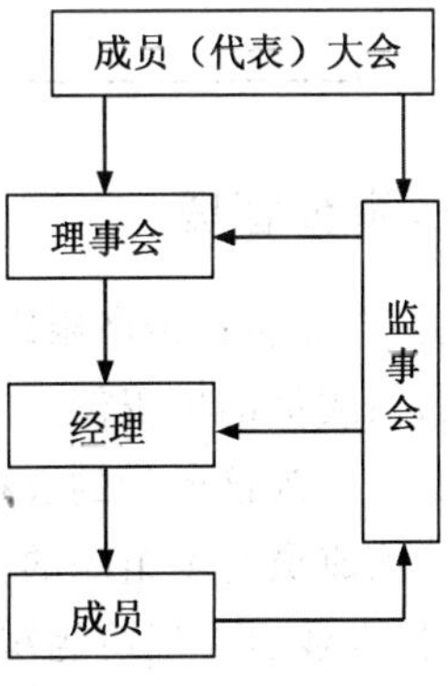

图6-2　农民专业合作社组织机构的内在关系

为了加强管理团队建设，规范团队成员的行为，农民专业合作经济组织的理事长、理事等管理人员不得有下列行为：

（1）侵占、挪用或者私分本组织的资产；

（2）违反本组织章程规定或者未经成员（代表）大会同意，将本组织资金借贷给他人或者以本组织资产为他人提供担保；

(3)接受他人与本组织交易的佣金归为己有；

(4)从事损害本组织经济利益的其他活动。

【典型阅读】

山西省孝义市力农蔬菜种植专业合作社组织机构图

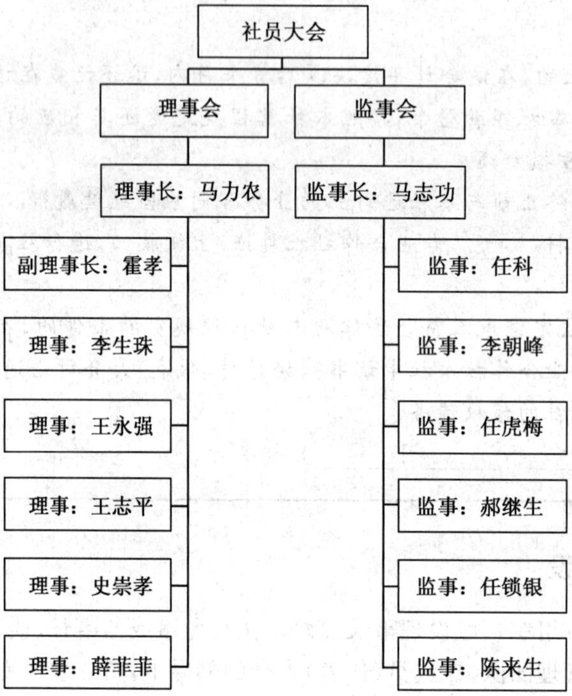

(http://www.xylnsc.com/page/zzjg/index.php)

三、资金管理

农民专业合作经济组织应当为每个成员设立成员账户，主要记载下列内容：

(1)该成员的出资额；

(2)量化为该成员的公积金份额；

(3)该成员与本组织的交易量(额)。

农民专业合作经济组织要依照国家规定的财务会计制度进行核算，按照本组织章程规定或者成员(代表)大会决议从当年盈余中提取公积金。公积金主要用于弥补亏损、扩大生产经营或者转为成员出资。每年提取的公积金要按照规定量化为每个成员的份额。

在弥补亏损、提取公积金后的当年盈余，为农民专业合作经济组织的可分配盈余。可分配盈余按照下列规定返还或者分配给成员，具体分配办法按照章程规定或者经成员(代表)大会决议确定：

(1)按成员与本组织的交易量(额)比例返还，返还总额不得低于可分配盈余的60%；

(2)按前项规定返还后的剩余部分，以成员账户中记载的出资额和公积金份额，以及本组织接受国家财政直接补助和他人捐赠形成的财产平均量化到成员的份额，按比例分配给本组织成员。

农民专业合作经济组织的执行监事或者监事会负责对本组织的财务进行内部审计，审计结果应当向成员(代表)大会报告。成员(代表)大会也可以委托审计机构对本组织的财务进行审计。

四、主要业务管理

农民专业合作经济组织的业务应该主要包括以下几个方面：提供本组织成员在生产和生活方面所需的资金；对成员进行技术指导和服务；采购和供应成员所需的生产资料和生活资料；从事农产品的运输、加工、储藏和销售等业务；对外签订合同，开展与经济部门、科研单位及其他经济组织的合作；向成员提供有关经济、技术信息等。这些主要业务都有一定的发展空间，农民专业合作经济组织应结合自身特点，根据成员的需求和可能，有选择、有重点地开展，切实为成员服务，以提高农民专业合作经济组织的凝聚力。

【实践训练】

农民专业合作社走访调研

1. 实训项目：走访一家农民专业合作社，考察其运作管理模式。

2. 实训目的：通过本次实训，让学生了解农民专业合作社的组织结构、业务开展、管理规程等。

3. 实训组织：学生5～8人组成一组，分别调研不同的农民专业合作社，调研前要求制订调研方案，实施调研后，分小组在班上汇报交流。

4. 考核评价：从调研报告、调研总结、调研汇报等环节进行综合评价并给出成绩。

【阅读与思考】

奶牛养殖专业合作社联合起来力量更大

2007年，山西榆次奶牛养殖户组建了多家奶牛养殖专业合作社，各合作社分别与蒙牛乳业签订了售奶合同，但对方经常压价，还随意拖欠克扣奶款。为解决现实遇到的问题，专业合作社开始联合组建了联合社。

首次联合的9个合作社总资产76 180万元，奶牛总饲养量4 350头。联合社通过各合作社民主选举产生了理事会、理事长，监事会、监事长。组建了联合社办公室、财务部、销售部、技术部、生产资料供应部、车队；制订了议事制度、财务制度、内部控制制度、岗位职责。联合社作为高一级核算单位，对各合作社的财务实行统一管理。联合社享有统一的资源调配权、生产管理权、生产资料和产品统购统销权、质量检验监督权、市场谈判权、合同签订权、统一结算权。收益由联合社向各合作社分配，各合作社再向社员分配。联合社作为高一级的服务部门，享有各合作社出资的70万元资本金的使用权，建立和购置了牛舍、繁育室、贮青池、酒糟池、奶台、贮奶罐、鲜奶运输罐、运输车,购置了两台玉米联合收割机,供各社共同使用。各合作社按照联合社制定的园区标准、生产制度、饲料标准、饲养细则、防疫规定、卫生标准、产品质量标准进行生产。为了打造高质量特等奶,制定了比蒙牛、伊利还要高的牛乳理化指标。

组建联合社后,农民的谈判地位增强了,产品也由买方市场变为卖方市场。不但能够及时回款,还提高了奶价,保护了奶农利益,而且提高了生产效率。

随着联合社社会影响的日益扩大,又有新合作社要加入。力量进一步增强后,联合社开始购买新型联合收割机、建造青贮池及沼气池,还启动了鲜奶上市计划等,使农民收入不断得到提高。

(http://www.ycsagri.gov.cn/ShowDetails.aspx? id=46910)

思考:榆次奶牛养殖户为什么要在专业合作社的基础上组建联合社?联合社是如何管理的?

【复习思考与练习】

1.农民专业合作经济组织有什么作用?
2.申请成立农民专业合作社一般都有哪些步骤?
3.农民专业合作经济组织一般采用什么样的治理结构?
4.农民专业合作经济组织的资金如何管理?
5.农民专业合作经济组织可开展哪些方面的业务?应如何管理?

项目七 农村企业管理

【学习目标】

- 通过本项目内容的学习，理解农村企业的概念、特点、类型、作用及国家的扶持政策；了解农村企业管理的内容、特点及基本要求。
- 通过本项目内容的课堂学习、课外自学和实训环节，掌握农村企业创办的程序、经营战略管理、采购与供应管理、生产管理、销售管理等内容。

【能力目标】

- 通过本项目内容的课堂学习和实训环节，能熟练根据农村企业创办条件和程序创办农村企业；并能够开展农村企业的经营战略、采购与供应、生产、销售等管理。

【重点与难点】

- 本项目的重点：农村企业的创办及农村企业的运营管理，特别是采购与供应、生产、销售管理。
- 本项目的难点：农村企业的经营战略、采购与供应、生产、销售管理。

【教学方法与手段】

- 启发式、案例式教学，多媒体辅助教学。

【引导性案例】

徐利的事业

2012年7月30日上午,河南省宝丰县金岭牧业科技有限公司董事长徐利从县妇联捧回由省妇联、省畜牧局颁发的两块奖牌:一块是授予企业的"河南省巾帼科技养殖示范基地";一块是授予她本人的"河南省养殖女能手"。

现年48岁的徐利,是六口之家的主心骨,更是建猪场闯市场的"虎将"。16年前,她和丈夫范国宾承包村办编织袋厂,此后又开办了石料加工厂,苦心经营赚了百余万元。

1995年初,首轮承包到期后,她鼓动丈夫投资办起了年出栏万头商品猪和种猪的宝丰县益农种猪场;2007年7月,她拿出积蓄又创办了年出栏近2万头商品猪的金岭牧业科技有限公司;2009年10月,她又投资1 200万元,建成了年出栏15 000头商品猪的平顶山市天地人养殖有限公司。

饲养规模大了,困难也随之而来。2010年,生猪市场的"寒流"突然袭来,猪价每千克降了4元,当年她竟然赔了300多万元,加上陆续投资建两个大猪场,资金出现严重短缺。存栏的2万多头生猪张大嘴等吃,百余名员工囊中羞涩等发工资。

"我日夜发愁,吃不下饭,睡不着觉;孩子他爸也整天哭丧着脸,跑了几家银行也没贷来一分款。"徐利说。她不能就这样看着企业跨了,壮起胆子,给市委书记写了一封求助信。"市委赵书记那么忙,还把俺的事挂在心上。"她说。1周时间问题就解决了,农信社为她送来了200万元"救命钱"。她首先购回了400吨饲料,然后给员工发了50万元工资,企业度过了最困难时期。

徐利认为,养猪是个技术活儿,没有懂技术善管理的人才不行。近几年企业先后招聘120名员工,其中具有中高级技术职称的8人,技术工人16人,大中专以上学历的32人。企业先后建起了微机管理、饲料化验、疫病监测、人工授精和育种管理等先进设施;建成了现代化的平顶山市生猪消化道传染病防控工程技术研究中心,使企业实现了标准化生产。近两年,徐利的养殖企业每年都出栏种猪、商品猪近4万多头,远销上海、广州、青海等地。2011年,企业实现销售收入5 000多万元。

徐利致富不忘乡邻。近两年来,徐利以低于市场价50%的价格向贫困户优惠提供仔猪200多头,向其赊销饲料500多吨,并免费提供防疫和技术指导,还统一回收销售成猪。不但如此,徐利还义务给石灰窑村修路、建桥、安装路灯等。

(http://www.foods1.com/content/1787129/)

任务一 了解农村企业管理的概念、特点与基本要求

农村经济要发展,必须重视农村企业的发展。农村企业有其特殊性,在管理上要结合其实际情况,通过科学的管理,促进农村企业健康快速发展。

一、农村企业概述

(一)农村企业的概念

企业是市场经济中以赢利为目的,从事独立的产品生产或商品流通等经营活动的经济组织,是现代社会的经济细胞。

农村企业是指以农村集体经济组织或者农民投资为主,在乡镇、农村举办的各类企业。所谓投资为主是指农村集体经济组织或者农民投资超过50%,或者虽不足50%,但能起到控股或者实际支配作用。

(二)农村企业的特点

农村企业与一般企业一样,具有经济性、赢利性和独立性这三种基本属性,但又有自身的特点。

1. 地域性

由于农村企业地处乡村,所以在空间分布上不像城市企业那样密集,具有布局分散,点多面广的特点。实践证明,农村企业的发展为当地农村经济社会的发展做出了巨大贡献。

2. 经营范围广,门类多

农村企业生产经营活动涉及国民经济的多个部门,进入了社会商品生产、交换和服务的各个领域,主要包括工业、商业、交通运输业、建筑业、饮食服务业及现代种植业、养殖业等。

3. 组织形式多样化

农村企业的规模大小不一,相差悬殊,因此在企业组织形式上也各不相同。规模大的企业组织形式严密一些、复杂一些,往往采取股份有限公司和有限责任公司等形式;规模小的企业往往采取简便易行的形式,如合伙公司、业主经营等。

4. 生产过程的比例性和连续性较差

许多农村企业的原材料来自农业,而农业生产具有季节性,因而农村企业供产销的波动性比较大,生产过程的比例性和连续性也较差。这对企业组织生产活动,加强经营管理增加了难度。

(三)农村企业的类型

根据不同的分类标准,可以对农村企业进行多角度分类。一般有如下一些划分:

1. 按照农村企业生产经营的范围划分

可以分为农业、工业、商业、交通运输、建筑、饮食服务等类型企业。

2. 根据要素集约化差别和程度划分

可以分为劳动密集型、资金密集型、技术密集型等农村企业。通常情况下,农村企业多半是劳动密集型企业。

3. 根据农村企业组织形式划分

可分为公司制、合伙制、个人独资制企业。

4. 根据规模大小划分

可以分为大型企业、中小型企业。我国农村企业以中小型企业为主。

5. 根据出资主体划分

可以分为乡镇集体举办的企业、村集体经济组织举办的企业、乡村或农民举办的股份制企业、农民合伙举办的企业、农民个人举办的企业、农村集体经济组织或农民与其他组织联合举办的企业等。

(四)农村企业的作用

农村企业在农村发展中,具有十分重要的作用。

1.发展农村企业是解决"三农"问题的主要途径

发展农村企业,无论是对农业的产业化,还是农民的富裕化、农村的城镇化都是十分有益的。我国是农业大国,农民众多,农村相对落后,我国经济新一轮的发展,最大的内需存在于农民之中,而启动农民需求的关键是发展农村企业。

2.发展农村企业是解决农村富余劳动力再就业的关键

我国农村劳动力多,生产资料少,现在的农业生产又不需要那么多的劳动力,城市也承受不了大量农村劳动力的转移。上亿农民的再就业是一个关系国计民生的大问题。农村富余劳动力转移的主要出路应该是农村企业。

3.农村企业是农业产业化的重要载体

农产品的增值,关键是要通过精深加工,通过农业产业化来实现。而产业化的重要载体就是农村企业,就是通过培育和发展农业产业化龙头企业,实现农产品加工增值的长期效应。一定意义上说,对产业化龙头企业的扶持就是对农业和农民的支持,就是为农民进一步致富创造条件。

4.发展农村企业是小城镇建设的重要基础

农村企业发展到一定程度,必然会带来集聚效应。这种集聚效应要求企业间加强配合与协作,进行产业链精细分工以及共同解决环保、服务、信息、人力资源等公共问题,这就必然要求加快工业园区和小城镇的建设。小城镇是农村企业的孪生姐妹,农村企业的发展带动了小城镇的建设,小城镇的建设又促进了农村企业的发展升级。

(五)国家对农村企业的扶持政策

为促进农村企业的发展,国家及有关部门推出了一系列扶持政策,既有国家政策,也有各地的政策,主要在以下方面:

1.农业生产补贴政策

主要有:粮食直接补贴和农资综合直补,粮食价格保护,农机补贴等。

2.农村企业税收优惠政策

主要有:对农业项目企业所得税优惠,对农民专业合作社税收优惠,对个人独资企业和合伙企业从事种植业、养殖业、饲养业和捕捞业的所得税优惠等。

3.土地流转支持政策

符合土地承包政策、土地流转操作规范,以及流转合同与手续完备者,当地政府会安排土地流转扶持资金,用于对土地流转农户的奖励等。对取得工商部门营业执照,具有示范带动作用、运作规范(有章程、股权证书,以及实行"保底分红")的土地股份合作社和农村企业优先扶持。

4.企业申办和贷款的政策

主要有:放宽农民进入各领域的准入条件,简化审批手续,提供优质服务,加大资金方面的扶持力度等。

为加快农村经济的发展，有关部门对农村中的大学毕业生、退伍军人、回乡农民工创业也提供了具体的优惠条件和政策。

二、农村企业管理的概念、内涵与任务

(一)农村企业管理的概念与内涵

农村企业管理是根据农村企业的特性及其生产经营规律，按照市场反映出来的社会需求，对企业的生产经营活动进行决策、计划、组织、领导和控制，以充分利用各种资源，不断适应市场变化，满足社会需求，同时求得企业自身发展和职工利益满足的活动的总称。由此，农村企业管理的内涵有以下几个方面：

1. 管理的对象

企业的生产活动是生产过程和流通过程的统一。因此，企业的主要活动就是内部的生产活动和外部的经营活动，从而企业管理的对象就是内外结合的生产经营活动。

2. 管理的主体

企业由管理者来管理。凡是参与管理的人，都是管理者。企业的总体发展，以及对各个方面活动的总体控制都是由企业的主管以及以他们为中心组成的企业管理系统来完成的。在这个系统中的人就是企业管理的主体。

3. 管理的实施

企业管理是管理者通过决策、计划、组织、领导和控制等一系列管理职能进行的。只有熟悉和运用管理的职能，才能顺利地完成任务。

4. 管理的目的

企业管理的目的就是合理利用资源，实现企业目标，在满足社会需求中获得更多的利润。

5. 管理的依据

企业管理是管理者的主观行为。要使主观行为变成可行的客观活动，并取得客观效果，就必须使管理的主观活动符合客观规律。因此，管理的依据就是企业的特征及由此表现出来的生产经营过程中的规律。可以说，企业管理的成效如何，取决于管理者认识和利用生产经营规律的程度以及主观能动性的发挥程度。

(二)农村企业管理的任务

总体而言，农村企业管理主要承担着以下两个方面的任务：

1. 合理组织生产力

合理组织生产力有两个方面含义：一是使企业现有的生产要素得到合理配置与有效利用。具体来说，就是要把企业现有的劳动资料、劳动对象、劳动者和科学技术等生产要素合理地组织起来，恰当地协调他们之间的关系和比例，使企业生产组织合理化，从而实现物尽其用和人尽其才。二是不断开发新的生产力。即不断改进劳动资料和生产技术、不断改造生产工艺及流程、不断发现新材料或原有材料的新用途、不断培训员工及引进优秀科技人员与管理人员等。

2. 维护并不断改善生产关系

企业管理的重要内容之一就是维护其赖以生存的社会生产关系。由于生产关系具有相对稳定性，而生产力却是非常活跃、不断变革的因素。为适应生产力的发展，需要通过改进企业管理的手段、方法和途径，对生产关系的某些环节、某些方面进行调整和改善。

三、农村企业管理的内容、特点与基本要求

(一)农村企业管理的内容

农村企业管理从管理对象来看,主要包括:人、财、物、时间和信息这五大要素。人主要是指人力资源,包括管理人员、技术人员、生产人员等;财主要是指资金筹措、使用与管理;物主要是指生产工具、生产物资及产品等;时间主要是指生产经营的时间和效率;信息包括涉及农村企业的政策、技术及微观经营等方面的信息。从管理过程来看,管理内容主要包括:经营战略管理、生产管理、营销管理等。战略管理重在宏观全局性的决策管理;生产管理重在充分合理地利用资源,生产出符合市场需要的产品;营销管理包括市场开发、产品销售及售后服务等。

(二)农村企业管理的特点

1.体制灵活,组织精干

农村企业多数规模小、人员少,在生产决策、市场营销和人力资源管理等方面更容易进入市场,适应性强,经营手段较为灵活。它可根据实际情况在较短的时间内及时作出反应和决策,并可较快地调整其产品结构,改变生产经营方向,以适应市场的新需求。

2.企业规模小,竞争压力大

由于绝大多数农村企业是中小微企业,进入的是完全竞争领域,每一个企业都面对众多的竞争者,竞争压力大。在这种情况下,企业在采购原材料及销售产品上很难取得主动地位,企业的利润率较低,发展难度大。

3.产权和人际关系复杂,管理难度大

农村企业由于投资渠道的多样化,有农村集体经济组织、农民,甚至还有外商、社会等投入主体,形成了复杂的产权关系。此外,我国农村人际关系密切,管理上除考虑员工的能力和业绩外,还受种种社会关系的影响,管理的难度较大。

(三)农村企业管理的基本要求

1.规范基础管理

针对农村企业的特点,一定要加强基础管理,吸引并留住管理人才,完善企业管理的组织建设,形成架构合理、精干高效的组织结构。加强制度建设,规范管理过程,形成科学的运行机制。提高决策、计划、组织、领导、控制能力,夯实管理基础。灵活运用行政的、经济的、教育的管理方法,提高管理效率。

2.大胆创新

农村企业规模小,经营灵活。因此,要结合农村企业的这一实际情况,率先采用新的理念,集中有限的人力、物力,高效地进行管理创新和技术创新,迅速提高竞争能力。

3.强化职工的质量意识和成本意识

由于农村企业人员往往缺乏质量和成本意识,关心的只有产量和奖金。因此,要实行全成本市场核算,使所有的职工对产品成本、质量和自己的收入有一个新的认识,在职工中形成“人人关心质量,处处计算成本”的局面。只有这样,农村企业产品质量才能提高,才能提高农村企业的竞争能力。

4.合理使用人员以进行高效管理

农村企业的管理者要在不断提高自身素质和管理水平的基础上，合理地将能力不同的员工安排到合适的岗位上，使其能最大限度地为实现组织目标发挥作用，并根据企业经营和发展的需要及员工的实际情况，调节任用数量，调整人员结构及岗位配置，以提高农村企业的劳动生产率。

任务二 了解如何创办农村企业

创办农村企业，前期做好准备工作，根据申报程序，准备相关文件和资金等，通过向工商行政管理部门申报，经审批核准并领取营业执照后，方可进行经营活动。

一、创办农村企业的准备工作

申办农村企业等经济实体，一般要提前做好以下五个方面的准备工作：

(一)了解有关资本和出资管理规定

1.个人独资企业

没有注册资本要求，无需经法定验资机构验资，只要投资人自行申报出资即可。投资人应当明确该申报出资系个人所有财产或者家庭共有财产。

2.合伙企业

没有注册资本要求，只要有合伙人认缴或者实际缴付的出资。合伙人可以用货币、实物、知识产权、土地使用权或者其他财产权利出资，也可以用劳务出资。合伙人以实物、知识产权、土地使用权或者其他财产权利出资，需要评估作价的，可以由全体合伙人协商确定，也可以由全体合伙人委托法定评估机构评估。合伙人以劳务出资的，其评估办法由全体合伙人协商确定，并在合伙协议中载明。

3.有限责任公司

注册资本最低限额为3万元，全体股东的首次出资额不得低于注册资本的20%，其余部分由股东自公司成立之日起两年内缴足，其中投资公司可以在五年内缴足。

4.股份有限公司

法定的最低注册资本额是1 000万元。全部注册资本由等额股份构成，并通过公开向社会发行股票(或股权证)等筹集。

(二)合理选定企业类型

要创办农村企业，首先要了解企业有哪些类型，各类型之间的差别，再根据自身的优势和不足选择创办不同的企业。

1.个人独资企业

它是依照《中华人民共和国个人独资企业法》在我国境内设立、由1个自然人投资、财产为投资人个人所有、投资人以其个人财产对企业债务承担无限责任的经营实体，其典型特征是个人出资，个人经营，个人自负盈亏和自担风险。

2.合伙企业

它是指自然人、法人和其他组织依照《中华人民共和国合伙企业法》在我国境内设立的普通合伙企业和有限合伙企业。

(1)普通合伙企业。由2个以上的普通合伙人组成,合伙人对合伙企业债务承担无限连带责任。国有独资公司、国有企业、上市公司以及公益性的事业单位、社会团体不得成为普通合伙人。

(2)有限合伙企业。由2个以上50个以下的普通合伙人和有限合伙人组成,其中普通合伙人至少有1人,当有限合伙企业只剩下普通合伙人时,应当转为普通合伙企业,如果只剩下有限合伙人时,应当解散。

3.有限责任公司

它是股东以其认缴的出资额为限对公司承担责任,公司以其全部资产对公司的债务承担责任的企业法人。

还有其他企业形态,具体有股份有限公司、非公司企业。因农村企业创办初期涉及较少,在此不再赘述。

(三)落实住所及经营场所

《中华人民共和国个人独资企业法》第三条规定,个人独资企业以其主要办事机构所在地为住所。《中华人民共和国合伙企业法》也有类似的规定。一般而言,企业只能有一个住所。《中华人民共和国公司法》第十条规定,公司以其主要办事机构所在地为住所;第二十三条规定,设立有限公司的条件之一是有公司住所。

住所、经营场所一经登记,即具有法律上的意义——住所或经营场所不仅是开展民事活动的处所,也是确定行政管理和司法管辖的重要依据。民事以及行政、司法行为的法律效力,往往以是否送达至企业住所为判断标准。为此,要求务必保证登记注册的住所、经营场所真实、合法,保持通信联络的畅通。

一般规定,业主不得擅自将住宅改变为经营性用房,确需改变的,应当报经城乡规划主管部门批准,到房屋产权登记机关办理相关变更手续。未经审批,住宅不得登记为企业的住所及经营场所。

(四)拟定章程或合伙协议

1.个人独资企业

一般来说,个人独资企业由投资者自行管理企业事务,因此不需要制定章程或协议。但在委托或者聘用其他具有民事行为能力的人负责企业的事务管理时,应当与受托人或者被聘用的人签订书面合同,明确委托的具体内容和授予的权利范围。投资人对受托人或者被聘用人员职权的限制,不得对抗善意第三人。

2.合伙企业的合伙协议

合伙协议依法由全体合伙人协商一致、以书面形式订立,其应当遵循自愿、平等、公平、诚实信用原则。合伙协议应当由全体合伙人签署。

3.有限责任公司章程

有限责任公司股东应当在公司章程上签名、盖章,章程应当载明下列事项:

(1)公司名称和住所；

(2)公司经营范围；

(3)公司注册资本；

(4)股东的姓名或者名称；

(5)股东的出资方式、出资额和出资时间；

(6)公司的机构及其产生办法、职权、议事规则；

(7)公司法定代表人；

(8)股东会议认为需要规定的其他事项。

股东应当在公司章程上签名、盖章。

(五)建立组织机构配备有关人员

1.个人独资企业

个人独资企业投资人可以自行管理企业事务，也可以委托或者聘用其他具有民事行为能力的人负责企业的事务管理。投资人委托或者聘用他人管理个人独资企业事务，应当与受托人或者被聘用人签订书面合同，明确委托的具体内容和授予权利的范围。

2.合伙企业

合伙人对执行合伙事务享有同等的权利。按照合伙协议的约定或者经全体合伙人决定，可以委托1个或者数个合伙人对外代表合伙企业，执行合伙事务。对于有限合伙企业，至少应当有1个普通合伙人，并由普通合伙人执行合伙事务，有限合伙人不执行合伙事务，也不得对外代表有限合伙企业。

3.有限责任公司

股东会：有限责任公司股东会由全体股东组成，股东会是公司的权力机构。

董事会：有限责任公司设董事会，其成员为3至13人，董事会对股东会负责。股东人数较少或者规模较小的有限责任公司，可以设1名执行董事，不设董事会。执行董事可以兼任公司经理。

经理：有限责任公司经理的职权及其产生办法主要由公司章程规定。

监事会：有限责任公司设监事会，其成员不得少于3人。股东人数较少或者规模较小的有限责任公司，可以设1至2名监事，不设监事会。董事、经理及财务负责人不得兼任监事。

要注意公司董事、监事、高级管理人员任职的以下禁止性规定：

(1)无民事行为能力或者限制民事行为能力；

(2)因贪污、贿赂、侵占财产、挪用财产或者破坏市场经济秩序，被判处刑罚，执行期满未逾5年，或者因犯罪被剥夺政治权利，执行期满未逾5年；

(3)担任破产清算的公司、企业的董事或者厂长、经理，对该公司、企业的破产负有个人责任的，自该公司、企业破产清算完结之日起未逾3年；

(4)担任因违法被吊销营业执照、责令关闭的公司、企业的法定代表人，并负有个人责任的，自该公司、企业被吊销营业执照之日起未逾3年；

(5)个人所负数额较大的债务到期未清偿。

二、农村企业的申报与审批

农村企业的申报审批，一般需要经过五个步骤，其流程如图 7-1。

图 7-1　农村企业申报审批流程

(一)申请名称预先核准登记

投资者选定企业类型及拟定企业的注册资本(金)、住所(经营场所)后，即可向工商部门申请办理名称预先核准登记。

1. 企业名称的构成

企业名称一般由以下四部分依次组成：行政区划(指企业所在地的名称)＋字号(或者商号，用以区别其他企业)＋行业或经营特点(用以标明企业的主要营业范围)＋组织形式(如经营部、中心、公司等，用以区别企业类型，除依《中华人民共和国公司法》设立的公司外，其他企业一般不得称为公司)。

2. 企业名称的一般性规定

(1)企业名称应当使用符合国家规范的汉字，不得使用汉语拼音字母、阿拉伯数字。

(2)在企业名称中使用“国际”字样的，“国际”不能作为字号或经营特点，只能作为行业的限定语，并符合行业用语习惯，如国际贸易、国际货运代理等。

(3)企业只准使用一个名称，在登记主管机关辖区内不得与已登记注册的同行业企业名称相同或者近似。

(4)企业可以选择字号。字号应当由两个以上的汉字组成。企业可以使用本地或者异地地名作字号，但不得使用县以上行政区划名称作字号。私营企业可以使用投资人姓名作字号。

(5)企业应当根据其主营业务，依照国家行业分类标准划分的类别，在企业名称中标明所属行业或者经营特点。企业名称中行业用语表述的内容应当与企业经营范围一致。

(6)除全国性公司、国务院或其授权的机关批准的大型进出口企业、国务院或其授权的机关批准的大型企业集团、国家工商行政管理局规定的其他企业可以申请在企业名称中使用“中国”、“中华”或者冠以“国家”、“国际”等字词外，其他企业等经济组织不得使用。

3. 企业名称的禁止性规定

企业名称不得含有下列内容和文字：

(1)有损于国家、社会公共利益的；

(2)可能对公众造成欺骗或者误解的；

(3)外国国家(地区)名称、国际组织名称；

(4)政党名称、党政军机关名称、群众组织名称、社会团体名称及部队番号；

(5)汉语拼音字母(外文名称中使用的除外)、数字；

(6)其他法律、行政法规规定禁止的。

(二)向所在地工商局申请开业登记

第一，领取《企业名称预先核准通知书》，同时领取《开业登记申请书》，经营范围涉及前置审批的办理相关审批手续。

1. 开业登记

经营者持身份证件、身份核证文件到经营所在地工商行政管理局领取《开业登记申请书》。开业登记的主要项目有：

(1)字号名称：指经县级工商行政管理局核准的名称；

(2)经营者姓名：指依法经核准登记的申请人姓名；

(3)经营者住所：指经营者身份证件上载明的详细住址；

(4)从业人数：指参加经营活动的所有人员，包括经营者、参加经营活动的家庭成员、帮手和学徒；

(5)资金数额：指申请开业时的注册资金；

(6)经营范围；

(7)经营场所。

2. 工商登记

经营者持填好的《开业登记申请书》、身份证件、身份核证文件和其他有关材料向经营所在地工商行政管理局申请登记。

第二，递交申请材料，材料齐全、符合法定要求的，等候领取《准予行政许可决定书》。

(三)获取有关批准或许可

法律、法规规定设立公司(企业)必须报经批准的，应当在公司(企业)登记前依法办理批准手续。此外，公司(企业)的经营范围涉及法律、行政法规和国务院规定须经批准的项目，应当依法经过批准。

另外，根据企业经营范围登记管理的有关规定，经营范围分为许可经营项目和一般经营项目。许可经营项目是指经上述有关前置审批部门批准的项目；一般经营项目是指不需批准，企业可以自主申请的项目。申请许可经营项目，申请人应当凭批准文件、证件申请登记。申请一般经营项目，申请人应当参照《国民经济行业分类》及有关规定自主选择一种或者多种经营的类别，依法直接向企业登记机关申请登记。

(四)开设临时账户并缴付出资和办理验资证明

投资者在取得名称预先核准通知书后，可凭名称核准通知书到银行开设临时账户，按章程规定的方式、期限缴付认缴出资，向依法登记的验资机构办理验资证明。个人独资企业和合伙企业不需要办理验资证明。有限责任公司、国有独资公司、股份有限公司均需办理验资证明。对非公司企业法人，经济性质为全民所有制的，提交国有资产管理部门出具的《国有资产占有产权登记表》，其他经济性质的，也应办理验资证明。

(五)领取营业执照

在完成上述步骤后，投资者便可持有关材料向工商行政管理部门申请开业、设立登记。

1. 登记管辖

一般情况下，投资者持开业、设立登记材料向住所、经营场所所在地的县(区)级工商行政管理机关提交登记申请。

2. 登记表格和文件

申请人可以登录工商电子政务网下载有关登记表格和文件，获取各类登记申请应当提交的文件、证件目录；也可以向各级工商行政管理机关登记窗口申请领取有关材料。

3. 登记期限

根据企业登记程序的有关规定，一般情况在10日内对登记申请作出决定并核发有关证照。

4. 交纳费用

领取《企业法人营业执照》时按相关规定交纳登记费用。

5. 领取营业执照

登记核准后，即可领取营业执照。领取营业执照应当由企业的法定代表人(负责人)或者授权的代表领取。

6. 刻制公章

投资者在领取营业执照后，便可以到有资质的公章刻制机构刻制企业公章、财务专用章及合同专用章等；或者在取得名称预先核准通知书后，先到公章刻制机构办理有关手续，在领取营业执照后凭营业执照领取有关印章。

三、农村企业的开张与运营

投资者在领取营业执照后，应及时进行税务登记等相关许可。对于需要办理资质、资格或有关部门许可后方可开展经营活动的，如建筑资质、房地产开发资质、工业产品生产许可证、环境影响评价审批、消防安全验收等，还需到相关部门办理资质、资格或相应的审批许可。完成以上手续的办理，企业就可以开张，依照章程运营，行使自己的权利，履行应尽的义务，促进企业发展。

(一)农村企业的权利

1. 获得减免税的权利

享有国家根据农村企业发展的情况，在一定时期内对农村企业减征一定比例税收的权利。

2. 获得扶持的权利

享有国家对集体所有制农村企业政策优惠和资金扶持等权利。

3. 获得信贷优惠的权利

即享有国家运用信贷手段，鼓励和扶持农村企业发展，并对符合贷款条件的农村企业给予优先和优惠贷款的权利。

4. 利用发展基金的权利

依照国家有关规定，利用农村企业发展基金的权利。

5. 利用人才支持的权利

国家积极培养农村企业人才，鼓励科技人员、经营管理人员及大中专毕业生到农村企业工作。所以农村企业具有享受人才为农村企业服务的权利。

6. 利用技术合作优惠政策的权利

享受国家鼓励农村企业同科研机构、高等院校、国有企业及其他企业、组织之间开展各种形式的经济技术合作的优惠政策的权利。

7. 获得对外贸易经营权的权利

国家鼓励农村企业开展对外经济技术合作与交流，建设出口商品生产基地，增加出口创汇，对具备条件的农村企业依法经批准可以取得对外贸易经营权。

8. 农村企业适当集中发展的权利

按照统一规划、合理布局的原则，将发展农村企业同小城镇建设相结合，引导和促进农村企业适当集中发展，逐步加强基础设施和服务设施建设。

(二)农村企业应尽的义务

1. 基本义务

即农业企业的主要任务，包括根据市场需要发展商品生产，增加社会有效供给；吸收农村富余劳动力，提高农民收入；支援农业，推进农业和农村现代化，促进国民经济和社会事业的发展。

2. 对国家应尽的义务

主要包括：依法办理税务登记，按期进行纳税申报，足额交纳税款；按照国家统计制度，如实报道统计资料；遵守国家关于财务、劳动和物价等方面的规定，接受财政、劳动和物价等机关的监督。

3. 对社会应尽的义务

主要包括：必须保证产品质量、建筑工程质量和服务质量，对用户和消费者负责；依法使用商标，重视企业信誉；必须履行依法签订的经济合同和技术合同，全面履行合同约定的义务，不履行或者不完全履行合同义务的，必须依法承担违约责任；必须依法保护环境和自然资源，即在生产和建设过程中，采取措施防治环境污染和其他公害，在利用和开发自然资源的活动中，采取措施保护资源，防止浪费和破坏资源。

4. 对职工应尽的义务

主要包括：必须贯彻安全生产制度，改善劳动条件，做好劳动保护工作，保证职工的生命安全和身体健康；做好劳动保险和社会保险工作，已经建立社会保险制度的，在企业停业、终止时，依照有关规定安排职工；加强职工政治教育、法制教育、科学文化教育和技术业务培训，提高职工队伍的素质。

任务三 做好农村企业管理工作

农村企业能否正常发展取决于管理，每一企业都应高度重视管理工作。

一、农村企业战略管理

(一)农村企业经营战略的概念

农村企业经营战略是农村企业在社会主义市场经济体制下，根据其内外部环境及可获得资源的情况，为求得生存和长期稳定的发展，对企业发展目标、达成目标的途径和手段的总体谋划。它是企业经营思想的集中体现，是一系列战略决策的结果，同时又是制定企业发展规划与计划的基础和前提。

战略、规划、计划既有联系，又有区别。战略是规划与计划的灵魂，规划与计划必须体现既定的战略。因此，战略是规划的基础与前提，规划又是计划的基础与前提，应当先有战略，再有规划,然后再订计划,使其成为可以布置、可以检查的具体行动方案。从这个意义上说,规划和计划又是战略的继续、深入和细化。其比较如表7-1。

表7-1 战略、规划、计划的内涵比较

名称	战略	规划	计划
范围	全面	全面或者部分	全面或者部分
期限	长期	长期或者中期	短期
特点	比较原则	比较轮廓	比较详细
方法	定性为主	定性定量并重	定量为主

(二)农村企业经营战略的特征

根据上述农村企业经营战略的定义可以看出,农村企业经营战略具有以下特征:

1.全局性

企业经营战略是以企业全局的发展为研究对象,是指导整个企业一切活动的总谋划,因此它具有全局性。农村企业经营战略的全局性不仅表现在企业自身的全局上,而且还表现在企业经营战略要与农村发展战略,以至于国家的经济、技术、社会发展战略相协调、相一致,与农村以至国家的发展目标相一致。

2.预见性

从农村企业发展的角度来看,今天的行动是为了执行昨天的战略,而今天制定的战略正是为了明天更好地行动,因此它需要具有预见性。这就要求企业经营战略的拟定要着眼于未来的生存与发展,科学地对企业未来的生存与发展作出预见。

3.系统性

农村企业本身就是一个复杂的系统,可以分解成不同层次的分系统、子系统,因此它的经营战略就具有系统性和层次性。农村企业虽然小,但也有企业总战略和职能战略两个层次。

4.竞争性

农村企业经营战略是针对来自外部环境及竞争对手等各方面的冲击、压力、威胁、困难,为迎接这些挑战而制定的长期行动方案,这就要求农村企业必须使自己的经营战略具有竞争的特征,以保证自己战胜竞争对手,确保自己的生存与发展。

5.相对稳定性

战略必须在一定时期内具有稳定性。只有这样,其才能在企业生产经营实践中具有指导意义。如果朝令夕改,就会使企业生产经营发生混乱,从而给企业带来损失。当然,企业的生产经营实践是一个动态过程,指导企业生产经营实践的战略也应该是动态的,以适应外部环境的多变性,因而企业经营战略具有相对稳定性的特征。

(三)制定企业经营战略的步骤

制定企业经营战略的过程和步骤为:提出战略思想、明确战略目标、确定战略重点、划分战略阶段和制定战略措施,如图7-2所示。

战略的制定是一个长期过程,但在实施的过程中,还需要对战略思想、战略目标等进行修改和调整,使其适应不断变化的新情况,最终实现促进企业发展的目标。

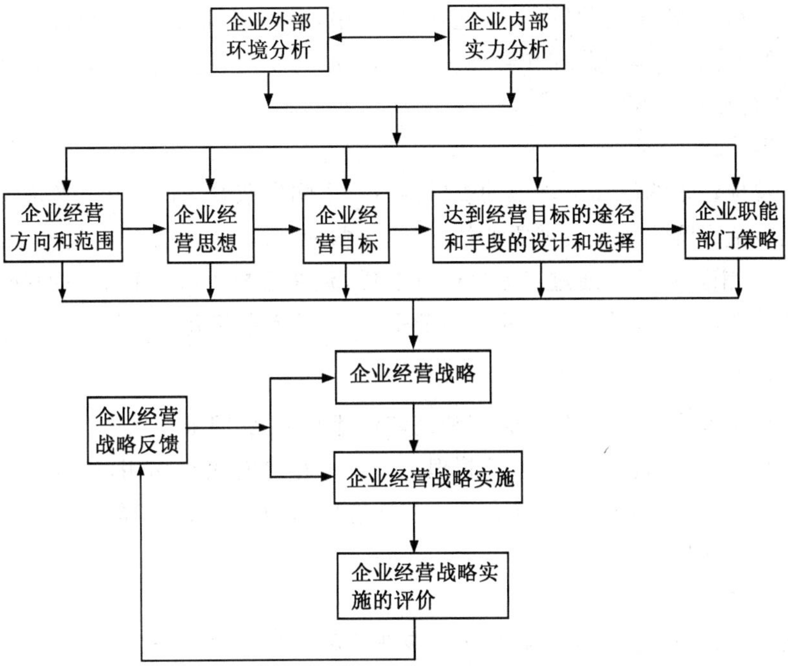

图 7-2 制定企业经营战略的过程

二、农村企业采购与供应管理

采购与供应活动是农村企业生产经营活动的重要组成部分，对其管理也需要高度重视。

（一）采购与供应的概念

采购是以各种不同的途径，包括购买、租赁、借贷、交换等方式，取得物品及劳务的使用权或所有权，以满足使用需求的过程；而供应是指供应商或卖方向买方提供产品和服务的过程。采购与供应是一个相辅相成的过程。

（二）采购管理

采购管理是指为了达成生产或销售计划，从适当的供应商那里，在确保质量的前提下，在适当的时间，以适当的价格，购入适当数量的商品所采取的一系列管理活动。实际上，采购管理是对采购过程中物流运动的各个环节及其状态进行严密的跟踪、监督，实现对企业采购执行过程的科学管理。采购管理包括采购计划管理、采购订单管理及采购发票管理三个环节。

1. 采购计划管理

对企业的采购计划进行制定和管理，为企业提供及时准确的采购计划和执行路线。采购计划包括定期采购计划（如周、月度、季度、年度）、非定期采购任务计划（如根据销售和生产需求产生的）等。通过对采购计划的编制，将企业的采购需求变为直接的采购任务。

2. 采购订单管理

以采购单为源头，对从供应商确认订单、发货、到货、检验、入库等采购订单流转的各个环节进行准确的跟踪，实现全过程管理。在整个过程中，可以实现对采购存货的计划状态、订单在途状态、到货待检状态等的监控和管理。目前，采购订单可以直接通过电子商务系统发向对应的供应商，进行在线采购。

3. 采购发票管理

采购发票管理是采购结算管理中的重要内容。采购发票管理的主要工作是对采购发票的校验。此外还包括采购货物是否需要评估，劳务采购的处理，非库存的消耗性采购处理，直运采购业务，受托代销业务等。通过对流程进行配置，允许用户更改各种业务的处理规则，也可定义新的业务处理规则，以适应企业业务不断重组，流程不断优化的需要。

(三)库存管理

库存管理是连接采购管理、生产管理和销售管理的桥梁，即根据供应和需求规律确定生产和流通过程中经济合理的物资存储量的管理工作。库存具有缓冲作用，库存管理能使物流均衡通畅，既保证正常生产和供应，又能合理压缩库存资金，以得到较好的经济效果。库存管理中减少库存有以下几种形式：

1. 委托保管方式

它是指把所有权属于企业的货物存放在专业化程度比较高的仓库中，由仓库代理企业保管和发送货物，企业则按照一定的标准向仓库支付服务费用，从而在一定范围内实现零库存和无库存式生产。

2. 轮动方式

也称同步方式，是在对企业系统进行周密设计的前提下，使各个环节速率完全协调的一种零库存、零储备形式。这种方式是在传送带式生产的基础上，进行更大规模延伸形成的一种使生产与材料供应同步进行，通过传送系统供应从而实现"零库存"的形式。

3. 看板方式

看板方式也称"卡片"制度，是在企业的各工序之间，或在企业之间，或在生产企业与供应商之间，采用固定格式的卡片作为凭证，由某一环节根据自己的节奏，逆着生产流程方向，向上一个环节指定供应，从而协调关系，做到准时同步供应的方式。

4. 订单生产方式

即企业的一切生产活动都是按订单进行，动力与原材料是按订单信息要求而流动的，因此从根本上消除了呆滞物资，从而也就消灭了"库存"。

(四)供料管理

供料是供应物流与生产物流的衔接点。供料管理是对根据动力与原材料供应计划、物流消耗定额、生产作业计划进行动力与原材料供应活动实施决策、计划、组织、领导和控制的过程。

供料通常有领料和送料两种方式。领料是生产车间及其他用料部门派人到仓库领取物料的方式；而送料是由仓库保管员根据供料计划和供料进度，将事先配齐的物料送到生产车间或者其他用料部门的方式。

供料方法一般有定额供料、限额供料和非限额供料三种。定额供料又称定额发料或定额领料，是指由企业供应管理部门根据物品消耗定额向用料单位或部门供料的方法；限额供料又称限额发料或限额领料，是指企业供应管理部门根据任务量的多少、时间的长短和物品的历史消耗统计资料，规定供料的数量限额，并向用料单位或部门进行供料的方法，其中的数量限额是供应管理部门对所供物料的具体名称、规格、型号和数量的控制，有的也采取金额控制的形式；非限额供料是指非计划内的供料，用料单位或部门出现临时性用料需求，要求供应管理部门供料时，经有关领导批准，由供应管理部门向用料单位或部门供料的方法。

三、农村企业生产管理

由于农村企业经营范围广，难以全面介绍各类企业的生产服务过程管理，这里以机械工业产品的生产过程管理为例介绍农村企业生产管理的一般内容。

(一)生产过程及其构成

生产过程是企业最基本的活动过程，任何产品都必须经过一定的生产过程才能制造出来。生产过程就是指从生产技术准备开始，直到把产品制造出来为止的全部过程。按照生产过程的各个阶段对产品生产所起的作用不同，可以将企业的生产过程分为以下几种：

1. 生产技术准备过程

这是指产品在投入生产前所进行的各种技术准备工作。包括产品设计、工艺设计、工装设计与制造、材料及工时定额的制定，劳动组织的协调等。

2. 基本生产过程

它是指直接对劳动对象进行加工，使之变为企业产品的过程。如企业的铸造、机械加工和装配等过程。这一过程反映了企业基本生产特征和专业化水平。

3. 辅助生产过程

它是指为保证基本生产过程正常进行所必需的各种辅助性生产活动过程。该过程的产品和劳务不以销售为目的，而是为基本生产过程所消耗，但不构成产品实体的产品或劳务。如电力、蒸汽动力、量具、模具等的制造及设备维修、备件生产等。

4. 生产服务过程

它是指为实现基本生产过程和辅助生产过程所需的各种非物质生产活动过程。如原材料、半成品供应，运输、保管、试验与化验等。

以上构成生产过程的四个部分，既有区别，又有联系。其核心是基本生产过程，其他过程都是围绕基本生产过程进行并为之创造条件的。企业类型不同，生产过程也就不同，其构成的四个部分也分别不相同。

(二)合理组织生产过程的基本要求

企业生产过程组织的合理与否，对企业的经济效益具有重大影响，因而需要对生产过程的各工艺阶段和各工序的工作进行合理的安排，使产品在生产运行中行程短、时间省、耗费低、效益高。

1. 连续性

生产过程的连续性是指产品生产过程的各个阶段、各道工序，在时间上应紧密衔接、连续进行，不发生或很少发生中断现象。即产品在生产过程中始终处于运动状态。保持和提高生产过程的连续性，可以缩短产品的生产周期，加速资金周转，减少制品占用，节约生产面积，提高设备利用率，以及减少产品在停放等待时可能发生的损失等。

2.平行性

生产过程的平行性是指生产过程中的各个阶段、各道工序，在时间上应实行平行交叉作业。平行作业是生产过程连续性的必然要求，它可以缩短生产周期，加速资金周转，减少在制品占用。具体表现在：在一定限度内，一种产品的零部件加工及装配可以单独进行；一批零部件可以在不同工序上同时加工，实行不同产品、不同工艺阶段的平行作业，体现了更高水平的生产连续性。

3.协调性

生产过程的协调性又称生产过程的比例性，是反映生产过程中的各车间、工段、工序之间在生产能力上所保持的一定比例关系，使各生产环节中的工人和设备的数量、生产效率、开动班次等相互协调，避免和减少产品在生产过程中的等待时间，进一步保证生产过程的连续性。

4.节奏性

生产过程的节奏性又称生产过程的均衡性，是指生产过程的各个环节在相同的时间间隔内生产的产品大致相等或稳定上升，使每个工作的负荷保持相对稳定，避免前松后紧或时松时紧的现象。保持生产过程的均衡性能充分利用设备和人力，避免不必要的突击加班，有利于保证和提高产品质量，降低成本。

5.适应性

生产过程的适应性是指为了适应市场对产品生产要求的多样化，企业应形成多品种、小批量生产的适应能力，以提高企业的竞争能力。

以上对于企业合理组织生产过程的要求是相互联系、相互影响的。协调性解决整体与局部、局部与局部在结构上的合理关系问题；连续性、平行性和节奏性体现了对生产运行过程的具体要求；适应性则是解决生产过程与外部环境的协调问题。

（三）生产过程的组织

1.生产过程的空间组织

它是指合理地确定劳动对象在空间的运动形式，以及劳动对象与劳动工具、劳动者的结合方式。具体内容包括：企业生产过程应设置哪些生产单位，按什么原则布置这些单位以及它们在空间上如何布局等。

2.生产过程的时间组织

它是指对产品生产周期的合理安排，要求各生产单位之间、各工序之间在时间上能相互配合、紧密衔接，在保证充分利用设备和工时的条件下，尽量缩短产品的生产周期。

四、农村企业销售管理

（一）认识产品

1.产品层次

市场营销观念中的产品是指凡是能够提供给市场以引起人们注意、获取、使用或消费，从而满足某种欲望或需要的一切东西，包括实物、服务、人员、地点、组织和创意等。

产品包括三个层次，即产品的核心、产品的形体、产品的附加。产品的核心就是消费者的需求点，即卖点；产品的形体，作为实物就是外形特征，如果是服务就是服务本身；产品的附加，一般是为了销售而进行的包装及其他服务。

2. 产品定位

定位，其实就是要找出消费者购买产品的买点，形成企业的卖点。具体定位方法有如下几种：

(1)根据具体的产品特点定位。构成产品内在特色的许多因素都可以作为市场定位的依据。如所含成分、材料、质量、价格等。“七喜”汽水的定位是“非可乐”，强调它是不含咖啡因的饮料，与可乐类饮料不同。“泰宁诺”止痛药的定位是“非阿司匹林的止痛药”，显示药物成分与以往的止痛药有本质的不同。喜盈门大豆油定位为“非转基因”，强调的是食用更安全。

(2)根据特定使用场合及用途定位。小苏打曾经定位为冰箱除臭剂，另外还有家公司把它当作了调味汁和肉卤的配料，更有一家公司发现它可以作为冬季流行性感冒患者的饮料。同一产品不同场合不同用途其定位也不相同。

(3)根据顾客得到的利益定位。产品提供给顾客的利益是顾客最能切实体验到的，也可以用作定位的依据。“有机”蔬菜的定位是无农药残留、不使用生长剂，对人体无副作用。

(4)根据使用者类型定位。企业将其产品指向某一类特定的使用者，以便根据这些顾客的看法塑造恰当的形象。如一家纺织品连锁店给自己的定位为，以其过人的创意为缝纫业者服务的零售店，即为喜爱缝纫的妇女提供“更多构想的商店”。

(二)合理确定产品价格

确定产品价格，可以采取如下策略：

1. 组合定价策略

将部分产品定稍低的价格，而与之配套的产品定较高的价格，从而形成组合的价格优势。如“剃刀＋刀片”定价策略，就是指以低价出售剃须刀，而对与之配套的刀片则收取高价。吉列刚推出这种模式时，以 55 美分的价格销售成本 2.5 美元的刀架，而把成本 1 美分的刀片卖到了 5 美分，这种定价策略帮助吉列垄断剃须刀市场数十年。

2. 心理定价策略

一是根据价高必质优的心理定价。对于那些无法明确显示其内在质量的商品，消费者往往通过其价格的高低来判断其质量的好坏。如精品店的服装可以定价为 1 000 元，而不必定为 998 元。二是根据求廉的心理定价。确定非整数价格，而且常常以奇数作尾数，尽可能在价格上不进位，如把一种毛巾的价格定为 2.97 元，而不定为 3 元。三是根据消费者满足声望、社会地位象征的心理定价。这一策略适用于一些传统的名优产品、具有历史的民族特色产品，以及知名度高、有较大的市场影响、深受顾客欢迎的驰名商标。如我国的景泰蓝瓷器在国际市场上的价格为 2 000 多法郎，就是成功地运用声望定价策略的典范。

3. 折扣折让定价策略

主要有季节性折扣、现金折扣和批量折扣等。对鲜活农产品而言，为保证销售新鲜产品，可根据上市时间定价。如某商场每天到了下班前对当天的各类蔬菜进行降价销售等。

4.分级定等定价策略

把农产品分为几个等级,每一个等级制订一种价格。这反映了不同价格之间的农产品质量的差异,满足了客户对不同等级农产品的要求。

(三)促销技巧

一般来说,促销策略有人员推销、广告促销、营业推广和公关策略等,就是通过一系列手段达到提高销售量或打造产品品牌、树立企业及产品形象的营销技巧。

(四)选择销售渠道

产品销售到消费者手中,中间环节有销售代理、批发商、零售商等环节中的一个或多个,保持渠道畅通是保证企业良好经营效果的重要条件之一。销售渠道的选择一般有以下几种:

1.直接销售给客户

一般是针对群体消费,如企业、事业单位等。特别是可作为其他企业原材料的产品可采用此种直销渠道。

2.代理销售

一般是企业没有自己的销售网络,有的是没有自己的销售人员时,可以采用由中间代理商来代理销售。代理销售中,企业必须研究价格对中间商的影响,充分考虑中间商的利益,保证对中间商有合理的利润,促使中间商有充分的积极性去推销该商品。

3.自己建立销售网络

一般是大型企业在主要销售地设立销售点,建立自己完备的销售渠道。这种销售渠道的成本高,但安全稳定可靠。

【实践训练】

农村企业管理状况调研

1.实训项目:调研农村企业,分析管理状况。

2.实训目的:通过调研一家农村企业,了解农村企业的战略管理、采购与供应管理、生产管理和销售管理状况,从而熟悉农村企业管理的基本状况。

3.实训组织:选一家农村企业,将全班学生分成5个小组,分别调研该企业的基本经营状况,战略管理、采购与供应管理、生产管理和销售管理等内容,小组写出调研报告,在班上进行交流。

4.实训实施:由学生自主联系或任课教师统一联系一家农村企业,在任课教师的指导下,具体进行调研。

5.实训考核:根据各小组调研计划编制、调研实施、调研报告及汇报情况进行考核评定,并给出成绩。

【阅读与思考】

张跃民:从大学生村官到猪企老总

张跃民是河南省浚县第一批大学生“村官”,他肯吃苦,敢尝试。看到当地种猪市场好,2007 年 9 月,他想方设法筹措资金 5 000 余万元创建了种猪养殖场。

张跃民养猪绝不用抗生素。为此,他在猪舍建设上下大工夫。养猪场选址在远离生活区的玉米地中。38 栋猪舍很壮观,不但建造质量高,抗震抗风雪,猪舍的大小、结构也很讲究,如怀孕母猪不宜运动,猪栏的设计较小,可以保证猪宝宝不受伤害;公猪的猪舍标配很高,另外带独家小院,利于它们活动,有助于母猪产出优质小猪;猪舍都有窗子保证空气对流。猪舍之间相隔 8 米,保证充分享受到阳光照射。中间的空草地是为刚停止哺乳的母猪设置的运动场。猪舍上有中央空调,下有集中地暖,四季恒温。猪舍通风好、采光好、保温效果好,所以猪就不易生病。

在养殖中,坚持按照国家标准化养猪生产模式进行生产,饲料、药品严格按照无公害化生产模式进行生产。从原材料的入库、生产到使用,每一个生产环节都有详细的记录。公司生产的种猪经过三环节进行测定,对不达标的种猪进行严格淘汰。这样,他们养的种猪质优、不愁卖,而且价格高。

5 年时光,张跃民的创业路子走得扎实、稳健,积累了丰富的创业经验,并以一流的技术,走出了一条绿色的、健康的养猪道路。跃民牧业如今是“鹤壁市良种猪繁育基地”、“鹤壁市农业产业化龙头企业”、“全国生猪标准化示范场”。

(http://nc.mofcom.gov.cn/articlesc/sc/zfal/201209/18377773_1.html)

思考:张跃民的养猪业是如何做大的?他的企业获得成功的管理经验有哪些?

【复习思考与练习】

1. 农村企业和农村企业管理各有何特点?
2. 农村企业管理的基本要求有哪些?
3. 创办农村企业的程序是怎样的?
4. 如何制定企业经营战略?
5. 如何进行采购与供应管理?
6. 合理组织生产过程有哪些基本要求?
7. 如何给产品定价?

项目八 农户生产经营管理

【学习目标】

- 通过本项目内容的学习，了解农户生产经营管理的内涵、任务和目标，明确农户生产经营的发展方向，熟悉农户生产经营的过程管理。
- 通过本项目内容的课堂学习、课外自学和实训环节，掌握农户生产经营计划的制订、农户生产经营的过程管理，以及农户生产经营的核算。

【能力目标】

- 通过本项目内容的课堂学习和实训环节，能编制生产经营计划，能对生产经营的全过程进行合理的安排，能进行生产经营的核算。

【重点与难点】

- 本项目的重点：农户生产经营观念；农户生产经营计划的编制；农户生产经营的过程管理。
- 本项目的难点：农户生产经营计划的编制；农户生产经营的核算。

【教学方法与手段】

- 案例式、启发式教学；多媒体辅助教学。

【引导性案例】

农民侯其发展养鱼，年收入超过10万元

四川自贡桥头镇农民侯其2005年在电视上看到稻田养鱼盈利的报道后，想到自家稻田不少，也可试一试。下定决心后，投资11万元开始了水产养殖。

起初，由于技术水平不高，侯其的养殖之路走得并不顺畅。在有关单位的帮助下，侯其买来各类有关水产养殖的书籍，通宵达旦地研读，并积极参加水产养殖培训班，虚心接受养殖技术人员的指导。三年后，他的养殖品种由原来的"四大家鱼"，逐步转向青波、大口鲶、黄蜡丁、斑点叉尾　等特种水产养殖，销售也越来越好。随着养殖规模的不断扩大，侯其想到了发展以渔业为主的特色农家乐，又利用养鱼的收入投资10多万元建起了集垂钓、餐饮、娱乐为一体的渔家乐，形成了以鱼为链条的一体化产业。目前，每年获纯利润10多万元。

（http://sannong.newssc.org/system/2009/12/02/012460423.shtml）

任务一　了解农户生产经营管理的概念、目标任务及其对象

一、农户生产经营管理的概念

农户生产经营是指农户根据国家的产业政策和市场需求，最有效地利用自身的内外部条件，确定家庭经营目标、结构和方式，合理地组织生产经营活动，以获得最佳的经济效益。如在承包地里是种小麦还是果树，如果种果树，要确定达到什么规模，卖给谁，这就是生产经营。农户的生产经营管理就是为了实现生产经营目标并取得好的经济效益，按照一定的原则、程序和方法，对生产经营活动进行决策、计划、组织、协调和控制。如种果树，怎么才能种好，才能达到预定目标，这就是管理。农户生产经营与管理是相互联系、相互促进、相互制约、相互依存的密不可分的统一体。

二、农户生产经营管理的目标与任务

农户生产经营的目标主要是获得利润，为此，农户生产经营管理的任务主要有以下几个方面：

（一）选准生产经营方向

生产经营过程中，最大的失误是方向性失误。因此，现代农户应根据国家的产业政策，并结合市场需求和技术信息，认真确定自己生产什么、选择什么品种、生产多少、达到怎样的质量等，为实现生产经营目标打好基础。

（二）加强经济核算

通过经济核算，掌握生产经营情况，如生产进度、费用支出、产品成本、收入、利润等，以有效组织生产，调节开支，加强管理，提高效益。

（三）提高经济效益

现代农户生产经营的根本目的就是获得经济效益，并使效益最大化。在生产经营活动中，必要的开支一定要保，不必要的开支一定要压，应得到的收入一定要拿到，而不义之财千万不能去动脑筋。因此，农户在生产经营中要全面把握其全过程的收支情况，抓住重点，开源节流，提高经济效益。

（四）实现可持续发展

农户的生产经营要持续下去，需要在生产经营中做好以下几点：一是要注意资源的合理利用，二是要注意维护生态平衡，三是要注意防止环境污染，四是要防止土壤沙化和水土流失。通过可持续发展，为子孙后代留下良好的生存条件。

三、农户生产经营观念

在社会主义市场经济体制下，现代农户在生产经营中应树立以下主要观念：

（一）市场观念

市场观念的核心，一是以市场需要为依据，二是以经济效益为根本，而不是单纯以产量为出发点。广大农户树立市场观念，就是要根据市场需求确定自己的生产经营活动，从而决定生产什么、什么时候生产、生产多少，以及生产的产品以什么方式去满足市场的需求，从而获得较好的经济效益。

（二）商品生产观念

随着我国农业和农村改革的不断深化，农户应该根据改革的市场化取向，让“为卖而产、为赚而卖”的理念牢牢扎根在脑海中，生产出多样化、高品质的“名、优、特、新”农产品，尽力提高产品的商品率。

（三）农业产业化经营观念

农业产业化经营体现的是一种农业经营的新理念。发展农业产业化经营是推动我国农业现代化的有效途径和“载体”。要适应当前大市场的需要，农户就必须树立产业化经营的观念，并通过“公司带农户”的形式，把千家万户的分散经营采用经济的方法组织起来。只有这样，才能既发挥家庭经营的优势，又克服其带有小生产色彩的局限性，从而有效地防止农产品市场的大起大落，促进农业和农村经济的健康有序发展。

（四）经济效益观念

在市场经济条件下，农户生产发展的好坏，主要体现在经济效益的高低上。所谓经济效益好，就是资金占用少，成本支出少，有用成果多，销售价格高。农户要增强经济效益观念，在生产经营活动中，随时掌握市场需求的变化情况，审时度势，勤奋劳作，使生产的产品体现价值和使用价值的统一、生产和流通的统一、增产和节约的统一。在此基础上寻求取得最佳经济效益的途径。

(五)质量观念

质量包括产品的质量和工作的质量，这是农户生产经营的生命线，是竞争力的核心。优良的质量对农户赢得信誉、树立形象、占领市场和增加收益有决定性的意义。在激烈的市场竞争中，农户只有牢固树立“质量第一”的观念和品牌意识，生产出货真价实、价廉物美的优质产品，在市场中以质量取胜，才能持续获得预期的经济效益。

(六)竞争观念

竞争是市场经济最典型的特征之一。如果生产经营者不适应竞争的要求，就必然遭到市场的淘汰。因此作为市场主体的农户，必须尊重价值规律，掌握必要的市场经济知识，运用正当的竞争手段，在产品品种、质量、服务、价格等方面不断取得竞争优势，面对波涛汹涌的商海积极参与竞争，牢牢占领市场。

(七)创新观念

面对市场竞争、优胜劣汰的严峻考验，农户必须具有创新意识，以冲破传统农业模式，压缩和淘汰劣质农产品。要独辟蹊径，不断采用新的生物技术和其他应用技术，生产具有市场潜力的农产品，以不断开拓和占领市场。农户的创新能力越强，市场竞争能力也就越强。

(八)开发观念

开发观念主要是指农户经营要善于开发和利用各种资源。资源的开发：一是资金的开发，即农户应该尽力拓宽筹资渠道，扩大资金来源，合理利用资金，减少积压和浪费，加速资金周转；二是人才资源的开发，即努力提高自身的科学文化素质，同时还要善于识别人才，正确利用人才，充分发挥人才的作用；三是信息资源的开发，即农户要对各种信息资源高度敏感，要善于搜集、加工处理和利用信息，并做到及时、准确、经济、适用。事实上，国家或地方出台的新的经济法律法规、产业政策，以及物资的供应、先进技术的推广、市场行情的变化等，都是农户应该关注的信息。

(九)时间观念

时间就是金钱，时间就是财富。现代时间观念应该是：第一，视时间为最宝贵的资源；第二，要具有极强的时间意识；第三，要既讲效率又讲效益；第四，要明确时间的价值观念。因此，农户必须树立时间观念，珍惜分分秒秒。只有只争朝夕，才能有所作为。

(十)法制观念

市场经济是法制经济。一般来说，经济活动都是由法律法规来规范的。因此，现代农户必须树立良好的法制意识。树立法制意识，一要善于利用法律来维护自己的合法权益不受侵害；二要自觉在法律允许的范围内开展生产经营活动。

生产经营观念的养成需要一个长期的过程，不能一蹴而就。这就需要现代农户不断加强学习，深刻领会这些观念的内涵和意义，并在生产经营活动中付诸实施，使之成为自己的自觉行动。

【典型阅读】

转变观念抓信息,三年赚了500万

吉林省蛟河市农民鲁长俊开始从事粮食交易时,因为没有掌握好行情赔了7万元,并使其认识到了信息的重要性,此后加强了信息的搜集与积累。他一方面从加强管理入手,聘请粮食质检员,严把收粮质量关;另一方面,积极收集粮食购销价格信息,随时分析粮食市场行情的变化,并根据掌握的信息科学决策。此后粮食收购事业发展越来越顺利。

2003年秋季,他收购了3 500吨黄豆,收购价每千克在1.80～2.20元之间。当时粮贩子以每千克3.0元的价格上门来收,而且不管质量好赖全都要,许多人纷纷把手中的黄豆迅速出手。但他没有轻举妄动,因为他通过网络了解到黄豆的国际市场价格还要上涨,于是坚持压货不卖。到了年底,黄豆市场价格涨到了每千克3.2元,这时他才出手。短短几个月多挣了几十万元!

2004年初,玉米的价格一路走低,甚至到了无人收购的地步。这时,鲁长俊又通过网络了解到,玉米价格下跌的势头将很快缓解,很有可能在一个月后就能上升。于是他果断出手,以0.50元1千克的价格收进了5 000吨玉米。到了3、4月左右,玉米价格果然涨到了0.70元1千克!这时他将收购的5 000吨玉米全部出手,一个月之间又赚了百万元!

靠着对信息的收集判断和对市场的科学把握,鲁长俊三年盈利超过500万元。

(http://www.89189.com/news/2006-09/20060906103622.htm)

四、现代农户生产经营的发展方向

面对日益加剧的竞争态势,农户需要有开阔的视野、敏锐的意识,依照市场经济规律,加快家庭生产经营的发展。

(一)发展商品生产,不断提高产品的优质率和商品率

在激烈竞争的市场环境中,农户需要根据市场需求和自身条件,大胆利用新观念、新技术、新机制大力发展商品生产,不断提高产品的优质率和商品率。当前,应该以市场为导向,突出发展适销对路的、市场潜力大、生命周期长的特色农产品,积极发展合同农业、订单农业、旅游农业等,不断提高农业生产对市场的针对性和有效性。与此同时,农户也可依据自身的优势和特长,积极发展农产品加工、运输、营销以及为农业服务的其他行业。

(二)实行专业化生产

农户生产专业化主要有两种形式:一是产品生产专业化,是指同一地区的农户充分利用当地的自然优势,专门生产当地经济效益最好的某种或某些产品,并形成"一乡一业""一村一品"的特色产业和生产基地,如专门种植优质水稻、棉花或优质水果、蔬菜、花卉或名贵中草药等,其目的是开发具有地方特色和市场竞争力强的产品,并以整体优势取胜;二是生产工艺专业化,是指一个农户只从事产品生产全过程中的某一个环节,如在养猪业中,有的农户专门喂养母猪繁殖仔猪出售,有的农户专门饲养种猪进行配种,有的农户专门育肥出售等,以有利于发挥农户的技术专长,提高劳动效率和管理水平,从而使农户获得更好的收益。

(三)走农业产业化经营之路

农业产业化经营的含义是以国内外市场为导向,以经济效益为中心,以农户为基础,以龙头企业或合作社、中介组织为龙头,围绕资源开发,对当地主导产业和主导产品,按照供产销、种养加一体化经营的原则,把农业再生产过程的产前、产中、产后各环节连接为一个完整的利益共同体的过程。在实现形式上表现为布局的区域化、生产的专业化、经营的一体化、服务的社会化、管理的企业化。这种方式是我国建设现代化农业的必由之路。

随着农业市场化、专业化、社会化的发展,单家独户的分散经营日益与之不相适应。主要表现在:劳力单薄、资金短缺、规模狭小、技术力量贫乏、产品科技含量低、质量不高、缺乏竞争力、市场信息不灵、抗拒风险能力差等。因此,为趋利避害,农户应主动与龙头企业、合作经济组织或专业批发市场挂钩,走农业产业化经营之路。只有通过"公司+基地+农户"的方式,借助产业化经营的优势走进市场,才能克服分散经营的弊端,化解市场风险,使家庭经营健康有序发展。

【实践训练】

农户经营现状调研

1. 实训要求:对当地的农户经营状况进行调研。

2. 实训目的:通过此次实训,调研当地农户经营的现状,发现存在的问题,并对问题提出一些解决建议。

3. 实训组织:全班同学按每3~5人进行分组,每组对访谈对象确定一个侧重点,并制订切实可行的访谈计划。

4. 实训实施:由学生自主联系或任课教师统一联系若干农户,在任课教师的指导下,具体进行调研。

5. 实训考核:每组集思广益撰写一篇1 500~2 000字的实训报告,内容包括访谈农户的经营情况、经营中存在的难点和问题、有益建议等。教师对访谈计划和实训报告进行考核评定并给出成绩。

任务二 做好农户生产经营的决策与计划

农户在通过市场调查,了解了大量供求信息,采用科学方法进行了经营预测的基础上,可作出符合市场供求实际的生产经营决策,同时还要编制出切实可行的生产经营计划,以便根据计划进行生产经营。

一、农户生产经营决策

(一)农户生产经营决策的概念

农户生产经营决策是指农户为达到预定的经营目标,根据自身的条件和市场需求,在多种可行生产经营方案中，选择最满意方案作为自己的生产经营行动纲领的过程。这个过程，实质上是农户生产经营的外部环境、内在条件和经营目标“三位一体”的动态平衡过程，是农户生产经营管理的最本质的职能。

(二)农户生产经营决策的要求

1. 可行性

可行性是决策的前提。所谓可行性是指方案的实施程序比较简单、实施条件容易满足、实施的可能性最大。

2. 科学性

生产经营决策的方案，要符合实际情况，符合自然规律、经济规律和科学生产的要求。

3. 经济性

生产经营决策的方案经济效益要好。所谓经济性是指在确定生产经营项目时，应尽量选择投资少、见效快、收益大的项目；在确定投资方向时，应尽量选择回收期短、专用设备少的方案，以获得最大的经济效益。

4. 时效性

生产经营决策要有时间观念，要对千变万化的市场作出快速反应，果断决策，不能久拖不决，失掉机会。

5. 灵活性

生产经营决策要有一定的弹性，留有余地。因为人们的预测总有一定的局限性，决策难免会有一定偏差。因此，决策者应有一定的应变能力，并有备用方案，以应付可能出现的不测。

(三)农户生产经营决策的程序

生产经营决策是一个发现问题、分析问题、解决问题的过程，一般来说有以下四个步骤：

1. 确定决策目标

每项决策都应有确定的目标，这是决策过程中的首要条件。在这个步骤中要做好以下三个方面的工作：

(1)发现问题。生产经营决策是为了解决问题，要通过调查研究，把问题找准。

(2)确定决策目标。决策目标是根据所要解决的问题来确定的。

(3)检查目标的准确性。决策目标的准确性必须符合以下要求：目标必须具体明确，不能含糊不清，模棱两可；目标要有明确的期限；目标必须具备前提条件；目标要数量化及规定数量界限。

2. 拟定备选方案

决策的核心是择优。如果没有可供选择的多个方案，就无法决策。因此可行方案应满足整体详尽性、相互排他性、实现可能性的条件。拟定备选方案时，决策者一定要集思广益，大胆创新，精心设计。

3. 方案的评价与择优

各种备选方案拟订后，要通过比较、分析、评价，权衡利弊，最终选择出一个符合决策目标的比较满意的方案作为决策方案。

4. 决策方案的实施和反馈与追踪决策

决策方案确定以后，就要付诸实施。为了落实决策，就要拟定具体的实施计划，同时加强检查、核算与审计，以便进行控制。如果原来的决策失误，或实际情况发生了很大变化，影响到决策目标的实现，就要对决策目标或决策方案进行适当修正，这一过程称之为反馈与追踪决策。由此可知，经营决策的过程，实际上是一个“决策——执行——再决策——再执行”的过程。

生产经营决策的各个环节步步相联，互相制约，必须对以上各个环节认真研究，切勿造成“胸中无数决心大，方向不明办法多”的局面。

（四）农户生产经营决策的内容

农户生产经营决策的内容很多，主要有以下几个方面：

1. 生产决策

它是对农户的生产项目、生产规模、生产结构的选择和确定；各种产品品种、生产量的选择；耕作与饲养方式的确定、生产要素的配置、使用技术的选择；农机具和设备的选择及配套、更新改造等。

2. 财务决策

它是对资金的筹措、资金在生产经营各个环节的安排，以及生产项目投资多少为合适等。

3. 采购决策

它是对生产项目所需动力与原材料的采购时间、数量、渠道等的选择。

4. 销售决策

它是对农户生产的产品的销售渠道、方式、范围、数量、时间、价格的确定，以及运输和储藏方式的选择。

5. 人力资源决策

它是对生产项目需要多少人，家庭人力够不够用，需不需要雇佣人工等的确定，以及人工合理报酬等的确定。

【典型阅读】

科学的项目决策让野鸡养殖圆了有志者的致富梦

近年来，特色养殖风生水起，不少农民靠其发了家、致了富。四川省宜宾市筠连县唐广林一次偶然的机会，发现养殖野鸡投资少、见效快，是个赚钱的好项目。通过进一步的考察萌发了饲养野鸡的想法，随后经过调查、分析、比较，投资4万多元在自家林地里建场，1万元购进鸡苗摸索饲养，年底共卖了7万多元，几个月的时间便净挣了2.5万元。

野鸡抗病能力强、繁殖快、容易饲养，而且属于绿色食品，符合现在人们的饮食追求，是农民致富的好项目。但是，野鸡需要在山林养殖，不具备大量林地的农民切勿盲目投资。

搞特种养殖，选准项目很关键。因此，农户在选择养殖项目时，要根据自身条件，做好市场调查，学习并掌握相关养殖技术，循序渐进、科学饲管，脚踏实地做好日常管理工作，才能真正走上致富之路。

（http://www.88yz.com/News12238c12.html）

二、农户生产经营计划

（一）农户生产经营计划的内容和特点

农户生产经营计划是农户根据国家的农业生产指导计划、农村集体经济组织和市场的需求，在生产经营决策的基础上，对一定时期内的生产经营活动所作的统筹安排，是农户经营决策的具体化。农户生产经营计划具有以下特点：

1.以市场为导向

农户生产经营计划应以市场需求为出发点，实行以销定产。因此，以市场需求为导向，是农户生产经营计划的基础。

2.以销售为核心

农户生产经营计划的内容涵盖整个产品生产经营的全过程，如生产要素计划、产品生产计划、市场营销计划、成本计划、利润计划等，但产品市场营销计划是核心。因为只有将生产的产品销售出去，满足社会需求，才能实现产品的价值，使再生产继续下去。

3.以利润为目标

农户生产经营的目的是产出大于投入，产品销售收入补偿生产消耗后有利润。因此，农户生产经营计划要强调经济效益，始终把追求合法的经营利润作为奋斗目标摆在首位。

4.以需要定形式

农户生产经营计划在时间、内容和形式上具有较大的灵活性。在时间上可长可短，在内容上可多可少，在形式上可多种多样。农户可根据具体情况，编制自己所需要的内容和形式的生产经营计划。

5.以能付诸实施为目的

生产经营计划编制得再好，如不实施，也是一纸空文；如果执行不力，不能完成计划目标，便失去了意义。因此，农户生产经营计划应以能付诸实施为目的，突出实践性，以利于提高计划管理的水平。

(二)农户生产经营计划的编制

农户必须按照自然规律和市场规律的要求，根据自己家庭的内外部条件，编制出可行性强的生产经营计划。具体编写时，应遵循以下原则：

1.因地制宜的原则

根据市场需求及本身条件，因地制宜地编制生产经营计划，才能扬长避短，充分发挥自身的优势和特长。

2.讲求经济效果的原则

在编制计划时，只有自觉按照价值规律，认真核算消耗和成果，评价计划方案，才能从多种方案中选择经济效果最佳的方案。

3.统筹兼顾，保证重点的原则

农户在编制生产经营计划时，要全面考虑，使各方面得以统筹安排。同时要明确重点，在人、财、物的安排上，既保证重点，又兼顾一般。

4.应变原则

农户在编制生产经营计划时，应留有余地，具有一定的灵活性，以适应内外部环境条件的变化，增强在计划执行中的应变能力，确保计划的完成。

编制生产经营计划时，首先，要明确所要达到的目的和要求；其次，要搜集生产经营计划有关的数据、定额和资料；第三，要调查了解和预测外部环境的变化情况。在对这些资料和情况进行全面分析后，再运用有关科学方法编制计划。

三、农户生产经营合同

(一)农户生产经营合同概述

合同也称契约,是平等主体的自然人、法人和其他经济组织之间设立、变更、终止民事权利义务关系的协议。合同在农户生产经营中非常重要,农户生产经营合同中的法律行为必须以《中华人民共和国合同法》为准绳。

依法成立的合同受法律保护,对合同双方具有法律约束力。其主要体现在:

(1)自成立起,合同当事人都要接受合同的约束;

(2)如果情况发生变化,需要变更或解除合同时,应协商解决,任何一方不得擅自变更或解除合同;

(3)除不可抗力等法律规定的情况以外,当事人不履行合同义务或履行合同义务不符合约定的,应承担违约责任;

(4)合同书是一种法律文书,当当事人之间发生合同纠纷时,合同书就是解决纠纷的依据。

(二)农业承包合同

它是在实行农业家庭承包经营过程中,农村集体经济组织与其成员为了发包、承包集体所有的土地等生产资料以及依法确定给农户集体长期使用的国有自然资源,明确其相互权利义务关系而订立的协议。

农业承包合同一经签订,即具有法律约束力,农村承包经营户的合法权益便受到法律保护。合同双方虽有组织与成员的关系,但在合同签订后直到合同终止的合同履行期间,在涉及的合同内容上,双方的地位是平等的。国家规定的行政管理机构按照国家的授权范围,根据法律、政策的要求,运用指导、组织、监督检查等行政手段,促使农业承包合同当事人依法签订、履行、变更、解除农业承包合同和承担违约责任,制止和查处利用农业承包合同的违法活动。

(三)农产品购销合同

它是在农产品购销双方经平等协商之后签订的维护信用并具有法律效力的协议。农产品购销合同具有以下特点:

1.政策性

国家保护农业生产者利益的政策在合同中可通过相关条文体现出来。

2.季节性

农产品生产的季节性导致了农产品购销合同具有较强的季节性。

3.不稳定性

农产品生产受自然条件影响较大,在不同年份、不同地区收成不稳定。因此,在农产品购销合同执行中,当事人双方要及时根据客观情况进行协商和调整合同,避免意外损失和发生纠纷。

4.地区性和分散性

我国幅员辽阔,各地的自然条件存在很大差异,农产品生产与自然条件相关性强,且农产品生产单位又比较分散,这就要求合同要体现当地的特点,不能千篇一律。

农产品购销合同的主要内容包括:产品的名称、数量和计量单位;产品的品种、等级、质量和包装；产品的价格；交提货的期限、方式和地点；交提货日期的计算；产品验收和货款的结算；违约责任和当事人协商同意的其他条款。

【典型阅读】

同样是订单，差距咋就这么大呢?

近年来，订单农业已成为农户减少市场风险，实现农业增效、农民增收的有效途径。越来越多的农民学会了按照市场需求生产农产品，走以销定产之路。然而在订单农业的实施过程中却出现了诸如企业违约、农民违约、对中介机构缺乏管理等问题。

2010年春天，永华村与农信集团签订了收购175万千克白菜的订单。当年9月，应集团的要求，永华村又续签了250万千克白菜的合同。到了收购季节，农信集团的大卡车运走了一部分白菜后，剩余的37万千克白菜按合同包赔了损失。但是通过委托公司拨给农民的菜款及损失费迟迟没有发到农民的手里。拖欠一年多了，每次要钱，农信集团的负责人总是一拖再拖。后来，电话接不通、办公地也人去楼空。

永华村白菜大户王和伤心地说："今年春天某集团的人又来和俺签合同，俺再也不敢签了。原以为白纸黑字的订单给俺种地打了'保票'，可是到最后还是赔了，俺们可经不起这么折腾啊!"

永华村订单农业不只上述一单买卖。从2000年开始，一些农户与佳木斯的一家糖厂签订甜菜订单。农民缺乏购买生产资料的资金，糖厂就借钱给农民，收购时再扣回所借钱款。农民运送甜菜的费用也由糖厂出，从不拖欠农民一分钱。由此农民感慨：同样是订单，差距咋这么大呢!

实践中，农户违约现象也存在。2006年春天，绥化某龙头企业与知名的水稻村农户签了订单，约定每千克水稻高于市场价4分钱收购。企业还在关键环节上对农户进行指导，使水稻品质十分优良。可是到了收获季节，小商小贩聚集在村口，给农民更为优惠的价格，最后该村绝大多数稻农都"十分踊跃"地把水稻卖给了他人。稻农违约，企业颗粒无收，损失惨重。该企业负责人表示，再也不会与这个"失信"的村庄来往了!

(http://news.sohu.com/20061214/n247040713.shtml)

任务三　搞好农户生产经营的过程管理

一、农户生产经营过程管理概述

农户生产经营过程包括产前的决策计划、产中的组织实施和产后的核算评价。在生产经营过程中，农户要根据国家的政策和市场需求，有效利用自身的内外部条件，合理地组织生产，并有效地售出农产品。对于生产经营的过程管理就是对生产经营过程进行决策、计划、组织、协调和控制，按照标准化和质量安全的要求组织生产，规范管理流程，生产适销对路、有竞争力的优质农产品，从而取得好的经济效益的过程。

二、农业标准化

缺少应有的标准和规范会影响我国农业的持续、健康发展，因此，农户需要根据标准化的要求组织生产经营。

(一)农业标准化的含义

标准是指产品性能的规格，是衡量产品质量的尺度。农业标准化是以农业为对象的标准化活动，通过制订和实施标准，把农业产前、产中、产后各个环节纳入标准生产和标准管理的轨道。农业标准化是农产品质量安全工作的基础和重要组成部分，是现代农业的重要标志。

(二)农业标准化体系

农业标准化是一项系统工程，其基础是农业标准体系、农业质量监测体系和农产品评价认证体系建设。三大体系中，标准体系是基础中的基础，只有建立健全涵盖农业生产的产前、产中、产后等各个环节的标准体系，农业生产经营才有章可循、有标可依；质量监测体系是保障，它为有效监督农业投入品和农产品质量提供科学的依据；产品评价认证体系则是评价农产品状况、监督农业标准化进程、促进品牌、名牌战略实施的重要基础体系。三大体系是密不可分的有机整体，互为作用，缺一不可。

(三)农业标准化的实施与推广

农业标准化的核心工作是标准的实施与推广，是标准化基地的建设与扩展，由点及面，逐步推进，最终实现生产的基地化和基地的标准化。农户只要严格按照标准生产，就能较好地把握产品品质，从而确保农产品质量符合要求。如不同品种的水稻都有相应的栽培指南，严格限定农药的使用时期和次数，以及化学肥料的使用时间和用量等。

三、农产品质量管理

农产品的质量直接关系到消费者的生活质量、身体健康乃至生命安全。依据有关法律法规，农户生产经营中必须保证农产品的食用安全和人民群众的身体健康。

(一)农产品质量管理

农产品质量是指农产品适合一定的用途，满足人们需要所具备的特点和特性的总和。它包括产品的内在特性，如产品的结构、物理性能、化学成分、可靠性、精度、纯度等；也包括产品的外在特性，如形状、外观、色泽、气味、包装等；还有经济特性如成本、价格等，以及其他方面的特性如交货期、污染、公害等。农产品质量管理是指农业生产经营者为了保证和提高农产品质量所进行的决策、计划、组织、协调、控制及信息反馈等活动的总称。

(二)农产品质量认证

质量认证是国际上对质量管理的一个通行手段，是国家认证机构依据规定程序确认并通过颁发认证证书和认证标志来证明某一产品符合相应标准和技术要求的活动。农产品质量认证主要是“三品一标”认证。“三品一标”是对无公害农产品、绿色食品、有机食品和农产品地理标志的总称。

1. 无公害农产品

它是指产地环境和产品质量均符合国家普通加工食品相关卫生质量标准要求，经政府相关部门认证合格,并允许使用无公害标志的农产品。不对人的身体健康造成任何危害,是对这类农产品的最起码的要求。2001年,农业部提出了“无公害农产品行动计划”,并制定了相关国家标准,如《无公害农产品产地环境》、《无公害农产品安全要求》和具体到每种农产品如黄瓜、小麦、水稻等的生产标准。

2.绿色食品

它是指无污染、优质、营养食品,经国家绿色食品发展中心认可,许可使用绿色食品标识的产品。绿色食品分为两级,即A级绿色食品(生产条件要求较低的食品)和AA级绿色食品(质量要求较高,与有机农产品要求基本相同)。20世纪90年代,我国提出绿色食品的概念,相继制定了相应的标准,如《绿色食品产地环境技术条件》、《绿色食品生产农药使用准则》和《绿色食品生产化肥使用准则》等。

3.有机农产品

它是指根据有机农业原则,生产过程绝对禁止使用人工合成的农药、化肥、色素等化学物质和采用对环境无害的方式生产、销售过程受专业认证机构全程监控,通过独立认证机构认证并颁发证书,销售总量受控制的一类真正纯天然、高品位、高质量的农产品。

4.农产品地理标志

它是指标示农产品来源于特定地域,产品品质和相关特征主要取决于自然生态环境和历史人文因素,并以地域名称冠名的特有农产品标志。国家农业部负责全国农产品地理标志的登记工作,农业部农产品质量安全中心负责农产品地理标志登记的审查和专家评审工作。省级人民政府农业行政主管部门负责本行政区域内农产品地理标志登记申请的受理和初审工作。申请地理标志登记的农产品,应当符合下列条件:称谓由地理区域名称和农产品通用名称构成;产品有独特的品质特性或者特定的生产方式;产品品质和特色主要取决于独特的自然生态环境和人文历史因素;产品有限定的生产区域范围;产地环境、产品质量符合国家强制性技术规范要求。符合下列条件的单位和个人,可以向登记证书持有人申请使用农产品地理标志:生产经营的农产品产自登记确定的地域范围;已取得登记农产品相关的生产经营资质;能够严格按照规定的质量技术规范组织开展生产经营活动;具有地理标志农产品市场开发经营能力。使用农产品地理标志,应当按照生产经营年度与登记证书持有人签订农产品地理标志使用协议,并在协议中载明使用的数量、范围及相关的责任义务。

(三)农产品全程质量控制

农产品全程质量控制是在强化农产品产地环境、投入品、生产过程、市场准入等环节监管的基础上,通过一系列可行的手段或措施,将现有农产品质量建设的基础体系和基本制度贯穿于生产、加工、流通的全过程,建立从“农田到市场”的可追溯制度。

(四)生产者在农产品生产中应遵守的规定

农产品生产者在生产过程中应当遵守相应的质量安全规定,主要包括:依照规定合理使用化肥、农药、兽药、饲料和饲料添加剂等农业投入品,严格执行农业投入品使用安全间隔期或者休药期的规定;禁止使用国家明令禁止使用的农业投入品,防止因违反规定使用农业投入品危及农产品质量安全;依照规定建立农产品生产记录,如实记载使用农业投入品的有关情况、动物疫病和植物病虫害的发生和防治情况,以及农产品收获、屠宰、捕捞的日期等情况;对其生产的农产品质量安全状况进行检测,经检测不符合农产品质量安全标准的,不得销售;农产品在包装、保鲜、贮存、运输中使用的保鲜剂、防腐剂和添加剂等材料，应当符合国家有关强制性的技术规范。

【典型阅读】

农产品质量安全问题使农户损失惨重

涂药黄瓜、有毒豇豆、问题猪肉……如今又出现甲醛白菜、蓝矾韭菜，各种农药、兽药、激素、保鲜剂等农用药剂的超标、违规使用，正在成为农产品质量安全的源头之祸。一次次的食品安全事件，使人们对这些农产品产生了强烈的抵触情绪，让人纠结：这些东西还能不能吃？与此同时，生产这些农产品的农户也因为这些误会损失惨重。

面对当前的农产品质量安全形势，农业部副部长陈晓华表示，我国农产品质量安全的水平呈现稳中有升、逐步向好的发展态势，但农产品质量安全隐患还很多，形势不容乐观。因此，必须坚持不懈地加大监管力度，切实加强监管，并保持高压态势，使违法者不能违、不敢违。同时他强调，要大力推动农业发展方式的转变，通过标准化生产，提高生产水平，从根本上解决好农产品质量安全问题。

(http://www.gov.cn/jrzg/2012-01/07/content_2038945.html)

【实践训练】

农产品安全问题调研

1.实训要求：走访农户，对其生产经营的农产品质量安全问题进行分析。

2.实训目的：通过本次实训，了解农户的农产品质量安全情况。

3.实训组织：学生5～8人组成一组，分别调研不同的农户，调研前要求制订调研计划，实施调研后，分小组在班上汇报交流。

4.考核评价：从调研计划、调研汇报、调研总结等环节对各小组进行综合评价并给出成绩。

任务四 搞好农户生产经营核算

一、农户生产经营核算

(一)农户生产经营核算的内容

农户生产经营核算，就是用统计和会计的方法，核算农户生产经营活动成果。农户生产经营核算，以生产经营收支为基本内容，主要包括：

(1)农户在生产经营过程中各项生产经营收入、支出等情况；

(2)农户出售的各种农副产品，个人所得收入的增减变化情况；

(3)农户在生产经营过程中所发生的各种债权、债务的往来结算情况，以及现金、存款、固定资产、产品物资的增减变动情况；

(4)农户生产经营的盈亏，并考核分析农户全年生产财务收支情况。

(二)农户生产经营成本

农户生产经营成本是与生产经营有关的一切合理必要的支出，主要有现金支出、劳务支出和实物支出。具体包括：人工费、种苗费、肥料费、农药费、水电费、管理费(如防治害虫、防旱涝、防盗、新技术培训等费用)、农舍费(如住宅、仓库、农具、水泥堆场和晒场、田间棚房等的折旧及维修费)、维修费(农田水利、农具和农业机械等维修)、折旧费(农具和农业机械等计提的折旧费)、土地使用费用和不可预见的费用等。

(三)农产品成本的核算程序

农产品成本的核算程序，包括以下几个步骤：

1. 确定成本核算对象

所谓成本核算对象就是指对哪些产品进行成本核算，也就是说要确定这些成本核算的具体的产品项目。因为农户生产的产品种类繁多，所以首先必须把成本的核算对象明确下来，然后才能够清楚地反映在这个产品的生产过程当中各自的花费是多少。按照大的范围来说，农产品生产分为种植业和养殖业，与此相对应就有了种植业成本核算和养殖业成本核算。对每个项目还可以再进行细分，如种植业里有小麦、玉米、大豆、水稻等。对一个农户来讲，一定要分类核算每种产品的成本，以了解各产品的盈亏情况。

2. 确定成本计算期

农产品生产过程往往要经过很多阶段，而且许多农产品是在不断变化的市场中逐渐销售的，所以在核算的时候必须明确这个成本是针对于哪一个时期的产品来计算的，这一被确定的时期就是成本计算期 。

通常的成本计算期可以按照自然年度确定，如从公历的 1 月 1 日到 12 月 31 日，作为一个成本计算期。这是一般的做法。当然也可以根据产品的生产周期的不同来确定。所谓产品生产周期就是从这个产品开始投料生产，到收获的这段时期。农户可以根据具体情况确定成本计算期。如以养鸡为例，养肉鸡一年生产 3～4 批，养种鸡至少一年之后才能更新，所以可以按照批次、按照群，按生产过程的月份来计算产品成本。

3. 确定成本计算范围

成本计算范围就是确定哪些费用应计入到产品成本里去，哪些费用不应计算进去。不要把日常的生活开支列在成本当中。另外，农户在生产经营过程中要借钱，借钱要支付利息，这个利息也要计入到成本里边。还有，农户在生产经营过程当中可能按照国家规定要缴税，税款要分不同的情况，如增值税就不能计入到成本里去。还有一些是需要摊销的，如养鸡的鸡舍，是一次性建设的，但是它可以用好多年，养很多批鸡，应该按照相关规定分几年摊销。

4. 确定成本项目

确定了成本的核算对象、成本的计算周期、成本的计算范围，下面就要具体确定成本的项目了。一般来说成本项目分物质费用和人工费用两大部分，物质费用又分直接的和间接的。直接物质费用就是这种费用就直接消耗在一种产品上，不需要分摊，像种子费最明显，肥料费也是这样。间接物质费用往往是与生产很多产品有关，也称共同物质费用，如机耕费、水电费、管理费等。举例来说，一块地种了 3 种作物，机耕费等应由 3 种作物共同承担，把这个费用按照一定的方法给它分摊开来，就叫间接物质费用。

5. 建立成本核算原始记录

一个成本计算的时期可能很长，为了反映整个生产经营过程的用工和用料情况，农户应该按成本核算对象设置原始记录登记簿。如设立固定资产登记簿，把一些固定资产的变化、使用情况登记下来；建立经营支出登记簿，登记化肥、农药、种子等经营支出的数量和费用；还有用工登记簿，如使用的人工费用等。再就是要建立经营收入登记簿，登记销售的农产品、副产品的收入和数量等。

这就是农产品成本核算的过程，确定对象、确定时期和确定计算范围，然后确定成本的项目，项目确定之后再把它分门别类地通过原始记录登记簿记录下来，通过记录这些数据，之后就便于到成本计算期末的时候把成本计算出来。

二、农户经济活动分析

(一)农户经济活动分析的概念

农户经济活动分析，是指农户在生产经营过程中，运用各种经济核算资料和数据，通过科学的方法，对生产经营过程中的主要技术经济指标进行全面、系统的分析和评价的过程。

(二)农户经济活动分析的方法

常用的经济活动分析方法有对比分析法和连环代替法。

1. 对比分析法

也叫比较法，是经济活动分析常用的一种方法，也是最基本的方法。它的主要做法是将性质相同的两种或两种以上的经济指标进行对比，找出两者的差距，分析差距产生的原因，查明各个因素之间的相互关系，对各项经济活动作出评价的方法。在运用对比分析法时，必须注意采用的经济指标具有可比性，也就是在指标内涵、计价标准、单位等方面应是可比的。

2. 连环代替法

也叫因素分析法。这种方法是指某一总体指标在受多种因素作用的情况下，按一定顺序测定各个因素变动对总体指标变动的影响程度的一种分析方法。由于它能分析各种因素对事物变化的具体影响，并分析产生差距的原因，以及各因素的影响程度。因此，便于发现问题，提出改进措施。连环代替法的特点是，当分析一个受多种因素影响的指标时，可以将各个指标逐个进行分析计算，找出影响经济指标的主要因素，并评价其影响程度，从而提出改进措施。

(三)农户经济活动分析的主要内容

1. 生产经营计划完成情况分析

包括产量计划完成情况分析和农产品销售计划完成情况分析等。

2. 农产品成本分析

包括农产品成本计划完成情况分析和农产品成本项目分析。分析农产品成本的目的，不仅在于了解成本情况，而且要通过对成本考核和分析，以了解成本水平，找出降低成本的途径。

影响农产品成本的因素很多，就实际成本和计划成本分析来说，主要因素有两个：一是实际产量和计划产量不同，产量发生了变化；二是实际费用和计划费用不同，生产费用发生了变化。农户成本分析一般采用比较法，常用实际总成本和计划总成本的降低率来衡量。

3. 农户生产经营利润分析

生产经营利润是农户生产经营的盈余收入，它是农户的经营收入扣除成本、税金等支出的金额。利润是农户生产经营活动的最终经济成果，集中反映了农户生产经营管理工作的成果。分析利润的目的，在于查明利润升降的原因，以便提高管理水平。农户对利润进行分析，要从两方面进行。首先是对利润计划完成情况的分析。可以将本年实际利润与当年计划利润或上半年利润进行对比，看是否完成本年利润计划或比上年利润水平高或低，查明利润增减情况。其次，对影响利润增减因素进行分析。影响利润高低的主要因素有：农产品销售数量、销售价格和农产品成本等。各因素变动对纯收入影响程度，可用因素分析法加以测定。

【阅读与思考】

高明秋种粮讲核算　0.33 公顷土地年均纯收入六千元

山东乳山市下初镇农民高明秋种了 0.33 公顷地，几年下来平均每年纯收入 6 000 元。他的主要做法是：

一要选优种。2002 年秋，高明秋选择了中国农科院培育的特色小麦品种“黑麦 1 号”，这种小麦的每公顷产量平均在 7 500 千克以上，而且含铁量高于普通小麦的 80％以上，含钙比普通小麦高 130％，宜做面食，价格比普通小麦每千克能高出 0.025 元左右，而且不用为找市场烦恼。1 年下来，以每公顷收成为 7 500 千克计算，每公顷收益将增加 750 元。

二要降成本。高明秋了解到，他种的小麦营养成分独特，在施肥上应控制氮肥用量，多施农家肥和磷、钾肥，使用农家肥本身比使用氮肥 1 公顷地的成本平均要低 600 元左右，而且连续 3 年不用使用或是少使用氮肥，不仅养地，而且还能扭转氮肥用量连年上升的趋势。要实现每公顷 7 500 千克的产量，一般要求耕层深度为 30 厘米，耕层土壤有机质含量 1％以上。全生育期化肥每公顷施用量大致为纯氮 157.5～225 千克，五氧化二磷 127.5 千克，氧化钾 97.5～135 千克，锌肥 15～30 千克。这样算起来，普通 1 公顷地要投入 900 元的化肥，而科学管理、科学施肥，只需要投入 300 元左右，剔出每公顷 570 元钱的机耕费及 450 元种子和化肥的投入，1 公顷地的纯收入将为 7 980 元。

三要合理调整种植结构。割完麦子后，可以种豆，可以种玉米，也可以种花生。高明秋选种了金海 5 号玉米。这种玉米每公顷产量平均在 13 500 千克左右，高产时可达 15 000 千克。由于底肥足，土壤酸碱度平衡，别人需要每公顷施 1 050 元钱左右的化肥，而他只需要增施 750 元钱左右的氮肥和其他有机肥即可。近几年，每千克玉米的市场价格一般在 1.0～1.3 元左右浮动，按每千克 1.0 元计算，如果 1 公顷产 13 500 千克，那就可收入 13 500 元，剔去成本，纯收入超过 12 300 元。这样一年种两季粮食，1 公顷纯收入就达到了 20 250 元，再扣除农药、浇水等成本，一年可收入 19 500 元。算上个别地块贫瘠，0.33 公顷地每年每公顷平均收入可过 18 000 元。

(http://www.lnjn.gov.cn/edu/zfj/2010/6/152512.shtml)

思考：高明秋是怎样进行生产核算的？他的案例带给我们什么启发？

【复习思考与练习】

1.农户生产经营观念有哪些?
2.什么是农户生产经营计划,应怎么进行编制。
3.什么是“三品一标”?
4.农户应怎样做到确保农产品质量安全?
5.农户生产经营核算有哪些内容?
6.怎样进行农产品的成本核算?

模块三　农村生产要素管理

项目九　农村生产要素管理总括

项目十　农村自然资源管理

项目十一　农村土地资源管理

项目十二　农村劳动力资源管理

项目十三　农村资金与财务管理

项目十四　农村科学技术管理

项目十五　农村信息管理

项目九

农村生产要素管理总括

【学习目标】

- 通过本项目内容的学习，了解农村生产要素的内涵、特点、配置方式及要求，理解农村生产要素的稀缺性与有效利用的原则。
- 通过本项目内容的课堂学习、案例讨论和实践分析环节，掌握农村生产要素有效利用与整合的思路与方法。

【能力目标】

- 通过本项目内容的课堂学习和实训环节，能熟练运用农村生产要素有效利用的原则与方法，思考和认识农村经济管理实际中的一些问题。

【重点与难点】

- 本项目的重点：农村生产要素的特点；农村生产要素的配置方式；农村生产要素有效利用的原则。
- 本项目的难点：农村生产要素的市场化配置。

【教学方法与手段】

- 案例教学；参与式研讨；多媒体教学。

【引导性案例】

生产要素集结的地方就是财富增长点

邱道持发现了一条规律，他告诉访者："生产要素集结的地方，就是财富增长点。"而在过去，农村并非生产要素集结的地方，相反却不断流向城市，城乡差距因此不断扩大。

"要生产要素向农村集结，就看农业生产效率能不能提高，这就要求发展现代农业。"邱道持对访者表示："而发展现代农业，有一个要求就是要适度规模经营。但如果土地不流转，分散在农户手里，进行'破碎化经营'，生产要素就很难集结到农村。"

在邱道持看来，从发展现代农业角度看，就要推动土地流转，要推进农村土地制度创新。

此外，重庆现实的困境还在于，大量农村劳动力进城务工，很多土地就荒芜在那里。根据邱道持的调查，重庆市的撂荒耕地占11%，而宅基地的撂荒更严重，达到了22%。如果土地不流转，土地就荒废了；如果流转，这些土地就能够发挥出能量。

邱道持对来访者分析说，土地流转有利于推动适度规模经营，同时又能够增加农民的收入。

目前，重庆市政府农村工作办公室农村土地流转问题调研组的调查结果表明，当前重庆农村土地流转的形式主要有转包、出租、转让、互换和入股等5种基本形式。

根据2008年3月～7月开展的调研，在这5种形式中，转包形式比例最高，超过土地流转总量的一半，其次是出租和转让，分别占20.31%和17.18%。

那么，农村土地该以何种模式流转、是靠行政还是靠市场呢？这也是一个问题。邱道持认为，重庆加大了市场化的推动，跟传统上的土地流转有所不同。

邱道持所在的九三学社重庆市委员会曾经作过一个关于农村土地流转的调研。在这份关于农村土地流转的报告中，邱道持提出要开放农村土地市场，推进农村土地流转市场化，引起重庆市委负责人的高度重视。

"要发挥市场机制在土地流转中的作用。之所以有些土地流转不规范，就是因为没有市场的介入，没有市场的作用。当时，我们就提出了开创一个农村土地交易市场的建议。"邱道持说。

在他看来，城市的土地流转有交易所，有交易市场，为什么农村的土地流转就不能有交易所、交易市场呢？"这也是城乡分割！"

在这方面，重庆市政府已经有所动作。2008年8月，全国人大调研组一行20人来到重庆，就重庆的经济社会发展情况展开全面调研。重庆市政府在汇报中表示，重庆已向中央申请设立"重庆市农村土地交易所"，而且重庆的探索首先是在市域范围以内，待条件成熟后，再发展成为面向全国的城乡一体化土地交易市场。

(http://house.people.com.cn/GB/132241/8217128.html)

任务一 了解生产要素的含义、构成及贡献

物质资料生产是一个社会赖以存在和发展的基础。生产要素是进行物质资料生产所必须具备的因素和条件。合理配置生产要素，提高生产要素的综合投入产出效益，是促进国民经济发展的一个根本性问题。

一、生产要素的含义及其构成

生产要素，也称生产输入，是指人们进行社会生产经营活动所必须具备的各种社会资源，是维系国民经济运行及市场主体在生产经营过程中所必须具备的基本因素。在经济学中，生产要素是指具有生产能力的资源。资源是在一定的时间、经济条件及技术水平下，经人们发现、可被人们利用的有价值的东西，包括有形的物质和无形的非物质，如技术、智慧、商标和品牌等。

生产要素作为进行物质资料生产所必须具备的前提条件，其具体构成是随着生产力的发展而发展变化的。就简单劳动过程来说，主要包括劳动者和生产资料，即人的要素和物的要素。随着生产力的发展，资本和技术开始成为重要的生产要素。在发达的市场经济条件下，生产要素的范围进一步扩大，管理、信息和品牌等无形资产也成为日益重要的生产要素。

各种生产要素的结合，形成了现实的生产活动。但它们之间结合的方式不同，使社会区分为各个不同的经济时期。换个角度讲，在不同的经济时期，每一种生产要素在各要素共同组合的过程中所起的作用也是不相同的。在农业经济时代，以土地为代表的自然资源是社会生产中起主导作用的要素；在工业经济时代，资本成为社会生产中的主导要素；而在知识经济时代，知识则成为社会生产中的主导要素，即体现在人力资本和科学技术中的知识已成为经济发展的核心，以知识为基础的产业成为经济发展的主导产业。

二、生产要素需求

(一)生产要素需求的特点

1. 对生产要素的需求是“引致需求”或者称“派生需求”

在产品市场上，生产者是产品的供给方，消费者是产品的需求方。消费者为了直接满足自己的吃、穿、住、行等需要而购买产品。因此消费者对产品的需求是所谓的“直接需求”。而转到生产要素市场上，情况就不一样了，生产者成了生产要素的需求方。首先要指出的是，生产者购买生产要素不是为了自己的直接需要，而是为了生产和出售产品以获得利益。从这个意义上说，生产者对生产要素的需求不是直接需求，而是一种因直接需求而派生出来的需求，称为“引致需求”，或者叫“派生需求”。生产者之所以对生产要素产生需求，是因为消费者对产品

有需求，生产者为了满足消费者对产品的需求，就要使用生产要素来生产出产品。我们把这种由于消费者对于产品的需求而引起的生产者对生产要素的需求就称为“引致需求”或者“派生需求”。实际中，“引致需求”或者“派生需求”的实质，就是生产者通过购买生产要素生产出满足消费者需要的产品，从而实现自己的最大利润。

2. 生产要素的需求，不是对生产要素本身的需求，而是对生产要素的使用的需求

生产者需要生产要素，是要用这些生产要素生产消费者所需要的产品，实际上就是对这些生产要素的使用的需要，而不是对生产要素本身的需要。正因为如此，市场上具有相似或相近使用功能的生产要素就可以相互替代。

3. 生产要素的需求来自于生产者

生产者虽然为了满足消费者的需要而使用生产要素组织生产，但其根本目的是为了追逐利润。如果在生产过程中没有了利润，生产者就失去了生产的动力，那么其对生产要素的需求也就消失了。因此，从根本上来说，生产要素的需求来自于生产者。

4. 生产者对生产要素需求的目的，是用于生产产品，希望从中间接地获得利益

生产者利用生产要素进行生产，只有生产出被消费者认可和购买的产品，生产者的利益才能实现。因此，生产者对生产要素需求的目的，是用其生产出产品，通过与消费者实现交换而从中获得利益。

（二）决定生产要素需求的因素

决定生产要素需求的因素：一是生产要素的边际生产力，即某种单位数量的生产要素所能生产的产品数量的多少；二是市场对所生产产品的需求及产品的价格高低，其决定着生产者能获得的利益大小；三是生产要素本身价格的高低，其直接影响产品的生产成本；四是科学技术因素，技术进步会提高生产要素的使用效率；五是时间因素，因短期与长期的生产要素需求弹性不同。

三、按劳分配与按生产要素分配相结合

在市场经济体制下，完善分配结构与方式，就是要把按劳分配和按生产要素分配有机地结合起来，以调动有关各个方面的积极性，激发经济发展的活力与后劲。

（一）按劳分配

在经济学中，按劳分配是指按劳动者的劳动分配，而不是按劳动力要素本身分配。按劳分配，就是社会在作了各项必要的扣除（这些扣除包括：用来补偿消耗掉的生产资料部分、用来扩大再生产的追加部分、用来应付不幸事故、自然灾害等的社会后备基金、用来支付与生产没有直接关系的一般管理费用、用来满足科教文卫等共同需要的部分、用来设立社会保障基金等）后，按照劳动者向社会提供的劳动量来分配个人消费品的分配形式。

在现实生活中，按劳分配表现出三个特点：一是从全社会角度看，劳动者的个人劳动应首先加入企业的联合劳动，通过交换，转化为社会劳动，体现为货币衡量的价值；二是从企业分配角度看，所取得的价值应做必要的社会扣除，具体分配依据劳动者个人付出的劳动量；三是按劳分配直接表现为劳动力价值，间接表现内容即生产资料的个人占有权没有量化，因此可

以称之为简单按劳分配。在生产资料所有制经济基本单一的特定历史阶段,实行简单按劳分配有其合理性和必要性,随着多种所有制经济的迅速发展,简单按劳分配日益显露出局限性。

(二)生产要素的贡献体现

为体现生产要素在生产经营活动中的贡献,需要对生产要素按贡献进行分配,如图9-1。按生产要素分配,就是社会根据生产某种产品时所投入的各种生产要素的比例和贡献对投入主体进行报酬返还的分配形式。生产要素按贡献参与分配,从生产的角度来看,生产者向生产要素的供给者支付这些报酬,就构成了生产成本。劳动的贡献通常按照工资衡量并加以体现,知识产权、管理能力等往往当做资本的延伸,按股权比例、分红比例、投票比例来加以体现,在这个时候,知识产权、管理能力的作用可以和资金资本、设备资本等相提并论。

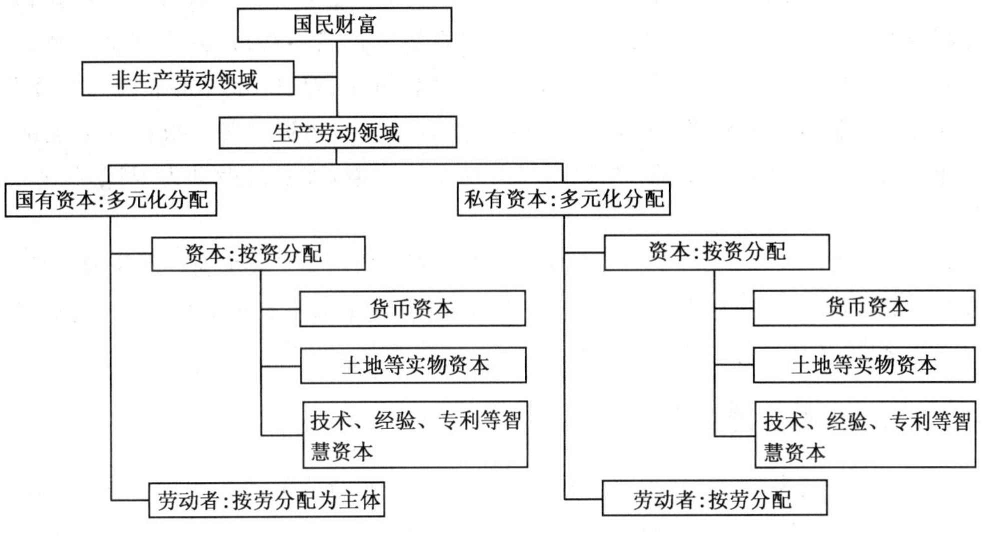

图 9-1 生产要素按贡献参与分配

(三)按生产要素分配的原则

按生产要素分配是生产要素贡献性的价值体现,是市场经济发展的必然要求,也是经济体制改革的需要,是经济发展的必然结果。因此,按生产要素分配应坚持以下原则:

1. 风险原则

生产要素是否具备参与分配的权利,主要是看该要素在赢利过程中,是否承担了风险责任。分配的比例也由承担风险的大小来决定。

2. 贡献原则

利润分享制强调依生产要素对形成利润的贡献大小进行分配。

3. 协商原则

生产要素的分配比例应通过谈判确定,分配实施要依约而行。

4.依法原则

在分配中,均衡的分配必须是依赖于法律来完成的。

任务二 了解农村生产要素的概念、种类与特点

一、农村生产要素与农村资源的概念

农村生产要素是在农村生产经营活动中所有用于生产商品或提供服务的资源。它是维系农村经济运行及其市场主体生产经营过程中所必须具备的基本因素。而农村资源作为一种特定范围的资源,是指在农村地域范围内能够为人类所利用的农村自然资源和农村社会经济资源的总和。农村自然资源是人类可以直接从自然界获得,并用于生产经营的自然物,如由地下矿藏和地上自然物等构成的土地资源;由光、热、降水等构成的气候资源;由地表水和地下水构成的水资源;由动植物、微生物构成的生物资源等。农村社会经济资源是指可作为农村生产再生产过程中的劳动和劳动手段要素,如农村劳动力、科学技术、基础设施等。

农村生产要素与农村资源,二者既有联系又有区别。农村生产要素是一种资源,但不一定都是农村资源;而农村资源也都可以作为生产要素,但不一定都是农村生产要素。这就是说二者之间既有交集,又有各自不能包含的部分。

二、农村生产要素的种类

从农村经济实践活动的具体内容来看,农村生产要素可分为劳动力、生产资料、资本、科学技术和信息五大类。这五大类农村生产要素在要素总体中所占据的地位不同,所起的作用也不同,必须正确处理好其间的关系。

(一)劳动力

劳动力包括体力劳动者和脑力劳动者,是能动的生产要素。人能支配使用其他生产要素,并使其他生产要素与自身的劳动相结合而形成生产力。提高劳动力素质,是实现生产要素合理配置的前提条件。我国农村劳动力的现状是:数量很多,但质量不是很高。其具体表现是文化水平普遍偏低,缺乏现代生产经营技能,商品经营能力不强,市场经济意识较差,大部分劳动力只能与传统产业和传统生产要素结合,而难以与许多新的生产要素结合,形成新的生产力。农村劳动力要真正成为生产要素中的主体,就必须正确处理提高劳动力素质与发展经济的关系。

(二)生产资料

自然资源(如土地,不仅包括其本身,还包括地下的矿藏和地上的自然物)、原材料和工具设备等生产资料,是各种生产要素组合的基础。没有作为生产资料的生产要素,便不能进行物

质资料的生产。农村中最常见的有耕地、植被、种子、矿产、机器、水利电力设施、耕牛、农具、肥料等，它们是工农业生产的物质基础，并形成生产的基本组合。生产中常出现的问题是：在生产要素配置中掠夺式经营，导致地力下降、环境污染、机具设备损坏，还较普遍存在水利设施失修、不必要的占用耕地等现象。很明显，生产要素配置的基础受到的损害，用其他生产要素来替换是很困难的，也是很不经济的。

（三）资本

作为农村生产要素的资本，包括货物资本（机器设备、厂房建筑物和原材料等）和金融资本（股票、债券和借款等）。在经济生活中，资本顺次经过购买、生产、销售三个阶段，分别形成货币资本、生产资本、商品资本三种形态，实现了价值的增值，便回到原来的出发点。事实上，资本首先以货币即价值的形式出现，货币所有者在市场上购买了生产资料和劳动力，使二者结合，生产出一种产品，卖出了产品（商品）后，又收回了货币，不仅抵偿了购买生产资料和劳动力所支付的货币，而且还可以得到一个增值。只有在这时候，用于购买生产资料和劳动力而且投入生产的那些货币，才成为资本。此外，它也说明，资本有生产力，但资本并非具有独立的生产力。

（四）科学技术

作为农村生产要素的科学技术，既包括文字、表格、数据、配方等有形形态，也包括实际生产经验、个人的专门技能等无形形态。科学技术是生产力，这是马克思主义历来的观点。科学技术是农村生产要素配置的核心。这种核心地位和作用主要表现在两方面：一是自然科学通过技术发明创造的途径物化为生产工具，创造出巨大的生产力，同时提高劳动对象的品质，扩大劳动对象的范围；二是劳动者通过掌握科学技术获得劳动经验和操作技能，使新的生产力不断形成，大幅度提高劳动生产率。用全面的观点看，仅具备体力的农村劳动力不是完全的劳动力；而有文化与技术的劳动者，才能有效地与物的生产要素相结合。

（五）信息

作为农村生产要素的信息，包括与产品生产、销售和消费直接相关的消息、情报、数据和知识等。现实经济生活中，一些生产要素配置不尽科学合理，就需要用产品的市场价格、技术、质量，以及他人的生产要素配置等信息进行比较，校正原有的配置。目前，收集和利用信息已经得到越来越多农村经济管理者的重视。

三、农村生产要素的特点

农村生产要素的特点主要表现在以下几个方面：一是有限性，如农村的土地资源、水资源、能源、资金、人才、技术都是有限的；二是互竞性，即农村中众多生产项目或生产部门在同一时间，同一空间常常互相争夺某种生产要素；三是互补性，即农村各生产部门对一些生产要素的利用是互相配合、互相利用、互相帮助的；四是替代性，生产中对生产要素的要求不是非此不可的，一种生产要素可以用功能相似甚至相同的另一种生产要素来代替。由于这些特性，就要求合理组合，使有限的资源发挥更大的作用。

【阅读与思考】

成都让城乡生产要素动起来

2007年6月,国务院批准成都市的统筹城乡综合配套改革试点。2008年以来,成都市在总结先行试点经验的基础上,以“还权赋能”和“农民自主”为核心,开展了全面的农村产权制度改革,明确法律法规赋予农民的土地、房屋等要素的权益,通过开展农村集体土地和房屋确权颁证工作,向村组集体颁发集体土地所有证,向农户颁发土地使用证和房屋所有权证。推进统筹城乡综合配套改革,加快破除城乡二元结构,有利于打通城乡经济社会相互分割、相互封闭的局面,促进生产要素在城乡之间自由流动和优化组合。

与城市小区住房的建筑格局相同的农民安置房,几乎彻底改变了他们的生产方式、生活方式和居住方式。收起了铁锹、篱笆,也收起了农业耕作时代的陈旧家具,取而代之的是与城市居民不二的现代生产生活习惯。当然,修起现代化的房子,并不意味着农民就真正转化为市民,更重要的是让城乡收入差别越来越小,让城乡的基本公共服务越来越一致,这样才能缩小城乡差距,让进城的农民真正具有“国民待遇”。因此,一方面要通过市场这只“无形的手”让农民获得可持续的、不断增长的收入,另一方面要通过政府这只“有形的手”让农民在城市化的过程中逐渐享受到同样标准的社会公共服务,这样才能真正推动城市化稳定有序发展,在减缓贫富分化的同时为经济发展提供内生动力。

在成都双流县彭镇的西域玛瑙风情葡萄园,长达1.28千米的葡萄风光绿色长廊里,初夏的阳光下大片翠绿的葡萄藤枝长得很旺盛。这个面积达333公顷的葡萄园,集生产、加工、酿造、生态观光于一体,解决了当地300多农村劳动力的就业问题。当地农民土地流转后,可以在葡萄基地上班,拥有稳定的收入来源,失地不失业。

在成都双流县蛟龙工业港,以电子信息、自动化设备、生物制药为主的高新技术企业遍布其间,通过政府的免费培训,农民成了产业工人,不再为生计发愁。这里的农民真正成了市民。

占地约700米^{2}的成都温江区花卉交易市场则是西南地区最大的花木电子商务平台,通过互联网,就能将花木采购、销售、订单管理、物流服务等一并完成,花木交易量逐年上升。花木网用科技手段为当地花农打开了一扇面向全国的销售窗口,带动花木从业人员3.2万人。

(http://www.zgxc.org.cn/html/xiangcunguanli/zongheguanli/20100610/952093.html)

思考:成都市的统筹城乡综合配套改革试点使哪些农村生产要素流动了起来?具体表现在哪些方面?

任务三 优化农村生产要素的配置

一、农村生产要素配置的概念与方式

农村生产要素配置是指对农村生产要素在各种不同用途上加以比较做出的选择。在

社会经济发展的一定阶段上，相对于人们的需求而言，资源总是表现出相对的稀缺性，从而要求人们对有限的、相对稀缺的资源进行合理配置，以便用最少的耗费，生产出最适用的商品和劳务，获取最佳的效益。资源配置合理与否，对一个国家经济发展的成败有着极其重要的影响。

在社会化大生产条件下，生产要素的配置有两种方式：一是计划配置方式，即计划部门根据社会需要和可能，以计划配额、行政命令来统管生产要素和分配生产要素；二是市场配置方式，即依靠市场运行机制进行资源配置——生产者根据市场上的供求关系及产品价格信息，在竞争中实现生产要素的合理配置。

二、农村生产要素配置的原则

要使农村生产要素的配置具有良好的经济效益、社会效益和生态效益，应该坚持以下几个原则：

（一）满足市场需求的原则

在商品经济条件下，市场需求与价格信号反映各个需求层次的需求程度，供给者按市场需求进行生产经营。供给的背后是生产要素配置，供给能满足需要，从一个侧面反映了生产要素配置是合理的；反之，则是不合理的。如要满足市场需求，形成合理的农业生产要素配置，就必须动员各方面的力量，增加对农业的投入。

（二）节约资源，讲求效益的原则

发展社会主义农村经济，从生产力方面来分析，无非是对各生产要素的利用。生产要素的利用不能是杂乱无章、处于无政府状态的，而只能是通过合理配置和有效利用来使用农村各生产要素。而只有节约资源，才能从物质形态上增加社会财富，从价值形态上提高资源利用的经济效益。

（三）保护资源，保护环境的原则

生产要素的配置总是在一定的环境下进行的，其配置的状况会直接影响环境。在农村经济活动中，一些物理性质、化学性质、生物性质的生产要素，如果违反他们的特殊要求去配置，则可能破坏生产经营环境，使生产要素的数量减少、品质下降。社会主义生产是一个不断扩大再生产的过程，需要更多的生产要素，要求提高生产要素的品质。但是，生产要素是不会自动增多的，其品质也不会自动提高，而必须在再生产过程中、在生产要素合理配置中加以保护。换言之，生产要素的合理配置是以保护资源、保护环境为前提的。只有这样，才能使可利用的生产要素数量增多、质量变好。

（四）因地制宜，流动开放的原则

农村商品经济发展的实践证明，一个狭小的地域不可能拥有全部自己所需要的生产要素，也不可能把自己全部现存的生产要素在本地域内合理利用，而必须通过市场和横向经济联系引进或输出必要的生产要素，用社会化方式来配置自己所需要的生产要素，使各生产要素处于高度的互补互助状态，在完全的开放流动中实现农村生产要素的合理配置。

【典型案例】

江姐村激活农村生产要素

四川省自贡市大安区大山铺镇江姐村大胆创新，通过开发城市人到农村体验的现实版“开心农场”，提高了土地利用率，增加了农民收入。目前该村已开垦土地近5公顷，认购50余份，每份年租金200元，如果请农民帮助看管，每份每年付给农民务工费100元。

2009年，江姐村抓住新农村建设和统筹城乡试点的契机，按照“打造江姐品牌，发展文化旅游产业”的总体思路，采取“以江姐为名片，以景点为载体，以项目为依托”的有效措施，着力于文化旅游强村建设，打造“四园一基地”，即通过发掘红色文化、科举文化、民俗文化，开发红色旅游和生态旅游，打造红色文化园、科举文化园、民俗文化园、城市休闲文化园和央视影视拍摄基地，增强红色旅游的内涵。

大力改进基础设施，为打造文化旅游强村奠定基础。村“两委”积极争取上级支持先后筹资1 200余万元，实施了村社办公室及村文化活动中心建设、完成了江姐故居修缮、新建了江姐湖、官印山等景观，完善了李白河、杨柳塘等水域的旅游栈道建设。投资上百万元的民俗展览馆已经竣工，并于开春接待游人。投资300余万元新建的央视影视拍摄基地已对外开放，节假日游人络绎不绝。同时对举人湾27户村民的房屋进行川南民居风格改造，实施了改厕、沼气池等工程，美化了乡村环境。引进业主投资110万元、占地1.3公顷的举人家宴休闲、垂钓中心为游人提供了理想的休闲场所。

在打造红色旅游“四园一基地”的过程中，通过开办“农家乐”、承办小型工程、开展村域公共服务和央视影视拍摄基地服务等，解决了80余名村民就地务工的问题。该村在开发现实版“开心农场”的同时，还大胆尝试以林权换森林的办法，逐步打造20公顷生态园林，既增加了农民收入，又改善了旅游环境。2010年，村里推出了“共植未来——华西能源绿色环保行动”，继续推进和扩展生态园建设。此外，还继续完善红色旅游设施，让江姐村红色旅游红起来，农民腰包鼓起来。

(http://www.zg185.com/html/lift/2010－4/8/01_54_54_950.html)

三、实现农村生产要素优化配置的途径

(一)引进生产要素

引进生产要素，就是从外界输入某些生产要素，优化经济发展所需的生产要素配置，推动经济良性发展。其中又有以下几种形式：

1. 引进稀缺要素

生产者在产品生产、产业发展过程中，往往自身只具有某些生产要素，缺乏别的生产要素，因而必须依靠引进，才能使生产、经营活动运转起来。我国农村的农业商品经济一直不很发达，一个很重要的原因就是广大农民缺乏经营管理的知识和能力。近年来，不少地方涌现了“公司＋农户”的经营模式，由公司承担农产品的市场开发与营销，农户则负责生产，效果较为明显。这实际上是引进了农村稀缺的经营管理要素，使原来的生产要素得以优化配置的结果。

2. 补足加快发展和扩大经济规模所需的各种生产要素

由于物质形态的要素均可由货币资本转换而来，因而补足要素常体现为引进资金，体现为各种投资、贷款、援助、财政转移支付等。改革开放以来，我国经济发展取得了令人瞩目的成就，其中实行对外开放，大量引进外资功不可没。

3. 通过商品进口减少对稀缺生产资源的依赖

对自身需要较少且生产要素稀缺的商品，则可以通过进口的办法，以降低生产成本，提高生产要素配置的效益。

(二)输出生产要素

输出生产要素，就是将生产者自己的生产要素输出体外，盘活闲置生产要素，产生新的经济效益。主要形式有：

1. 输出劳务

在经济落后地区，由于缺乏资金、技术、经营管理人才，甚至缺乏自然资源，引进生产要素又较为困难，而大量劳动力又无法与生产资料结合并形成生产经营活动。因此，发展经济最为直接和有效的一个途径，就是把富余劳动力从本地区转移出去，与其他地区的生产要素结合，创造新的经济价值，提高经济收益。

2. 输出管理和技术

在管理和技术方面积累了一定优势的农村，可以通过开展经济交往与合作，输出管理与技术，与外部的劳动力、资本、土地等要素进行配置，或弥补自身在劳动力、资本、土地要素上的不足，或利用别人较为廉价的物质生产要素，获取更高的经济效益。

3. 输出生产资料

将富余或暂时闲置的、一时难于派上用场的生产资料，以及具有竞争优势的生产资料输送出去，从而创造价值，获得收益。

(三)激活生产要素

激活生产要素，就是通过建立新的机制，使原来处于闲置状态的生产要素活跃起来，创造价值，产生效益。主要形式有：

1. 加强生产经营管理

通过加强生产经营管理，使活力增强、成本下降、竞争力提升、效益提高。

2. 置换生产要素

即以闲置的生产要素换取自己紧缺的生产要素，补齐“短板”激发活力，提高效益。

3. 资产重组

即把分散在不同配置中的生产要素拆散开来重新组合，形成新的生产能力。

【实践训练】

农村生产要素调研

1. 实训要求：找一个行政村或农村企业，了解其主要生产要素的构成情况。

2. 实训目的：通过此次实训，加深学生对农村生产要素的认识与理解。

3. 实训组织：全班同学按每 3～5 人进行分组，每组制订切实可行的调研计划。

4. 实训实施：由学生自主联系或任课教师统一联系行政村或农村企业，在任课教师的指导下，具体进行调研。

5. 实训考核：每组撰写一篇 1 500～2 000 字的调研报告，内容包括调查对象的基本情况(行政村或农村企业的经济发展情况)，主导产业或主要产品及其实际生产规模、生产要素构成和用量、本村满足情况，生产实际中遇到的问题，建议和要求等。教师对调研计划和调研报告进行考核评定并给出成绩。

【阅读与思考】

要素流动　群众参与

成都彭州市濛阳镇都市现代农业的崛起，与城乡生产要素自由流动密切相关，尤其表现在通过确权颁证后进行的土地流转，实现了土地的规模化经营。

早在2010年，“土地银行”、“龙头企业＋农户”、“合作社＋农户”等流转方式不断涌现，农村的生产力被释放出来。凤霞村种植的空心菜面积达53公顷，当年实现产值1 200万元，而在2012年上半年，凤霞村空心菜的种植面积已达67公顷。

按照“依法自愿有偿”的原则，目前的流转方式更加多样化，出现了转包、出租、互换、转让、股份合作等多种形式。在此背景下，一些社会资本也试图通过农村土地整理的方式，获取集体建设用地指标。

“北岛农庄”是濛阳镇推进生产要素在城乡间自由流动的首个主推项目，也是一个成功案例。四川池田公司向清卓村租种承包土地，发展高效农业和观光农业，然后再进行宅基地整理，进行农民集中居住区建设和产业配套建设。

不少企业向濛阳镇党委书记王伟请教土地整理的成本，王伟回答，取决于企业与农民的“谈判”。“谈判”的内容包括如何复耕、如何安置、如何配套。“政府只是引导，农民说了算”。

全程民主的方式在“北岛农庄”项目中表现得尤为明显。从一开始产生巨大争议，到经过村组干部会、村民议事会、小组内部会、村民全体会等41次有案可查的大小会议，历经10个月，农民与投资方、农民与农民最终达成一致，有150户农民决定先与命运“碰撞”一次。

整个过程公开公正透明，也让群众颇为满意。彭州市纪委、统筹委等部门，全部参加会议。“政府的作用在于引导，让群众明确生产要素的价值，以及如何通过流动改变自己的生活，由其充分自愿地选择生活方式，寻求互赢方案。”目前尚未发生一例农民找镇上表达“不满”的事情。

据测算，如果农民集中居住加配套建设，完全由政府投入，平均用在每人头上的资金高达6万元，濛阳镇7万人口，就需要资金42亿元，这对一个乡镇来说无疑是天文数字。

据了解，2012年濛阳将充分利用统筹城乡改革的成果，全年力争流转土地100公顷。而上半年就已流转73公顷，其中大汉紫韵香草天空40公顷，百岛农庄30公顷，盈棚3公顷。

（http://news.chengdu.cn/content/2012-07/16/content_999654.htm?node=487）

思考：濛阳镇土地要素流转的启示有哪些？请结合实际进行投入产出分析。

【复习思考与练习】

1. 什么是生产要素？生产要素需求有什么特点？

2.按生产要素分配包括按劳分配吗？为什么？
3.什么是农村生产要素？农村生产要素有什么特点？
4.何谓农村生产要素配置？有哪几种方式？
5.农村生产要素配置应坚持哪些原则？
6.农村生产要素配置都有哪些途径？
7.什么是农村资源？其与农村生产要素有什么不同？

项目十 农村自然资源管理

【学习目标】

- 通过本项目内容的学习，了解农村自然资源的特点，认识自然资源在农村经济发展中的作用。
- 通过本项目内容的课堂学习、课外自学和实训环节，掌握开发利用自然资源的方法，能够科学合理、持续有效地开发利用农村自然资源。

【能力目标】

- 通过本项目内容的课堂学习和实训环节，熟练掌握在市场竞争条件下可持续利用自然资源的方法，提高科学利用自然资源的能力。

【重点与难点】

- 本项目的重点：农村自然资源在农村经济发展中地位与作用；农村自然资源管理的主要工作。
- 本项目的难点：农村自然资源的合理利用与保护。

【教学方法与手段】

- 案例式、启发式教学；多媒体辅助教学。

【引导性案例】

利用自然资源，发展反季节蔬菜，提高农民收入

甘肃省武威市地处我国西北，这里阴雨天较少，光照条件好，气候温和干燥，夏秋季比较凉爽。由于积温低，粮食产量不高，但因气候冷凉，当地蔬菜上市时正是伏天，此时我国东南地区蔬菜短缺，这里生产的蔬菜可缓解南方伏天蔬菜生产不足的问题。

为扬长避短发挥优势，2002 年，武威市政府根据外来菜商对当地蔬菜的需求，做出了大力发展蔬菜产业的决定，聘请了蔬菜专家，引进了优良品种，并积极引进蔬菜销售商，疏通蔬菜外销渠道。当地农村响应政府号召，村干部积极组织村民发展蔬菜生产。经过多年努力，2010 年武威市建成八大蔬菜生产基地，产品销售到国内 20 多个省市，并出口十几个国家和地区，农民收入大幅度提升。

（http://www1.chinaccm.com/01/0102/010203/news/20010428/093225.asp）

任务一 了解农村自然资源的含义、内涵及特点

一、农村自然资源的含义与内涵

自然资源是指存在于自然界的能为人类利用的自然物质。正确认识农村的自然资源，需要掌握以下两点：一是自然资源的定性概念，即对人类有价值的物质是资源，没有价值的物质不能列入资源的范畴。二是自然资源数量的概念，自然资源的数量首先取决于人类的认识和利用的能力，随着人们认识和利用能力的提高，一些过去无用之物也成为重要的资源；其次取决于人口数量，对于农村来说，人均资源不足制约着农村经济和社会的发展。

农村自然资源主要包括：由光照、温度、降水等因素构成的气候资源；由降水、地表水、地下水构成的水资源；由地貌、土壤肥力、土壤植被等因素构成的土地资源；由各种动物、植物和微生物构成的生物资源；由各种可开采矿物组成的矿产资源；由自然景观、人文景观组成的旅游资源；以及农村能源等。

二、农村自然资源的特点

从开发利用的角度来看，自然资源具有以下几个方面的共同特点：

（一）整体性

自然资源是多因素、多层次、多结构、多功能的综合体。在资源与资源、资源与环境之间存在着相互联系、相互制约的关系，如生物、气候、淡水、土地资源之间存在着密切的联系，其中一个因素的变化将引起其他因素的相应变化。自然界中的生物也存在着平衡和制约的关系。这一特性决定了农村在利用自然资源时必须进行全面考虑、统筹安排。

(二)地域性

每一个地区的自然资源都有自己的特色,具有不同的种类和分布。自然资源具有空间分布的不平衡性。这一特点决定了农村在利用自然资源时要因地制宜、发挥优势,不能违反客观规律。

(三)可更新性

部分资源具有自我更新的特点,如土地的肥力可以恢复、水体能净化、生物可以繁衍等。但可更新性要有一定的条件。土地肥力的恢复必须是在不沙化、碱化的条件下,水体的净化需要有生物生存的条件,生物的繁衍也需要一定群体的条件。离开了特定的条件,自然资源将失去更新能力。这一特点决定了农村对自然资源必须合理利用,保持良性循环。

(四)不可逆性

部分自然资源在人类利用中逐渐消亡。矿物资源用去一部分就少一部分,生物资源灭绝后不会再次出现。人类的长期生存与自然资源的不可逆性形成尖锐的矛盾。为人类的将来和眼前的生存考虑,对自然资源都应该珍惜节用,保护培育,不能挥霍浪费。

(五)潜力无限性

每一个地区资源的潜力都是无限的,随着人类科技的进步和利用能力的提高,资源的经济能力也会得到提升。如土地的产量、材料的重复利用、节能等。我国的资源是有限的,但只要能重视挖掘潜力,就能使资源在人类的生产和生活中发挥更大作用。

三、我国自然资源的基本情况

与世界多数国家相比,我国的自然资源呈现以下鲜明特点:

(一)总量大,品种丰富

我国是一个跨越纬度大,山地面积广阔的国家,山地中有丰富的矿产资源,而且品种多,储量大,超过了世界平均水平。此外,我国有多种气候带,又有山地和平原,地形和气候条件使我国有多种动植物品种,也超过了世界平均水平。地大物博是对我国自然资源的正确概括。

(二)人均占有量低

我国的人口密度远远超过了世界平均水平,使人均自然资源数量远远低于世界平均水平。由于人均占有的资源数量低,我国农村只有走依靠科学技术,依靠人的聪明才智,依靠产品质量,依靠精加工、深加工利用资源的道路。

(三)资源的分布不利于利用

我国资源分布不利于利用的主要表现是两个脱节。一是矿产资源和人口的分布脱节。我国92%的人口集中在从黑龙江的黑河到云南腾冲连线以东地区,而50%以上的矿产资源分布在这条线以西的地区。我国的西部地区降雨少、植被少、土质差、气候恶劣,地形又以山地、峡谷、高原、荒漠为主,生存条件差,运输不便,使相当大比例的矿产资源既不可能通过运输又不可能通过移民得到利用。二是我国的水资源与耕地、能源等资源的分布脱节。我国的黄、淮、海平原及松辽平原人口为全国的1/3,耕地为全国的1/2,是我国农业的黄金地区,但由于这一地区的水资源为全国的1/10,使农业发展困难。我国的长江、珠江流域水资源丰富,人口密集，是发展工业的良好地区，但这一地区缺少能源。我国北方能源丰富，但缺少淡水。由于在发展经济时需要多方面资源的联合应用，我国的这一自然资源分布特点加大了运输成本。

(四)资源的稀缺日益严重

稀缺可以从两个方面衡量：一是定性的衡量。自然资源稀缺的定性体现主要有：①从不收费转为收费，即在20世纪50年代前，我国很少有地方收水费，而当前收水费的农村越来越多；②从不保护到受保护，如麻雀、山鸡等在2000年以后都已成为国家保护的动物，反映了这些动物的稀缺。二是定量的衡量。主要有三种方法：①储量用量比，这一方法主要用于衡量矿产的稀缺程度，通过预期开采时间来测定稀缺性；②单位生产成本或开采费用，即采矿价格的提高也反映了矿产的稀缺；③发现新矿的费用，即矿产的寻找难度加大、费用提高，也是其稀缺程度增加的反映。由于我国未来还要保持一定的发展速度，需要投入更多的资源，资源的稀缺问题会更加严重。

任务二 搞好水资源管理

水是人类生产和生活中不可缺少的资源。随着农村生产发展和生活改善，对水资源的需求也在不断增长。因此，无论是从生产发展还是从生活改善的要求来看，农村都应搞好水资源管理。

一、水资源的特征与功能

水资源是指可供人类生活、生产开发利用的大气降水、地表水和地下水。水资源是一种动态资源，大气降水和地表水、地下水之间不断循环运动，形成自然界的水循环。大气降水是陆地水资源的基本来源。由于水的循环主要依靠太阳辐射的热能，而地球接受太阳的热能又是一定的。因此，大气降水是有一定限度的。

水是人类赖以生存的物质基础，没有水就没有生命，也不会有人类的生活，更不会有生产活动；水是农业的命脉，是农业生产物质和能量转化的重要因素；水是环境的基本要素，对自然地理环境的形成具有决定性影响，没有洁净的水，就会破坏自然生态系统的稳定性。总之，水资源与农村生产、生活息息相关；合理开发利用水资源，是关系农村发展的大事。

二、水资源与农业生产的关系

(一)水对农作物的生长发育起着重要的作用

在农业生产中，水发挥着不可替代的作用。第一，水是绿色植物进行光合作用的基本原料之一，光合作用的基本原料是水和二氧化碳；第二，水是植物养分的输送者和生理活动的必需成分，植物的生理活动，如细胞的分裂及内部各种生理生化反应，都只有在水的参与下才能够正常进行；第三，水的蒸腾作用能够调节植物机体的温度和促进根部吸收水分和养分，让植物体有一个适宜的温度。

(二)水资源对农业生产的其他作用

1. 水的热容量性

由于水的热容量大,可形成温度的"迟滞效应"和恒定过程,增加水量,可在一定程度上缓解或避免自然界气温骤变对农作物所造成的不利影响,减少霜冻等危害。

2. 水的热膨胀性

当水由液体冷却时,在其温度下降过程中,水的体积逐渐收缩。但是,当温度从4℃降到冰点时,其体积却不再收缩而发生膨胀,这种现象有利于水生物越冬。而且水的这种特性,还能促进土壤疏松,改善土壤的颗粒结构,有利于营养元素的释放,有利于作物根系的生长。

3. 水的溶解性

水具有很强的溶解能力,几乎能溶解任何物质,是生物体和自然界中营养元素迁移、积累、供应等的天然载体。在农业生产过程中,人类可利用水溶解度大的功能,施肥时可酌情选择在下雨前后或灌溉前后,以使化肥能迅速溶于水,供农作物吸收利用,从而提高化肥的利用率。

水还具有表面张力大、热传导高等特性,这些特性对农业生产都具有重要意义。因此,在进行农业生产的过秤中,要根据水的不同特性和功能,结合农村当地各种农作物的实际,因地制宜地合理利用其有利的一面,避开其不利的一面,以提高农业生产的效益。

三、农村水利管理

我国大多数农村都有水利工程,这就带来水利管理的问题。

(一)农村水利的性质与管理内容

水利工程虽然具有公益的性质,但其面向农户提供用水是用于生产经营,这就使水有了商品属性。因此,农户用水应当付费,以使水利工程能够持续运行。

为使水利工程发挥应有的作用,农村需要建立用水组织,并接受乡镇政府的行政领导。农村集体经济组织在进行管理时,主要负责水利工程的配套渠道建设及其附属建筑物与田间工程的养护、维修和管理。通过专业或业余灌溉服务队,开展辖区用水计划的编制、灌溉期间的配水与送水工作,执行用水计划,维护用水秩序,解决用水纠纷,组织村内渠道的防汛抢险和维修清淤,收取用水户水费,对用水户进行田间灌溉的技术指导和示范推广工作。

(二)农村用水的管理

目前,我国农户是农村用水的主体,为了更好地管好水、用好水,农村经济管理者有义务组织用水户对农业用水的管理。

用水户参与农业用水管理多数是通过加入政府授权的用水协会,在一定区域内所实施的民主管理。协会管辖范围内工程的运行费用由用水户自己承担,政府所属的专管机构对用水协会给予技术、设备等方面的指导和帮助。

在用水前,需要准确核实用水的面积和用水的对象。在农业产业结构调整时,同等面积的农田用水量会有很大的不同,如蔬菜、瓜果、苗木、花卉对灌溉、排涝和抗旱的标准与大田作物就不一致,此时需要建设标准更高的水利配套设施。对于这些需求,需要农村集体经济组织制定用水计划并向水利主管部门申请。每年还需要组织检查相关设施,进行必要的保养与维修,保证其处于良好状态,在用水后要及时收费并向主管部门上缴。

(三)水利设施的管理

当前,我国不少农户进城经商或从事其他生产经营活动,无暇顾及浇地。为解决新时期的问题,部分农村成立了专业浇地服务队,向村民提供灌溉服务。在工程的保养和维护方面,也由组织农户参与转向组织由技术人员组成的专业工程维修队完成。实践证明,专业队伍有更高的效率,更好的效果,不但受到了农民欢迎,而且降低了费用。

四、农村供水与排水管理

目前,我国部分农村供水和排水已经转变为公共服务的内容之一。

(一)农村供水

进入21世纪后,我国农村基本上普及了自来水。供水中,保证水质合乎标准是第一位的工作。从农村实际来看,以深层地下水和泉水为水源的,多数能够达到相关要求;而以地表水、浅层地下水,特别是以储水作为水源的,要达到相关标准则必须采取相应的措施;对于当地水质含氟、苦咸等特殊情况,则需要向上级部门申请,由上级政府协助引水或打深层井予以解决。农村供水的水质要满足农村饮用水安全卫生标准的要求。

在我国多数农村,供水是村民福利的一部分,村中供水仅收取成本费用,但从节约用水、节约用电、合理负担的角度考虑,合理收取水费,提高供水的质量,比不收费以至低收费更有利。

(二)村庄排水

历史上,我国农村在建房中就有排水的考虑,通过自建的排水工程将村内雨水排出。进入新世纪后,不少农村除了自流排水外,还由集体筹资,建了抽水排水的设施,进一步完善了村庄排水系统。

近年来,不少农村家庭购置了洗衣机,建起了洗浴设施,加上冲水的厕所,使人均生活用水量较之过去提高了很多,没有排水设施已经不能保证村容整洁。另外,过去农村普遍使用的将污水渗入地下的方法会污染地下水,危及人们的健康,这就需要逐步在农村完善排水设施,通过管道将污水排出村外,并集中处理。

(三)农村污水处理

农村污水处理,一方面保证了村容整洁,提升了村庄的生产和生活水平;另一方面防止了对水源的污染,保证了下游用水的安全。在城市和乡村人口密集的地区,污水处理具有十分重要的意义。

污水可进行机械处理、生化处理和深度处理,使用哪种方式要根据村内的条件和当地的要求等来决定。处理后的水多数可用于绿化、景观、农田灌溉等。

目前,除少数经济条件好的农村外,污水处理设施的投资主要由国家财政补贴解决。污水处理的运行费用,一部分由国家补贴,一部分可通过向用户收取排污费来解决。对于非农产业比较发达的村庄,可通过向企业收费来解决污水处理问题。

我国有不少农村旅游发展较好的村庄,整洁的村容特别有利吸引游客,增加村民的收入,污水处理的意义能够为绝大多数村民自觉认识,也愿意通过缴纳费用来解决村庄的治污问题。在这些村中,可以通过收取部分费用以支付污水处理的运行费用。

【典型阅读】

庭院人工湿地可以处理生活污水，保护水资源

庭院人工湿地通过形成一种“土壤—植物—微生物”的生态系统，利用各种植物、动物、微生物和土壤的共同作用，逐级过滤和吸收除人畜粪便以外的其他家庭“灰水”，如日常生活中产生的洗澡水、洗衣水、洗碗水等，从而达到净化污水、美化家园的效果。WWF（世界自然基金会）已经在四川郫县的园田村成功地示范修建了处理单户农家生活污水的小型庭院人工湿地。对示范户净水效果的监测显示，庭院人工湿地对于水体中氨氮、总磷、COD、BOD、阴离子表面活性剂、粪便大肠菌群等的去除率均能达到90%以上，净水效果十分明显。同时，小型庭院人工湿地在农户家庭形成了独特的庭院景观，受到了村民们的好评和欢迎。

（http://news.qq.com/a/20100510/002205.htm）

任务三 搞好气候资源的利用与管理

气候资源包括太阳辐射、热量、水分、空气、风能等。它取之不尽，循环往复，可以为人类的物质财富生产提供支持。

一、气候资源概述

（一）农村气候资源的概念

农村气候资源主要是指一个地区气候对农业生产所提供的自然条件、物质能源及其对农业生产发展的潜在影响。它包括太阳辐射、日照时数、热量、水分和空气等因素。农作物生存和生长所必需的气候条件是许多气候因素的综合影响，但并非所有气候条件都是作物所必需的，其中只有光、热、水、气是需要的。

（二）气候资源的特点

气候有其独特的规律，其特点可归纳为如下几个方面：

1. 人类目前还难以有效控制

气候资源的各种因素，如太阳辐射、温度、降水、风等都是自然界客观存在的，人类现在仍无法控制，甚至轻微地改变这些因素的强度和方向都很困难。但在一定的区域，能够在很小范围稍微改变小气候，如种植覆盖作物以减少辐射热，营造防护林带防风等。所以，我们在利用气候资源时，既要顺其自然，又要积极努力。

2. 变化有规律可循

从农村来看，各个地区总是冬尽春至，昼夜轮回，周而复始，循环不已。一个地区的光照、湿度、降水等资源不但有明显的周期性季节变化，而且年年基本相同。由于农业气候资源年复一年地更新循环，使我们可以从长期的经验中作出决策，因时制宜，不误农时。

3. 不同地区资源不同

由于海陆分布、纬度及地势地貌的不同，造成各个地区气候资源的明显差异。有的地区降水量大，水资源丰富，有的地区干旱少雨，日照强烈；有的地区四季如春，有的地区四季分明，有的地区炎热，而有的地区寒冷。不同的温度、湿度、光照，使我国农村适合于不同的农作物生长，使农村经济管理者可以因地制宜，作出不同的决策。

4. 变化不可完全预知

气候变化的大趋势是可以预知的，但对于变化的具体时间、具体程度，目前还不能完全预知。特别是对于年降水的数量，年温度的最低点和最低时间，对于暴雨、台风、寒流、干旱、冰雹等自然灾害目前还不能准确预报，这就带来了生产条件的不确定性，使农村经济管理者在确定生产项目时，需要自己作出判断，也需要承担风险。

二、灾害天气及预防

我国地域辽阔，气候资源丰富，但也常常出现灾害性天气。预防气候灾害是农村经济管理者面临的一个重大问题。

(一)干旱

我国各地区的年降水是十分不稳定的，干旱是广大农村都有可能面临的重大灾害之一。干旱不但严重威胁农业生产，而且对农村生活也有一定的影响。由于干旱，不但农作物受灾，而且严重时还会造成农村饮水的困难。

为防治干旱，我国农村自古以来就有兴修水利的传统，通过蓄水、引水、打井、筑坝等将水储存起来以应付干旱。另外，在干旱的时期，要种植耐旱的作物，采用节水灌溉等。在有条件的农村，在形成降雨的天气条件时，还可以采用人工增雨等减少干旱的危害。

(二)水涝

水涝一般是由暴雨或连阴雨造成的。我国南方地区夏季常有暴雨和连阴雨，但由于有相应的防御措施，一般不会造成灾害。只是在台风等特殊天气过程中，由于雨量过大且过于集中，会形成灾害天气。我国北方少有大雨，更不要说暴雨。在常年无雨的农村，暴雨更容易造成灾害，不但庄稼受灾，而且道路和房屋也往往受到严重影响。

防治水涝灾害的主要方法有：兴修水利设施，加强气象预报，提前做好应对方案。如果能够提前预知，可以栽种对水涝有一定防御能力的树木和作物。

(三)冰雹

我国是世界上冰雹灾害最严重的国家之一，减轻其灾害有利于发展农业。人工防雹可使云中的雹胚不能形成冰雹，或者在小冰粒变成冰雹前就降落到地面。目前，人工防雹所采取的方法有：

(1)用火箭、高炮直接把碘化银、碘化铅、干冰等催化剂送到云里去；

(2)在地面上把碘化银、碘化铅、干冰等催化剂在积雨云形成以前送到大气里。

在农业防雹方面常采取的措施有：在多雹地带，主要种植牧草和树木；增种抗雹和恢复能力强的农作物；成熟的作物要及时抢收，避免冰雹的伤害。

人工防雹至少要以村为单位，特别是在村中作物基本相同的地区，防雹容易得到全体村民的响应和支持。

(四)冻害

冬季寒流可越过南岭,到达我国大部分地区。寒流可使农村的温度24小时内下降十几甚至二十几摄氏度,对于部分农作物、果树,以及畜牧业等造成严重影响。

我国冬天的最低温度常常有很大的变化,在极端气候条件下,部分农村会遇到几十年不遇的低温,畜牧业、部分树林甚至耐寒的冬小麦也有可能受灾。

为防冻害,农村经济管理者需要积极了解天气的变化,提前采取措施,如小麦提前灌水,可以增加积温,对防止冻害有一定的作用。对于温室中的作物,可以增加保温设施,有条件的温室还可以人工增温。对于养殖的动物,部分可以提前出栏,不能出栏的通过舍饲,增加营养等,也可以在一定程度上减少灾害的影响。

(五)风灾

平均风力达6级或以上(即风速在10.8米/秒以上),瞬时风力达8级或以上(风速大于17.8米/秒),以及对生活、生产产生严重影响的风称为大风。高出地面10米平均风速为28.5～32.6米/秒的风称为暴风。大风和暴风会造成农作物的倒伏、水果的掉落,甚至树木被刮断,对于捕捞业以及水面养殖业也有严重的影响。

为减少风灾,我国不少农村大量种植防风林,对防止风沙起到了一定的作用。对于台风,农村一定要有预案,在得到预报后要提前采取措施。

三、合理利用气候资源

(一)全面深入掌握情况

要利用好气候资源,首先需要对气候资源有全面深入的了解。全面就是对本地及其他地区的日照、降水、温度等气候资源都要了解,深入即不仅仅认识近期气候资源的表现,而且还要认识相当长时间内气候资源的情况。之所以要认识长期变化,是因为农村中的部分基础设施要从长远建设来考虑,如部分建筑物要从百年大计的角度来考虑。要做到这些,没有对气候情况的长期了解是不行的。全面深入地掌握了气候条件,才能做出有根据的决策。

(二)认识比较优势

认识比较优势,是指从全球的角度,找到在气候上本村最适合的生产项目和品种。农村种植当地最适宜的作物,能够取得相应的竞争优势,如我国的吐鲁番地区由于温差大、光照好,是世界上最适宜于葡萄干生产的地区;新疆地区日照强、温差大,是世界上少有的能够生产长纤维棉花的区域;陕西的渭北高原是最适宜于苹果种植的区域,当地生长的苹果可以大量出口。

除了要认识全球竞争力外,对于区域综合竞争力也要有所认识。如我国不少山地气候冷凉,种植粮食作物产量低,但在伏天时温度相对低,此时其他地区的蔬菜已经停止了生长,而山地蔬菜正好弥补了蔬菜不足,形成了特殊的产品优势。

农村经济管理者的重要工作之一,就是找到当地具有全球性、全国性或者是地区性的气候优势,组织当地最有优势的产品生产。

(三)顺应规律发展生产

在很多情况下,顺其自然发展可能有更好的效益。如甘肃省灵台县气候湿润,降雨充沛,非常利于野生酸枣的生长。过去种地,最让农民头疼的就是到处是挖不绝的酸枣树。通过科学发展观的学习使当地农民认识到,顺其自然可能会取得更好的效果。思想转变后,农民改为在全县发展酸枣嫁接大枣。这一改变不但减少了投入,而且增加了产出,还取得了良好的生态效益。

【典型案例】

因地制宜,针对气候特点利用生物资源特性使农民增收

宁夏中卫地区年降水不到200毫米,蒸发量则有2000毫米,绝大多数农作物在这种条件下不能生长,农民长期贫困。2002年,农民在科技人员的帮助下,摸索出种西瓜的新方法。他们借助得天独厚的光热资源,种植硒砂瓜。农民年收入很快从种粮食时的1 000元左右提升到万元左右,取得了显著的经济效益。

(http://www.xyshjj.cn/bz/xyjj/bb/200806/25088.html)

任务四　利用好农村生物资源

自然界中可供人类利用的有生命的活体统称为生物资源。根据生物资源的特性,合理利用和保护生物资源,是农村经济管理的重要任务之一。

一、生物资源的分类

要系统认识和有效开发利用生物资源,首先要从资源学的角度对它们进行科学分类。常见的分类方法有:

(一)按自然属性划分

按照生物的自然属性可将生物资源分为以下三类:

1.植物资源

包括陆生植物和水生植物两大类。前者分为天然植物资源(如森林资源、草场资源和野生植物资源等)和栽培植物资源(如粮食作物、经济作物及园艺作物资源等);后者如各类海藻及水草等。植物资源是维持生物圈物质循环和能量流动的基础。

2.动物资源

动物资源通常包括驯养动物资源(如牛、马、羊、猪、驴、骡、骆驼、家禽、兔、珍贵毛皮兽等)、水生动物资源(如鱼类资源、海兽与鲸等)及野生动物资源(如野生兽类和鸟类等)。它与人类的经济生活关系密切,不仅可提供肉、乳、皮毛和畜力,而且是发展食品、轻纺、医药等工业的重要原料。野生动物资源在维持生物圈的生态平衡中有着十分重要的作用。

3. 微生物资源

能被人类直接或间接利用的微生物总称为微生物资源。如食用菌类、药用菌类、固氮菌类等。微生物的最大特点是小，一般需要借助仪器才能看到，但繁殖速度快，代谢强度高，分布广泛，在空气、水、土壤、动植物机体中都有其存在。

(二)按生物资源的经济价值划分

其首先把生物资源分为植物资源、动物资源和微生物资源三大类，然后在每一大类内又根据其经济价值进一步划分。如植物资源可分为粮食作物、经济作物、蔬菜作物、饲料作物、药用植物、果树资源、林木资源等；动物资源可分为肉用、毛皮用、药用、观赏等；微生物资源可分为农业用、工业用、药用、环保用等。

二、生物资源的保护

生物资源要持续利用，首先要保护。如果没有保护，将会导致某些生物资源枯竭。保护生物资源要坚持以下原则：

(一)永续利用原则

人类利用生物资源已有几百万年，说明生物资源可以长期利用。但生物资源是以种群形式存在的，如果过度利用，超过了种群延续的极限，就很难恢复，甚至不可能恢复。如对于森林资源来说，如果利用过度，形成水土流失，则有可能需要几百年甚至更多的时间才能恢复。一个野生动物的种群恢复也至少需要几十年。生物资源的这种特征，使我们在利用某一生物资源时，必须掌握该种生物的生长发育和繁殖规律，考虑其利用的方式、程度，再制定出合理的利用计划，使其能够持续利用。

(二)组合优化原则

自然界每一类生态系统彼此依赖，互助互惠，而又相互制约、激烈竞争，共同对生态系统的进化与发展作出贡献。一个生态系统种类组成越丰富，它们彼此之间的关系也就越微妙。破坏了一个环节，可能会对整个系统带来严重的危害。如历史上前苏联为了保护野羊，曾出动直升飞机大量猎杀狼，由于野羊没有了天敌，病羊无法消除，造成疾病流行，后来不得不引进狼群。依据这一原则，在农村发展建设中，既要适当保护多样化的生态系统，保护多样化的生物品种，利用生物间的作用，形成有利于发展的生态环境。但在引进外来品种时要慎之又慎，防止生态灾害的发生。

(三)生态改进原则

当前，人们可以利用更多的生物资源，有更多的粮食和肉类、鱼类，其重要原因之一是人们能够掌握自然规律，利用生物的条件，使生物产量不断提高。如农村普遍重视改善土壤结构，形成有利于生物成长的水、肥、气、热等的配置。这样年复一年，农田越种越肥，产量也愈来愈高。生态是可以改进的，也是可以恶化的，如果不重视生态改进，则会形成生态恶化，如20世纪时，前苏联及美国等都有过度开发带来的荒漠化，不但土地不再适宜耕种，而且带来了生态灾难。20世纪60年代，我国对于草原的过度开垦也曾带来类似的问题。因此，在利用生物资源时，要强调利用，又要注意维持和保护，把长远利益和眼前利益结合起来，为持续发展创造良好条件。

三、生物资源的利用

在生物资源的利用中，要把握以下几点：

（一）掌握生物资源现状与变化

要合理开发利用农村的生物资源，首先要摸清本地生物资源的家底，认识当地都有哪些生物资源。对于山区农村、沿江、湖边、海边的农村，还需要认识山中、水中都有哪些生物资源，不但要认识动植物资源，而且要通过科技手段了解和认识微生物资源。

在对生物资源现状了解的基础上，还要对当地生物资源的变化有一定的认识，在发展过程中，哪些生物资源有所增加，哪些生物资源正在下降或减少，增加和减少的原因是什么，这些生物资源的变化会带来哪些问题等。掌握生物资源现状及其变化是利用生物资源的基础条件。

（二）发现生物资源的变异

一般来说，生物资源的特性是十分稳定的。但自然界毕竟是非常复杂的，在各种因素的作用中，个别生物会发生这样哪样的突变，其中有些突变有重大的经济价值。在某些地区，要认真观察，找到这些突变并加以利用，能够明显提高农村的收入。

【典型案例】

发现生物突变，农村走上致富路

湖南省洞口县位于深山区，当地有种金银花的传统，但由于金银花采摘时间短，村民收入并不高。2003 年，人们在县内的山中偶然发现一株野生金银花，花束特大，形同雨伞，既多又香，见不着叶子。他们将这株金银花枝条剪下嫁接在人工栽培的普通藤本金银花枝上，形成的新种金银花一束花蕾多达 30～70 朵，连续下雨 10 来天也无落花烂花现象，花蕾 25 天都没放开，特别有利于采摘。利用此株嫁接，提高了全县农村金银花的产品质量，农民收入也明显得到提升。

（http://www.bast.net.cn/kjrw/zfns/178129.shtml）

（三）积极引进新资源

当前，引进新品种、新作物仍然是农业和农村发展中增产、增收的重要手段之一。除了各级农业部门、科研单位组织的引进外，我国不少农村经济组织的引进也起了一定的作用。如黑龙江的农民引进了芬兰的银狐，不但毛皮质量高、体型大，而且发病率低，对发展当地的特色养殖业起了一定的作用。在特种养殖、特色种植等方面，不但农村集体经济组织，而且农户家庭都有能力引进新的生物品种，并能够取得一定的经济效益。

（四）防止外来物种侵害

任何事物都有两面性，世界各国在引进外来生物资源取得巨大成就的同时，部分外来物种的不适当引入也带来了巨大的生态灾难。这些外来物种中，不少是因检疫不够等带来的，如进入我国的美国白蛾等，但也有一些是人们主动引进的，如给水乡带来巨大危害的水葫芦，最初是作为饲料新品种由科研单位引进的；在我国水田中造成重大危害的福寿螺，是 20 世纪 80 年代初作为养殖新品种引进的。由于缺乏天敌，过量繁殖，这些生物给农村生产带来了极大的危害，而且很难根除。所以，农村在引进新的生物资源时，一方面要看到其有利的一面，同时也要科学论证，严格控制，不要让外来物种造成对当地生态环境的危害。

(五)利用新技术挖掘生物资源潜力

利用生物技术，挖掘生产潜力是我国不少农村致富的重要途径之一。如我国部分地区有稻壳、稻草、棉壳及各类木料等含纤维较高的物质，过去主要用作烧火做饭，现在做成培养棒，通过微生物的作用，生产木耳、银耳、香菇等食用菌，以此走上了致富路；也有不少农村通过发展特色种植与养殖，使当地的野生植物和动物有了更大的产量，既丰富了人民的生活，也提高了村民的收入。

任务五　开发利用好农村旅游资源

我国农村地形与气候多样，生物资源繁多，以及历史、文化各异，其中不少是很好的旅游资源，需要下气力开发利用。

一、农村旅游资源的种类

旅游资源可以分为自然景观资源和综合景观资源。由于农业在农村中的特殊地位，农业旅游资源也已经逐渐成为乡村旅游资源的重要组成部分。

(一)自然景观资源

自然景观是天然形成的，是与其他地点有明显区别的自然综合体，包括高山、峡谷、森林、火山、江河、湖泊、海滩、温泉等。我国农村有着丰富的自然景观资源，南方的水乡风光，北方的一望无际的大平原，山区的峡谷、丘陵、高山、溶洞，湖区的水面，海边的海滨、沙滩。丰富多彩的农村自然景观每年吸引着来自不同地区的旅游者。

认识能否形成满足旅游的自然景观一定要站在游客的角度。对于北方人来说，冰雪是司空见惯的自然现象，但对于南方人则有着强烈的新奇感；椰树是热带常见的树种，但对于北方人来说，是非常新奇的景观。只要能提供新奇的感觉，满足游客求新、求异的需要都可以成为旅游资源。

(二)综合景观资源

它是农村自然条件与历史文化古迹、新老建筑、民族风情、现代建设新成就、饮食、购物、文化艺术和体育娱乐等的结合，可归纳为人文景物、文化传统、民俗风情、体育娱乐四大类：

1. 人文景物

主要有古城、古建、古村落等。如福建永定的土楼，江西婺源的徽派建筑，江浙的古镇、安徽的古村落、山西的大院等，由于基本保留了历史风貌，目前成为极具吸引力的旅游点。有些农村中保留有特点的古建筑群，也成为极佳的旅游资源，如山西晋城的皇城相府，是清时宰相建在山区的住宅，目前每年吸引着几十万人前去旅游。

农村结合自然条件而建的人工工程也是很好的景观，如梯田、运河、村舍以及道路等。河南郭亮村村民用时五年，在太行绝壁中凿出一条高 5 米、宽 4 米，全长 1 200 余米的郭亮洞，其险、奇、绝、秀俱佳，被日本人称为“世界第九大奇迹”，每年吸引着成千上万的游人。

【典型案例】

梯田也可成为景观

广西的龙脊梯田从山脚盘绕到山顶，小山如螺，大山似塔，层层叠叠，高低错落，有“梯田世界之冠”的美誉，成为农村知名景点之一，每年都有大量的游客购票观看。

(http://www.lvyou114.com/menpiao/19/19274.html)

2. 文化传统

我国历史悠久，历史上的古战场、名人故里、寺庙道观、传说史记等，都可以成为农村旅游的资源。

我国有长期的革命战争史，在农村留下了大量的遗迹，其中最著名的有井冈山、延安、西柏坡、平型关、狼牙山等，这些也成为人们旅游的目的地。

3. 民俗风情

我国有 56 个民族，同时南方、北方、江南、塞北农村的风俗习惯有很大的区别，不同民族、不同地区的风俗习惯，加上饮食都可以成为很好的旅游资源。部分民俗风情通过宣传也成为很有吸引力的旅游项目。

4. 体育娱乐

我国农村中有不少体育娱乐项目，其中南方的赛龙舟、内蒙古的那达慕等，目前除了本地人参加外，也有大量的外地游客前去参加；河南的陈家沟则因太极拳而闻名，河北沧州吴桥的杂技也历史悠久，现已成为当地重要的旅游项目。

(三)农业旅游资源

以农业为主要内容开发的旅游项目主要有：

1. 农业观光资源

各种作物的种植有时也可成为旅游资源，如南方的油菜，北方的向日葵，以及大面积种植的果树等，花季常常有居民前去观花。

为增加收入，不少农村在农业生产的安排上考虑游客的需要，在田间修建了道路、凉亭、停车场等，并从旅游的角度规划农作物的种植区域，形成大面积的景观，收到了很好的效果。

有些农业的养殖、捕捞，目前也成为旅游项目，如千岛湖、查干湖等的捕鱼，每年吸引了上万游客前去观赏，不但增加了当地的旅游收入，而且提高了养殖、捕捞产品的价格。

2. 农业科技展示资源

以高科技为重要特征建立的农、林、牧、渔生产基地，既可以为市场提供部分时鲜农产品，又可以取得一部分观光收入，兼顾了农业生产与科普教育等功能。在农业生产专业化程度日趋提高的时代，一个农业品种，如南瓜、西瓜、西红柿，以及药材等都可以成为农业科技展示的项目。

3. 农业休闲度假资源

主要是利用不同的农业资源，如森林、牧场、果园等，吸引游客前去度假，并开展农事体验、自然生态领略、野味品尝、垂钓、游乐等各种休闲旅游活动。农村在组织休闲度假时，可以组织游客参与到农业生产活动中，体验植树、插秧、收割、采摘、捕捞等农事活动的乐趣。

二、农村旅游资源的评价

在开发旅游资源时，需要对农村旅游资源进行评价。旅游资源评价有以下步骤：

（一）分析旅游市场

它主要有两个内容；一个是旅游者的数量分析，另一个是旅游者的需求分析。旅游者的数量要从可能的游客人数、客流季节变化、停留时间等几个方面进行分析。分析游客数量变化时要注意变化的趋势，如收入水平的提高、交通条件的改善、闲暇时间的增加等。目前，我国和世界旅游客源都呈增长的趋势。

（二）评估农村旅游资源的吸引力

决定旅游资源的吸引力主要有：

1. 美

美感的强烈程度，是评价旅游资源的重要因素。有美感才有吸引力。需要注意的是，美感既有客观性，又有主观性。不同国家、不同地区、不同文化、不同年龄的人对美有不同的标准。如我国西北地区的人很少能感受到大漠的美，而长期生活在城市的人常常感到一望无际的大漠是少见的美景。

2. 古

历史悠久并反映古代文化和古人生活的景观常常有较高的旅游价值。同时要注意，并非越古老就越有价值。珍贵的、美的、难得的历史文物才能有广泛的吸引力。

3. 名

名气大的地区吸引力也大。如山西皇城村的相府，历史上很少有人去旅游，但在电视连续剧《雍正大帝》播出其景观广告后，名气大增，很快成为我国农村的知名景点之一。华西村、南街村也因为知名度高，吸引了众多的旅游者。

4. 特

它是指特有的景观。如福建的土楼，因其建筑风格独特，不但吸引了我国城乡的旅游者，而且年年都有大量外国游客前往；梯田在我国山区非常普遍，但广西桂林的龙脊梯田因其特殊的风格吸引游客不远千里前去观赏。

5. 奇

它是指能给人以新奇的感受。如山东蓬莱的海市蜃楼、峨眉山金顶的佛光都是在特定的地点中特有的自然现象。这种新奇性对某些人有着强烈的吸引力。

6. 博

某一种或某一类知识集中后也会有特定的吸引力。如北戴河的丝瓜博览园集中了世界各地的丝瓜，每年也能吸引大量的游人。

7. 用

即有一定的实用价值的旅游资源。如能治疗风湿病的温泉、能攀岩的山地、能滑雪的场地等，都可以开发成旅游项目。

（三）估算旅游资源开发的经济效益

开发旅游资源需要投入，如改善交通和通讯条件、增加生活和服务设施、为方便旅游活动和保证游客安全的基本建设等。开发旅游资源还会对当地的交通带来一定的压力，对文物有可能造成损害，对野生动植物资源，特别是对野生动物的保护带来一定的困难。在发展山区旅游时，还会增加山林火灾的可能性，相应地需要增加防火的投资等。旅游业也占用了一些较为优秀的、原本可以在其他领域中发挥作用的人才，增加了其他产业发展上的困难。另外，发展旅游也会带来环境污染及废弃物的处理等。

旅游业的产出包括发展旅游带来的全部收入，即发展旅游后所带来的门票收入及所增加的商品销售带来的收入。估算旅游的产出还需要相应地估算旅游发展对提高当地的知名度，改善当地的条件，吸引外部投资，增加当地的发展机会等有利的一面。特别是对于封闭的乡村，旅游的发展常常会带来新的经济项目，改变农村的封闭性，创造对外联系的条件，促进乡村经济的发展。

三、开发农村旅游资源需要注意的问题

农村旅游开发涉及诸多问题，既能带来收入，也会带来一定的问题，农村经济管理者要注意旅游资源的长期可持续利用，注意以旅游带动其他产业的发展。

（一）在发展旅游中保护资源

旅游资源的开发不当也常常会对资源造成较大的损害。农村开发旅游资源时，一定要注意对环境、对文物、对生态的保护，同时一定要有相关的措施，如我国不少农村在开发高山草甸旅游项目时，通过修建护栏，规定游览区域等，减少了对草甸的损害；也有的地区采取对旅客数量进行限制的方法，通过有限度地利用旅游资源，使其得到持续利用。

（二）挖掘淡季资源

多数旅游点都有淡旺季，而农村旅游点的季节性就更为明显。充分利用农村旅游资源既要抓住旺季，又要开发淡季，通过开发新项目，降低价格等，让部分资源在淡季得到利用。

（三）处理好独立开发与合作开发的关系

独立开发能更好地体现村民的意愿，协调好旅游业与村中其他方面的关系，但由于农村资金和能力有限，独立开发难度大、时间长。合作开发可以充分利用外来资金，起点高、见效快，又可以吸收外来的开发管理经验，但也有收入外流、决策中受制于人等问题。不少农村因与外来开发者产生矛盾而使旅游资源不能得到充分利用。

对于开发资金需求不多，农村有能力开发的旅游资源，宜于独立开发。对投入资金额较大，开发管理难度大的旅游资源，可以考虑在有利于当地发展的条件下，吸收外来投资进行合作开发。

任务六 做好农村自然资源管理工作

为了维护良性循环的生态系统，使农村生产生活与自然环境的关系达到和谐，必须对自然资源进行管理。

一、农村自然资源管理的必要性

(一)自然资源管理是农村可持续发展的客观要求

工业革命以来,人类对自然资源开发的能力有了很大的增强,但同时出现了过度开发、资源浪费、环境污染、生态破坏等一系列问题,致使农村的发展难以持续。在这种形势下,人们不得不重新审视自己所走过的历程,努力寻求一条人口、经济、社会、环境和资源相互协调的发展之路,即一方面能满足当代人的需求,另一方面又不会对后代人的发展构成威胁,这被称为可持续发展战略。农村发展是百年大计,需要通过精心策划,避免过度开发,消除浪费和污染,保持绿水青山,走可持续发展的道路。

(二)自然资源管理是农村合理利用现有资源的客观要求

大量的实例证明,依据客观规律进行管理才能合理利用农村的自然资源。如改革开放初期,我国农村实行了不同的山林管理办法,一部分农村将山林分到户时没有提出相关要求,结果部分农户将分到的树木全部砍光,很快富了起来,但村中水土流失问题等开始出现,发展缺乏后劲,部分农户逐步落入贫困;与此同时,还有部分农村在分配山林时制定了管理制度,对林木的砍伐、补种等提出了明确要求,保持了绿水青山,使山林得到持续利用;还有的农村维持山林的集体经营,不但保持了良好的生态环境,也保持了农村的长远发展。

(三)自然资源管理是提高农村经济组织竞争能力的客观要求

在市场竞争的条件上,农村与城市相比,无论是资金、技术、人才,还是基础设施方面都处于落后的状态,但在自然资源方面,农村有着明显的优势。农村经济组织要将优势发挥出来,就需要加强对自然资源的管理。如通过绿化、美化和植树种草,提高对投资的吸引力;通过野生动植物的保护等,改善生态环境,提高对城市游人的吸引力;通过水利工程等,丰富农村景观的内容。事实上,没有有效的管理,优势得不到体现,也不可能在市场上形成竞争力。

二、农村自然资源管理的特点

(一)农村自然资源管理必须因地制宜

我国地大物博,各村在自然资源管理上,需要突出当地的重点,采用不同的方法。西北地区日照强,但降水少,有效利用水资源常常是农村发展的重点;山区矿产资源丰富,合理开发利用矿产资源往往关系到农村的发展;南方生物资源丰富,农村特别需要利用好当地丰富的动植物资源;沿海台风频繁,防灾成为发展的重要环节。即使在同一个地区,各村的自然资源也有很大的不同,在管理中需要根据本村的条件突出重点,不能搞一刀切。

(二)农村自然资源管理需要通盘考虑

在自然资源管理中,除了考虑利用自然资源带来的对本村的影响和变化外,还要考虑对周边农村和城市,以及对整个生态环境系统的影响。如为了防范沙尘暴,国家启动了三北防护林工程,要求三北地区的农村发展要与国家防护林建设等工程结合起来;青海三江源地区是长江、黄河的源头,这一地区的农村发展要以生态涵养、水源涵养为主。农村自然资源管理中除考虑当地生产与生活外,还要考虑国家的要求和利益,要承担更多的责任。

(三)农村自然资源管理需协调各种关系

我国多数农村人多地少，在自然资源利用时常常涉及各方面的利益关系，除了村民间的关系外，还常常需要协调与周边农村的关系。如我国北方不少地区水资源短缺，对于用水量的调配往往涉及各方面的关系，村与村之间水的分配、村内水的分配等都是关系村民切身利益的重大问题，管理者需要有处理这些关系的能力。农村开采矿产资源，有时也会涉及几个地区之间的关系，处于河流不同地段的农村有时还需要解决上下游产生的污染等问题。在部分农村，协调各种关系常常成为自然资源管理等的重点和中心。

三、农村自然资源管理的主要工作

自然资源管理是农村经济管理者采取一系列手段对自然资源的开发、使用、治理和保护所进行的有效控制或干预，使其得到合理利用的过程，主要包括以下工作：

(一)摸清自然资源的家底

有效和正确的管理需要建立在全面、准确、详细的掌握相关情况的基础上。农村经济管理者虽然长期生活和工作在当地，对本地资源有一定的了解和认识，但要认识多年的气象资料、周边的水文资料与地质条件、当地的动植物资源详情和微生物资源、当地的矿产资源的全面情况等，不花费一定的精力是不可能做到的。特别是农村经济管理者除了掌握本地的情况外，还要能够了解本村自然资源在市场条件下的竞争状况，要掌握这些，不下工夫也是不行的。掌握自然资源情况，既需要农村经济管理者的努力，也需要长期的资料积累，需要建立制度。

(二)统一自然资源管理的目标

对于村中的自然资源，不同的人从不同的角度会有不同的认识。为了用好农村的自然资源，需要统一全村利用自然资源的目标，保持相对一致的行动。为使农村长期持久发展，要统一把对自然资源利用的目标建立在农村的长期可持续发展的基础之上，切不能只考虑短期的收益和眼前的利益。

(三)制定自然资源利用的规划

在市场经济条件下，农村对自然资源的利用既要考虑本村的能力，又要考虑市场的需求。要将两方面结合起来，需要较长时间的努力，需要有周密的安排。为此，需要在农村规划工作中考虑自然资源的开发和利用，通过基础设施的建设、科学技术的引进，以及各方面条件的创造，提高农村对自然资源的利用能力。

(四)加快科学技术的进步

我国农村经济和社会要持续发展，加上由于人口的增长等，农村人均自然资源的数量会不断减少。在人均自然资源减少的同时，一方面要提高生产和生活的水平，另一方面又要保持良好的生态环境。要达到上述两方面的目标，沿用传统的方法是不可能的，需要加快科学技术的进步，不断提高农村利用自然资源的水平与能力。

(五)争取和利用好国家投资

进入 21 世纪后，我国整体进入“以工补农，以城带乡”的发展阶段。为促进农村发展，国家对于农村中的农业生产、水利设施建设、植树造林、水土保持、新能源开发、环境和生态保护等都有一定的支持。农村经济管理者要全面了解和把握国家的有关扶持政策，争取和用好国家的各项政策性投资。

【阅读与思考】

北寨村利用生物资源特性走上致富路

北京市平谷区的北寨村历史上有不少杏树。20世纪60年代，村民在古老的野生林中发现了一棵杏树上长的杏，果大形圆、黄里透红、味美酸甜、含糖量高且耐贮存，远远好于村中其他杏树。于是，村里利用这棵杏树的枝条通过嫁接繁衍逐步改变了全村667公顷，近40万株杏树，并通过宣传等措施创造了北寨红杏的品牌。现在，每年村里都有上万市民前来采摘，红杏成为北寨村的主要收入来源之一。

(http://beizhai.221.org.cn/)

思考：北寨的村干部是如何利用生物资源特性带领村民致富的？

【实践训练】

农村自然资源开发利用现状调研

1. 实训要求：选取一个行政村，对其自然资源现状进行调研。

2. 实训目的：通过此次实训，加深学生对农村自然资源及其开发利用的认识与理解。

3. 实训组织：全班同学按每3～5人进行分组，每组制订详细的调研提纲。

4. 实训实施：由教师或学生联系行政村，并实施调研。

5. 实训考核：每组集思广益撰写一篇1 500～2 000字的调研报告，内容包括该村的基本情况，自然资源情况、开发利用情况（有哪些开发利用形式，效果如何），实际中遇到的问题，建议和要求等。教师对调研提纲和调研报告进行考核评定并给出成绩。

【复习思考与练习】

1. 我国自然资源的主要特点是什么？
2. 除土地外，农村还有哪些自然资源，在开发利用这些自然资源中要注意什么问题？
3. 水资源在农村发展中有什么作用，如何开发利用好农村的水资源？
4. 生物资源主要有哪些内容，如何开发利用农村的生物资源？
5. 气候资源包括哪些内容？如何利用好当地的气候资源？

项目十一 农村土地资源管理

【学习目标】

- 通过本项目内容的学习，全面了解我国农村土地资源管理制度，掌握农村土地资源管理的重点工作。

【能力目标】

- 通过本项目内容的课堂学习和实训环节，能熟练掌握土地使用权流转的方式及其内涵。

【重点与难点】

- 本项目的重点：农村土地资源合理利用的原则；土地用途管制制度、土地利用规划制度；农村土地流转的原则与方式；农村土地资源管理的重点工作。
- 本项目的难点：农村土地流转的方式；农村土地资源管理的重点工作。

【教学方法与手段】

- 案例式、启发式教学；多媒体辅助教学。

【引导性案例】

北京曝出土地流转第一案

×××村有土地200公顷，人口1 000多人。20世纪八九十年代，由于不少农民不愿再种地，村里土地开始对外出租。2005年，按照国家政策，进行了土地承包，全村只有50多户村民承包了土地。对于没有承包土地的村民，村委会也进行了土地确权和确利，即每位村民确定有0.087公顷土地的权利，但是这0.087公顷地的具体地块并不确定，没有承包土地的村民如果同意将自己拥有的0.087公顷土地承包权流转给村委会经营，每年每人可得到400元的土地收益金。从而全村土地使用形成了三种情况：一是50多户村民承包了村里约26.68公顷土地；二是村里对外出租收取租金的土地，据村民们粗算至少有66.7公顷；三是还剩下26.68公顷土地由村里的两三个生产组进行耕作。

村民们认为，全村200多公顷土地按照1 000多村民平均，每人应该确权的土地为0.133～0.2公顷，村委会按照每人0.087公顷给村民确权使村民们的权益大幅缩水，很多土地有被他人"洗走"的嫌疑。其次，合同上的字不是本人签的，村委会有找人代签合同造假之嫌。第三，合同对今后如果土地升值或者被占用的利益如何分配并没有涉及，签了这份合同将意味着无权得到这种预期利益。几年前，北京修建六环路占去了村里的几十公顷土地，国家给了上亿元的占地费和安置费，当时承包或租赁到那部分土地的人，包括现任村支书的亲戚，都得到了几十万到上百万元的安置赔偿，而同样拥有土地承包权的其他村民，每人只得到了2000元的补偿。此外，村里大部分土地都被村委会出租，每年实际收取多少租金，租金都用在了什么地方也不得而知。他们觉得自己名下的土地还是攥在自己手里好，于是他们将村委会告上了法庭。此案也成为土地流转新政推出之后，北京法院受理的首起土地流转纠纷案。

(http://bjyouth.ynet.com/article.jsp? oid=47655044&pageno=1)

任务一 了解农村土地资源的概念、特点及利用原则

一、土地与土地资源

经济学家威廉·配第说："劳动是财富之父，土地是财富之母。"人们对土地含义的理解随着经济社会的发展而不断深化。狭义的土地仅指地球上的"纯陆地"部分，是人们日常概念中所称之的土地，一般所谓土地问题及土地政策制定多半是以此土地含义为中心的。广义的土地，系指地球表面之陆地、水面及滩涂。随着科技的进步、土地供需矛盾的尖锐、食物结构的改变，以及良好生存环境的需求，使陆地以外的土地越来越重要。最广义的土地概念就是经济学家所定义的自然资源，其中包含自然物(如陆地、山岳、河川、湖泊、海洋、水流、潮汐等)和自然力(如空气、阳光、湿气、热力、风力、吸力、黏着力、膨胀力等)。

从土地资源的自然特性和经济特性看，其具有以下几个鲜明的特点：

(一)数量的有限性

土地是自然过程的产物,从地球形成之日起,土地面积就基本固定了,生产活动可以改良土地、促进土地质量的转变,可以改变地形地貌,如变沙漠为绿洲,变高山为平地等,也可以围海围湖造田,但这只是改变了土地的类型和特征,并未改变土地的总量。鉴于土地资源的总量有限以及各类土地资源数量相对稳定,在经济社会发展中必须珍惜每一寸土地,使之得到合理的开发利用。

(二)区位的差异性

各种类型土地资源的地理位置是固定不变的,我们不能像搬动各种物品那样把土地从一地运往另一地,不能移动的土地和特定的经济社会条件结合在一起,从而使土地利用具有明显的地域性差异。与位置固定相联系的是土地自然条件的地带性规律,如气候条件、温度条件、水文条件都是与此相联系的,导致了土地价值和价格的差异及土地适用性和利用成本的差异,所以土地的利用要因地制宜,宜农则农,宜牧则牧,宜林则林,合理布局。

(三)土地永续利用的相对性

土地肥力在合理使用的条件下,可以不间断地永续使用并且得到恢复和提高。人类对土地资源的利用必须限制在一定的程度之内,其界限是以农村土地系统能实现自我修复或人工辅助修复。人类对土地资源的利用一旦超越这一界限,也就超出了农村土地系统能够承受的范围,最终形成过度开发和利用,必然会破坏其再生性,出现水土流失、植被破坏、土壤沙化,甚至造成土地性状长期不能恢复,其结果是农村土地资源无法实现可持续利用。

(四)用途的多样性

土地用途是多种多样的。各个行业、部门和生产、生活都离不开土地。任何一块土地都可能有多种用途,可生产多种产品。但要改变一块土地的原有用途,在一定条件下,则是相当困难的。不用说建筑用地变成农业用地的困难,就是农业用地的用途变更也是相当困难的。如农产品的价格因国内外供求关系等因素而形成明显升降时,农业生产者很难及时调整种植面积和产量。因为不同的作物有不同的生产季节,要求不同的土质、气候条件,往往很难改变;不同作物需要的资金、技术装备也不相同,变更会受到生产单位经济力量的限制;而生产者的生产技术改变也需要一定的时间。

(五)价值的叠加性

土地是自然与人类劳动共同作用所形成的,其价值也随着承载的人类活动而变化。如平整土地、兴修水利、改良土壤、人工控制小气候等各项劳动,都使土地功能不断提高,价值量不断增加。

二、农村土地资源的特点

《中华人民共和国农村土地承包法》规定:“农村土地是指农民集体所有和国家所有依法由农民集体使用的耕地、林地、草地,以及依法用于农业的土地。”农村土地具有一般土地的全部特性。

(一)农村土地是农业生产活动的基本生产资料

在工业生产及其他经济活动中,土地只起着基地和场所的作用。在农业生产中,土地不仅为农业生产提供空间场所，更重要的是它为农作物生长发育提供所必需的光、水、肥、气、热五大生存要素，决定了农业生产的能力。对农业生产来说，土地是不可代替的，农业生产是建立在对农村土地自然生产力利用的基础之上的。农村土地利用所形成的效益是自然生产力与经济生产力共同作用的结果。自然生产力是经济生产力的基础。因此，在农村土地利用中，要特别重视遵循和利用自然规律，保护好农村土地的自然生产力。

（二）农村土地生产力是自然过程和人类经济活动的产物

农村土地的面积、质量和类型都不能任意创造。人类只能在一定的范围内和一定的程度上，随着科学技术的发展，将一些非农用土地改造为农用地，劣等地改造为优等地。但与此同时，不合理的土地利用行为也会使优等地蜕变为劣等地，甚至荒漠化。农村土地生产力是一种可再生资源，只要人类利用方式合理，农村土地生产力不仅不会下降，甚至还会增强。但如果农村土地因人类的不合理利用方式被破坏，要想恢复其生产力将是一个漫长的过程。

（三）农村土地利用具有多种效益

很长时期以来，人类主要是获取农村土地利用的经济效益。随着经济社会的发展和人类生活水平的提高，农村土地的景观效益、生态环境效益日益凸显，农村土地利用的内容也由此而不断丰富。如何协调利用农村土地的多种功能，对制定农村土地利用政策与创新农村土地利用管理体制提出了挑战。

（四）农村土地利用的监督费用较高

农村土地空间位置的固定性形成了农村土地利用的地域分散性，农村土地数量的有限性形成了地块的零碎性，农村土地利用的季节性与农村土地生产时间与劳动时间的不一致性等，使对农村土地利用实行有效监督的费用极高。因此，合理的政策安排与管理模式的选择是提高农村土地利用效率的关键。

（五）土地存在边际报酬递减规律

土地经营中，一般情况下会随着投入的增加而报酬增大。但是当技术不变，在单位面积土地上投入物化劳动和活劳动达到一定程度后，边际报酬就会下降，平均报酬也会下降。这就要求人们在一定的技术、经济条件下，注意投资的适合度。

三、农村土地资源利用的基本原则

农村土地利用的原则，是指农村土地利用过程中所应遵循的基本要求。它是由农村土地利用中的自然规律和经济规律决定的，是人们在总结长期利用和管理农村土地经验的基础上提出来的，是人类在长期农业实践中的经验总结。

（一）合理规划、统筹安排原则

由于土地的有限性，只有合理规划、统筹安排，根据一定时期内农村土地供给与需求状况，以政策为引导，通过市场和行政的方法，协调各类用地的比例，形成合理的用地结构，才能兼顾局部利益与全局利益、眼前利益与长远利益、经济效益与生态效益，促使农村土地资源的配置达到社会最优。

合理规划、统筹安排农村土地的具体目标是：保证农业生产用地，确保粮食安全，满足人们对农产品日益增长的需求；保护生态环境，实现可持续发展；根据经济发展进程，有计划地调整出部分农村土地，满足国家经济建设与发展的需要，使农村土地资源的配置实现社会福利最大化。

（二）综合利用、集约经营原则

综合利用与集约经营都是提高农村土地资源配置效率的有效途径。两者的目标都是通过提高农村土地资源利用的密度与强度，提高单位面积的产出率。但综合利用更侧重于利用生态学原理，以立体配置的方式来提高土地的利用效率，因此其适应性较广，尤其适合于资金缺乏的欠发达山区。集约经营则侧重于对一定面积的土地，通过增加资金或劳动的投入，提高单位面积产出。集约经营是经济发展到一定程度的产物，通常与较高的发展水平相联系，是农业现代化的一项重要内容。

（三）因地制宜原则

因地制宜，就是要使农业生物与特定区域土壤肥力、气候、光热等自然条件相适应，利用生态生产力来提高经济生产力，达到事半功倍的效果。要做到因地制宜，就要对农村土地资源的利用状况与利用潜力进行深入的调查与分析，明确利用目标，形成利用规划。

（四）利用与保护相结合原则

首先，要在农村土地利用过程中，重视对农村土地生态系统物质与能量的消耗以合理的方式予以补充，保持与提高土地的肥力，实现可持续利用；其次，由于土地生产力是可再生的，因此在土地的利用中不仅要通过物质和能量的投入保持土地生态系统的生态平衡，而且还应通过积极的土地生态系统的建设，不断提高土地生态系统的生产力；再次，要对因以往不合理的农村土地利用方式而破坏的农村土地进行改造与修复。

任务二　了解农村土地资源管理的基本制度

一、农村土地权属制度

（一）农村土地所有权制度

土地所有制是指人们在一定社会制度下拥有土地的经济形式，是整个土地政策的核心，是土地关系的基础。从社会性质角度，土地所有制分为公有制和私有制两大类。多数国家的土地所有制形式都不是单一的。我国土地所有制分为国家所有制和集体所有制两种，而农村土地的所有制形式主要是农村集体所有制。《中华人民共和国宪法》和《中华人民共和国土地管理法》都明确了农村土地属于社会主义集体所有。《中华人民共和国宪法》明确规定：“农村和城市郊区的土地，除由法律规定属于国家所有的以外，属于集体所有；宅基地和自留地、自留山，也属于集体所有。”“国家为了公共利益的需要，可以依照法律规定对土地实行征收或者征用并给予补偿。”“任何单位和个人进行建设，需要使用土地的，必须依法申请使用国有土地；但是，兴办乡镇企业和村民建设住宅经依法批准使用本集体经济组织农民集体所有的土地的，或者乡（镇）村公共设施和公益事业建设经依法批准使用农民集体所有的土地的除外。”农村集体土地所有权只能通过征收的方式转变为国家所有。

（二）农村土地使用权制度

农村土地使用权是指农村集体土地的使用人依法利用土地并取得收益的权利。改革开放后，随着人民公社制度的解体，土地家庭承包经营制逐渐确立起来。2002年8月，第九届全国人民代表大会常务委员会第二十九次会议通过的《中华人民共和国农村土地承包法》，更以法律的形式确认和保护农户的土地承包经营使用权。农村土地使用权可分为农用土地使用权、宅基地使用权和建设用地使用权三种。农用地使用权是指农村集体经济组织及其成员或者农村集体经济组织以外的单位和个人从事种植业、林业、畜牧业、渔业生产的土地使用权；宅基地使用权是指农村村民住宅用地的使用权；建设用地使用权是指农村集体经济组织兴办乡（镇）企业和乡（镇）村公共设施、公益事业建设用地的使用权。

（三）农村土地他项权制度

他项权是指在土地使用权和房地产所有权基础上创设的针对他人不动产物权的权利，包括土地租赁权、地役权、地上权、典权、抵押权等。他项权不包括土地使用权，而是在土地使用权基础上设立的。

租赁权是指承租人有占有租赁物并使用其获取好处的权能，即土地所有权人或土地使用权人通过契约将土地占有权、部分土地使用权和部分收益权转让给承租人。土地租赁依租赁契约而成立，出租方和承租方之间必须签订租赁合同。我国土地租赁的租期一般不能超过20年。

地役权是指为了自己使用、经营等的方便和利益而使用别人土地的权利，主要包括采光权、眺望权、取水权、道路通行权等。地役权可以由于弃权、解除、时效和某些其他原因而消灭。《中华人民共和国物权法》第一百五十七条规定："设立地役权，当事人应当采取书面形式订立地役权合同"。

地上权，也称“借地权”，是用益物权的一种，即以在他人土地上有建筑物或其他工作物为目的而使用他人土地的权利。地上权多依法律行为取得，其设定转移应以书面形式为主，并应登记。地上权的存续时间，依当事人约定，法律并无最长期限的限制。地上权人的主要义务是向土地所有人支付地租。目前与农村土地发生地上权关系的主要是电力部门。《中华人民共和国电力法》第十六条和第三十五条规定的电力设施维持权，即在他人土地上架设、使用和维护输电线路和变电设施，并排除土地所有人、使用人实施任何可能危及电力设施安全的建筑、种植、堆放等行为的权利，即具有地上权的性质。地上权的取得要进行登记。

典权是占有、使用、收益他人土地等不动产的一种物权，是指出典人将自己所有的土地等不动产交由典权人，典权人向其支付一定典价后对出典的土地等不动产所享有的占有、使用和收益权利。占有他人土地等不动产而享有使用收益权利的一方，称为典权人；收取典价而将自己的土地等不动产交典权人占有、使用、收益的一方，称为出典人；作为典权客体的土地等不动产，称为典物；典价为典权人为对他人土地等不动产占有、使用、收益而付出的代价。典权是我国一项古老的传统制度，按照最高人民法院《关于贯彻执行民事政策法律若干问题的意见》第五十八条规定，当事人之间约定有典期(15～30年之间)的，典期届满，出典人要求回赎(按照原价进行)的，应当准许；如果当事人约定回赎期的，出典人逾期不赎，应视为绝卖；当事人之间没有约定典期，出典人要求回赎的，一般应当准许；但从典权关系成立之日起30年内未回赎的，出典人不得回赎，应视为绝卖。

抵押权是指抵押权人对于抵押人不转移占有并继续使用受益而提供担保的土地，在债务不能履行时可用土地的拍卖价款优先受偿的担保物权。当抵押人到期不能履行债务时，抵押权人有权将土地拍卖并优先接受清偿；抵押人如果按规定的方式和期限偿还债务，抵押权则自动消失。

不同用途的土地，其功能不同、属性不同，因而对各种土地上设定他项权能的限制也不同。如我国的土地承包经营使用权，可以设定租赁权、地役权等，但不能设定抵押权；而农村宅基地则不能单独设定租赁权，更不能设定抵押权等。

二、农村土地利用管理制度

(一)土地用途管制制度

1. 土地用途管制的含义

土地用途管制，是世界上一些土地管理机制较为完善的国家采用的一种土地利用管理制度，是指国家为保证土地资源的合理利用，促进经济、社会和环境的协调发展，通过编制土地利用总体规划划定各区域的土地用途，确定土地使用限制条件，土地的所有者、使用者严格按照国家确定的用途利用土地的制度。实行土地用途管制制度的目的，就是通过土地利用规划引导合理利用土地，促进区域经济、社会和环境的协调发展，并依据其对土地用途转变进行严格控制。

土地用途管制制度的内容包括：土地按用途进行合理分类，通过土地利用总体规划规定土地用途和土地使用条件，并在土地登记时注明土地用途，对用途变更实行审批制，对土地利用状况进行监督管理，对违反上述规定的行为严格查处等。

土地用途管制制度的特点：一是土地用途是由代表国家长远和全局利益的中央政府通过各级土地利用总体规划确定的，土地用途一经确定，即具有法律效力，任何单位和个人都不得擅自改变；二是土地用途一经确定，任何单位和个人都必须按照规定的用途使用土地，即具有强制性，违反规定用途使用土地的行为属违法行为，要受到法律制裁。

2. 土地利用分类

我国国家质量监督检验检疫总局和国家标准化管理委员会2007年9月联合发布《土地利用现状分类》，其采用一级、二级两个层次的分类体系，共分12个一级类、57个二级类。其中一级类包括：耕地、园地、林地、草地、商服用地、工矿仓储用地、住宅用地、公共管理与公共服务用地、特殊用地、交通运输用地、水域及水利设施用地、其他土地。具体分类如表11-1所示。

表 11-1 土地利用分类表

一级类名称	二级类名称
01 耕地	011 水田
	012 水浇地
	013 旱地
02 园地	021 果园
	022 茶园
	023 其他园地
03 林地	031 有林地
	032 灌木林地
	033 其他林地
04 草地	041 天然牧草地
	042 人工牧草地
	043 其他草地
05 商服用地	051 批发零售用地
	052 住宿餐饮用地
	053 商务金融用地
	054 其他商服用地
06 工矿仓储用地	061 工业用地
	062 采矿用地
	063 仓储用地
07 住宅用地	071 城镇住宅用地
	072 农村宅基地
08 公共管理与公共服务用地	081 机关团体用地
	082 新闻出版用地
	083 科教用地
	084 医卫慈善用地
	085 文体娱乐用地
	086 公共设施用地
	087 公园与绿地
	088 风景名胜设施用地

续表 11-1

一级类名称	二级类名称
09 特殊用地	091 军事设施用地
	092 使领馆用地
	093 监教场所用地
	094 宗教用地
	095 殡葬用地
10 交通设施用地	101 铁路用地
	102 公路用地
	103 街巷用地
	104 农村道路
	105 机场用地
	106 港口码头用地
	107 管道运输用地
11 水域及水利设施用地	111 河流水面
	112 湖泊水面
	113 水库水面
	114 坑塘水面
	115 沿海滩涂
	116 内陆滩涂
	117 沟渠
	118 水工建筑用地
	119 冰川及永久积雪
12 其他土地	121 空闲地
	122 设施农用地
	123 田坎
	124 盐碱地
	125 沼泽地
	126 沙地
	127 裸地

但我国目前对土地用途的管制还主要是按过去的农用地、建设用地、未利用地三大类划分标准进行的。

(二)土地利用规划制度

1. 土地利用规划的基本含义

土地利用规划也称土地规划，是国家为实现土地资源优化配置和土地可持续利用、保障经济社会可持续发展，在一定区域、一定时期内对土地利用所做的统筹安排。土地利用规划的核心是对土地利用进行合理和科学的安排。统筹兼顾、综合平衡是土地利用规划工作需要遵循的基本原则和方法。土地利用规划不仅要确定未来土地利用的目标，制订合理可行的规划方案，而且还要制定实施规划的行动步骤，有针对性地提出实施规划的保障措施，以确保规划目标的实现。

2. 土地利用规划体系

土地利用规划体系是指由不同种类、不同类型、不同级别、不同时序的土地利用规划所组成的相互交错而又相互联系的系统。我国目前的土地利用规划主要分为总体规划、详细规划和专项规划 3 个层次。总体规划对详细规划、专项规划进行控制，各规划之间形成了一种相互联系、相互制约的关系，构成土地利用规划体系。

土地利用总体规划是依据土地资源调查和适宜性评价结果、国民经济与社会中长期发展规划、年度计划以及国家的产业政策和社会发展政策，贯彻“十分珍惜，合理利用每寸土地和切实保护耕地”的基本国策，遵循保持耕地量动态平衡、实现土地用途管制和集约化利用的原则，对今后一个时期的土地利用进行总体规划。它是国家对经济与社会发展进行宏观调控的重要手段，具有综合性、长期性、战略性和强制性的特点。土地利用总体规划由各级人民政府组织编制，可对一定行政区域的土地利用起总体控制作用，是进行土地利用管理的重要手段，是对土地利用进行宏观控制的战略安排。根据土地利用总体规划所控制的层次范围不同，土地利用总体规划包括全国、省(自治区、直辖市)、地区(设区的市、州、盟)、县(不设区的市、旗)、乡(镇、苏木)5 个层次的行政区域土地利用规划，以及各种自然区、经济区的土地利用规划。

土地利用详细规划是在总体规划的控制和指导下，详细规定各类用地的各项控制指标和规划管理要求，或直接对某一地段、某一土地使用单位的土地利用做出具体的安排和规划设计。从土地利用详细规划的作用来看，它可分为两大类型，一是控制性土地利用详细规划，二是开发性土地利用详细规划。

土地利用专项规划是在土地利用总体规划的框架控制之下，针对土地开发、利用、整治、保护的某一专门问题或某一产业部门的土地利用问题而进行的规划。土地利用专项规划可分为两大类型，一类是保护土地，提高土地利用率和土地生产力，保证土地资源持续利用为主的控制性专项规划；另一类是各产业部门用地的开发性专项规划，如林地规划、草场规划、水产养殖地规划、村镇建设用地规划、交通用地规划、水利用地规划等。

三、农村土地经营管理制度

改革开放以来，尽管历经了多年的实践探索，但土地集体所有、均田承包和家庭经营的大格局没有发生根本改变。总体上说，现行的农村土地制度是一种坚持土地农民集体所有，以家庭承包经营为基础，实行统分结合、双层经营的制度，简称家庭承包经营责任制。当前的家庭承包经营主要是在《中华人民共和国土地承包法》的规范下运行的。《中华人民共和国土地承包法》规定：“国家实行农村土地承包经营制度。农村土地承包采取农村集体经济组织内部的家庭承包方式。”“农村集体经济组织成员有权依法承包由本集体经济组织发包的农村土地。”为适应农村规模经营的需要，家庭承包经营权可以流转。《中华人民共和国土地承包法》规定：

“通过家庭承包取得的土地承包经营权可以依法采取转包、出租、互换、转让或者其他方式流转。”“土地承包经营权流转的主体是承包方。承包方有权依法自主决定土地承包经营权是否流转和流转的方式。”

四、农村集体建设用地经营管理制度

(一)农村集体建设用地范围的界定

农村集体建设用地是指乡(镇)村集体经济组织和农村个人投资或集资,进行各项非农业建设所使用的土地,具体包括兴办乡镇企业使用本集体经济组织所有的土地、农村村民建设住宅使用本集体所有的土地、乡(镇)村公共设施和公益事业建设使用农民集体所有的土地等。

(二)农村宅基地的使用与管理

宅基地是指农村专门用于建造房屋(住宅)的那部分土地。在我国农村大多数地区,宅基地就是一家一户的农民居住生活的庭院用地。根据我国法律规定,宅基地属于农村集体所有,农民个人没有所有权,只有使用权。因此,农村居民新建住宅应当向农村集体经济组织或者村民委员会提出申请,经乡(镇)人民政府审核,由县级人民政府批准后才可以进行,并且不得转让、出租或抵押。但宅基地上合法建造的房屋则属于村民个人财产,法律给予相应的财产权保护。

(三)其他集体建设用地管理制度

兴办乡镇企业经依法批准可以使用本集体经济组织农民集体所有的土地,乡(镇)村公共设施和公益事业建设经依法批准也可以使用本集体经济组织农民集体所有的土地。《中华人民共和国土地管理法》规定:“建设占用土地,涉及农用地转为建设用地的,应当办理农用地转用审批手续。”“乡(镇)村建设应当按照村庄和集镇规划,合理布局,综合开发,配套建设;建设用地.应当符合乡(镇)土地利用总体规划和土地利用年度计划,并……办理审批手续。”“兴办企业的建设用地,必须严格控制。省、自治区、直辖市可以按照乡镇企业的不同行业和经营规模,分别规定用地标准。”

任务三 正确把握农用土地流转

【典型阅读】

土地流转,活了农村

2008 年 3 月,浙江金华琅琊镇上盛村实施土地流转承包,化荒田为农场,把原来的小农经济转变成合作社经营。上盛村的田园果蔬合作社把上盛村和周边村里许多外出务工者和老人手中的闲置田地租赁过来,然后通过与农户签订土地流转合同,扩大了经营规模。合作社现已和 100 多户农户签订土地租赁合同,租赁土地约 34.68 公顷,种植早稻、甜玉米、辣椒等农作物。村民除了每年能拿到的固定的土地流转收益外,还能在合作社上班,每月大概能获得 1 000 元以上的工资。

(http://jhwcw.zjol.com.cn/wcnews/system/2008/05/19/010463668.shtml)

一、农用土地流转

我国自20世纪80年代以来在农村普遍实行的家庭联产承包责任制，发挥了集体的优越性和个人的积极性，促进了劳动生产率的提高以及农村经济的全面发展，提高了广大农民的生活水平。为了进一步加强农业的基础地位，我国将继续长期稳定并不断完善以家庭承包经营为基础、统分结合的双层经营体制。农户在承包期内可依法、自愿、有偿流转土地承包经营权。随着农业税的全面废止，国家实行强农惠农政策，农村劳动力转移步伐加快，土地流转出现了速度加快、规模扩大、形式多样、主体多元等新变化。十七届三次全会通过的《中共中央关于推进农村改革发展若干重大问题的决定》提出："完善土地承包经营权权能，依法保障农民对承包土地的占有、使用、收益等权利。加强土地承包经营权流转管理和服务，建立健全土地承包经营权流转市场，按照依法自愿有偿原则，允许农民以转包、出租、互换、转让、股份合作等形式流转土地承包经营权，发展多种形式的适度规模经营。"土地承包经营权流转，不仅是发展现代农业的需要，也是加快我国工业化和城镇化进程的需要。

(一)农用土地承包经营权流转的原则及内容

目前，规范我国农用土地承包经营权流转的法律法规是《中华人民共和国农村土地承包法》和《农村土地承包经营权流转管理办法》(农业部第47号令)。《中华人民共和国农村土地承包法》明确规定了农用地流转的五项原则：一是平等、协商、自愿、有偿，任何组织和个人不得强迫或者阻碍承包方进行承包经营权流转；二是不得改变土地所有权的性质和土地的农业用途；三是流转的期限不得超过承包期的剩余期限；四是受让方须有农业经营能力；五是在同等条件下，本集体经济组织成员享有优先权。

农用土地承包经营权流转涉及如下内容：

1.农用土地流转行为主体

《中华人民共和国土地承包法》第三十四条规定："土地承包经营权流转的主体是承包方。承包方有权依法自主决定土地承包经营权是否流转和流转的方式。"第三十六条规定："土地承包经营权流转的转包费、租金、转让费等，应当由当事人双方协商确定。流转的收益归承包方所有，任何组织和个人不得擅自截留、扣缴。"

2.农用土地流转合同

农用土地流转合同一般包括以下内容：

(1)双方当事人的姓名、住所；

(2)流转土地的四至、坐落、面积、质量等级；

(3)流转的期限和起止日期；

(4)流转方式；

(5)流转土地的用途；

(6)双方当事人的权利和义务；

(7)流转价款及支付方式；

(8)流转合同到期后地上附着物及相关设施的处理；

(9)违约责任。

农村土地承包经营权流转合同文本格式由省级人民政府农业行政主管部门确定。

3.农用土地流转的行政管理

《农村土地承包经营权流转管理办法》规定:“发包方对承包方提出的转包、出租、互换或者其他方式流转承包土地的要求,应当及时办理备案,并报告乡(镇)人民政府农村土地承包管理部门。承包方转让承包土地,发包方同意转让的,应当及时向乡(镇)人民政府农村土地承包管理部门报告,并配合办理有关变更手续;发包方不同意转让的,应当于七日内向承包方书面说明理由。”“乡(镇)人民政府农村土地承包管理部门应当建立农村土地承包经营权流转情况登记册,及时准确记载农村土地承包经营权流转情况。以转包、出租或者其他方式流转承包土地的,及时办理相关登记;以转让、互换方式流转承包土地的,及时办理有关承包合同和土地承包经营权证变更等手续。”“乡(镇)人民政府农村土地承包管理部门应当对农村土地承包经营权流转合同及有关文件、文本、资料等进行归档并妥善保管。”“乡(镇)人民政府农村土地承包管理部门在指导流转合同签订或流转合同鉴证中,发现流转双方有违反法律法规的约定,要及时予以纠正。”

【典型阅读】

土地流转前应该先培训

土地流转过程中,最容易出现以下几个问题:一是农民在同意流转土地时,对土地流转后的风险和利益得失并不清楚,盲目流转,造成土地升值或者国家政策变化后出现反悔;二是村委会或村集体经济组织对农民承包土地流转,不尊重农民的意愿或者工作程序不严谨,使农民签署的流转协议并不是自己的真实意愿,草率签字出现纠纷;三是土地流转协议一签就是10年、8年,其间国家政策变化等不确定因素出现后,土地流转协议因为没有救济性条款只能继续履行,使流转土地的农民利益受损;四是个别农村干部乘土地流转带来巨额资金之机,以权谋私甚至职务犯罪。

要预防土地流转中容易出现的问题,一要在进行土地流转前对参与土地流转的农民和村干部进行培训,让农民在充分了解到土地流转可能带来的风险和利益得失后,再自愿决定是否同意将自己承包的土地进行流转;二要在土地流转协议中增加救济性条款,如若国家政策变化,土地流转协议中利益分配应做相应调整,以便更好地保护农民利益;三要逐步完善农村的社会保障体系,解除农民可能因为流转土地带来的生活保障问题;四要充分重视土地流转过程中可能出现的经济犯罪等问题。

(《农村土地资源利用与保护》.北京:金盾出版社,2010)

4.农用土地流转的监督与仲裁

《农村土地承包经营权流转管理办法》规定:“县级以上地方人民政府农业行政(或农村经营管理)主管部门应当加强对乡(镇)人民政府农村土地承包管理部门工作的指导。乡(镇)人民政府农村土地承包管理部门应当依法开展农村土地承包经营权流转的指导和管理工作,正确履行职责。”“农村土地承包经营权流转发生争议或者纠纷,当事人应当依法协商解决。当事人协商不成的,可以请求村民委员会、乡(镇)人民政府调解。当事人不愿协商或者调解不成的,可以向农村土地承包仲裁机构申请仲裁,也可以直接向人民法院起诉。”

(二)农用土地承包经营权流转的方式

农用土地承包经营权流转的方式主要有:

1.转包

它是指承包方将自己承包期内承包的部分或全部土地承包经营权以一定期限发包给同一集体经济组织的其他农户从事农业生产经营。土地转包是农民集体所有制组织内部农户之间的土地承包经营权流转。转包无需经原始发包人许可,但合同需向原始发包人备案。承包方将土地交他人代耕不足一年的除外。将承包地交由他人代耕的,由于代耕人通常是土地承包人的父母、兄弟或者其他亲戚朋友,因此可以不签订书面合同。

2.转让

它是指承包方将其拥有的未到期的土地承包经营权以一定的方式和条件转移给他人的行为。土地转让中,土地承包经营权的受让对象可以是本集体经济组织的成员,也可以是本集体经济组织以外的单位和个人。转让后,原土地承包关系自行终止,原承包方承包期内的土地承包经营权部分或全部灭失。已在非农产业就业并有比较稳定收入的农户自愿放弃承包地,一般采用这种转让方式。转让必须经发包方同意后才可进行。

3.出租

它是指承包方作为出租方,将自己承包期内部分或全部土地承包经营权以一定期限租赁给他人从事农业生产经营,并收取租金的行为。出租后,原土地承包关系不变,原承包方继续履行原土地承包合同规定的权利和义务。承租方按出租时约定的条件对承包方负责。

4.互换

它是指土地承包经营权人将自己的土地承包经营权交换给他人行使,自己行使从他人处换来的土地承包经营权。互换一般发生在承包方之间为方便耕作或者各自需要,对属于同一集体经济组织的承包地块所进行的交换,同时交换相应的土地承包经营权。互换土地承包经营权,是农户在自愿的基础上,在同一集体经济组织内部,对人人有份的承包经营权进行的微调。这种流转改变了原有的权利分配,涉及承包义务的履行,因此,应当报发包方备案。

5.入股

它是指在承包期内,承包方将土地承包经营权量化为股份,以入股的形式与他人共同生产,按股分红。《中华人民共和国农村土地承包法》第四十二条规定:“承包方之间为发展农业经济,可以联合自愿将土地承包经营权入股,从事农业合作生产。”

6.反租倒包

它是由农村集体经济组织出面把农户的承包地反租过来,集中连成一片,给予农户适当的经济补偿,再把土地承包经营权转租或发包给农户、个人或企业单位。

7.托管

它是指承包方把承包地委托给农业服务组织或农户代为经营管理,双方签订协议,委托方向受托方支付一定的费用。托管期间原承包合同规定的权利义务可以由承包方履行,也可以在协议中明确由受托方履行。

二、农村集体建设用地流转

(一)宅基地使用权流转

按照现行政策,农村宅基地和村庄整理所节约的土地,首先要复垦为耕地,调剂为建设用地的必须符合土地利用规划、纳入年度建设用地计划,并优先满足集体建设用地。依据我国现行法规,宅基地使用权不能出租、出卖、抵押、入股或以其他形式非法转让。随着我国经济的快速发展,进城务工和经商的农民越来越多,很多农民想通过转让自己的宅基地使用权来取得相应的收益,这导致了我国现实生活中存在宅基地使用权流转的需求,对于这一问题,有关部门正在探讨解决的措施和办法。

(二)其他集体建设用地流转

农村其他集体建设用地流转,是指已依法办理农用地转用和非农建设用地使用手续的农村集体土地的使用权,采用转让、租赁、抵押和作价入股等多种方式,以实现权属转移或实际使用人变更的行为。

1.其他集体建设用地使用权流转的基本原则

(1)依法流转原则。集体建设用地流转必须符合土地利用总体规划、村庄和集镇规划、产业规划等,并依法办理审批手续后方可进行流转。

(2)统一管理原则。对依法取得的农村集体经营性建设用地,必须通过统一有形的土地市场、以公开规范的方式转让土地使用权,在符合规划的前提下与国有土地享有平等权益。

(3)保护村民利益原则。土地流转必须经村民(代表)会议批准,建立集体建设用地流转收益的分配制度和管控机制,解决好被征地农民的就业、住房、社会保障等问题,防止流转收益流失。

(4)与新农村建设相结合原则。应当鼓励集体建设用地向农产品加工项目和劳动力密集型项目转移,提高农产品经营收益,并吸纳农民就业;优先建设农村基础设施和农民新村,以及优先发展农村公共服务设施。同时,通过建设用地指标的交易,实现建设用地布局的调整,促进中心镇、中心村和工业园区的建设。

2.其他集体建设用地使用权流转的程序

集体建设用地流转,可参照国有土地使用权流转审批管理办法和程序办理。集体建设用地出让的一般程序如下:

(1)流转许可申请。集体土地所有者或使用者持原批准使用土地的批复或非农业建设用地使用证、接受流转方的项目批文和有关部门的规划意见,以及集体经济组织2/3以上成员同意的证明,向国土资源管理部门提出流转申请;国土资源管理部门根据是否符合村镇规划、权属是否清楚、用途是否符合规划、农民是否自愿等事项进行初步审查后,向县级以上人民政府土地管理部门提出土地流转书面申请。

(2)流转许可。县级以上人民政府负责召集区县规划、农业等部门进行流转会审,通过后,由国土资源管理部门向集体土地所有者颁发《集体建设用地使用权流转许可证》。

(3)交易并签订流转合同。集体土地所有者取得流转许可后,应将待流转宗地的条件和流转要求在土地有形市场挂牌,采用招标拍卖挂牌等方式,确定使用者、流转方式、土地收益等。

土地管理部门根据国家法律、法规，参照国有土地出让合同样本，针对土地流转方式，制定相应的土地流转合同文本。集体建设用地流转双方必须签订规范的流转合同。

(4)办理土地流转登记。双方应在合同签订的一定日期内持合同原本，向土地管理部门申请土地登记。

其他集体建设用地使用权流转程序，如图 11-1 所示。

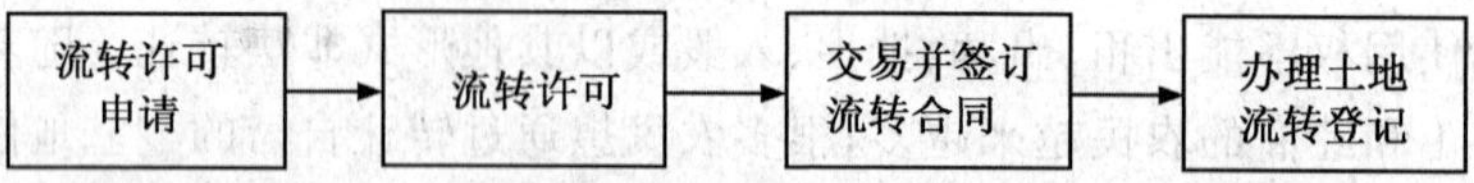

图 11-1 其他集体建设用地使用权流转流程图

【实践训练】

农村土地承包与流转调查

1. 实训要求：找一个行政村，了解其农村土地承包与流转情况。

2. 实训目的：通过此次实训，加深学生对农村土地承包与流转的认识与理解。

3. 实训组织：全班同学按每 3～5 人进行分组，每组制订切实可行的调研计划。

4. 实训实施：由学生自主联系或任课教师统一联系一个行政村，在任课教师的指导下，具体进行调研。

5. 实训考核：每组集思广益撰写一篇 1 500～2 000 字的调研报告，内容包括该村的基本情况，土地承包情况、利用情况、流转情况(都有哪些形式、效果如何)，生产实际中遇到的问题，建议和要求等。教师对调研计划和调研报告进行考核评定并给出成绩。

任务四 做好农村土地资源管理工作

一、农村土地资源管理的必要性

2003 年 10 月 14 日，胡锦涛同志在中共十六届三中全会上讲话时明确指出："要实行最严格的耕地保护制度，保证国家粮食安全。"珍惜和合理利用每一寸土地，实行最严格的耕地保护政策是中国必须长期坚持的一项根本国策，是保障中华民族生存、发展的重要前提。

(一)加强农村土地资源管理是对以家庭承包经营为基础的双层经营体制的维护

改革开放后，我国农村逐步建立起以家庭承包经营为基础的双层经营体制。它是我国在社会主义初级阶段所实行的以公有制经济为主体、多种所有制经济共同发展的基本经济制度在农村的现实形式。事实上，以家庭承包经营为基础的统分结合的双层经营体制，是以农村土地的承包经营为基础的。因此，加强对农村土地资源的管理，就是对这一体制的维护，就是对社会主义制度的有效保护。

(二)加强农村土地资源管理是国民经济持续发展的重要保障

我国的基本国情是人多地少,多年来以占世界7%的耕地生产了占世界20%的粮食,养活了占世界22%的人口。农村土地提供了大量的农产品,是国民经济赖以发展的基础。随着经济的发展和城市人口的增加,对农产品供给的数量和质量提出了越来越高的要求。只有充分保护和合理利用农村土地,才能保证粮食和食品的供给,才能保障国民经济的持续健康发展。

(三)加强农村土地资源管理是农村社会和谐稳定的基础

土地是发展农业生产必不可少的生产要素,是农民安身立命之所在。我国的13亿人口,绝大部分生活在农村。农民生活的安定和生存环境的改善,直接关系到我国社会的稳定。只有保护好农村土地,使农民获得一个良好的生存环境,才能使我国的绝大多数人口在农村安居乐业,也才能实现城乡的和谐发展。

(四)加强农村土地资源管理是处理好发展经济与保护耕地关系的保障

随着改革开放的深入和现代化建设的推进,"无农不稳、无工不富、无商不活"的农村产业发展思路已被绝大多数农村干部群众所接受。但农村产业的多元化发展,就会产生非农产业与农业互相争夺土地的矛盾,即发展经济与保护耕地的矛盾。这就要求我们的发展要更加注重统筹兼顾,既推动农村产业结构调整,又依法维护农民的合法权益,促进农村经济协调发展。

二、我国农村土地资源管理工作存在的问题

(一)政策没有到位,依法管理土地的措施乏力

一些地方和少数部门没有正确认识和对待农村土地问题,有的土地延包后忽视和放松了农村土地承包经营管理工作,有的频繁调整农民土地,强行收回承包地进行高价发包,同时监督机制不健全,依法管理土地的措施乏力,虽然当前在农村初步形成了"人大政协有效监督,有关部门上下联动、齐抓共管"的土地管理工作新格局,但管理配套措施跟不上,尤其是对土地使用违规问题处罚之力。

(二)土地流转不够规范,科学管理水平有待提高

土地流转中,操作程序不规范、政府定位不当等问题时有发生,没有有效地建立起适应市场发展要求的流转机制,信息引导、技术指导、资金扶持等社会化服务跟不上,科学管理和服务水平有待进一步提高。

(三)违规征占矛盾突出

土地闲置问题,土地征占用中的强迫命令和不当行政干预问题,土地的补偿价格偏低问题,补偿资金拨付管理体制不顺的问题等,使失地农民的生活和就业问题难以得到保障;个别单位受利益驱使多征少用、早征迟用或征而不用,造成了土地的闲置浪费。

(四)宅基地的流转无章可循,扰乱了正常用地秩序

现行宅基地的审批划拨权由乡(镇)及村干部所操纵,越权划拨,以权谋私的现象时有发

生;一户多宅,乱占地建房,抢占耕地建房,多占地建房的现象盛行,政府缺乏有效的制约手段;旧宅基地的收回没有法律规定;新农村建设中,盲目推行农宅公寓化,耕地保护面临新的威胁。

(五)违法花样迭出,土地执法现状堪忧

少数基层干部法律观念淡薄,擅自改变土地用途,以租代征搞建设,乱占滥用出售农村集体宅基地,私建滥用农村住房。调查表明,农村宅基地存在以下六个方面的问题:一是未批先建,少批多建;二是非法批地,非法圈地;三是私搭乱建,违章建房;四是协议出让,私自买卖;五是非法占用,破坏耕地;六是征地补偿,截留挪用。由于管理不严,执法不力,特别是历年来乡村对一些违法用地问题处理不规范,一罚了之的现象比较普遍,给制止违法占地行为带来了负面影响,形成恶性循环。

三、农村土地资源管理的原则

土地作为重要的生产资料,需求日趋紧张。为了保障农村经济社会的持续发展和农民的切身利益,应坚持以下几个方面的原则:

(一)因地制宜的原则

土地利用同时受自然规律和经济规律的支配,土地利用布局的形成和调整同样也受自然因素和经济因素的支配和影响。自然条件和经济社会条件的空间分布存在明显的地域差异,土地利用也就存在着地域性特点,因此要全面分析农村土地的自然条件和经济社会条件,找出区域内土地利用中的优势和不利因素,进行农村土地的利用规划布局与管理。

(二)持续利用的原则

土地利用的持续性,可以认为是人地关系的协调性在时间上的扩展,这种协调性应建立在满足人们的基本需求和维持土地系统的生态性要求上。在进行农村土地资源管理时,要立足于土地资源的持续利用和生态环境的改善,保证农村经济社会的持续发展,谋求生态、经济、社会的协调统一与同步发展,以达到土地资源利用的整体优化。

(三)优先耕种的原则

耕地保护是我国的一项基本国策。所以在进行土地资源管理中,应坚持优先考虑农业生产用地。在管理农业用地时,应坚持优先考虑耕地的原则,在充分考虑土地适宜性的基础上做出选择。

(四)专业化生产原则

农业生产专业化就是要求以单位土地面积上可能获得的纯收益作为分析手段确定农业的专业化方向,而不是像传统的农业布局理论只考虑距离的因素。所以在进行农村土地资源管理时,应充分考虑地区间的比较利益,建立合理的地区农业分工体系。

四、农村土地资源管理的重点工作

(一)制定切实可行的农村土地利用规划

制定切实可行的土地利用规划,有利于提高土地利用率,合理集约用地,保持农村经济的持续发展。掌握农村土地的利用情况,在充分听取和采纳群众意见和建议的基础上,做到整体有序地规划利用土地资源。制订年度土地利用计划和村容整改计划，立足现有土地资源，对于闲置房屋或者闲置土地，在征得农民本人同意的前提下进行拆除或改建，并在符合年度总体用地计划的前提下，引进一些有发展前景的项目，以增加农民的收入。

(二)严格控制乱占耕地和对耕地的不合理利用

耕地的保护对于提高粮食产量，保障农业生产，增加农民收入具有重要意义。因此应该大力保护农田和耕地，严格限制盲目圈地划地，违规挖建鱼塘等破坏耕地的行为。要实行最严格的耕地保护制度，完善农村集体土地产权制度，保护农民群众的土地权益，充分调动广大农民保护耕地的积极性；要建立和完善耕地保护目标责任制，实行建设占用耕地与补充耕地的项目挂钩制度，落实"占一补一，占补平衡"制度，推进耕地储备制度的建立，逐步做到耕地"先补后占"；要合理确定各项非农业建设用地的规模和布局，严禁以"整治"和"发展"为名，扩大建设用地规模，以保证耕地的总体面积，提高土地利用率。

(三)规范和完善农村土地补偿制度

规范和完善农村土地补偿制度，首先要建立能够全面、真实反映土地资源价格、资本价格和社会保障价格的科学的地价评估体系，为土地征用补偿提供价格依据。对征用农村土地的补偿，要充分考虑农村集体经济组织和农民的土地发展补偿、未来收益补偿、社会保障补偿，以及劳动力的安置等因素，严格执行政府统一征地制度和征地费用标准，确保被征地农民依法获得合理的补偿和有效的安置。要公开征地程序、补偿安置费用标准及使用管理情况，严格实行土地征用公示制度和听证制度，保障农民的合法权益。

(四)健全有效的农村土地流转机制

明确农民的主体地位，是建立"平等协商、自愿有偿"土地流转机制的关键。土地流转应由农民自主决定，不应强迫、阻碍农民依法流转承包地。要在追求规模效益的前提下，建立健全有效的土地流转机制，加快推进农村土地的集约化适度规模经营。要以市场为导向，坚持多样化的土地流转形式，因地制宜，推进农村土地的有序流转。

(五)预防地质灾害

地质灾害对土地的破坏是极为严重的，要加快对开矿的整顿工作，确保科学合理开矿，保护植被和自然生态环境。加强对地质灾害知识的普及和教育，使农民群众增强科学意识，合理用地。完善地质灾害的检测体系，为新农村建设提供有效的地质服务。

【阅读与思考】

农村土地流转中的纠纷

安徽省凤阳县××镇×村村民李某因家庭负担过重，经当时的村民小组长孙某牵线，于 2000 年将 0.67 公顷承包耕地租给向某耕种，口头约定租赁期限为 5 年。租赁期满后，向某不愿将承包耕地返还给李某，且拒绝孙某和村委会的调解。于是，李某提起仲裁，要求收回被申请人种植的 0.67 公顷土地承包经营权。

(《农村经营管理》2010 年第 1 期)

思考：农村土地使用权流转中需要注意哪些问题？发生纠纷如何解决？

【复习思考与练习】

1. 我国农村土地资源利用的基本原则有哪些？
2. 农村土地他项权制度的内容是什么？
3. 我国的土地利用管理制度的内容是什么？
4. 农用土地承包经营权流转的方式都有哪些？
5. 农村土地资源管理的重点内容有哪些？

项目十二 农村劳动力资源管理

【学习目标】

- 通过本项目内容的学习，了解农村劳动力资源的概念、特征，认识农村劳动力资源开发利用的途径，熟悉农业富余劳动力转移的特征，了解农村劳动力资源管理的重要意义。
- 通过本项目内容的课堂学习、课外自学和实训环节，掌握农村劳动力资源开发的模式及农村劳动力资源管理工作的内容。

【能力目标】

- 通过本项目内容的课堂学习和实训环节，能够编制农村劳动力资源开发方案，并利用所学相关知识思考和认识农村劳动力资源管理中存在的实际问题。

【重点与难点】

- 本项目的重点：农村劳动力资源的概念；农村劳动力资源开发的模式；农村富余劳动力转移的途径。
- 本项目的难点：农村劳动力资源开发的途径。

【教学方法与手段】

- 案例式、启发式教学；多媒体辅助教学。

【引导性案例】

"留守儿童"对农村劳动力质量的影响

在中西部贫困地区，农村劳动力外出务工，其孩子交由爷爷、奶奶或外公、外婆或他人托管的现象十分普遍。其加上单亲、离异等不完全家庭子女，父母双亡的孤儿，构成农村留守儿童群。由于这些儿童、少年远离父母，不能享受到父母的关爱和家庭的温暖，缺乏必要的家庭教育，多数儿童监护不力，导致性格孤僻、生活简化、营养不良。这部分孩子中尤其是"留守学生"，流动性大，稳定性差，有不思进取、贪玩厌学逃学的现象；缺乏诚信，常说谎话、乱花钱，厌恶体育、劳动锻炼，迷恋上网、游戏，想尽办法骗家长的钱；纪律观念淡薄，违纪、违规、违法现象时有发生，结伙打架斗殴、吸烟酗酒以及偷盗等等，给学校和家庭带来诸多困难和问题。

事实上，影响劳动力资源质量的主要因素包括遗传、营养、教育和自我努力的程度。留守儿童在成长过程中，营养、教育、自信心培养等方面的缺失，对其长大成人之后的劳动能力和劳动质量有着重大影响。

（http://wenku.baidu.com/view/cbc36ff9700abb68a982fbc2.html）

任务一 了解农村劳动力资源的概念、作用与特点

一、农村劳动力资源的概念

农村劳动力资源是指农村总人口中具有劳动能力的那部分人口。农村劳动力资源通常包括劳动力资源的数量和质量两方面。农村劳动力资源的数量是指农村中符合劳动年龄并有劳动能力的人数，以及参加劳动但超过或不到劳动年龄的人数；农村劳动力资源的质量是指农村劳动力的体力强弱、技术熟练程度，以及科技、文化水平等。

影响农村劳动力资源数量的主要因素有人口总量以及人口的出生率、死亡率、自然增长率、人口年龄构成及其变动、人口迁移等；影响农村劳动力资源质量的主要因素包括遗传、营养、教育和自我努力等。

二、我国农村劳动力资源的作用

（一）保证了农产品供给，解决了全国人民的温饱问题

农业是人类第一物质资料的生产部门，是我国国民经济的基础。我国用占世界7%的耕地养活了占世界20%以上的人口，农业的贡献是巨大的。农村劳动力是农业生产劳动的主体，是农业再生产活动中必不可少的要素。

（二）促进了我国第二和第三产业的发展

这一作用主要体现在两个方面，首先，农村劳动力所从事的农业生产活动为工业提供了原

材料。目前我国约40%的工业原料、70%的轻工业原料来源于农业生产，服装原料的80%来源于农业生产。其次，为第二、三产业提供劳动力。随着二、三产业的不断发展，需要越来越多的劳动力，这就需要农村劳动力大量转移到第二和第三产业。

【典型阅读】

我国就业结构的显著变化

根据《中国统计年鉴》提供的数据，1978年，三次产业的劳动力分别为28 318万人、6 945万人和4 890万人；到2007年，三次产业的劳动力分别变为31 444万人、20 629万人和24 917万人。三次产业的劳动力人数在这29年间的平均增长速度分别为0.36%、3.8%和5.8%。显然二、三产业的劳动力人数增长速度远远大于第一产业。从相对数来看，1978年，三次产业的劳动力占总劳动力的比重分别为70.5%、17.3%和12.2%；到2007年，三次产业的劳动力比重分别为40.8%、26.8%和32.4%。第一产业的劳动力比重在29年间下降了将近30个百分点，而第二、三产业的劳动力比重分别上升了9.5和20.2个百分点。由此可见，在第一产业劳动力下降的30个百分点中，将近1/3转移到了第二产业，2/3转移到了第三产业。

(三)促进了城市的发展与繁荣

城市化的发展离不开更多的进城务工者的奉献。农民工进城，在推动城市化进程中起了不可忽视的重要作用。目前，在我国城市中有几亿从农村转移出来的农民工，未来还将有相当数量的农村劳动力进入城市，农村劳动力转移将是我国一些城市就业增长的主体。

三、我国农村劳动力资源的特点

(一)农村劳动力资源整体素质不高

由于我国农村经济基础薄弱，当前农村劳动力的总体素质不高。长期以来，我国农村教育事业发展缓慢，农村教育质量差，大部分农民受教育的时间短，加上长期的二元体制，多数农村条件差，直接影响到农村劳动力的素质。具体表现为农村劳动力数量庞大；文化素质低、科技素质低、经营管理素质低、身体素质低，在劳动力市场上竞争能力弱。

(二)农村劳动力资源受教育程度差别大

从2010年农村普查的资料可以看到，我国农村劳动力受教育的程度差别很大。东部地区，特别是发达地区农村劳动力受教育的程度明显高于中西部，特别是高于西部经济不发达地区。我国东部地区的劳动力基本普及了9年教育，个别地区开始普及12年教育，而西部地区未上过学的劳动力在偏远山区还大量存在。

(三)农村劳动力资源相对过剩

我国农业资源相对匮乏，农村人口数量庞大，随着农业新技术的推广与应用，以及农业生产力水平的不断提高，农业对劳动力的需求量还将不断减少，农村地区的富余劳动力将越来越多。从地区分布来看，在中西部地区农村富余劳动力较集中；从类型来看，农村富余劳动力主要为体力型。总体而言，农村劳动力资源过剩，但同时还存在着结构性和季节性短缺。

(四)农业劳动力资源“老龄化”普遍

由于我国农产品价格低廉,从事农业生产较为辛苦且收入较低,而且农村地区在社会保障、生活条件等各方面与城市有较大差距,所以农村地区的青壮年大部分通过上学、外出务工等方式离开农村。2010 年的第六次全国人口普查显示,中国 60 岁及以上老年人口达 1.78 亿,占总人口的 13.26%,其中 60%是农村老年人,这些老年人口的绝大部分在农村还从事着农业生产劳动。

【实践训练】

农村劳动力资源现状调研

1. 实训要求:选取一个行政村作为调研对象,了解其劳动力资源的情况。

2. 实训目的:通过此次实训,加深学生对劳动力资源的认识与理解。

3. 实训组织:全班同学按每 3~5 人进行分组,每组制订切实可行的调研计划。

4. 实训实施:由学生自主联系或任课教师统一联系一个行政村,在任课教师的指导下,具体进行调研。

5. 实训考核:每组集思广益撰写一篇 1500~2000 字的调研报告,内容包括该村劳动力资源的数量、结构、质量、存在的问题及建议等。教师对调研计划和调研报告进行考核评定并给出成绩。

任务二　开发利用好农村劳动力资源

一、我国农村劳动力资源利用的途径

(一)增加农业内部就业

改革开放以来,一方面,农业劳动力占农村劳动力人数的比重不断下降;另一方面,农业产业结构的调整和产业化发展,农业生产提高了对劳动力的吸纳能力。

(二)农村内非农就业

改革开放后,农村工业企业的发展安排了大量的劳动力。目前,有些地区的农村中绝大部分劳动力在村中的工业企业就业。同时,农村第三产业的发展为劳动力提供了大量的就业机会。在我国部分发达地区的农村中,大量劳动力已经在第三产业就业。

(三)外出务工

从 1990 年代初开始,“外出务工”取代了乡镇企业的就地转移,成为我国农村富余劳动力转移的主要方式。根据国家统计局对全国 31 个省(区、市)6.8 万个农村住户和 7 100 个行政村的抽样调查数据推算,2007 年农村外出务工的劳动力 14 290 万人,已经占农村劳动力的 29.4%,占整个农村非农就业的 71.6%。

【典型阅读】

我国外出务工人员的特点

首先，从农村劳动力外出务工的空间分布看，有本地就业和异地就业两种形式。本地就业主要在20世纪90年代以前发展较为迅速，此后由于城乡收入差距扩大和部分乡镇企业关停并转而使其发展速度逐步放缓。20世纪90年代以来，落后农村的富余劳动力流向发达的沿海城市，形成规模巨大的“民工潮”。此时，异地就业成为农村非农就业的主要方式。其次，中国农村劳动力的非农转移就业通常是跨地区的。流出人口比例较多的为中西部地区的一些省份，主要集中在安徽、河南、湖北、湖南、江西、广西、四川、贵州、甘肃等省份。据统计，中西部地区2007年转移的农村劳动力占农村非农就业的86.5%。农村非农转移就业的劳动力大多进入了东部沿海城市，环渤海城市群、长三角城市群、珠三角城市群是农村非农就业流入的热点地区，吸纳的外地农村劳动力超过了全国总量的80%。再次，外出务工者主要集中在一些松散组织、小型企业或劳务组织、个体工商户以及零工供给点(如车站码头等地的搬运点)，这些地方对劳动力质量要求相对较低，而且工资待遇低、工作和生活条件较差。最后，农村富余劳动力受自身能力素质的制约，主要从事建筑、餐饮等劳动密集型工作。

(http://www.studa.net/nongcun/091107/1556055.thml)

二、农村劳动力资源开发的概念

农村劳动力资源开发，是指根据农村的人口、资源、环境和经济发展状况，通过各种有效形式协调其数量，提高其质量，充分发掘和提高农村人口的生产力，促进农村经济社会持续发展的一系列活动和过程。事实上，农村劳动力资源开发，以人力资本投资为前提，以提高人的素质、挖掘人的潜能为手段，以促进经济和社会的持续发展。

我国农村劳动力资源开发的目标是，以科学发展观为指导，在广大农村地区继续积极推进以优生优育为前提的计划生育国策，重视潜在人力资源的开发；着力发展教育、卫生、体育、文化和社会保障事业，着力提高农村潜在和现有劳动力资源的素质；通过发展农村先进文化、倡导农村文明乡风、优化农村政策环境，大力加强农村劳动力资源开发软硬环境建设，使广大农村的发展方式切实转变到依靠科技进步和提高劳动者素质上来。

三、农村劳动力资源开发的模式

(一)提升智能类模式

1.重视文化教育的基础教育模式

劳动力资源开发最重要的途径是教育。教育能够明显地提高劳动力资源的质量，从而提高生产的效率。强化农村基础教育，让农村青少年有良好的文化素质。一方面，为一部分青少年接受高等教育打好文化基础，有利于转移就业，减少农民数量；另一方面，提高留在农村和农业的青年农民的文化素质，有利于增强对现代科技的吸纳能力和实现农村现代化。

2.注重实际需要的职业教育与成人教育模式

目前，我国许多地方开展的“订单培训”、“定向培训”等，主要由政府部门通过挖掘和掌握市场信息，根据企业的用工需求，按照不同行业、不同工种、不同岗位的基本技能、技术操作规程组织农民培训，使培训与就业岗位需要紧密联系，以需求定培训，以输出带培训，有效提高了农民的就业技能和素质。

3. 农业远程教育的“落地”模式

依托现代远程教育搭建的可扩展的、灵活开放的硬件和软件平台，开发与使用通用性强、容量大、功能完善的“落地”软件支撑系统，实现交互式网上教学，从而开展包括学历教育、职业技术培训、教学信息交流与服务的多方面教育活动，为提高农民农民素质服务。

4. 农村人力资源合作社模式

农村人力资源合作社通过社员互助合作，共享技能培训和就业信息服务等，以促进农村人力资源素质的提高。在组建人力资源合作社时，应注意以下几个方面：一是健全内部管理制度，实现规范运作；二是完善各项服务和指导，建立长效管理机制；三是要使季节性用工和农忙务农“两不误”。农村人力资源合作社的基础是农户，农户的生存基础是耕种土地，要让农民在农忙务农的基础上，充分利用农闲时间参与合作社的开拓性就业，并提高社员的自身素质和就业竞争力。

（二）强化保障类模式

1. 改善农村医疗卫生保健条件模式

众所周知，医疗卫生保健对提高人力资源的身体素质具有不可替代作用。身体素质的强弱直接影响着其他素质的形成和发挥，是各种能力发展的自然基础。不具备基本的身体素质，就失去了其他素质和能力形成与发展的物质基础。然而目前农村医疗费用昂贵，医疗卫生保健条件差，因此必须加强以乡镇卫生院为重点的农村医疗卫生基础设施建设，健全农村三级医疗服务体系，促进农村劳动力资源的开发。

2. 改善农村体育健身设施模式

由于我国二元社会的长期制约，导致农村的体育场地与设施相对较差。农民体育知识和技术缺乏，加上劳动繁重而缺乏精力，因此要逐步完善农村体育场地设施等条件，以因地制宜地开展农村体育活动，有效增强农村劳动力的体质。此外，修建体育场地设施要充分考虑当地的传统体育文化，以有效继承和发展那些有益健康的传统体育项目。

3. 完善医疗保障制度模式

新型农村医疗合作制度建设直接关系到广大农民的就医看病，是医疗体制改革的重要组成部分，也是解决“三农”问题的重大举措。这对于落实科学发展观，促进城乡一体化发展，全面建成小康社会具有十分重要的意义，对全面提高农村劳动力的身体素质更具有举足轻重的作用。

（三）强基固本类模式

1. 少生优生的计划生育模式

坚持少生优生，为农村人口素质的改善和质量的提高创造良好的前提。人口的过度膨胀，必将使已失衡的“人口—资源—环境—经济”之间的矛盾更加尖锐，加重未来发展的困难。多年来，农村毫不动摇地坚持和贯彻计划生育政策，坚持少生优生原则，并加大对计划生育的物质和精神奖励，保证了农村人口的发展进一步走上健康的轨道，为农村劳动力资源开发打下了良好的基础。

2. 科学饮食的强身健体模式

自古以来，我国的饮食以粮食为主。古老的饮食习惯虽有其积极的一面，但是饮食缺乏蛋白质制约着包括农村劳动力在内的我国人口身体素质的提高；高盐饮食、甜食等与高血压、心脏病、糖尿病发病有密切关系；而食物过辣与胃病也有不解之缘。因此，改善不合理的饮食结构，适当增加动物蛋白在饮食中的比例，克服高盐、高糖、过辣等饮食习惯，特别是保证婴幼儿蛋白质的补充非常必要，对保障农村人口健康特别是婴幼儿健康，提高农村人口的身体素质，开发农村劳动力资源具有积极的意义。

3.防治并重的科学就医模式

预防为主的健康理念已经为城市居民所接受，可是相当数量的农民却对此依然麻木不仁。农村是农作物的生产地，用于食疗的五谷杂粮、野菜野果随处可见，举手可得。但是这种富有并没有得到农民的青睐，没有让农民意识到食疗也能治病。因此，要通过宣传引导，逐步让食疗保健和预防疾病成为农村劳动力资源开发的有效模式。

4.重视体育的强健身体模式

对于体育锻炼，农民的参与意识淡漠是普遍存在的问题，要想方设法改变那种以“体力劳动”代替“体育锻炼”的心理定势。在这方面，要充分利用大学生村官和在外就读大学生的宣传力量，让他们宣传体育健身的新理念。在进行口头宣传的同时，还应举行一些小型的体育比赛。此外，应十分重视对进城务工人员进行宣传，使他们在务工期间体会到体育锻炼的好处，以让他们的亲身体验产生强有力的说服力。

(四)增进文明类模式

1.提升素质的思想道德教育模式

在农村实施劳动力资源开发，要始终把提高农民的思想道德素质放在首位，大力倡导文明礼貌、助人为乐、遵纪守法、尊老爱幼、男女平等、夫妻和睦、勤俭持家、勤劳致富的良好社会风尚，抵制和反对腐朽的生活方式。通过送戏、送书下乡，开展军民共建，组织丰富多彩的群众性文化、体育和科普活动，有效促进农民的思想道德建设，形成良好的社会氛围。

2.依托大学生村官的现代文明渗透模式

近年来，我国大部分地区的农村连续从高校毕业生中选聘大学生村官，这些大学毕业生到村后，不仅利用自己所学的专业知识建设农村，而且还利用自己所接受的现代生活方式影响周边的农民；他们不仅向农民传授科技知识，而且还通过自己的行为向农民展示现代文明。正是这种大学生村官的现代文明渗透，加快了农村的现代文明进程，促进了农村劳动力资源的开发。

【实践训练】

农村劳动力资源开发方案设计

1.实训要求：结合上次的《农村劳动力资源现状调研》，制定该村劳动力资源开发方案。

2.实训目的：通过此次实训，进一步加深学生对劳动力资源开发与利用的认识与理解。

3.实训组织：全班同学按每3～5人进行分组，撰写方案。

4.实训实施：通过分组讨论、分析，制定该村人力资源开发的方案。

5.实训考核：以小组为单位，编制开发方案，并在全班进行汇报交流。教师针对方案的可行性、汇报交流时的表现进行考核评定并给出成绩。

【阅读与思考】

北京市密云县农村劳动力资源结构分析

通过对第二次全国农业普查数据进行分析，密云县农村劳动力资源结构如下：

一、农村劳动力性别结构

男劳动力103 100人，占全县的51.5%；女劳动力97 177人，占全县的48.5%，农村男女劳动力基本持平，有利于不同工作岗位的需要。

按地势分，平原地区：男劳动力37 514人，占平原劳动力的51.6%；女劳动力35 200人，占平原劳动力的48.4%；丘陵地区：男劳动力48 313人，占丘陵劳动力的51.4%；女劳动力45 618人，占丘陵劳动力的48.6%；山区：男劳动力17 273人，占山区劳动力的51.4%；女劳动力16 359人，占山区劳动力的48.6%。

二、农村劳动力年龄结构

农村劳动力资源中，20岁及以下22 746人，占全县的11.4%；21～30岁26 678人，占全县的13.3%；31～40岁44 035人，占全县的22.0%；41～50岁59 181人，占全县的29.5%；50岁以上47 637人，占全县的23.8%。可以看出，劳动力资源主要集中在21～50岁之间，占总体的64.8%，属于青壮年劳动力，是密云县经济发展的中坚力量；相应的，我们也能看到，50岁以上所占比例偏高，41～50岁之间的劳动力也即将步入这个阶段，说明密云县农村劳动力呈现"老龄化"趋势。

三、农村劳动力文化结构

农村劳动力资源中，未上学11 897人，占全县的5.9%；小学文化程度38 475人，占全县的19.3%；初中文化程度104 629人，占全县的52.2%；高中文化程度41 278人，占全县的20.6%；大专及以上文化程度3 998人，占全县的2.0%。可以看出，农村劳动力文化水平偏低，制约着密云县经济社会的发展。

(http://www.my.bjstats.gov.cn/Page/272/InfoID/9683/SourceId/769/PubDate/2008－07－11/default.aspx)

思考：北京市密云县在农村劳动力资源的构成上存在什么问题？你对其农村劳动力资源的开发利用有何建议？

任务三　引导农村富余劳动力有序转移

一、农村富余劳动力的概念

农村富余劳动力是指一定时期、一定的物资技术装备条件下，特定区域内超过农村发展需要的劳动力。我国农村劳动力中富余的主要是农业劳动力。农业富余劳动力有两种类型：一是绝对富余，二是相对富余。这是因为农业生产具有季节性特点，农忙时需要大量的劳动力，农闲时又会产生大量的农业富余劳动力。通常将超过农忙季节需要的农业劳动力称为绝对富余劳动力；只是在农闲季节呈闲置状态的农业劳动力称为相对富余劳动力。

二、农村富余劳动力的特点

(一)农业劳动力的比重正处于快速的下降阶段

一般说来，随着工业化的不断推进，大量的农业劳动力会转向非农产业并进而导致农业劳动力在全社会总劳动力中所占的比重不断下降。作为经济发展过程中劳动力就业结构变化的一般规律，我国的情况也不例外。据统计，1980—2010 年，我国第一产业就业人数从 29 122 万人下降到了 27 931 万人，第一产业从业人数比例由 1980 年的 68.7%下降到了 2010 年的 36.7%(表 12-1)。

表 12-1 第一产业就业劳动力在总劳动力中的比例

年份	1980	1985	1990	1995	2000	2005	2010
比例/%	68.7	62.4	60.1	52.2	50.0	44.8	36.7

(二)农业富余劳动力的转移具有多元化的特征

我国农村富余劳动力的转移并非一定要进入城市，也并非仅仅局限在某一个或某几个产业或者是行业中。1983—1988 年，农村劳动力转移主要是由于乡镇企业发展所带来的农村内部向非农产业的转移，然而由于技术进步、产业结构调整以及市场竞争的影响，乡镇企业在吸纳农村劳动力的转移方面也毕竟存在着自身的局限性，以至于从 1989 年开始我国农村劳动力的转移便进入了一个相对停滞的阶段。1992 年以后，随着改革开放事业的深层次推进以及我国经济的迅速发展壮大，我国的农村劳动力重新进入了快速的转移时期，而且主要是向城市和城镇转移。

(三)从农村富余劳动力分布的地区来看，其间差异较大

从农村富余劳动力分布的地区来看，呈现较大的地区差异。在我国经济社会发展较为落后的中西部地区，农村富余劳动力较多，而在经济比较发达的东部沿海地区，农村富余劳动力相对较少。以 2008 年为例，农村富余劳动力数量最少的是上海，只有 40.78 万人，而农村富余劳动力最多的是河南，有 2 004.44 万人。

此外，从农村富余劳动力受教育的程度上看，我国农村富余劳动力的总体文化素质比较低。在农村富余劳动力中，受过专业技能培训的比例也比较低。由于农业生产受天气气候的影响具有鲜明的季节性特征，很多农民农闲时会从事一些非农业生产活动，并且这种兼业型的农村劳动力转移普遍存在。

三、农村富余劳动力转移就业的途径

(一)扩大农业内部对劳动力的需求

我国农村富余劳动力较多，仅凭一种或者几种农业内部的转移是不能完全解决问题的，因而应采取多种途径，如调整农业产业结构，增加经济作物比例，扩大林、牧、副、渔的生产；开垦

荒地、沙地;加强农业基本建设;发展庭院经济和外向型农业等。这种农村劳动力的“转移”或内部消化,既能促进农业的发展,又能增加农民的收入。

【典型阅读】

国外扩大农村内部就业的经验

印度在20世纪70年代后期认识到失业问题的严重性,制定了扩大农业内部就业以及在农村实行农村劳动力就地转移的方针。首先是发展农业集约经营和多种经营,既改变了农业生产落后面貌,又在种植业内部创造了更多的就业机会;其次是大力兴办农村基础设施和资源开发工程,政府提供资金和粮食,动员并组织农村失业劳动力兴修水利,植树造林,开垦荒地,改良土壤,保持水土,建造牧场,修建饮用水井、公路和诊所等公共建筑,这样既加强了农业和农村的基础设施建设,又增加了农村的就业机会,提高了农民的收入水平。

日本政府在以工业为中心的非农部门劳动力吸收能力减弱时,将农村劳动力转移的重点放在农村内部,转移的方向主要是向农业的产前和产后部门转移。

美国在20世纪30年代经济危机之后,为解决就业问题,通过建立公民水土保持团,进行农业基本建设和水土保持,吸收大量农村富余劳动力。

(根据网络资料编辑)

(二)兼业经营

农户的兼业经营有着更加重要的意义,因为它不但转移了农村富余劳动力,而且可增加农民收入。党的十一届三中全会以来,我国的农民兼业现象逐步发展,特别是邓小平南巡讲话之后,发展势头更为迅猛。但到目前为止,兼业劳动者所占比例还不是很高。特别是“二兼户”(所谓“一兼户”是指以农业为主要收入来源的农户,而“二兼户”是指以非农产业为主要收入来源的农户)所占的比例相当低。由于我国的人均耕地面积比较少,农民仅靠务农难以取得更多的收入;而从事兼业经营,既能农工两不误,又能获得比较高的收入。

(三)大力发展农村产业

东南亚地区国家的城市化水平都不高,如马来西亚、泰国等,但经济相当活跃。究其原因,主要是实行了城乡综合发展的方针政策,重视乡村的发展。如马来西亚,财政开支的一半左右都用于农业和乡村社会服务,农业和农村开发在各种公共投资中占最大的份额。其农村开发的主要目标是提高农民的经济地位,缩小城乡差距。开发的结果,是提高了乡村人口的就业机会和技能水平,提高了农业劳动生产率,从而使城乡得到均衡发展。泰国重视乡村的发展,其突出特点是大力发展乡村手工业和服务业。尽管我国的情况与东南亚地区不同,但他们把大部分人口保留在乡村的做法仍值得借鉴。因为我国人口基数较大,这样做既有利于避免大批农村人口盲目转移到城市所带来的一系列弊端,也有利于城乡协调发展。而要做到这一点,就应该像东南亚国家那样,改革财政体制,提高财政转移支付力度,较大幅度地增加我国对农村产业发展的投入。

【实践训练】

农村富余劳动力转移就业状况调研

1. 实训要求：选取一个行政村，对其农村富余劳动力转移就业状况进行调研。

2. 实训目的：通过此次实训，加深学生对农业富余劳动力转移就业的认识与理解。

3. 实训组织：全班同学按每3～5人进行分组，编写调研提纲并实施调研。

4. 实训实施：由任课教师或学生联系一个行政村，在任课教师的指导下，开展实地调研。

5. 实训考核：每组集思广益撰写一篇1 500～2 000字的调研报告，内容包括该村富余劳动力的数量、结构、质量，转移就业的途径、模式及数量，存在的问题及建议等。教师对调研计划和调研报告进行考核评定并给出成绩。

【阅读与思考】

2012年：农村富余劳动力转移就业出现了许多新变化

2012年初，“招工难”正从以往的东南沿海向全国蔓延。地处浙江北部的德清县人力资源和社会保障局局长吕海清说，他们去四川广元招工，对方回应：“来我们这里招工？我们正要把外出打工的人找回家呢！”在成都，政府部门专门成立重大项目人才招募办公室，逐级下派招工指标，甚至多招一个工人能拿到1 000元的奖励。最新的调查显示，春节前从省外返回河南的农民工比往年增加了20%，春节后不愿意继续到省外就业的比往年增加了15%，人数约180万人。专家分析认为，沿海和内地企业给农民工待遇差距的缩小，以及河南省招商引资和社会经济的发展提供了更多的工作岗位，使得越来越多的农民工愿意在家门口打工。比如，一个郑州富士康，吸纳的员工数就达到13万人。正因此，调查显示，今年河南七成劳务工就业意愿是“足不出省”。华东师范大学社会学研究所所长文军认为，随着各地对劳动力需求的增长，以往农民工的“单向输出”已转变为“多向流动”，过去的农民工输出地成了输入地，农民工就业市场进入到一个新阶段。

(http://news.hrloo.com/meiti/14406.html)

思考：农村富余劳动力的转移就业在新形势下出现了哪些新特点？

任务四 做好农村劳动力资源管理工作

一、农村劳动力资源管理的必要性

管理是社会组织中，为了实现预定的目标，以人为中心进行的协调活动。现代经济增长理论认为：人力资本投资是经济持续增长的内生因素，知识和人力资本是促进现代经济持续增长的主要源泉和决定因素。因此，加强农村劳动力资源管理，是促进新农村各项事业健康快速发展的一件急需解决的大问题。无论是农村公共设施建设，还是农业产业化经营，以及农村综合管理等，都需要“有文化、懂技术、会经营”的新型农民的全力投入，科教兴农也需要新型农民的积极参与。同时，良好的农村劳动力资源管理将推动农村人口素质的提高，进而促进农村各项事业的蓬勃发展。

二、农村劳动力资源管理的特点

农村劳动力资源管理具有以下几个方面的特点：

(一)分散性与广泛性

由于我国农村实行的是以家庭承包经营为基础的统分结合的双层经营体制，绝大部分农村劳动力分散在农户家庭，加上近年来大批农村富余劳动力的转移就业，“离土”又“离乡”，造成农村劳动力的分布更为广泛。此外，农村劳动力就业不受行业、地域分布的限制，这就在客观上要求对其开发利用的思路要更加开阔、广泛。因此，农村劳动力资源管理工作具有显著的分散性和广泛性。

(二)季节性与周期性

由于我国农村劳动力所在的农户家庭在农村都承包有土地，农业又是农村居民生活的基本保障，加上我国农村人均土地面积较小，处于小规模经营状态，从而造成我国大部分农村劳动力兼业。一般来说，农村劳动力在农闲季节外出打工，农忙季节回家务农。再加上我国农村春节等节日团聚的传统影响深远，因此，农村劳动力资源管理工作具有鲜明的季节性和周期性。

(三)间接性与传导性

由于我国农村劳动力就业分散，加上农村居民传统意识比较浓厚，而且农民的经济基础相对较为薄弱，从而使农村劳动力资源管理工作虽然很难做到“面对面”，但由于家人、亲戚、朋友相互关照，互通信息，互相模仿，因此，农村劳动力资源管理工作具有明显的间接性和传导性。

【典型案例】

朱台镇人力资源和社会保障所举办农村劳动力转移培训班

为营造鼓励转移就业的社会环境，推进就业与再就业工作，使更多的农村富余劳动力实现转移就业，山东临淄朱台镇人力资源和社会保障所于2012年6月23日至7月25日举办农村富余劳动力家政服务员培训班3期，每期10天；计算机培训班2期，每期10天。全镇410名农村富余劳动力参加了培训。此次培训，以全面落实各项就业再就业扶持政策为目标，对农村富余劳动力进行了家政服务员和计算机应用等培训。在家政服务员培训班上，讲课教师以深入浅出的方法详细讲解了家政服务员的职业操守和素质要求、照料儿童、照料老人、操持家务的基本知识及安全与法律常识，并运用案例、视频短片等方式为学员解疑释惑，具有较强的针对性和实用性，提高了学员的专业技能和就业竞争力，受到了学员们的热情欢迎。

(http://www.zhutai.gov.cn/ZFZC/GZDT/2012/07/27/9510.html)

三、农村劳动力资源管理的主要工作

(一)制定农村劳动力资源开发与利用规划

农村劳动力资源的管理首先是要根据当地农村实际制定切实可行的劳动力资源开发与利用规划。特别是当前要结合深入贯彻党和国家以及各地政府关于进一步加强农村计划生育教育、劳动和社会保障、先进文化和精神文明建设,以及进一步做好农民工工作的意见、决定和政策,制定好农村劳动力资源开发规划。

(二)对农村劳动力进行培训提高

首先,要进行农村劳动力资源的培训需求分析、根据培训需求制定规划,并在培训完成后,进行培训效果的评估。在培训过程中要针对不同的人员和学习偏好进行分层次培训,提高受训者主动参与的积极性。从目前来看,农村富余劳动力在城市就业主要集中在加工制造业、建筑业、家政服务、交通运输、住宿餐饮、商品销售及物流行业等领域。按照他们所从事职业的不同,大致可以将需要开发的农村富余劳动力资源划分为生产型人力资源、服务型人力资源、技能型人力资源及技术型人力资源等四种类型。对于生产型人力资源及服务型人力资源来说,主要以体力劳动为主,工资报酬也相对较低,对技术和劳动力素质的要求较低,工作结束后返乡的几率比较高,因此在开发过程中除了要不断巩固他们已有的劳动生产技能之外,还要提高他们的生活技能;但是对于技能型人力资源及技术型人力资源来说,所从事的工作主要集中在专业技术领域,对专业知识及技能的要求较高,工作稳定性强并且报酬也相对较高,将来融入城市的机会要大大高于生产型及服务型人力资源,因此要重点强化以下四个方面的基本技能:一是专业技术知识和技能,主要指能够适应工业化需求的专项劳动技术与能力;二是信息化知识和技能,主要指能够适应现代社会信息沟通与交流的技术手段,如计算机操作技能、网络应用技能等;三是法律知识和技能,主要指能够运用法律武器维护自身权益的基本能力;四是城市生活技能,主要指能够在城市生存与发展的能力,如社会交往能力和自我保护能力等。

(三)发挥农村内部劳动力的作用

农村管理者需要了解村内劳动力的利用现状,并积极创造条件,为劳动力资源发挥作用创造条件。一是通过调整生产结构,在现有土地上发挥作用;二是积极联系有关方面,为劳动力进城务工创造条件;三是联系村内外的企业,为劳动力就近找到适合的工作;四是为条件差的劳动力在公益性就业岗位上安排工作。通过劳动力资源管理,使村内劳动力资源充分发挥作用。

(四)提高劳动力资源的身心健康水平

一是做好宣传教育工作,使农村劳动力养成健康文明的生活习惯;二是创造必要的体育活动条件,让村民有体育活动的场所;三是搞好村内医疗卫生设施的建设;四是保持村内良好的生产、生活环境,消除生产和生活污染;五是大力宣传优生优育,并为其创造相关条件;六是开展健康的文化娱乐活动,培育积极、乐观、向上的精神。

【阅读与思考】

当前农村劳动力转移培训中存在的问题与不足

近年来，农村劳动力培训工作已初见成效，但应当看到，要把劳动力资源优势转化成人力资本优势，是一项长期而艰巨的任务。而在当前在农村劳动力转移培训中，需要着力解决的主要问题有：

（一）农民参训积极性不高。由于受传统小农经济、长期农村生活方式的影响，农民普遍存在小富即安的思想，生活比较松散，时间观念、制度意识比较淡薄，一些农民认为培训要花时间又受累，觉得不合算。现在不少村因为集体土地被征用，农民得到一笔可观的土地征用补偿金，有了“小富”，安于现状的心理普遍存在。部分地方组织宣传工作还不够深入，一些农民对当前培训认识不足，对培训存在消极畏难情绪，参加培训的主动性和积极性不高。

（二）培训的针对性不强。目前，各种培训的层次不高，大多局限于简单的劳动技能培训，培训项目偏少，属于普及型的电脑培训占了绝大多数，而对农民转移就业有实质性帮助的电工、机械、营销等提高型培训项目较少，与就业地的主导产业衔接不紧，导致出现一些企业招不到技术工人，而农村劳动力又转移不出去的“双亏”局面。另外，一些地方培训的内容、方式不适应，有的以会代训，有的为培训而培训，被动应付考核，存在“走过场”等现象。

（三）转移就业率不高。由于农民综合文化素质偏低，接受的只是短期简单的工种培训，难以与大中专毕业生竞争，在用工市场竞争力不强，就业率不高。加上农民就业存在“高不成、低不就”的就业观念，对技术要求高的工种干不了，对收入低、体力型的工种又不愿意干。特别是一些城乡结合部的被征地农民，择业要求相对较高，对参加一些相对艰苦而市场又急需的工种的培训缺乏兴趣，“有事无人干”、“有人无事干”的现象并存。当前，针对农民转移培训的配套跟踪服务尚不完善，能够实现一年以上稳定就业的不多。

（http://cms.hengshui.gov.cn/cms/html/hstz/ZYLT/2010/10/22/content_173388.shtml）

思考：作为农村劳动力资源管理人员，你认为应怎样才能做好农村劳动力资源的转移培训工作？

【复习思考与练习】

1. 我国农村劳动力资源都有哪些特点？
2. 既然农村劳动力资源过剩，为何又存在“民工荒”问题，请分析原因。
3. 农村劳动力资源开发的模式有哪些？
4. 农业富余劳动力转移就业的途径有哪些？
5. 农村劳动力资源管理应做好哪些方面的工作？

项目十三 农村资金与财务管理

【学习目标】

- 通过本项目内容的学习,正确理解农村资金与财务管理的特点,掌握农村集体资金的筹集渠道,掌握农村集体收入的来源、成本费用的构成、农村集体最终收益分配的整个过程,以及农村集体投资的决策和农村集体资产管理的必要性和管理的方法。

【能力目标】

- 通过本项目内容的课堂学习和实训环节,让学生熟悉农村资金与财务管理中的细节,使学生具备农村资金与财务管理的全局控制能力。

【重点与难点】

- 本项目的重点:农村集体收入的来源、成本费用的构成及农村集体最终收益分配的整个过程。
- 本项目的难点:农村集体投资的决策和农村资产的管理方法。

【教学方法与手段】

- 以课堂讲授为主,案例和课堂讨论为辅。

【引导性案例】

村账监管"实况转播" 有动静就"亮灯"

——沪郊集体资产监管见闻

上海在全国率先建立农村集体资产、资金、资源即"三资"监管平台,"公示终端"直接入村。这个触摸式终端一般放在村的活动室,村民经过时,都可以点一点、看一看。以前"村务公开"的公示数据也上墙上栏,但要隔好久才能更新一次。现在的公示是动态的,有新的数据就更新,农民爱看。

村里公示机上面有资产概况、收入情况、支出情况、集体土地收益、农村分配、经济合同、农龄公示等9个板块。点击固定资产条目,不仅会显示原值、净值、使用状况等信息,还会显示资产的实物图片。在专设的"村干部报酬"一栏,细分了"基本报酬"、"业绩奖励"等条目。

农民最关心的是与自己关系最密切相关的栏目,比如集体的福利分配,对老年人又有什么新政策等。还有一年当中村里的集体企业、合作社效益好不好,以及村干部的收入是多少等。

"三资"动态监管平台,就好比是"实况转播"。每一笔集体资产只要一有"动静",马上"实况转播",第一时间就能知晓情况,并建立了自动预警机制。

镇里的监管平台在业务操作系统中,相应设置了做账进度预警、大额资金变动预警、费用支出预警、经济合同预警和工程项目预警。当村集体招待费、差旅费、通讯费、干部报酬超过规定值,或者收支出现不平衡、资产负债率超过一定比例时,监管系统就会自动报警,而且启动锁定功能,提醒采取相应措施。有了预警,有了提醒,监管就能前置,覆盖事前、事中、事后全过程。

自从"三资"监管平台在村里设了终端,村民不仅点击、查阅,还动起了脑筋。比如有个村有两个固定资产项目,从显示的图片资料来看,厂房等各方面的条件差不多,但显示的租赁价格和收益却相差较大。他们有"问号",就会问村干部。村干部再去了解,并把情况反馈给他们。

2010年,上海市的"三资"监管平台已录入3 330亿元总资产、982.9亿元净资产的数据信息。

(http://www.yangtse.com/system/2012/08/17/014186140.shtml)

任务一 了解农村资金与财务管理的概念、必要性及原则

一、农村资金与财务管理的概念

农村资金与财务管理是指农村经济组织对用于生产经营的自有财产与物资,或者占有、支配和管理的财产与物资,所发生的一切收入、使用、分配等财务事项进行计划、核算、监督与控

制的活动。农村资金与财务管理的目的，就是要贯彻执行国家的财经政策与法令；管好用好资金，确保资产保值增值；积极筹集资金，增加生产经营资金的投入，扩大再生产，发展农村经济；搞好经济核算，改善经营管理，提高经济效益。

二、农村资金与财务管理的必要性

(一)促进农村经济发展和维护农村社会稳定的需要

当前，我国的农业和农村经济发展进入了一个新的阶段。在这个阶段，要大力推进农业和农村经济结构的战略性调整，千方百计发展农村经济，增加农民收入，这就需要加强农村资金与财务管理。要促进农业和农村经济发展，保持农村社会稳定，改善党群、干群关系，也需要加强农村资金与财务管理。

(二)农村基层从源头上预防和治理腐败的需要

从经济领域违法违纪案件看，突出表现在集体资金使用上。农村资金与财务管理"暗箱操作"，"白条"作为财务凭证的现象时有发生，极易滋生腐败行为。因此，必须通过加强资金管理、健全财务监督制度，有效堵塞农村资金与财务管理上的漏洞，可以杜绝和减少各种违法违纪问题的发生。

(三)保障农村基层民主的需要

加强农村资金与财务管理，实行财务公开，让干部群众充分享有知情权、参与权、管理权和监督权，把行使权力的过程置于人民群众的监督之下，最大限度地减少权力运行的随意性，保证权力运行的规范性，是保障农村基层民主的重要举措。

三、农村资金与财务管理的原则

(一)依法理财原则

市场经济是法治经济。资金与财务管理必须依法办事，贯彻依法理财原则。就当前的情况而言，农村经济组织必须以有关财务制度为依据，根据生产经营的特点合理组织资金与财务管理活动，建立健全资金与财务管理制度，做好资金与财务管理工作；依法合理筹集资金并有效使用资金，严格执行国家规定的各项财务收支范围和标准，做好各项财务收支的计划预测、控制核算和分析考核；正确计算农村经济组织的经营成果和如实反映农村经济组织的财务状况，努力提高经济效益；依法计算和缴纳税金；按照规定顺序和要求分配利润，保证投资者的权益不受侵犯。

(二)科学性原则

资金与财务管理的对象及其所面临的环境是客观的，是不以人们的主观意志为转移的，这就要求人们在开展资金与财务管理活动、处理资金与财务关系时应当遵守其活动的规律；而资金与财务管理主体的意志又具有主观性，在开展资金与财务管理活动时应当在尊重其客观规律的基础上，发挥主观能动性。坚持科学性原则，就是要尊重客观经济规律，发挥人的主观能动性。科学性原则不仅是开展资金与财务管理活动的行为规则，也是从事其他一切实践活动时必须遵循的原则。

(三)成本-效益原则

成本-效益原则要求资金与财务管理活动注重投入和产出的比较，要求以尽可能少的物质资源、人力资源和财务资源,创造出尽可能多的财富。提高经济效益是农村经济管理的重要目的,而加强农村资金与财务管理是提高经济效益的重要手段。

(四)风险-收益平衡原则

在资金与财务管理活动中,权衡风险与收益是其管理工作必须认真面对的课题。通常情况下,为了获得较多的收益,往往不得不冒较大的风险;相反,不想冒风险,则收益必然较小。风险与收益平衡原则要求农村经济组织不能只顾收益最大而不顾风险,应当在风险与收益的比较中作出正确而谨慎的抉择,趋利避害,确保资金与财务管理目标的实现。

(五)现金收支平衡原则

在资金与财务管理中,应贯彻收付实现制,而非权责发生制。这就在客观上要求在农村资金与财务管理过程中要做到现金收入(流入)与现金支出(流出)在数量上、时间上达到动态平衡,即现金流转平衡。保持现金收支平衡的基本方法是现金预算控制。现金预算可以说是筹资计划、投资计划、分配计划的综合平衡,因而现金预算是进行现金流转控制的有效工具。

(六)诚信原则

所谓"诚信"就是"诚实不欺,恪守信用"。在社会主义市场经济条件下,诚信的含义已经超出个人品德修养的范畴,而是市场微观主体从事各种活动的行为规则。因此,在资金与财务管理工作中,必须恪守诚信原则。这在当前条件下,具有很强的现实意义。

任务二 搞好农村集体资金的筹集

一、农村集体资金筹集的概念与原则

(一)农村集体资金的概念与表现形式

农村集体资金,即农村社区合作经济组织(即农村集体经济组织,以下简称"村集体")的资金,是指以货币形式表现的,以土地集体所有制为基础的村集体内部广大农民群众集体所有的,处于生产和流通过程中不断运动并能够增值的各种财产、物资,以及用以支付劳动报酬的货币的总和。其为农村社会资金的重要组成部分。农村集体资金的表现形式主要有:

1.股份基金

其包括农业合作化时期社员个人入股的基金;改革开放以来,新建立的农村股份合作经济组织的股金;原生产队积累折股基金;村集体以入股形式吸收的股份基金(股权)等。

2.生产性积累资金

它是指村集体通过积累而形成的自有的、用于生产经营活动的资金。

3.集体提留

它是指承包单位、村民小组、农户按规定向村集体上缴的提留,包括公积金、公益金、管理费等。

4.实物形态转移的货币资金

其主要包括集体固定资产折旧基金、土地等农业资源征用补偿费等。

5.外单位和农户欠、借款项

其中欠款部分中既包括改革开放前社员欠生产队或生产大队的款项，也包括改革开放后农户欠交的承包款。借款部分一般是改革开放以来，农户向村集体所借的临时款项。

6.其他资金

如以集体为单位购买的国库券、有价证券及集体在银行、信用社的存款等。

7.国家和上级主管部门发放的扶持资金

如国家和各级政府无偿投入的农业发展基金，以及乡镇企业以工补农款项等。

8.借入资金

包括向银行、信用社及其他非金融机构等借入的资金。

（二）农村集体资金筹集的概念与必要性

农村集体资金筹集是指村集体根据生产经营、对外投资和调整资本结构等活动对资金的需要，通过一定的渠道，采取适当的方式，获取所需资金的一种行为。

资金筹集是任何经济组织财务活动的起点，是经济组织生存、发展的基本前提。没有资金则任何经济组织都将难以生存，也不可能发展。实践中，村集体可根据生产经营、对外投资和调整资本结构等需要，通过有效的资金筹集渠道，运用适当的资金筹集方式，有效地筹集所需要的资金。

（三）农村集体资金筹集的原则

1.规模适当原则

即合理确定资金需求量，努力提高筹资效率。

2.方向经济原则

即要求研究投资方向，提高投资效果。

3.筹措及时原则

即适时取得资金，保证资金投放需要。

4.结构合理原则

即合理安排资本结构，保持适当的偿债能力，且风险小、成本低。

5.来源合理原则

即遵守国家有关法规，维护各方合法权益。

二、农村集体资金需要量的预测

村集体在融资之前，应当采用一定的方法预测资金需求量，只有这样，才能使筹集的资金既能保证满足生产经营的需要，又不会有太多的闲置。资金需要量的预测可以采用定性预测法和比率预测法。

（一）定性预测法

定性预测法是指利用直观的资料，依靠个人的经验和主观分析、判断能力，对未来资金需要量做出预测的方法。其预测过程是：首先由熟悉财务和生产经营情况的专家，根据过去所积累的经验进行分析判断，提出预测的初步意见；然后，通过召开座谈会或发出各种表格等形式，对上述预测的初步意见进行修正补充。这样经过一次或几次以后，即可得出预测的结果。

定性预测法虽然十分简单、实用，但准确度较差。

(二)比率预测法

比率预测法是指依据财务比率与资金需求量之间的关系，预测未来资金需要量的方法。能用于资金预测的比率可能会很多，如存货周转率、应收账款周转率等，但最常用的是资金与销售额之间的比率。

销售额比率法是指以资金与销售额的比率为基础，预测未来资金需要量的方法。应用销售额比率法预测资金需要量时，是以下列假定为前提的：企业的部分资产和负债与销售额同比例变化；企业各项资产、负债与所有者权益结构已达到最优。应用销售额比率法预测资金需要量通常需经过以下步骤：

(1)预计销售额增长率；

(2)确定随销售额变动而变动的资产和负债项目；

(3)确定需要增加的资金数额；

(4)根据有关财务指标的约束确定对外融资数额。

三、农村集体资金的筹集渠道与方法

(一)农村集体资金的筹集渠道

资金筹集渠道就是所要筹措资金的来源方向。目前，我国农村集体资金的筹集渠道主要有：

1. 自有资金

即村集体内部形成的资金，如公积金和未分配利润等。

2. “一事一议”资金

即村集体为兴办村民直接受益的集体公益事业，按照有关规定所确定的由村民拿出的资金。

3. 国家财政资金

即国家对农村的直接投资或税前还贷、减免各种税款所形成的的资金。

4. 银行信贷资金

即银行对村集体发放的各种贷款。

5. 非银行金融资金

即保险公司、证券公司、信托投资公司、租赁公司等提供的各种金融服务。

6. 企业资金

即企业投资和商业信用形成的债权、债务资金。

7. 个人借款

即向民间个人借用的资金。

8. 外商资金

即国外或境外企业或个人通过独立投资或合作投资、合作经营所投入的资金。

(二)农村集体资金的筹集方法

1. 借款

(1)拟定借款方案。根据村集体成员大会或成员代表会议讨论结果，财务部门制定借款方案，确定借款金额、时限、利率、担保人等重要内容。

(2)提出借款申请。村集体向金融机构或其他借款人提出申请,双方达成一致意见,签订借款合同。

(3)取得借款。借款合同签订后,借款人应按合同约定,按时将款项给付村集体。收到款项后,财会部门应及时进行借款业务的会计核算。

(4)使用借款。村集体应按借款合同约定使用借款,财会部门及时进行款项使用的会计核算,按期计提借款利息。

(5)借款的归还。村集体应按借款合同约定,按时归还借款本金和利息,财会部门应及时进行还本付息的核算。

2.吸收外来投资

(1)村集体的资本构成。村集体的资本分为村(组)资本、外单位资本、个人资本、国家资本等。村(组)资本,是指村(组)以其可以支配的资产和劳务投入村集体而形成的资本,包括原生产队积累折股股金和合作化时期形成的股份基金等;外单位资本,是指村集体以外的单位以其可以支配的资产投入村集体所形成的资本;个人资本,是指村集体内部成员或社会个人以个人合法财产投入村集体而形成的资本;国家资本,是指有权代表国家投资的政府部门或者机构以国有资产投入村集体而形成的资本。

(2)吸收投资的价值确定。收到以货币资金投资时,按实际收到的金额计价;收到以固定资产作为投资时,按照投资各方确认的价值计价;收到以劳务形式投资时,按当地劳务价格计价。村集体筹集的资本,投资者除依法转让外,不得随意抽走。在特殊的情况下确实需要抽走的,须经成员大会或成员代表大会讨论决定。

3."一事一议"资金筹集

(1)"一事一议"资金的概念。农村税费改革后,取消了统一规定的义务工和劳动积累工,村级生产与公益事业建设按规定要实行"一事一议"。"一事一议"资金是指村集体兴办村民受益的生产、公益事业时,按照国家法规、政策的规定,以"一事一议"的形式向村民筹集的专项资金。政策规定,除筹资外还可以筹劳。筹劳通过劳务使用登记簿进行登记,实行年末找补。

(2)"一事一议"资金的使用范围。村内"一事一议"筹资筹劳,原则上用于本村范围内农田水利基本建设、植树造林、修建和维护村级道路及村民认为需要兴办的其他生产公益事业。对跨村的大型集体公益事业,经村集体成员大会或成员代表大会讨论同意后,可以跨村使用。

不应列入的范围包括:大中型水利基础设施和各级政府安排的通村公路建设、学校危房改造、村组干部报酬、五保户供养等应由财政支出的项目,以及偿还村级债务、兴办企业亏损等所需的费用。

(3)"一事一议"资金筹集的原则。向农民筹资筹劳要遵循"群众急需、共同受益、量力而行、民主决策、上限控制、政府扶持"的原则。

(4)"一事一议"资金筹集的议事程序。它有以下几个步骤:

①1/10的村民联名或1/5的村民代表联名提出资金筹集预案,经村集体(村民委员会)研究形成正式议案。

②经村民代表逐户征求意见后,再提交村集体成员大会或成员代表大会进行审议和表决。成员大会应当有本村18周岁以上的成员过半数参加,或者有本村2/3以上农户参加,并经到会人员的过半数通过。

③筹资预算方案讨论通过后向全体成员公示。

④报乡(镇)农村经营管理部门审核。

⑤经乡(镇)人民政府审批。

⑥报县(市、区)级经管部门备案。

(5)"一事一议"资金的管理。收取到的"一事一议"资金应设置专户管理,专账核算,不能与其他负债混为一体;没有收取到的"一事一议"资金,要记入农户往来,并积极组织清收,但不能向农户强行收取。

"一事一议"资金应专款专用,主要用于村内生产、公益事业,每笔支出都及时进行核算。"一事一议"筹资建设项目全部完工后仍有结余的,如果余额较大,应退还农户;如果余额较小,可征得村民或村民代表同意,转用于村内其他"一事一议"筹资项目或留待下次"一事一议"。

任务三　搞好农村集体投资的管理

一、农村集体投资的概念与类型

(一)农村集体投资的概念

投资是货币转化为资本的过程。因此,农村集体投资是指村集体为在未来获得回报,而将资金或资产让渡给外部其他单位的活动或行为。

(二)农村集体投资的类型

1.按对外投资的期限不同进行分类——短期投资和长期投资

短期投资是指村集体购入的能够随时变现的,并且持有时间不超过一年(含一年)的有价证券以及不超过一年(含一年)的其他投资,包括各种股票、债券、基金等;长期投资是指不准备在一年或长于一年的经营周期之内转变为现金的投资。村集体取得长期投资的目的在于持有而不在于出售,这是与短期投资的一个重要区别。实际上,短期投资形成的资产属于流动资产,长期投资形成的资产属于长期资产。

2.按对外投资的性质不同进行分类——股权性投资和债权性投资

股权性投资,是指村集体购买的其他企业的股票或以货币资金、无形资产和其他实物资产直接投资于其他单位而形成的投资。债权性投资也叫债券性投资,是指村集体购买的各种一年期以上的债券,包括其他企业的债券、金融债券和国债等。债权性投资不是为了获取被投资单位的所有者权益,而只能获取被投资单位的债权。债权性投资自投资之日起即成为债务单位的债权人,并按约定的利率收取利息,到期收回本金。

3.按对外投资的形式不同进行分类——直接投资和间接投资

直接投资是指村集体直接开厂设店从事经营,或者投资购买企业相当数量的股份,从而对该企业具有经营上的控制权的投资方式。间接投资是指村集体以其资本购买公司债券、金融债券或公司股票等各种有价证券,以获取一定收益的投资。由于间接投资主要是购买各种各样的有价证券,因此也被称为证券投资。与直接投资相比,间接投资的投资者除股票投资外,一般只享有定期获得一定收益的权利,而无权干预被投资对象对这部分投资的具体运用及其经营管理决策；间接投资的资本运用比较灵活，可以随时调用或转卖，更换为其他资产，以谋求更大的收益。

二、农村集体投资的计价

以现金方式进行的投资，按实际支付的价款计价；以实物资产（含牲畜和林木）等方式进行长期投资，按照评估确认或合同、协议确定的价值计价，合同或协议约定的实物资产价值与原账面价值之间的差额，计入公积公益金；投资时发生的各项费用，包括经纪人佣金、税金以及手续费等，也计入投资成本；长期投资中包含的已经宣告但尚未领取的现金股利和已经到了付息期但尚未领取的债券利息不单独反映，一并计入投资成本。

村集体以实物资产方式进行投资，其评估确认或合同、协议确定的价值必须真实、合理，不得高估或低估资产价值。

三、农村集体投资的决策分析

（一）资金的时间价值

资金的时间价值，是指一定量资金在不同时点上的价值量差额。也就是资金在投资和再投资过程中随着时间的推移而发生的增值。资金的时间价值是资金在周转使用中产生的，是资金所有者让渡资金使用权而参与社会财富分配的一种形式。比如，将今天的100元钱存入银行，在年利率为10%的情况下，一年后就会得到本息之和110元。可见经过一年时间，这100元钱就产生了10元的增值。人们将资金在使用过程中随时间的推移而发生增值的现象，就称为资金具有时间价值的属性。

资金时间价值的计算是财务管理的基础。要想掌握资金时间价值的计算方法和计算技巧，首先要学会区分资金的两种基本类型：一次性收付款项和年金。这是掌握资金时间价值计算的关键。实际上，正是由于资金的两种基本类型在款项收付的方式、时间及数额上有一定的特点和规律，所以我们可以归纳出不同类型资金的时间价值计算公式，并且配有相应的系数表，这些系数表的运用大大简化了资金时间价值的实际计算过程。因此，在资金时间价值的计算中，关键是正确判断资金的类型。下面介绍资金的几种基本类型：

1. 一次性收付款项

即在某一特定时点上一次性支付（或收取），经过一段时间后再相应地一次性收取（或支付）的款项。一次性收付款项的特点是资金的收入或付出都是一次性发生的。

2. 年金

即在一定时期内每次等额收付的系列款项。年金的特点是资金的收入或付出不是一次性发生的，而是分次等额发生，而且每次发生的间隔期都是相等的。按照每次收付款发生的具体时点不同，又可以把年金分为普通年金、即付年金、递延年金和永续年金。其中普通年金和即付年金是年金的两种基本类型。

（1）普通年金。它是指从第一期开始，在一定时期内每期期末等额收付的系列款项，又称为后付年金。

（2）即付年金。它是指从第一期开始，在一定时期内每期期初等额收付的系列款项，又称为先付年金。

（3）递延年金。它是指从第一期以后才开始的，在一定时期内每期期末等额收付的系列款项。它是普通年金的特殊形式。凡不是从第一期开始的普通年金都是递延年金。

(4)永续年金。它是指从第一期开始,无限期每期期末等额收付的系列款项。它也是普通年金的特殊形式。

(二)净现值法

净现值是一项投资所产生的未来现金流的折现值与项目投资成本之间的差值。净现值法是评价投资方案的一种方法。该方法利用净现金效益量的总现值与净现金投资量算出净现值,然后根据净现值的大小来评价投资方案。净现值越大,投资方案越好。净现值法是一种比较科学也比较简便的投资方案评价方法。净现值的计算公式如下:

净现值=未来报酬总现值-建设投资总额

或

$$NPV = \sum_{t=1}^{n} \frac{C_t}{(1+r)^t} - C_0$$

式中:NPV 为净现值;C_0 为初始投资额;C_t 为 t 年现金流量;r 为贴现率;n 为投资项目的寿命周期。

如果将初始投资额看做第 0 年的现金流量,同时考虑到$(1+r)^0=1$,则上式可以变换为:

$$NPV = \sum_{t=0}^{n} \frac{C_t}{(1+r)^t}$$

净现值指标考虑了投资项目资金流量的时间价值,较合理地反映了投资项目真正的经济价值,是一个比较好的投资决策指标。

1.净现值法的优点

(1)使用项目所获得的现金流量。相比之下,利润包含了许多人为的因素,而且在资本预算中利润不等于现金。

(2)包括了项目的全部现金流量。而其他资本预算方法往往会忽略某特定时期之后的现金流量,如回收期法。

(3)对现金流量进行了合理折现。而其他有些方法在处理现金流量时往往忽略货币的时间价值,如回收期法、会计收益率法。

2.净现值法的缺点

(1)资金成本率的确定较为困难,特别是在经济不稳定情况下,资本市场的利率经常变化更加重了确定的难度。

(2)净现值法说明投资项目的盈亏总额,但没能说明单位投资的效益情况,即投资项目本身的实际投资报酬率。这样会造成在投资规划中着重选择投资大和收益大的项目而忽视投资小、收益小,而投资报酬率高的更佳投资方案。

在净现值法的基础上考虑风险,得到两种不确定性决策方法,即肯定当量法和风险调整贴现率法。但肯定当量法的缺陷是肯定当量系数很难确定,可操作性比较差;而风险调整贴现率法则把时间价值和风险价值混在一起,并据此对现金流量进行贴现,不尽合理。

3.使用净现值法应注意的问题

(1)折现率的确定。净现值法虽考虑了资金的时间价值,可以说明投资方案高于或低于某一特定的投资的报酬率,但没有揭示方案本身可以达到的具体报酬率是多少。折现率的确定直接影响项目的选择。

(2)用净现值法评价一个项目多个投资机会,虽反映了投资效果,但只适用于年限相等的互斥方案的评价。

(3)净现值法是假定前后各期净现金流量均按最低报酬率(基准报酬率)取得的。

(4)若投资项目在不同阶段有不同风险,那么最好分阶段采用不同折现率进行折现。

(三)内涵报酬率

内涵报酬率又称内含报酬率、内部报酬率,是指能够使未来现金流入量现值等于未来现金流出量现值的折现率,或者说是使投资方案净现值为0的折现率。内涵报酬率是一个相对数指标,在一定程度上反映一个投资项目投资效率的高低,所以这类评价指标通常用于备选方案之间相互独立的独立方案决策。

1.内涵报酬率指标的特点

(1)内涵报酬率是由特定的现金流量确定的。无论实际再投资多少,内涵报酬率都是确定的。

(2)内涵报酬率的计算与基期无关。

$$\sum_{i=1}^{n}\left[\frac{NCF_t}{(1+IRR)^{t-i}}-NII(1+IRR)^i\right]=0$$

式中:n为项目经济寿命期;IRR为内涵报酬率;NCF_t为第t年的净现金流量;NII为项目的净增量投资额。

(3)内涵报酬率假定各个方案的所有中间投入可按各自的内涵报酬率进行再投资而进行增值。

2.内涵报酬率的计算方法

内涵报酬率的计算,主要有两种方法:

(1)逐步测试法。它适合于各期现金流入量不相等的非年金形式。计算方法是:先估计一个贴现率,用它来计算方案的净现值;如果净现值为正数,说明方案本身的报酬率超过估计的贴现率,应提高贴现率后进一步测试;如果净现值为负数,说明方案本身的报酬率低于估计的贴现率,应降低贴现率后进一步测试。经过多次测试,找出使净现值接近于零的贴现率,即为方案本身的内涵报酬率。

(2)年金法。它适合于各期现金流入量相等,内涵报酬率可直接查年金现值系数表来确定的情形。

内涵报酬率可按下述步骤进行计算:

第一步:计算年金现值系数。

$$年金现值系数=\frac{初始投资额}{每年净现金流量}$$

第二步:计算出于上述年金现值系数相邻近的两个折现率($a\%$和$b\%$)。

第三步:根据上述两个临近的折现率和已求得的年金现值系数,采用内插法计算出该投资方案的内涵报酬率。

(四)回收期法

回收期法又称“投资返本年限法”,是计算项目投产后在正常生产经营条件下的收益额和计提的折旧额、无形资产摊销额用来收回项目总投资所需的时间,通过与行业基准投资回收期对比来分析项目投资财务效益的一种静态分析法。

回收期指标所衡量的是收回初始投资的速度快慢。其基本的选择标准是:在只有一个项目可供选择时,该项目的投资回收期要小于决策者规定的最高标准;如果有多个项目可供选择时,在项目的投资回收期小于决策者要求的最高标准的前提下,还要从中选择回收期最小的项目。回收期的计算公式如下:

$$\sum_{t=1}^{r} C_t - C_0 = 0$$

式中:r 为投资回收期;C_t 为 t 时期的现金流入量;C_0 为初始投资额。

在投资项目各期现金流量相等的情况下,只要用投资的初始投资额除以每期的现金流量即可。其公式为:

$$投资回收期=\frac{初始投资额}{每期现金流量}$$

如果投资项目投产后每年产生的净现金流入量不等(绝大多数情况下是这样),则需逐年累加,最后计算出投资回收期。

也可以表示为:

$$投资回收期=\frac{项目总投资}{年收益额+年计提折旧额+年无形资产摊销额}$$

式中项目总投资是包括项目建设期间借款利息的总投资。年收益额是项目投产后达到设计年产量后第一个年度所获得收益额,可按税前利润计算也可按税后利润计算,目前一般都按年税前利润计算。在计算投资回收期时,之所以在年收益额外还要加上计提折旧额和无形资产摊销额,是因为折旧额和摊销额是重新购置固定资产和无形资产的资金来源,它虽不是项目的收益,但是它是用以补偿固定资产和无形资产投资的,所以也应将它与收益额一起作为收回的投资。上式算得的投资回收期是从投产之日开始计算的。如需要从建设期初算起,还要加上建设期。

回收期指标的特点是计算简单,易于理解,且在一定程度上考虑了投资的风险状况(投资回收期越长,投资风险越高;反之,投资风险则减少),故在很长时间内被投资决策者们广为运用,目前也仍然是一个在进行投资决策时需要参考的重要指标。但是,投资回收期指标也存在着一些致命的弱点:

第一,回收期指标将各期现金流量给予同等的权重,没有考虑资金的时间价值。

第二,回收期指标只考虑了回收期之前的现金流量对投资收益的贡献,而没有考虑回收期之后的现金流量对投资收益的贡献。

第三,回收期指标的标准确定主观性较大。

四、农村集体投资债券、股票的决策

一般来说,在债券投资时,主要考虑两个因素:一个是债券的违约风险,另一个是债券投资的收益率。在股票投资时，主要考虑三个因素：一个是被投资单位财务状况和经营成果；另一个是被投资单位发展前景、获利能力和经营风险；再一个就是被投资单位股利发放政策及执行情况。进行投资时，应经村集体成员大会或成员代表大会讨论决定，严禁任何个人擅自决定对外投资或者改变集体决策意见。

五、有价证券的管理

有价证券的管理，应主要做好以下工作：一是实行专人保管。一般应由出纳人员保管，也可委托银行或证券公司代管。二是进行账簿登记。会计人员应在有价证券登记簿上进行登记，详细记录有价证券的相关信息。三是定期进行盘点。会计与出纳要定期对账，定期进行盘点，发现问题，要找出原因，及时纠正，做到账券相符。四是严格转让手续。需要转让有价证券时，必须经村集体成员大会或成员代表大会讨论同意，方可转让。转让收入与票面金额之间的差额，计入投资收益。五是及时做好到期有价证券本息的收回工作。

股权投资的转让、投资报酬结算、到期收回投资等与有价证券管理的要求基本相同。

任务四　搞好农村集体资产管理

农村集体资产是指村集体在长期的生产经营过程中积累形成的公共资产，需要进行科学管理。

一、现金管理

(一)现金管理的内容与要求

现金管理的主要内容包括：一是库存现金限额；二是现金结算范围；三是现金收付管理；四是每日账款核对。

实践中，要加强库存现金限额管理，定期或不定期对出纳库存现金进行盘点，加强对出纳账目的结报管理，确保集体资金安全。

(二)现金管理注意事项

1. 收入现金

所收入现金，应于当日送存开户银行。当日送存确有困难的，由开户银行确定送存时间。

2. 支付现金

支付现金，可以从本单位库存现金中支付，或从开户银行提取，但不得从本单位的现金收入中直接支付，即不得“坐支”现金。因特殊情况需要“坐支”现金时，应事先报经开户银行审查批准，并在核定的范围和限额内进行。同时，收支的现金都必须入账。

3. 特殊情况

特殊需要必须使用现金时，应向开户银行提出书面申请，由本单位财会部门负责人签字盖章，并经开户银行审查批准后予以支付。

此外，不准用不符合制度规定的凭证顶替库存现金，即不得“白条抵库”；不准谎报用途套取现金;不准用银行账户代其他单位和个人存入或支取现金;不准将单位收入的现金以个人名义存为储蓄,即不得“公款私存”;不准保留账外公款,即不得设置“小金库”等。银行对于违反上述规定的单位,将按照违规金额的一定比例予以处罚。

二、银行存款的管理

银行存款是村集体存放在银行的资金,是单位货币资金的主要内容。为加强管理,应建立健全银行存款管理制度,按如下办法进行管理:

(一)总体要求

根据资金的不同性质、用途,分别在银行开设账户,严格遵守国家的银行结算制度和现金管理暂行条例,接受银行监督。

(二)银行存款

对于银行存款,包括银行存款账户的开设、办理支付结算等,都须遵守中国人民银行制定的《银行账户管理办法》、《支付结算办法》,需凭送款单、支票存取现金。

(三)银行账户

村集体必须严格按照人民银行规定,在相关部门指导下,在银行或信用社设立一个集体存款账户。银行账户只限村集体使用,不准出租、出借、套用或转让。

(四)支票

不得签发空头支票。

(五)账目

应按月与开户银行对账,保证账账、账款相符。平时开出支票,应尽量避免跨月支取;年终开出支票,必须当年支款,不得跨年度。

(六)银行存款余额调节表

出纳、会计应按月编制银行存款余额调节表,逐月与银行核对余额,防止错账、乱账。

三、应收款项的管理

村集体可以从以下几方面做好应收账款的日常管理工作:

(一)做好基础记录

基础记录包括客户提供的信用条件,建立信用关系的时间,客户付款的时间,目前尚欠款项数额以及客户信用等级变化等。只有掌握这些信息,才能及时采取相应的对策。

(二)检查是否突破信用额度

对客户提供的每一笔赊销业务,都要检查是否有超过信用期限的记录,并注意检验客户所欠债务总额是否突破了信用额度。

(三)掌握客户已过信用期限的债务

密切监控客户已到期债务的增减动态,以便及时采取措施与客户联系提醒其尽快付款。

(四)分析应收账款周转率和平均收账期

看流动资金是否处于正常水平,村集体可通过该项指标,与以前实际、现在计划及其他村集体进行比较，借以评价应收账款管理中的成绩与不足，并修正信用条件。

(五)遵循稳健性原则

对坏账损失的可能性预先进行估计，积极建立弥补坏账损失的准备制度。

(六)考察拒付状况

考察应收账款被拒付的百分比，即坏账准备率，以决定村集体信用政策是否应改变，如实际坏账准备率大于或低于预计坏账准备率，村集体必须看信用标准是否过于严格或太松，从而修正信用标准。

(七)编制账龄分析表

检查应收账款的实际占用天数，村集体对其收回的监督，可通过编制账龄分析表进行，据此了解有多少欠款尚在信用期内，应及时监督；有多少欠款已超过信用期，计算出超时长短的款项各占多少百分比，估计有多少欠款会造成坏账，如有大部分超期，村集体应检查其信用政策。

四、存货的管理

村集体的存货包括种子、化肥、燃料、农药、原材料、机械零配件、低值易耗品、在产品、农产品和工业产成品等。

(一)存货入库的管理

1. 检查验收

到货后，验收人员应立即根据凭证所列的品种、规格、数量、质量等项目，严格进行检查和验收后，填写验收单。

2. 入库

仓库管理人员在核对无误的基础上，填写入库单，一联留存仓库，一联随同存货的其他凭证送交财会部门报账。

3. 存货的计价

购入的物资按照买价加运输费、装卸费等费用，运输途中的合理损耗以及相关税金等计价。入库的农产品和工业产成品，按生产过程中发生的实际支出计价。

(二)存货库存的管理

产品、物资入库后，要根据其性质、体积和贮藏要求，实行分类保管，集中存放，防止混杂，避免变质。

村集体要建立材料定量存储、包干使用、定额领用等责任制度，防止不合理储备和积压。

村集体对存货要定期盘点核对，做到账实相符。年度终了前，必须进行一次全面的盘点清查。盘盈的存货，按同类或类似存货的市场价格计入其他收入；盘亏、毁损和报废的存货，按规定程序批准后，按实际成本扣除应由责任人或者保险公司赔偿的金额和残料价值后的余额，计入其他支出。

(三)存货出库的管理

领用存货，必须填写领料单，并经有关负责人审批，然后出库，会计人员根据领料单记账核算；

出售存货，先要经有关负责人审批，然后由会计人员开具凭证（发票），经保管人员签字后出库。

借用存货，必须经主管领导审批，并办理借用手续，方可出库，会计人员根据借用手续记账。

领用或出售的出库存货的核算，可在"先进先出法"、"加权平均法"、"个别计价法"等方法中任选一种，但一经选定，不得随意变动。

五、农业资产的管理

(一)农业资产增加的管理

1. 牲畜（禽）资产

购入的，按照购买价及相关税费计入成本；自产的，没有初始成本，不需要进行会计核算，但要搞好记录，待发生饲养费用时，再进行核算，计入该资产的成本；投资者投入的，按投资各方确认的价值计入成本；接受捐赠的，按所附发票金额加上实际发生的运输费、保险费等计价。

2. 林木资产

购入的，按实际支付的购买价及相关税费计入成本；营造的，按实际投入的种子、人工等各项费用计入成本；接受捐赠的，按所附发票价格计入成本。

(二)农业资产存续期间的管理

1. 牲畜（禽）资产

幼畜及育肥畜的饲养费用，予以资本化，按实际支出计入成本；幼畜成龄转作产役畜时，按实际成本结转；产役畜的饲养费用，按实际成本计入经营支出；产役畜成本摊销，将成本扣除5%净残值后的余额按直线法摊销，已提足折耗但未处理仍继续使用的产役畜不再摊销。

2. 林木资产

购入或营造的经济林木投产前、非经济林木郁闭前发生的培植费用，予以资本化，增加受益林木资产的成本价值。

经济林木投产后发生的管护费用，不再予以资本化，而是作为期间费用处理，按管护费用的实际发生额，借记"经营支出"账户；非经济林木郁闭后发生的管护费用，不再予以资本化，而是作为期间费用处理，按实际发生额，计入其他支出。

经济林木投产后成本摊销，将成本扣除5%净残值后的余额按直线法摊销，已提足折耗但未处理仍继续使用的经济林木不再摊销。

(三)资产处置

出售的，按售价确认销售收入，同时按出售时资产的账面价值结转成本。

林木资产采伐出售，不作经济林木和非经济林木区分，但需经林业行政主管部门批准方可采伐出售。

对外投资的，按照合同、协议确定的价值计入投资成本，合同、协议确定的价值与资产账面价值的差额计入公积公益金。

死亡毁损的，经过批准，按照过失人及保险公司赔偿的金额计入债权，按照死亡毁损时资产的账面价值冲减成本，按二者的差额计入其他收支。

(四)农业资产管理的总体要求

1.做好跟踪记录

农业资产是具有鲜明生命特征的资产,不同的生长阶段,对财务管理有着不同的要求,况且其价值伴随着生命历程不断变化,需要对其成长过程进行准确的记录和登记,及时提供真实完整的成长信息。根据农业资产成长的时点信息,确定会计核算、资产转换和成本摊销等。

2.搞好定期核查

建立农业资产定期核查制度,主要核对记录和登记是否符合实际,各项时点的确定是否符合政策规定,成本核算是否准确,资产转换是否适宜,成本摊销是否符合制度规定,成本摊销是否正确。

六、固定资产的管理

村集体的房屋、建筑物、机器、设备、工具、器具和农业基本建设设施等劳动资料,凡使用年限在一年以上,单位价值在800元以上的列为固定资产。有些主要生产工具和设备,单位价值虽低于规定标准,但使用年限在一年以上的,也可列为固定资产。

(一)固定资产的分类

1.按经济用途分类

(1)生产经营用固定资产:是指直接用于生产经营或生产服务的各种固定资产。如生产经营用房屋及建筑物、机器、设备、工具、器具及农业基本建设设施等。

(2)非生产经营用固定资产:是指不直接用于生产经营或生产服务的各种固定资产。如浴室、医务室、俱乐部、幼儿园、学校等方面的用房、设备和游戏道具等。

2.按所有权关系分类

(1)自有固定资产:是指村集体拥有其所有权,即产权,可以按照自己的意愿使用或处置的固定资产。

(2)租入固定资产:是指村集体通过租赁的方式从外部或内部租入的固定资产。

3.按使用情况分类

(1)在用固定资产:是指正在使用中的固定资产,包括季节性停用和大修理停用的固定资产。

(2)未使用固定资产:是指尚未开始投入使用的各种固定资产,包括尚未投入使用的新增固定资产、待安装的固定资产、进行改建扩建的固定资产,以及停止使用一定期限的固定资产。

(3)不需用固定资产:是指不再符合村集体需要,应作处理或准备处理的各种固定资产。

(二)固定资产的计价

1.原始价值

原始价值又称原价或原值,是指村集体在购建某项固定资产时所发生的各项支出总额。由于固定资产的形成来源不同,其入账价值的确定方法也不同。

2.重置价值

重置价值又称重置完全价值,是指在当前现实条件下,重新购置或建造某项固定资产所需的全部支出。

3.净值

净值又称折余价值，是指固定资产的原始价值减去累计折旧后的余额。而固定资产的累计折旧是指固定资产因使用发生的有形损耗和无形损耗而减少的那一部分价值。它反映固定资产的现有价值。

4.固定资产计价的具体处置

(1)购入的固定资产，不需要安装的，按实际支付的买价加采购费、包装费、运杂费、保险费和交纳的有关税金等计价；需要安装或改装的，还应加上安装费或改装费。

(2)新建的房屋及建筑物、农业基本建设设施等固定资产，按竣工验收的决算价计价。

(3)接受捐赠的固定资产，应按发票所列金额加上实际发生的运输费、保险费、安装调试费和应支付的相关税金等计价；无所附凭据的，按同类设备的市价加上应支付的相关税费计价。

(4)在原有固定资产基础上进行改造、扩建的，按原有固定资产的价值，加上改造、扩建工程而增加的支出，减去改造、扩建工程中发生的变价收入计价。

(5)投资者投入的固定资产，按照投资各方确认的价值计价。

(6)盘盈的固定资产，按同类设备的市价计价。

(三)固定资产增加的管理

(1)对新购置的固定资产，必须编制购置预算，批准后方可购置。村集体财会部门应按批准购置固定资产的项目和标准使用资金。

(2)对新建的固定资产，必须编制购置预算，批准后方可建设。竣工验收后，核定固定资产原值，进行登记、编号。

(3)对于投资者投入的固定资产，应核实其价值确认是否合理，有关手续、凭证是否齐全。

(4)对其他形式增加的固定资产，主要审查其价值确认是否合理，手续是否完备，程序是否合规。

(四)固定资产减少的管理

(1)固定资产出售，应合理确定出售价格，按规定办理审批手续，签订出售合同和办理财务手续，及时收回款项。

(2)固定资产对外投资，应合理确定投资价值，按规定审批后，办理投资手续。

(3)固定资产报废，应查明原因，按规定办理报废手续。如因不正当原因报废的，应追查有关人员责任。财会人员应根据报废手续正确处理好账务，及时收取残值。

(4)固定资产盘亏，应填制固定资产盘亏报告表，并查明原因，待批准后作其他支出处理。

(五)固定资产出租的管理

村集体出租固定资产，租赁双方一定要签订租赁合同。合同内容一般包括租赁期限、租金数额、租金支付方式、使用维护及管理的要求、违约责任和其他需要说明的事项。

对租赁者不按合同约定使用固定资产或无正当理由不及时交纳租金的，村集体应向其收取违约金，或将固定资产收回。

租赁者损坏的固定资产要及时修复，不能修复的要按质论价，由租赁者赔偿。

(六)固定资产折旧的管理

村集体必须建立固定资产折旧制度，按年或按季、按月提取固定资产折旧。

1. 固定资产折旧的范围

下列固定资产应当计提折旧：一是房屋和建筑物；二是在用的机械、机器设备、运输车辆、工具器具；三是季节性停用、大修理停用的固定资产；四是融资租入和以经营租赁方式租出的固定资产。

下列固定资产不计提折旧：一是房屋、建筑物以外的未使用、不需用的固定资产；二是以经营租赁方式租入的固定资产；三是已提足折旧继续使用的固定资产；四是国家规定不提折旧的其他固定资产。

当月增加的固定资产，当月不提折旧，从下月起计提折旧；当月减少的固定资产，当月照提折旧，从下月起不提折旧。

固定资产提足折旧后，不管能否继续使用，均不再提取折旧；提前报废的固定资产，也不再补提折旧。

2. 固定资产折旧的计提依据

(1)固定资产的账面原值。这是计提固定资产折旧的基数。

(2)固定资产的使用年限。由于很难估计固定资产的有形损耗和无形损耗，所以，固定资产的使用年限也只能预计。村集体一般参照其他行业的标准执行。

(3)固定资产的净残值。是指固定资产报废、毁损时，预计可以收回的残余价值扣除清理费用后的余额。因此，固定资产净残值也只能预计。村集体固定资产预计净残值率，一般在固定资产原值的5%左右。

3. 固定资产的折旧方法

固定资产的折旧方法可在“年限平均法”、“工作量法”等方法中任选一种，但一经选定，不得随意变动。

(七)固定资产的日常管理

1. 建立固定资产管理制度

主要包括固定资产购建制度、使用与保管岗位责任制度、安全操作和维护保养制度、清查盘点制度、必要的奖惩制度等。

2. 设置固定资产管理账册

主要包括固定资产明细账、总账、备查账等，建立固定资产档案。

七、无形资产的管理

村集体的无形资产是指村集体长期使用但没有实物形态的资产，包括专利权、商标权、非专利技术等。

无形资产按取得时的实际成本计价，并从使用之日起，一般按照不超过10年的期限平均摊销，计入管理费用。转让无形资产取得的收入，计入其他收入；转让无形资产的成本，计入其他支出。

村集体应从内部加强对无形资产的核算管理，重视无形资产的核算和评估。

任务五　搞好农村集体收益分配

一、农村集体收入

(一)农村集体收入的概念与构成

1.农村集体收入的概念

农村集体收入,是指村集体经营集体资产或通过发包、租赁、出售等方式所取得的收入。

2.农村集体收入的构成

(1)经营收入。它是指村集体进行各项生产、服务等经营活动取得的收入。包括产品物资销售收入、出租收入、劳务收入等。

(2)发包及上交收入。它是指农户和其他单位因承包集体耕地、林地、果园、鱼塘等上交的承包金及村(组)办企业上交的利润等。

(3)补助收入。它是指村集体获得的财政等有关部门的补助资金。

(4)其他收入。它是指除经营收入、发包及上交收入和补助收入以外的收入。

(二)农村集体收入的确认

1.确认经营收入

村集体一般应在产品、物资已经发出,或者劳务已经提供,同时收讫价款或取得收取价款的凭据时,确认经营收入的实现。

2.确认应收未收款项

村集体在已收讫农户、承包单位上交的承包金及村办企业上交的利润款项或取得收取款项的凭据时,确认发包及上交收入的实现。年终,按照权责发生制的原则,确认应收未收款项的实现。

3.确认补助收入

村集体在实际收到财政等有关部门的补助资金或取得有关收取款项的凭据时,确认补助收入的实现。

4.确认其他收入

村集体在发生固定资产、产品物资盘盈,以及实际收讫利息、罚款等款项时,确认其他收入的实现。

(三)农村集体收入管理的基本要求

首先,要规范财务收入管理制度。村集体的经营、发包、租赁、投资、资产处置等集体收入,上级转移支付资金以及补助、补偿资金,社会捐赠资金,“一事一议”资金,集体建设用地收益等,应当及时入账核算,做到应收尽收。其次,要实行收入的预算管理。再次,要划分收入的界限。最后,要组织各项收入的实现。

二、农村集体的成本与费用

(一)农村集体成本与费用的概念

(1)村集体的生产(劳务)成本。它是指村集体直接组织生产或对外提供劳务等活动所发生的各项生产费用和劳务成本支出。

(2)村集体的费用。它是指村集体进行经营活动和管理服务活动所发生的各种耗费的总和,主要包括经营支出、管理费用、其他支出等。

(3)成本与费用的联系与区别。这是两个并行使用的概念,两者之间既有联系也有区别。成本是针对一定成本计算对象而言的,与一定种类和数量的产品或劳务相联系,而不论发生在哪一个会计期间;而费用则是针对某一期间而言的,它与一定的会计期间相联系,而与生产哪一种产品或提供哪一种劳务无关。

(二)农村集体成本费用项目

1. 农产品成本项目

(1)直接材料费用。它是指生产中耗用的自产或外购的种子、种苗、肥料、地膜、农药等折合的费用。

(2)直接人工费用。它是指直接从事生产的人员工资、工资性津贴、奖金、福利费。

(3)其他直接费用。它是指除直接材料、直接人工以外的其他直接支出,包括机械作业费、灌溉费、田间运输费等。

(4)间接费用。它是指应摊销、分配计入各产品的间接生产费用,包括为组织和管理生产所发生的管理人员工资、折旧费、修理费、水电费、办公费等。

2. 工业产品成本项目

(1)外购材料费用。它是指村集体为进行生产经营而耗用的一切从外单位购进的原料及主要材料、半成品、包装物、低值易耗品等所发生的费用。

(2)外购燃料费用。它是指村集体为进行生产经营而耗用的一切从外单位购进的各种固体、液体和气体燃料所发生的费用。

(3)外购动力费用。它是指村集体为进行生产经营而耗用的一切从外单位购进的各种动力所发生的费用。

(4)工资。它是指村集体应计入工业产品成本的职工工资。

(5)折旧费。它是指村集体按照规定的方法提取的固定资产折旧费。

(6)其他支出。它是指不属于以上各要素但应计入工业产品成本的支出。

3. 劳务成本费用项目

包括村集体对外提供劳务而发生的各项费用,如培训费、工资福利、差旅费、保险费等。

(三)农村集体成本费用管理的内容

1. 经营支出

经营支出是指村集体因销售商品、农产品、对外提供劳务等活动而发生的实际支出,包括销售商品或农产品的成本、销售牲畜或林木的成本、对外提供劳务的成本、维修费、运输费、保险费、产役畜的饲养费用及其成本摊销、经济林木投产后的管护费用及其成本摊销等。

2. 管理费用

管理费用是指村集体管理活动发生的各项支出,包括村集体管理人员及固定员工的工资、办公费、差旅费、管理用固定资产折旧费和维修费等。

3. 其他支出

其他支出是指村集体与经营管理活动无直接关系的支出。

(四)农村集体成本费用管理的基本要求

1.划分成本费用界限

即划分收益性支出与资本性支出的费用界限、产品生产成本与期间费用的界限、本期产品与下期产品之间的费用界限、各种产品之间的费用界限、本期完工产品与期末在产品之间的界限等。

2.正确计算成本

按成本项目归集费用,直接费用直接计入,间接费用分配计入。

3.制定各项费用开支预算

村集体要逐步建立健全支出的预算制度,量入为出,对非经营性开支要实行总量控制,不得超支。

4.执行有关规定

要明确费用支出的范围,并严格开支审批制度。

三、农村集体收益及其分配

(一)农村集体收益的概念及计算

1.农村集体收益的概念

农村集体收益是指村集体在一定期间内生产、经营、管理和服务活动所取得的净收入,即总收入与总支出的差额。

2.农村集体收益的构成

收益总额=经营收益+补助收入+其他收入-其他支出

其中:经营收益=经营收入+发包及上交收入+投资收益-经营支出-管理费用。

这里的投资收益是指投资净收益,即投资所取得的收益扣除发生的投资损失后的余额。

(二)农村集体收益管理的要求

1.准确计算全年的收入和支出

凡是属于本年度的收入和支出,都要按照权责发生制的原则,记入当年的收入和支出项目。年终,应根据有关收入和支出账户的发生额或余额,计算出应当记入本年的收入和支出数额,并及时进行账务结转。并注意以下几点:一是要核实统一经营的产品产量和当年的收入与支出,正确计算在产品费用,为计算各项直接经营收益提供准确的数据;二是要核实统一经营用工,正确区分生产经营用工与“一事一议”筹劳的用工界限,并核实“一事一议”筹劳用工情况;三是要认真搞好专业承包合同的结算兑现工作,对未完成合同规定上交任务的,应及时进行账务处理;四是要核实并收回对外投资应得的收益和村办企业应上交的利润。

2.搞好“一事一议”筹资的结算

年终,村集体应与各农户逐一结算当年“一事一议”专项筹资。凡是本年度农户应上交的专项筹资,都应按规定上交入账。当年确实无法上交的,应作为应收款项结转下年。

3.清理财产和债权债务

年终,村集体应对集体所有的财产及债权债务进行一次全面清理。对固定资产、产品物资出现的盘盈盘亏,要查明原因,及时处理。对各种应收款项应采取必要的措施积极催收。凡是属于本年度应该收回的,都应该收回,当年确实不能收回的,应按财务会计制度规定妥善入账处理，任何人不得擅自决定应收款项的减免。对各项债务应积极偿还，按规定支付利息，并结算出各项年终余额。

4. 搞好决算和分配

年末进行财务决算，按规定对收益进行分配。

（三）农村集体收益的分配与管理

1. 农村集体收益分配的内容

村集体收益分配的内容是指当年可分配的收益总额。当年可分配收益总额是由当年已经确定的收益总额加上以前年度未分配收益和其他转入组成的。用公式表示为：

当年可分配收益总额＝本年收益总额＋以前年度未分配收益＋其他转入

如果本年收益为负数，当年不提取公积公益金。公积公益金转增资本的数额以及弥补亏损的数额，由村集体根据实际情况及有关规定确定，但必须经村集体成员大会或成员代表大会讨论通过后执行，并向群众公布。

2. 农村集体收益分配的顺序

农村集体收益的分配可以按照以下步骤进行：

第一步，提取公积公益金。村集体的公积公益金主要用于发展生产、转增资本和弥补亏损，也可用于集体福利等公益设施建设，还可以用于弥补福利费的不足。公积公益金的提取比例，可由村集体根据有关政策规定确定。

第二步，提取福利费。村集体的福利费主要用于集体福利、文教、卫生等方面的支出（不包括兴建集体福利设施支出），包括照顾烈军属、五保户、困难户的支出，计划生育支出，农民因公伤亡的医药费、生活补助及抚恤金等。福利费提取的比例可由村集体根据实际情况，结合有关政策规定确定。

第三步，向投资者分利。除上述分配项目外，村集体还应向各投资者进行分利，以体现互惠互利的原则。分配的比例应按照合同或协议的规定，结合经营情况确定。

第四步，农户分配。农户是村集体的主体。因此，村集体在进行上述分配之后，还应对农户进行分配，切实保障农户的利益。分配比例可由村集体自主确定。

第五步，其他分配。如以农补工等。

3. 农村集体收益分配管理

农村集体收益分配管理的要求，一般有以下几个方面：一是要做好收益分配的各项准备工作，主要包括准确核算全年的收入和支出，清理财产和债权债务，搞好合同兑现工作，完成各项记录、计算、核算和结转工作；二是要编制收益分配方案，即按照“大部分用于生产发展、小部分用于集体福利”的原则，编制当年的收益分配方案，明确规定各分配项目及其分配比例，经村集体成员大会或成员代表大会讨论通过后即可执行；三是编制农户分配明细表，一般由农户分配应得、农户分配应扣除、分配结算的找补结果三部分组成，具体表式为《农户分配综合决算分户明细表》和分项编制的《农户分配分户明细表》；四是组织分配兑现，即收益分配方案经批准之后，财会部门应尽快组织实施，兑现分配方案。

以上各项任务（任务二至任务五）虽然针对的是村集体（农村社区合作经济组织）的资金筹集、投资管理、资产管理及收益分配管理等资金与财务管理的内容，但在实践中，其他农村经济组织的资金筹集、投资管理、资产管理及收益分配管理等资金与财务管理内容与之大同小异，可以参照上述内容与有关规定对其进行资金与财务管理。

【实践训练】

农村集体收入、成本费用支出及收益分配调研

1.实训要求:找一个你熟悉的农村经济实体,了解其收入、成本费用支出及收益分配的情况。

2.实训目的:通过此次调研实训,加深学生对农村集体收入、成本费用支出及收益分配的认识。

3.实训组织:全班同学按每3~5人进行分组,每组都要制订切实可行的调研计划。

4.实训实施:由学生自主联系或任课教师统一联系一家或若干家农村经济实体,在任课教师的指导下,具体进行调研。

5.实训考核:每组集思广益撰写一篇1 000字左右的调研报告,内容包括该经济实体的基本情况(所属行业、成立时间、发起方式、销售渠道、员工人数、资金来源等)、收入构成、每项收入对应的成本费用构成及年终收益分配情况等。教师对调研计划和调研报告进行考核评定并给出成绩。

【阅读与思考】

广东佛山市三水区财务管理创新

广东省佛山市三水区在农村财务管理历经村会计委派制、村财镇管制之后,选择了引入中介组织管理村级财务的新模式,是农村财务管理制度改革的又一次成功探索。

一、佛山市三水区引入中介组织管理村级财务的动因

1.经济社会快速发展使加强村级财务管理成为迫切需要

佛山市三水区位于珠江三角洲腹地,位列全国百强县第21位,全国最具投资潜力中小城市第8名,全国中小城市综合实力第20名,是广东近年来经济腾飞的新兴城市之一。伴随着农村股份合作社的建立和工商业征地形成的征地款的增多,村级集体经济收入飞速增长。村级集体经济的迅速增长,使农村财务管理问题成为农村发展与稳定的重要问题。

2.原有农村财务管理模式所暴露的问题成为进一步推进农村改革的"瓶颈"

主要存在以下四个问题:一是村级财务管理人员素质较低;二是村级财务管理制度存在漏洞;三是村民对村级财务管理普遍不满;四是村级财务重大案件时有发生。

三水区农村财务存在的问题,在佛山市其他地区也不同程度存在,这引起了佛山市委和市政府的重视,要求在全市推行引入中介组织规范管理村级财务的改革。

二、三水区引入中介组织管理村级财务的做法

三水区的做法:一是调查摸底,掌握农村财务和村民的思想状况;二是建立实施办法及操作细则,规范农村财务制度;三是广泛发动宣传,使村民了解改革内容;四是召开村民代表大会,表决财务改革方案;五是公开招投标,选择最优会计公司承接业务;六是各会计公司建立驻镇办事处,并建立巡村设点机制。

据统计，目前三水区全区 1 126 盘农村账，移交中介组织管理的 1 125 盘（村委会账 98 盘，村民小组账 1 027 盘），占 99.9%。其中大塘镇 317 盘账、乐平镇 241 盘账、西南街道 313 盘账、白坭镇 88 盘村账，实现 100%引入社会中介组织管理；芦苞镇 167 盘账，引入 166 盘，占 99.8%。

三、中介组织对村级财务的管理监督

1. 事前管理监督

（1）建立健全财务管理制度，实行农村财务信息化管理。

（2）对村集体经济收入情况进行监督。

中介公司在对村集体的土地、鱼塘、厂房等固定资产的承包出租收入进行复查记账时，村（居）委会应出具公开招投标的相关文件和所签订的相关合同、协议等备案材料。村报账员应将包括村集体直接收入，提留统筹收入，对外投资分利收入，集体企业、土地、鱼塘水库、果园和固定资产等出租承包款收入，集体融资收入等村集体收入的编制现金、银行存款收支报表及所有承包合同和协议的收入、执行情况与中介机构进行核对、稽查。

2. 事中管理监督

（1）建立村集体收入支出银行存取款制度。中介组织要为村（居）委会和村民小组分别设立银行账户和建立账簿，核算财务收支情况。双方实现印鉴联签制度，村集体每一笔收入和超过规定额度的每一笔开支都必须通过银行转账。

（2）对各类支出进行制度审查。依据规定审批后必须将相关手续交中介公司审查确认无误并加盖印记后，所签发的银行支票才被银行承认为合法信用凭证，允许兑换现金。

（3）建立村预留备用金制度。为了满足村（居）委会和村民小组日常开支，保证村（居）委会和村民小组经济活动正常进行，在村委会、村民小组建立了备用金管理制度。

（4）建立"白头单"问题处理制度。"白头单"问题是农村集体经济管理中一个特殊的经济现象，由于农村集体经济与一般个体或公司的财务管理存在较大差异，所以在进行一些小额、常规性开支时，由于成本、施工队资历等原因难以获得有效凭证，而产生的一种制度外的折中方式。在三水区目前的村级财务管理中，通过明确"白头单"必须为生产性支出、小数额、附有详细说明和双方经手人、证明人、村（居）"两委"班子及村民理财小组成员签名，才能正常报销的方式规范处理这一问题。

3. 事后管理监督

（1）对生产性支出进行工程招投标合同和工程验收情况监督。据了解，农村生产性开支主要用于公共设施建设，而当村（居）委会要求从银行提取资金以支付工程款时，应出具公开招投标机关文件、所签合同协议备案材料，同时必须有村（居）委会主任和工程质量审查单位"工程合格"字样的签章，方可入账和提取资金，从而有效杜绝了乱支和暗箱操作情况的发生。

(2)建立健全村财务公开制度。为了防止村干部串通造价、冒领村集体财产的情况发生,财务公开报表于每月20日前,年终财务报表于12月30日前,由中介机构提供包括村集体的各项收入和支出、财产、债券债务、收益分配、镇下拨经费、代收代缴费用、合同执行情况等,以及群众要求公开的其他财务事项的打印版报表和具体数据,交村理财、审财小组审议通过盖章后,在村报账员协助下张贴于村务公开栏中供村民查阅、监督。财务公开的报表和账目要详细、真实,每次财务公开的内容要存档备查。

(3)建立发现问题及时向镇人民政府报告的制度。中介组织要将每月报表资料报送镇农林水办公室和村级财务监督管理组备案、监督。凡村集体出现不按规定程序使用备用金、以白条抵备用金、贪污挪用备用金、账目单据不清、私留现金、未报收入来源的,中介组织应向村(居)委会提出,要求查明、改正并向镇政府农林水利办公室汇报。

(http://www.zhgpl.com/crn-webapp/cbspub/secDetail.jsp? bookid=34881&secid=34902)

思考:为什么佛山市三水区财务管理创新能起到对村级财务管理的有效监督的作用?三水区财务管理创新中的哪些做法值得我们借鉴?

【复习思考与练习】

1. 农村集体资金与财务管理的原则有哪些?
2. 谈谈现金和银行存款管理的重要性。
3. 农村集体资金筹集的途径有哪些?
4. 净现值法、回收期法和内涵报酬率法各有何优缺点?
5. 谈谈应如何加强农村资产的管理工作。
6. 简要描述农村集体的成本与费用构成。
7. 农村集体收益分配的过程怎样?

项目十四 农村科学技术管理

【学习目标】

- 通过本项目内容的学习，了解作为农村生产要素的科学技术的内涵和作用，理解农业技术推广、农村工业企业技术创新的概念、内涵和特点。
- 通过本项目内容的课堂学习、课外自学和实训环节，掌握农业技术推广、农村工业企业新产品开发和技术改造的原理(原则)与方法。

【能力目标】

- 通过本项目内容的课堂学习和实训环节，能熟练运用农业技术推广、农村工业企业新产品开发和技术改造的原理(原则)与本章其他知识思考和认识农村科学技术管理实际中的一些问题。

【重点与难点】

- 本项目的重点：农业技术推广；农村工业企业新产品开发；农村工业企业技术改造。
- 本项目的难点：农业技术推广、农村工业企业新产品开发和技术改造原理(原则)的运用。

【教学方法与手段】

- 案例式、启发式教学；多媒体辅助教学。

【引导性案例】

利用生态技术防除茶园杂草更科学

云南景洪市勐宋村茶园面积约53公顷，干毛茶年产量约26.7吨，茶叶是主要经济来源。2002年，该村光明组开始使用百草枯防除茶园杂草。百草枯的使用，给光明组农民带来了很大的方便，但同时也带来了诸多的问题，如环境污染、茶叶品质下降、生产成本增加、人畜健康受到影响甚至毒害等。

在德国MISEREOR基金会的资助及云南省生物多样性和传统知识研究会“生态农业和云南山区生计发展”项目的支持下，光明组茶叶小组通过参与式讨论，决定利用生态农业技术替代百草枯防除茶园杂草，尽量少用或不用百草枯。经过试验研究，发现利用覆盖物防除茶园杂草是一种效率很高的方法。通过覆盖，可以抑制茶园杂草的生长，还可以保持土壤湿度，腐烂的覆盖物还可以为农作物提供养分，也可以保持土壤结构。覆盖可以有播种豆科植物等覆盖和利用秸秆覆盖两种途径。

播种覆盖植物，可以播种豆科植物如紫花勺子、紫云英等，也可以播种菊科植物如除虫菊等。不过，覆盖植物前期容易和茶树争肥，后期翻耕填埋到茶园中，因为豆科绿肥具有固氮作用，可以起到保持土壤肥力和改良土壤结构的作用。

秸秆覆盖，也是很有效的方法。即在茶园空地上覆盖玉米秆、麦秆、豆秆、稻草或松针之类的树叶，厚度应该在20厘米以上，否则没有防除杂草的作用。一年之后，需要添加秸秆，保持20厘米的厚度，同时底层秸秆腐烂，可作为有机肥。

光明组的实践经验，最后在勐宋村进行推广。现在，勐宋村大部分村民已经不再使用除草剂防除茶园杂草。同时，勐宋村委会、茶叶合作社、谷友协会和光明组茶叶小组都已参加到生态农业的倡导和推广中。相信过不了多久，这种生态技术就会推广到西双版纳全州甚至云南全省，消费者将来会得到更多的优质茶叶。

(http://www.kib.ac.cn/kxcb/stnyzz/stgqqk/2009/201101/t20110104_3053931.html)

任务一　了解农村科学技术的概念、特点与作用

一、农村科学技术的概念与内涵

农村科学技术有广义和狭义之分。广义的农村科学技术是指农村生产生活所涉及的科学和技术的总称，是农村中人们在生产生活中所遇到和所应用的科学和技术的总和；而狭义的农村科学技术，是作为农村生产要素的科学技术，是农村生产经营活动中的科学和技术的总称。

科学和技术是两个有联系但又不相同的概念。科学是指人类所积累的反映现实世界各种现象的客观规律的知识体系，是运用范畴、定理、定律等思维形式反映现实世界各种现象的本质规律的知识体系；而技术是人类为实现社会需要创造和发展起来的手段、方法和技能的总和，是人们根据自然科学原理和生产实践经验为某一实际目的而创造和发展起来的手段、方法

和技能,包括工艺技巧、劳动经验、实体工具与装备等,也就是整个社会的技术人才、技术设备和技术资料等。

二、我国农村科学技术的特点

(一)农村科学技术人员匮乏

我国农村科学技术人员,除从事上级指令性计划安排的农业技术推广项目外,真正工作在农村生产第一线的非常稀少。此外,随着农村产业结构的不断调整,传统产业的升级换代和新产业的产生与发展对农村科学技术人员的需求越来越广泛,而且越来越迫切,农村科学技术人员匮乏的矛盾越来越突出。

(二)农村科学技术创新比较薄弱

就农村的主体产业——农业来说,其科学技术创新的表现:一是农作物品种和新技术更新换代较慢,有些农作物品种已经严重退化、产量和品质都不如引种之初,需要尽快更新换代。二是新品种、新技术缺乏明显优势,有的农作物品种,尽管口感较好,但外观特征不诱人,卖不上好价钱;有的品种,虽然质优价高,但产量又无优势。三是新品种、新技术覆盖面狭窄且严重滞后,多数新品种、新技术缺乏多样性和特色性,在科技进步上缺乏明显的超前性。而对于农村其他产业,科学技术创新就更为薄弱,生产设备和手段落后,产品技术含量低,企业发展缺乏后劲。

(三)农村科学技术推广应用难度较大

我国农村劳动力素质普遍偏低,加上近年来农村劳动力向城市的大规模转移,致使在农村产业就业的劳动力素质问题就更为突出。由于农村产业的劳动者素质偏低,其吸纳科学技术的能力就差,因而作为生产要素的科学技术在农村经济发展中的推广应用就十分困难。

(四)农村科学技术投入不足

农村产业的发展需要依靠科技进步,而科技进步就需要不断推出科学技术项目。每个科学技术项目的实施,都要经过信息筛选跟踪,技术(品种)引进,试验示范,直至推广普及等整个过程,其需要大量人、财、物的投入。这些投入由农民或农村经济组织承担都比较困难,必须由各级政府加大投入来予以支持。目前的情况是政府财政资金中的科学技术投入,特别是科学技术创新投入,就很少能到农村基层。而投向农村比重较大的农业技术推广经费,因使用分散,也很难发挥其最大效用。

三、农村科学技术的作用

(一)推动农村生产力发展

现代科学技术的飞速发展并向现实生产力的迅速转化,改变了生产力中的劳动者、劳动工具、劳动对象和管理水平。科学技术为劳动者所掌握,极大地提高了人们认识自然、改造自然和保护自然的能力,提高了生产劳动能力。在生产力系统中,科学技术已经成为推动生产力发展的关键性要素和主导性的要素。

(二)促进其他生产要素的节约使用和"催化"其他生产要素充分发挥作用

现代社会随着知识经济时代的到来,科学技术、智力资源日益成为经济发展的决定性要素，其主要是通过科学技术促进其他生产要素的节约使用和“催化”其他生产要素充分发挥作用，从而使经济发展主要靠的是科学的力量、技术的力量。因此，科学技术已成为农村经济发展的第一要素。

(三)引导农村经济实现跨越式发展

当前，科学技术越来越走在社会生产的前面，开辟着生产发展的新领域，引导生产力发展的方向。因此，要重视科学技术对农村经济发展的先导性影响，敏锐捕捉科学技术促进产业发展的新动向，强化农村经济发展的预见性，推动农村经济实现跨越式发展。

【实践训练】

农村科学技术的作用调研

1. 实训要求：找一个行政村或农村企业，了解其科学技术发挥作用的情况。

2. 实训目的：通过此次实训，加深学生对科学技术的认识与理解。

3. 实训组织：全班同学按每3～5人进行分组，每组制订切实可行的调研计划。

4. 实训实施：由学生自主联系或任课教师统一联系行政村或者农村企业，在任课教师的指导下，具体进行调研。

5. 实训考核：每组集思广益撰写一篇1 500～2 000字的调研报告，内容包括调查对象的基本情况(行政村或农村企业的经济发展情况)，主导产业或主要产品及其实际生产规模、生产中科学技术的应用和发挥作用情况，生产实际中遇到的问题，建议和要求等。教师对调研计划和调研报告进行考核评定并给出成绩。

任务二　组织好农业技术推广

一、农业技术推广的概念与作用

农业技术推广是指通过试验、示范、培训、指导，以及咨询服务等，把农业技术广泛应用于农业产前、产中和产后全过程的活动。农业技术推广对于建设现代农业、促进农民增收、加快农村发展，以至于统筹城乡经济社会发展等都具有十分重要的作用。

第一，农业技术推广对于农业增产、农民增收具有重要意义。在我国耕地面积增长潜力极其有限，甚至在逐年减少的情况下，我国粮食等农作物产量的增加将主要依靠农业科学技术。

第二，农业技术推广是联系农业科研和农业生产的纽带。我国的农业科研体制是由科研部门研制先进的农业科技成果，然后由农业技术推广者负责将这些成果推广给负责农业生产的农民。在这种体制下，农业技术推广者充当了中介人的角色，一方面，其将科研机构研制的先进技术推广给农民；同时又在这一过程中，通过与农民接触了解农民的科技需求，并将农民的需要反映给科研机构。因此，农业技术推广连接着农业技术供需双方，是联系农业科研和农业生产的纽带。

第三，农业技术推广是农业科研成果由潜在生产力转化为现实生产力的重要途径。科学技术是一种智能性要素，但不是实体性要素，只有将其与劳动者结合、与生产资料结合、与劳动对象结合，才能将它转化为现实的生产力。

第四，农业技术推广是促进农业技术进步，推动农业现代化的重要手段。农业技术推广使先进的农业技术在农业生产中得以应用，从而不断改善农业生产的手段和装备，同时也使农业生产的经营管理手段不断得以提高，从而不断推动农业现代化的发展。发达国家实现农业现代化的经验证明，没有发达的农业技术推广，就不会有发达的农业，也就不会实现农业现代化。

第五，农业技术推广是提高农民素质的重要手段。农业技术推广的过程不仅仅是一个简单的技术转移过程，同时也是不断提高农民素质的过程。在推广农业技术的过程中，推广人员通过与农民的接触、交流、沟通，使农民逐步掌握先进的农业技术、信息，并依据这些技术、信息作出生产经营决策。这个过程不仅仅使农民的知识、技能得到提高，也使农民的科学意识和观念得到提高。

【典型阅读】

科技助农奔富路

近年来，广西阳朔县积极转变发展模式，高标准推广应用农业新技术 32 项、新成果 22 项、新品种 20 个，实现了农业持续增长，帮助广大农民走上了富裕之路。

阳朔县把金橘作为重要产业进行扶持，全县金橘产区全面推广“三避”（避雨、避寒、避晒）、生物捕食螨、喷灌滴灌等新技术，金橘产量与质量大幅提高，市场前景连年看好。目前，该县共有金橘面积 6 667 公顷，年产值 10 亿元。以金橘为主要产业的 4 个乡镇 16 个村总人口 3.2 万人的“百里新村示范带”基本建成，农民年人均纯收入超过 9 000 元；百里新村内 28 个自然村年人均纯收入超过 1 万元，3 个自然村年人均纯收入超过 2 万元，一度成为广西新农村建设的样板。除金橘外，该县还将“三避”技术推广运用到其他农作物种植上，全县利用“三避”技术的农作物总面积近 3 万公顷次，其中以水稻防寒育秧及春玉米、春花生、冬春蔬菜等种植为主。

据统计，2010 年，阳朔县农民人均纯收入 6 234 元，增幅名列桂林市第一，总量位居全自治区第三。近年来，该县先后荣获全国“科普惠农兴村”先进单位、“中国优质果品基地重点县”、“广西发展新兴优势产业先进单位”等荣誉称号，2011 年 7 月又被广西壮族自治区授予“广西科学发展十佳县”的殊荣。

（http：// www. qqwwr. com/subject/jrxxb/staticpages/20110914/qqwwr4e7011ac-1103496. shtml）

二、农业生产中的科学技术

（一）种植业生产中的科学技术

种植业生产中的科学技术，以提高植物产品的品质、产量和效益为目标，主要是在育种、栽培、耕作、土肥、植保、灌溉、设施，以及农业机械化等环节所采用的科学与技术。

(二)林业生产中的科学技术

林业生产中的科学技术,以提高林木覆盖率和林业经济效益为目标,主要是在造林、育林、护林、森林采伐与更新、木材和其他林产品的采集与加工等环节采用的科学技术。

(三)畜牧业生产中的科学技术

畜牧业生产中的科学技术,以提高畜产品的品质、产量和效益为目标,主要是在育种、繁殖、饲喂、防疫、兽医等环节所采用的科学技术。

(四)水产养殖业生产中的科学技术

水产养殖业生产中的科学技术,主要包括育种、繁殖、饲喂、防疫及水资源保护和利用等方面的科学技术。

(五)可持续发展农业生产中的科学技术

可持续发展农业生产中的科学技术,主要包括资源节约型农业科学技术、环境友好型农业科学技术、健康营养功能型农业科学技术等。

(六)农业生产中的高新技术

农业高新技术内涵丰富。从较高层次上可以将农业高新技术概括为三大类,即现代生物技术,现代工程新技术和现代管理高新技术。具体来讲,农业高新技术至少包括以下六个领域:一是农业生物技术,是定向地、有目的地进行农业生物遗传改良和创制的一门高新技术,包括基因技术、细胞技术、酶技术和发酵技术等;二是信息技术在农业上的应用,主要包括农业决策支持系统研制与开发、虚拟农业研究、农业信息网络化技术、农业资源管理与动态监测专家系统研制、专业实用技术信息系统及专家系统(如作物种植、动物养殖、生产决策支持系统)的研制,全国共享的农业经济、资源、科技信息网络等;三是核农业技术或农业辐射技术,是农业高新技术的一个重要领域,不仅为农作物品种改良创造了一个强有力的技术手段,也为农副产品的延贮、保鲜开辟了一条新的有效途径,同时又为解决一些重大农业技术问题提供了新方法;四是设施农业技术,主要指工厂化种植和养殖、计算机农业控制等现代技术设施所装备的专业化生产技术;五是多色农业技术,包括绿色农业技术(指生态农业技术和可持续发展技术)、蓝色农业技术(指水产品生产技术和水体农业技术)和白色农业技术(指食用微生物的生产加工技术);六是移植、常规技术组装配套,是指工业和国防等其他行业高新技术向农业的移植,以及各种常规农业技术的融合、交叉、渗透,或者组装与高效配置,组成一个有机复合技术群,从而达到整体大于个别之和的效果。

三、农业技术推广的原理

(一)行为改变原理

人的行为是由动机产生的,而动机则是由内在的需求和外来的刺激引起的。因此,要让广大农民自觉自愿并主动地应用农业技术,就要使其产生应用农业技术的动机。要让广大农民产生应用农业技术的动机,可以采取试验、示范、培训、指导,以及咨询服务等措施,消除农民的顾虑,使其对该项农业技术真正产生需求,并辅之以必要的激励措施,改变农民传统的生产经营行为,从而实现让农民应用农业技术的目标。

(二)创新扩散原理

任何创新都有一个扩散过程。这一过程通常表现为以下五个阶段：一是认识阶段，即了解创新、认识创新；二是兴趣阶段，即对创新发生兴趣、产生学习的欲望和行为；三是评价阶段，即与以往类似措施所产生的结果进行比较，并作出好或者不好的判断；四是试用阶段，即对创新进行小范围使用，亲身感受其到底是好还是不好；五是接受或者采用阶段，即对于试用感觉好的创新采取接受的态度，并在生产实践中予以采用。因此，要实现农业技术推广的目的，就要对所要推广的农业技术，用给农民看、带着农民干、帮着农民算，让农民有认识、感兴趣、知合算，实现农民大范围应用农业技术的目的。

(三)科技成果转化原理

科技成果转化，就是对科学研究与技术开发所产生的具有实用价值的科技成果进行的后续试验、开发、应用、推广，形成新产品、新工艺、新材料，以至发展新产业等，以将科技成果变成现实生产力的过程。实际上，农业技术推广的过程就是农业科技成果转化的过程。因此，农业技术推广就是对所要推广的农业技术成果，帮助广大农民做好后续试验、开发、应用、推广等工作，使其获得经济效益、社会效益和生态效益，最终使农民接受和应用这一成果。

四、我国农业技术推广的组织体系

当前，我国的农业技术推广组织体系主要有以下两大类：

(一)专业性农业技术推广体系

它以政府财政资金支持和开展公益性服务为特征。按农业内部的行业进行横向划分，分成种植业技术推广体系、林业技术推广体系、畜牧业技术推广体系、水产业技术推广体系、农机技术推广体系等；按从中央到地方各级行政区域进行纵向划分，分成国家、省(自治区、直辖市)、地(设区的市、州、盟)、县(不设区的市、旗)、乡(镇、苏木)、村六级。目前，专业性农业技术推广体系是我国农业技术推广的主体，发挥着重要的作用。其优点在于所推广的农业技术较为广泛。

(二)非政府农业技术推广体系

它是我国农业技术推广的重要补充，主要有农民专业合作经济组织(包括农民专业合作社和农民专业协会)、农业科研院所、农业大中专院校、涉农社团等。其优点在于所推广的农业技术针对性强、效率高等。

五、农业技术推广的基本程序

(一)项目选择

项目选择是一个收集信息、选定项目、制订计划的过程。收集信息就是要收集与推广目标有关的信息，在此基础上选定一个具体的推广项目，并对之进行设计，制订出推广计划。项目选择一定要因地制宜，适合当地当时的情况，即体现先进性，又切实可行。

(二)引进、试验

引进、试验是推广工作的前提和基础。农业生产的地域性使技术的广泛性受到限制。因此，对于选中的新技术、新品种必须经过引进、试验，以验证其对当地条件的适应性。引进、试验一般放在具有公益性质的试验基地进行。

（三）示范

示范是展示所推广技术的优越性，对广大农民进行宣传教育、激发兴趣、转化思想的重要环节，同时还可以进一步验证技术的适应性和可靠性，逐步扩大新技术的应用规模，为大规模推广做好前期准备。示范是迎合广大农民“直观务实心理”特点的有效措施，往往能收到“百闻不如一见”的效果。示范一般在由政府扶持的科技示范户或具有公益性的示范基地进行。

（四）培训

培训是一个技术传输的过程，也是让农民尽快掌握技术要领的过程。通过培训，一方面进一步宣传所推广技术的优越性，激发农民采纳应用该技术的欲望和积极性；另一方面使农民尽快掌握所要推广的技术的使用和操作方法，学会应用该项技术。农民培训，一定要语言通俗浅显，幽默风趣，易懂好记。

（五）推广

农业技术的推广就是大规模使用该项技术。这就要求推广人员要为农民使用此技术“保驾护航”，为随时解决生产实际中所发生的一切问题，开展技术咨询和服务。

其流程图如图 14-1 所示。

图 14-1　农业技术推广的基本程序

六、农业技术推广的基本方法

（一）大众传播法

大众传播法是农业技术推广人员按照农业技术推广计划将农业技术和信息经过选择、加工和整理，通过大众传播媒体广泛传播给农民群众的一种推广方法。其具有传播信息量大、范围广、速度快、成本低等优点，可以反复播放，引起农民注意，加深农民的印象。

大众传播法比较适宜于介绍农业技术新成果、新观点，传递具有普遍指导性、通用性的科学技术信息，发布预测、预报信息，介绍先进经验，解读政策等。

大众传播法根据具体媒体的不同，还可以分成印刷品媒体传播、静态物像媒体传播、视听媒体传播和现代多媒体传播等。

（二）个别指导法

个别指导法是农业技术推广人员按照农业技术推广计划有针对性地对农民进行“一对一”技术指导的一种推广方法。其具有针对性强、能直接解决实际问题、双向沟通效果好等优点。但这种方法具有信息传播范围小、成本高、效率低等不足。

个别指导法比较适宜于对科技示范户或农村致富带头人所开展的示范进行指导，以及对于文化水平低、接受新技术困难的重点帮扶农户的指导等。

个别指导法根据具体指导形式的不同，还可以分成办公室咨询、电话咨询、科技短信咨询、信函咨询、农户访问与访问农户，以及电脑视频互动服务等。

（三）集体指导法

集体指导法又称团体指导法，是指农业技术推广人员按照农业技术推广计划对同一区域生产经营活动相同或相似的农民，集中进行农业技术指导和服务的一种推广方法，是一种介于大众传播法与个别指导法之间的比较理想的方法。其具有传播信息量较大、推广效率较高，且通过"面对面"地交流与辩论，可以澄清推广中模糊认识等优点。但这种方法的缺点是传播共性信息，而在较短时间内难以满足每一个人的个性化需求。其比较适宜于较大规模的示范与推广工作。

集体指导法根据具体指导形式的不同，还可以分成办培训班、召开观摩会、召开现场会、田间学校培训及分组讨论等。

（四）田间课堂法

田间课堂法是指按照农业技术推广计划把农民集中起来，把要讲授的技术内容安排到田间结合生产实际进行讲解的一种推广方法。其具有结合实际紧密、直观易懂、好学易记等优点。不足之处是受实际情况局限及季节影响大，培训计划的落实困难。

田间课堂法比较适宜于新品种、新技术的最初示范和推广。

（五）技物结合法

技物结合法是农业技术推广人员按照农业技术推广计划，以示范推广农业技术为核心，而给农民提供与之配套的农用生产资料和物资，以及相关信息服务的一种推广方法，是近年来新出现的一种行之有效的推广方法。其优点在于拓展了推广服务的领域、易于解决技术推广中的物资配套问题、增加了推广机构或推广人员的经营性收入。但其不足之处在于容易诱导推广人员"重物资经营"而"轻技术服务"，从而偏离农业技术推广的目标和方向。

技物结合法比较适宜于对农用生产资料和物资有特殊要求的农业技术推广工作。

【实践训练】

农业技术推广调查

1. 实训要求：找一个行政村或农民专业合作社，了解其农业技术推广情况。

2. 实训目的：通过此次实训，加深学生对农业技术推广的认识与理解。

3. 实训组织：全班同学按每3～5人进行分组，每组制订切实可行的调研计划。

4. 实训实施：由学生自主联系或任课教师统一联系行政村或者农民专业合作社，在任课教师的指导下，具体进行调研。

5. 实训考核：每组集思广益撰写一篇1 500～2 000字的调研报告，内容包括调查对象的基本情况（行政村或农民专业合作社的经济发展情况），主导产业或主要产品及其实际生产规模、农业技术推广情况，生产实际中遇到的问题，建议和要求等。教师对调研计划和调研报告进行考核评定并给出成绩。

【阅读与思考】

依托院所优势集成推广农业技术

北京庞各庄乐平西甜瓜专业合作社的运作模式新颖，特点突出。一是以市场需求为导向，提出西瓜育种的要求，提供试验基地，通过与北京市农林科学院合作，引进西瓜育种新技术，并进一步通过消化吸收直接向农民进行推广；二是通过建立并向农民推广西瓜种植标准，保证了西瓜种植质量，扩大了市场销售规模；三是建立西瓜营销服务体系，对农民生产的西瓜统购包销，提高了农民种植西瓜的积极性。

几年来，乐平西甜瓜专业合作社从北京市农林科学院引进20多项西瓜种植新技术，推广了100多个西瓜新品种，并向1 000多农户培训和推广了西瓜种植技术，既促进了周边农民西瓜种植技术的提高，又带动农民实现了增收致富，使农民得到了实惠。同时，该合作社也有了迅猛发展，销售收入从2000年的1万元提高到目前的1 000多万元。

此外，该合作社还将西瓜种植新技术向海南等地进行推广，充分扩散了科学技术的巨大作用。

（http://www.topfo.com/Elite/Cases200611/CS－00002006112510_71039.shtml）

思考：我国农户家庭和农村经济组织如何寻求所要应用的科学技术资源、如何进行推广？

任务三　推进农村工业企业技术创新

农村工业生产中的科学技术，通常是指农村工业企业所创造或运用的根据生产实践经验和自然科学原理总结发展起来的各种工艺操作方法与技能。其构成了农村工业企业技术创新的主要内容。

一、技术创新的概念、内涵与特点

技术创新是指改进现有或创造新的产品、生产过程或服务方式的技术活动，包括开发新产品、采用新工艺，以及使原有产品和工艺发生显著的技术变化等。技术创新通常分为独立创新、合作创新、引进再创新三种模式。实践中，重大的技术创新会导致社会经济系统的根本性转变。

农村工业的技术创新，是农村工业企业提高自主创新能力的重要途径。农村工业企业应该围绕自己的主导产业或主导产品高度重视技术创新，建设技术创新队伍，加大技术创新的资金投入，重视技术创新储备，为企业增强自主创新能力奠定基础。

二、农村工业企业技术创新的对象

农村工业企业中，技术创新的对象非常广泛，一般包括：

(一)产品创新

产品创新包括改造老产品和发展新产品两个方面,它是农村工业企业技术创新的龙头。产品的改造,既要提高产品的使用价值,又要尽可能降低活劳动和物化劳动的消耗;既要简化产品的结构,又要保证产品的质量;既要简化产品的品种规格,又要提高产品的标准化、通用化、系列化水平。发展新产品,必须要有战略眼光,努力做到生产第一代,研制第二代,构思第三代,寻找第四代。

(二)设备和工具创新

设备和工具是农村工业企业进行生产的必要手段,是现代化大生产的物质基础。对现有设备和工具进行创新,主要包括:一是根据生产的不同要求,采用多头传动和一机多用的方法,对原有机械设备进行结构改装或增加附件,扩大设备适用范围;二是开发简易设备,革新生产工具;三是将手工操作改为半机械化以至机械化操作,不断提高机械化、自动化水平;四是开发气动、电动、液动、组合的自动、半自动夹具和先进刀具等。

(三)生产工艺和操作技术创新

生产工艺和操作技术是指在生产过程中以一定的劳动资料,作用于一定的劳动对象的技术组合的加工方法。这方面的创新主要包括:改革旧的工艺和缩短加工过程;用先进的加工方式代替旧的加工方法;创造新的操作方法等。对生产工艺和操作技术的开发,可以迅速提高劳动生产率,缩短生产周期,节约与合理使用原材料,提高产品质量和经济效益。

(四)能源和原材料创新

开发能源是技术创新的重要任务,每个企业都必须高度重视。要千方百计地采取各种有效措施,节约能源,提高能源利用率。其具体措施主要有:狠抓热加工设备及低效锅炉的更新和改造,提高燃料热能的利用效率;采用余热利用措施,积极推广采用节能新技术,如炉体保温、低质燃料利用等。对原材料要综合利用、节约代用和发展新材料等。

(五)改善生产环境及劳动保护

随着科学技术的飞速发展,解决环境污染、职业病及公害等问题将越来越迫切。因此,要不断研究和突破变害为利、治理环境污染、改善劳动条件、保证安全生产等难题。这些都是技术创新的重要内容。

三、农村工业企业技术引进

(一)技术转让与引进的概念

技术转让与引进是指技术成果由一方转让给另一方的一种经济行为。其中,对技术输出的一方来说,是技术转让;而对输入的一方来说,是技术引进。技术转让与引进是一种国际贸易的重要形式。实践中,所转让的技术包括获得专利权的技术、商标,以及非专利技术,如专有技术、生物品种、传统技艺、管理方法等。尚未研究开发出的技术成果不属于技术转让与引进的范畴。

(二)技术引进的作用

技术引进的重要作用主要表现在以下几个方面:

1. 引进技术可以大大节省技术创新的时间

一项重大技术或科研成果，从酝酿、研究、试制到生产，一般要用好几年的时间，而引进技术，只需1～2年或更短时间就可以投入生产。同时，还可以少走弯路，赢得时间。

2. 引进技术可以大大节省科研试制费用

第二次世界大战之后，日本在1950—1979年引进2.8万项国外先进技术，支出77亿美元，只占国外这些项目从发明到使用所花费的直接、间接费用总和的1/30。日本在第二次世界大战后的15年时间内，工业产值增长中有72%来自引进技术，其经济效益是引进费用的10倍。

3. 引进技术对于改善经济结构，填补技术空白具有重要意义

目前，社会生产的分工日趋国际化，科学技术的发展也逐步具有世界性。世界上没有哪一个国家能够拥有发展本国经济所需要的全部资源，能够掌握世界所有的先进技术。每个国家都有自己的优势和不利条件，通过技术引进，可以取长补短。

4. 通过技术引进可以掌握国外的先进科学技术和管理经验

引进技术，不仅可以提高生产效率，减少消耗，降低成本，增加积累，全面提高经济效益，而且还可以提高本国科技人员和管理人员的技术与管理水平，掌握先进的科学技术和管理经验。

(三)技术引进的原则

技术引进涉及政治、经济、技术、生产、贸易、外交、法律等各个方面，因此，做好技术引进工作，必须坚持以下原则：

1. 实事求是，量力而行的原则

技术引进中必须从实际出发，坚持统筹安排，循序渐进的原则。也就是说，要把技术引进工作建立在有偿还能力的基础上，量力而行；要引进适用技术；而且还要分别轻重缓急，有计划、有重点、有选择地引进。

2. 效益优先，择优引进的原则

技术引进，要以提高经济效益为目的。因此，凡是自己能制造的，即使质量暂时稍差，也原则上不要引进。

3. 确保消化，力求创新的原则

引进先进技术要为我所用，这就要求对之要进行切实认真的消化、吸收、发展，并力求实现创新的目标。在引进先进设备时，一定要引进制造技术，在消化、吃透的基础上，做到既不损害引进技术的专利权，又能搞好仿制翻版；同时要建立技术情报、技术力量、经费渠道到组织实施等一整套能够协调运行的体制和机制，确保对引进技术的消化、吸收和创新。

(四)技术引进的方式

技术引进的方式常常有如下两大类：

1. 引进先进设备

主要包括：整个项目包建、进口成套设备、进口单机(关键设备)等。这一类方式常被形象地称为“引进硬件”。这类引进的优点是，上马时间短，形成能力快，能迅速填补空白或克服薄弱环节。

2. 引进先进技术

引进先进技术是指引进先进的生产工艺技术、设备制造技术和经营管理技术等。相对于

引进先进设备而言，引进先进技术常被称为“引进软件”。其具体形式很多，如购买设计流程、配方、设备制造图纸和工艺技术资料；聘请专家；培训人员；技术咨询；为引进技术而进口关键设备、样机和仪器等。

四、农村工业企业新产品开发

研究与开发新产品，改进老产品，是关系到农村工业企业生存与发展的大问题。因此，农村工业企业必须高度重视新产品的开发工作，以质优价廉的新产品满足社会需要，增强企业的市场竞争能力。

（一）新产品及其开发的概念

新产品开发是指从研究选择适应市场需要的产品开始到产品设计、工艺制造设计，以至投入正常生产的整个过程。其实质是为社会推出不同内涵与外延的新产品。新产品开发是企业技术创新的重点内容，也是企业生存和发展的战略核心之一。

（二）新产品开发的方向

农村工业企业在选择新产品开发方向时应主要考虑以下几点：

1. 产品性质和用途

在进行新产品开发前，应充分考察同类产品和相应替代产品的技术含量和性能用途，确保所开发产品的先进性或独创性，避免“新”产品自诞生之日起就被市场淘汰。

2. 价格和销售量

系列化产品成本低，可以降价出售增加销售量。但是系列化产品单调，也可能影响销售量。因此，对系列化、多样化产品以及价格、销售之间的关系，要经过调查研究再加以确定。

3. 消费者需求变化速度和变化方向

随着人们物质生活水平的提高，消费者的需求呈多样化趋势，并且变化速度越来越快。而开发一个新产品需要一定的时间，这个时间一定要比消费者需求变动的时间短。只有这样才能有市场，才能获得经济效益。

（三）新产品开发的方式

新产品开发一般有以下三种方式：

1. 独立研制

采用这种方式开发新产品有利于产品更新换代及形成企业的技术优势，也有利于产品竞争。自行研制、开发产品需要企业建立一支实力雄厚的研发队伍、一个深厚的技术平台和一个科学、高效的产品开发流程。

2. 产品改进

这种方式是以企业的现有产品为基础，根据用户的需要，采取改变性能、变换形式或扩大用途等措施来开发新产品。采用这种方式可以依靠企业现有设备和技术力量，开发费用低，成功把握大。

3. 技术引进

这种方式可以很快掌握新产品制造技术，减少研制经费和投入力量，从而赢得时间，缩短与其他企业的差距。

(四)新产品开发的原则

1.以市场需求为出发点的原则

企业新产品开发的目的是企业为满足市场的需求,为其提供适销对路的产品,扩大市场占有率,获得经济效益。在市场经济条件下,任何企业的生产经营活动都必须以满足市场需要为出发点,否则企业的生产经营活动将无法取得成功。

2.符合国家经济技术政策要求的原则

开发新产品一方面要严格遵守国家在不同时期颁布的有关政策、法规和规章,另一方面要开发那些开拓国际市场的新产品,并符合有关国家的政策法令与习俗。

3.技术适宜的原则

开发新产品,要具备所需要的技术条件,既先进又可行;要适合我国国情,并能获得较好的社会经济效益。

4.经济合理的原则

开发新产品,就是要以最少的综合费用来实现新产品开发的目标。这里的综合费用,包括两个方面的内容:一是新产品开发与制造费用;二是产品销售费用及产品在使用寿命期内的维护保养与使用费用。

5.提高"三化"水平的原则

"三化"即产品的通用化、标准化和系列化。通用化是指将生产量大、使用范围广的不同类型或同一类型不同规格的产品零件进行合并简化,使其能在一些产品中通用;标准化是指将零部件通用范围扩大,并规定出标准的规格型号;系列化是指将产品合理分档、分级,排成系列。提高"三化"水平的目的在于减少设计工作量,加速新产品开发和制造过程,便于维修,从而降低使用费用。

(五)新产品开发的基本程序

新产品开发应按照一定的程序开展工作。由于行业的差别和产品生产技术的不同,特别是所选择的产品开发方式的不同,新产品开发所经历的阶段和具体内容也会不同。新产品开发的流程图如图 14-2 所示。

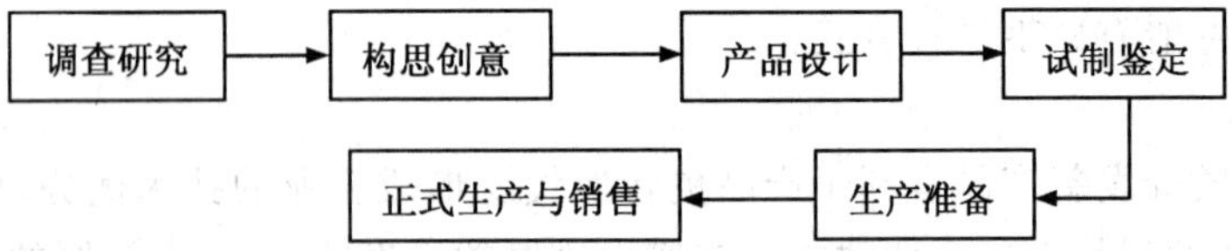

图 14-2 新产品开发的基本程序

1.调查研究阶段

开发新产品的目的,是为了满足用户需要。用户的要求是新产品开发决策的主要依据。为此,必须认真做好调查研究工作。这个阶段主要是为提出新产品构思及新产品的原理、结构、功能、材料与工艺方面的开发设想及总体方案做好前期准备。

2.构思创意阶段

产品创意是开发新产品的关键。在这一阶段,要根据社会调查掌握的市场需求情况以及企业本身条件,充分考虑用户的使用要求和竞争对手的动向,有针对性地提出开发新产品的设想和构思。

产品开发构思创意，主要来自三个方面：一是用户，即企业着手开发新产品，首先要通过各种渠道掌握用户的需求，了解用户在使用老产品过程中有哪些改进意见和新的需求，并在此基础上形成新产品开发创意；二是本企业职工，特别是销售人员和技术服务人员，经常接触用户，用户对老产品的改进意见与需求变化他们都比较清楚；三是专业技术人员，他们具有比较丰富的专业理论和技术知识，要鼓励他们发挥这方面的专长，为企业提供新产品开发的创意。此外，企业还应通过情报部门、工商管理部门、外贸等渠道，征集新产品开发创意。

产品创意，一般包括三个方面的内容：一是产品构思，即在市场调查和技术分析的基础上，提出产品构想或有关产品改良的建议；二是构思筛选，即对产品构思所进行的筛选；三是形成产品概念，即将经过筛选后的构思进一步概念化，使之成为能够为消费者接受的、具体的产品概念。实际上，产品概念的形成过程就是构思创意与消费者需求相结合的过程。

3. 产品设计阶段

产品设计是指从确定产品设计任务书起到确定产品结构为止的一系列技术工作，是产品开发的重要环节，是产品生产过程的准备阶段，必须严格遵循“三段式设计”程序：

(1)初步设计。其主要工作是编制设计任务书，让上级对设计任务书提出体现产品合理设计的改进性和推荐性意见，经批准后，作为新产品技术设计的依据。

(2)技术设计。它是在初步设计的基础上完成设计过程中必要的试验研究，并写出试验研究大纲和试验研究报告；编制产品设计计算书；画出产品总体尺寸图与主要零部件图；运用价值工程对产品中造价高、结构复杂、体积笨重、数量多的主要零部件的结构、材质、精度等选择方案进行成本与功能的关系分析，并编制技术经济分析报告；绘出各种系统原理图；列出特殊元件、外购件、材料清单；对技术任务书的某些内容进行审查和修正；对产品进行可靠性、可维修性分析。

(3)工作图设计。目的是在技术设计的基础上完成供试制(生产)及随机出厂用的全部工作图样和文件的设计。设计者必须严格遵守有关标准规程和指导性文件的规定，设计绘制各项产品工作图。

4. 试制鉴定阶段

新产品试制阶段又分为样品试制和小批量试制两个阶段：

(1)样品试制。目的是考核产品设计质量，考验产品结构、性能及主要工艺，验证和修正设计图纸，使产品设计基本定型，同时也要验证产品的结构工艺性，审查主要工艺存在的问题。

(2)小批量试制。其工作重点在于工艺准备，主要目的是考验产品的工艺，验证它在正常生产条件下能否保证所规定的技术条件、质量和良好的经济效果。

试制后，必须进行鉴定，对新产品从技术上、经济上作出全面评价，之后才能得出全面定型的结论，以投入正式生产。

5. 生产准备阶段

在这一阶段，应完成全部工作图的设计，确定各种零部件的技术要求。

6. 正式生产和销售阶段

在这一阶段，不仅需要做好生产计划、劳动组织、物资供应、设备管理等一系列工作，还要考虑如何把新产品推入市场，如确定产品的促销宣传方式、价格策略、销售渠道和提供服务等。新产品的市场开发既是新产品开发过程的终点，又是下一代新产品再开发的起点。通过市场开发，可准确了解所开发的产品是否适应需要以及适应的程度；分析与产品开发有关的市场情报，为开发产品决策、改进下一批(代)产品及提高开发研制水平提供依据，同时还可获得有关潜在市场的数据资料。

五、农村工业企业技术改造

(一)技术改造的概念

技术改造是指企业为了提高经济效益、提高产品质量、增加花色品种、促进产品升级换代、扩大出口、降低成本、节约能耗、加强资源综合利用和“三废”治理等，采用先进适用的新技术、新工艺、新设备、新材料等对现有设施、生产工艺条件等所进行的改造。实践证明，用先进适用技术改造传统产业，不仅具有投资少、工期短、见效快等特点，而且不需要再铺新摊子，能有效避免重复建设，同时还有利于优化产业结构、改变发展方式、提高企业竞争能力。

(二)技术改造的作用

企业的技术改造，对企业发展具有十分重要的作用。

1.有利于充分利用企业的原有物质技术基础

技术改造与新建同等生产规模的企业相比，能充分利用原有的不需要改造的物质技术条件，节省投资和基本建设时间，提高企业的经济效益。因此，技术改造是充分利用企业原有物质技术基础，提高经济效益的重要途径。

2.有利于企业的长期稳定发展

技术改造有利于采用新的技术成果，提升产品质量，促进产品更新换代，提高劳动生产率，是实现企业生产长期稳定发展的重要措施。

3.有利于发展国际贸易

农村工业企业唯有加大技术改造力度，改进产品质量，降低产品成本，提高劳动生产率，形成竞争优势，才能在国际市场上站稳脚跟，才能发展国际贸易。

(三)技术改造的内容

企业技术改造的内容非常广泛，归纳起来，主要有以下几个方面：

1.改进工艺过程

当产品设计出来之后，生产工艺的先进与否，对于产品质量、性能、消耗、成本等起着决定性的作用。因此，要在保证产品质量和安全生产的条件下，引进和推广新工艺，尽可能简化工艺过程和工艺流程，不断应用先进的操作方法，使生产过程连续化和高速化。

2.改进和创制新的工具和设备

改进原有工具和设备，创制新的工具和设备，能提高企业生产技术装备水平。要将手工操作的简易工具和设备，改造成为机械化的工具和设备，并逐步实现生产过程的自动化，以提高产品产量和质量，提高生产效率，改善劳动条件，减轻劳动强度。

3.减少能源和原材料消耗

对那些“电老虎”、“煤老虎”、“油老虎”之类的工艺和设备，以及存在跑、冒、滴、漏等现象的工艺和设备，要采取有效措施迅速加以改造，切实减少能源与原材料消耗，并提高能源与原材料的利用率；要通过工艺和设备的技术改造，实现对贵重原材料的替代，切实降低生产成本，提高企业经济效益；要通过技术改造，提高综合利用废料、废液、废气的能力，减少环境污染，提高资源利用率。

4.改造厂房建筑和公用工程设施

企业的劳动资料，不仅包括全部工具设备和测试手段，而且还包括企业的厂房建筑和公用工程设施，前者属于劳动手段，后者是保证生产正常进行的重要条件。因此，企业技术改造包括采取必要措施加固、翻修厂房建筑，并按照工艺、设备的要求，对厂房进行局部改造，以及根据工艺流程调整工艺布局等。

【实践训练】

农村工业企业技术创新调研

1.实训要求：找一家农村工业企业，了解其技术创新情况。

2.实训目的：通过此次实训，加深学生对农村工业企业技术创新的认识与理解。

3.实训组织：全班同学按每3～5人进行分组，每组制订切实可行的调研计划。

4.实训实施：由学生自主联系或任课教师统一联系一家农村工业企业，在任课教师的指导下，具体进行调研。

5.实训考核：每组集思广益撰写一篇1 500～2 000字的调研报告，内容包括企业的基本情况，主要产品及其实际生产规模、主要技术创新工作、技术依托单位、技术创新的成效等情况，生产实际中遇到的问题，建议和要求等。教师对调研计划和调研报告进行考核评定并给出成绩。

任务四 做好农村科学技术管理工作

一、农村科学技术管理的内涵

作为农村经济管理重要组成内容的农村科学技术管理，就是对农村生产经营活动中的生产要素——科学技术的管理，是指对农村经济活动中为通过促进科学技术创新及其成果转化与应用等发挥科学技术要素的作用而进行的决策、计划、组织、领导和控制，以达到预定目标的过程。具体来讲，农村科学技术管理就是在农村经济活动中遵照科学技术工作的特点与规律，充分利用管理的职能和手段，积极组织技术创新，大力开展技术引进、产品开发和技术推广，促进科学技术转化为现实生产力的过程。

二、农村科学技术管理的必要性

科学技术是第一生产力。但作为生产要素的科学技术要在农村经济活动中最为有效地发挥作用，必须对其加强管理。

（一）加强科学技术管理是科学技术工作规律的客观需要

农村经济活动中科学技术要素的选择和使用是重要的科学技术工作。科学技术工作有其内在的规律性,要求在其过程中要按照客观规律办事。因此,为了保证农村经济活动中科学技术工作按照预定目标有序开展,就必须加强管理。

(二)加强科学技术管理是使科学技术转化为现实生产力的重要保障

科学技术是潜在的生产力,只有同生产中的其他生产要素结合,才能转化为现实生产力。因此,在农村经济活动中,要组织和协调科学技术要素与劳动者、劳动资料和劳动对象实现有效结合和最优配合,以获得其最大产出,实际上这就是管理工作,是最为有效的管理。

(三)加强科学技术管理是提高农村经济效益的必然要求

科学技术作为农村生产经营过程中的"催化剂",其作用是既会促进其他生产要素在使用上的节约,又会推动其他要素最大限度地发挥作用;其结果是节本增收,带来农村经济活动经济效益的提高。但这个过程不是自发的,而要求通过加强科学技术管理来实现。因此,加强科学技术管理是提高农村经济效益的必然要求。

三、农村科学技术管理的主要工作

农村科学技术管理的内容多,涉及面广。归纳起来,有以下几个方面的主要工作:

(一)组织和队伍建设

主要包括在农村经济组织中设置和建立科学技术管理机构,组织和培养提高科学技术人员等工作。

(二)编制规划或制订计划

主要包括确定农村经济组织科学技术发展战略,编制农村经济组织科学技术创新与应用长远规划,制定农村经济组织科学技术创新与应用年度计划等工作。

(三)建立规章制度

主要包括建立农村经济组织的科学技术创新制度、新产品开发制度、技术选择与推广制度等工作。

(四)组织开展技术创新与推广应用活动

主要包括组织开展技术培训、技术服务、技术比武,以及群众性的技术革新活动等。

【阅读与思考】

克广村依靠科技进步促进增收

云南文山西畴县克广村2003年被列为科技示范村后,州、县政府和科技部门加大扶贫力度,投资10.4万元,群众投工投劳220个建成了科技培训楼,同时在该村成立了农函大培训学校及成人文化技术学校,宣传普及科技知识和市场经济知识,广泛组织科技示范推广。

几年来,克广村先后邀请科技人员为村民开展了36期科技培训,并一次性组织50名成年劳力进入农函大养猪专业学习,组织200余人到文山、砚山等地参观学习种、养技术。如今的克广村,成年人人均掌握2门以上的致富技能,户均掌握3门以上的技术,群众依靠学到的实用技术,利用88.5万元的小额信贷扶贫资金,发展冬早玉米5.33公顷,增加粮食产量

3.2 万千克，建成反季蔬菜示范基地 13.33 公顷，年实现经济收入 60 万元。目前，全村家家户户看上了有线电视，洗衣机、影碟机进入了部分家庭，成为当地闻名的科技村、文明村。

（http://www.ynws.gov.cn/Detail.aspx? ID=6474）

思考：克广村是如何通过科技进步摆脱贫困的？

【复习思考与练习】

1. 作为生产要素的农村科学技术的内涵是什么？有什么特点？
2. 什么是农业技术推广？有什么作用？
3. 农业技术推广有哪些原理？
4. 农业技术推广的程序是什么？都有哪些方法？
5. 农村工业企业技术创新的内涵是什么？
6. 农村工业企业新产品开发的原则是什么？一般经过哪些步骤？
7. 农村工业企业技术改造的原则是什么？都有哪些内容？
8. 农村科学技术管理都有哪些内容？

项目十五 农村信息管理

【学习目标】

- 通过本项目内容的学习，了解农村经济管理中需要掌握的信息内容，收集信息的渠道，信息的利用，以及信息的发布和应注意的问题。

【能力目标】

- 通过本项目内容的课堂学习和实训环节，能够在农村现有条件下，有效收集农村经济管理所需要的信息；能够利用信息有效开展农村生产经营活动；能够通过发布信息扩大销售渠道和开辟招商引资渠道。

【重点与难点】

- 本项目的重点：获取农村经济管理所需信息的有效渠道；农村信息管理的主要工作。
- 本项目的难点：利用信息预测未来市场价格和供求变化；筛选有用信息的方法。

【教学方法与手段】

- 案例式、启发式教学；多媒体辅助教学。

【引导性案例】

华西村利用信息分析,三个月赚了一个亿

多年来,华西村的老书记吴仁宝每天晚上准点收看中央电视台的新闻联播,他总能用敏锐的嗅觉捕捉到重要信息并“据为己用”。

1992年,邓小平同志南方视察讲话公布后,吴仁宝睡在床上辗转反侧,难以入眠。第二天凌晨2点,他感到要立即采取行动,就抓起电话说:“总机吗?请你通知党委委员、正副村长、各厂厂长,凌晨3点到会议室参加紧急会议。”

3点整,华西村的各集团负责人会议准时召开,吴仁宝说:“经济加速发展的浪潮已经到来。面对机遇,我们要尽快制定战略目标,拿出战术措施。当前,压倒一切的中心任务就是‘借钱吃足’,钱借得越多越好,原材料吃进得越多越好。同时,再把股份制大张旗鼓地搞起来,大量吸收个人资金入股。现在就行动!”

从1992年3月1日至15日,短短半个月内,华西村从干部到群众,从厂长到供销员,有钱的出钱,有力的出力,有门路的找门路,“八仙过海,各显其能”,共借款2 000多万元,吸收个人资金入股400多万元,加上自有流动资金,一下子购进近万吨钢坯、1 000吨铝锭、700吨电解铜等原材料。没过半个月,全国就掀起了一个加快改革与发展的热潮,随之而来的是原材料价格迅速上扬。后来,外界传说吴仁宝“开了一次会议,赚了一个亿”!

(http://news.xinhuanet.com/politics/2006-01/15/content_4053703.htm)

任务一 了解农村经济管理所需要的信息

当前条件下,有了准确、及时、全面的信息才有可能做出正确的决策。在实际工作中,农村经济管理需要注意掌握以下信息:

一、市场信息

开展农村经济活动,需要了解市场信息。市场信息主要包括以下内容:

(一)农产品市场价格信息

我国幅员辽阔,农产品市场价格具有以下特点:

1.各地差异大

鲜活农产品、特种农产品的价格,各地差异较大。其原因在于:一是各地生产成本不同,二是各地市场供求量不同。由于生产成本和市场供求量是经常变化的,因此产品的市场价格也会随之变化。农村经济管理要随时了解各地市场的价格行情。如果有条件,还需要了解国外相关农产品的价格行情,通过分析产品的价格行情和成本,寻找盈利最大的项目。

【典型案例】

了解信息后农村产品身价倍增

松茸在我国不少山区都有，在云南省香格里拉县的深山中长出的品质最好，但当地价格很低。一个12厘米的松茸在云南山中仅值几元钱，但在日本市场上的售价为人民币400元左右。2001年，部分农村经济管理者了解了这一信息后，开始组织这一产品向日本销售，大幅度增加了农民采集松茸的收入。

（http://12582.10086.cn/nm/News/Detail/8093505）

2.价格变化快

从统计分析的结果来看，市场价格变化快的当属鲜活农产品，而青菜的价格又是鲜活农产品中变化最快的。古时候就有“好马赶不上青菜行”的说法。进入21世纪后，虽然蔬菜生产进入专业化、区域化阶段，但蔬菜价格的波动仍然是最剧烈的。除了蔬菜外，其他鲜活农产品由于生产的季节性强，保鲜成本高，价格的变化也很快。部分产品不但每天价格不同，而且早晚价格也有变化。

3.质量差价大

进入21世纪后，我国农产品质量差价逐步拉开，同一农产品因品牌、质量等的不同价格也有很大的差距。如在同一超市上，无品牌的普通鸡蛋价格为每千克8元，而包装的品牌柴鸡蛋每千克20元。当前，农村经济管理者不能简单地了解某一品种的农产品价格是多少，还需要了解在不同的产地、品种、规格、品牌、质量、等级条件下的市场价格。

4.变化有一定的规律

看似起伏不定的农产品价格变化主要是供求决定的。在消费需求不变的条件下，生产增长后，价格会下降；在生产不变的条件下，消费需求减少，价格将下降；在消费需求增加的条件下，生产不变，价格将上涨；在消费需求不变的条件下，生产减少，价格将上涨；在消费和生产同时增加时，如果消费增长快于生产的增长，则价格上涨，如果消费增长低于生产的增长，则价格下降；在消费和生产同时下降时，如果消费下降低于生产下降，则价格将下降，如果消费下降快于生产下降，则价格上涨；当消费下降生产增加时，价格将大幅度下降，反之价格将大幅度上涨。掌握上述规律，就可以基本把握市场价格的变化趋势。

【阅读与思考】

生产技术推广　生产规模扩大　经济效益增加

目前，对于供求决定市场价格，大多数农业生产者都有一定的理解。为此，有些农民掌握了某一农产品的生产技术后十分注意保守秘密，专注于自家的生产，认为这样才有可能在市场上卖出高价。在传统小规模生产，而且销售市场不变的条件下，这种作法是正确的，但其经济效益的提高幅度是很有限的。这是因为当农产品生产规模较小时，其销售的市场也很小。而且由于生产规模小，产品的知名度不易提高，生产技术无从交流也难以提高，专业分工不易形成，成本不易下降。相反，在农业专业化生产的区域，由于生产规模大，产品的知名度高，吸引来的采购商多，培训条件好，技术提高快，不少农产品还进入了国际市场，这些区域在农产品的产量增加后，价格不但没有下降，反而还会有所提高，生产者取得了更高的收益。根据这一现实，有些地区的农民在掌握了某一农产品的生产技术后，不但不会保守秘密，而且热心在当地传授这一生产技术，同时还会努力组织好产品销售，使这一产品在生产规模扩大的同时有了更大的市场，保持了产品以较高的价格出售。由于生产规模扩大，降低了生产成本，当地农民都得到了较高的收益。

思考：在专业化生产的区域为什么本地生产能力增加后价格还会上涨？

(二)农产品市场需求信息

在农村经济活动中，特别需要了解下列市场需求信息：

1. 批发与零售市场的产品需求

产品批发与零售市场是目前农村生产经营单位了解产品市场信息的主渠道。由于需求变化时价格也会相应发生变化，农村生产经营者还可以通过价格信息认识产品需求变化的方向及其程度。

2. 加工企业对原料的需求

有些企业需要的农产品是从市场采购的，这类企业的农产品需求信息可以从市场价格上得到反映。同时，目前也出现了大量与农业生产单位签订合同，委托农业生产单位生产的加工企业。这类企业对于农产品的需求难以从批发与零售市场上直接得到，多数需要从企业的有关信息中得到反映。

3. 直接消费需求

进入21世纪后，我国连锁企业的发展速度非常快。不少大型连锁企业有自己的生产基地，如我国目前比较知名的连锁餐馆肯德基、麦当劳、全聚德，以及欧尚、家乐福、沃尔玛等连锁超市均有自己的生产基地，所用农产品原料大部分通过订单生产。这部分产品的需求数量稳定，价格合理，能够为农村带来稳定的收入。认识这类产品的市场需求，需要从相关调查及专业统计中去了解。

4. 产品出口的需求

出口农产品一般是采购商直接与农业生产单位联系，或者农业生产单位自行组织出口，在国内农产品市场上很难了解到这方面的信息，但可以从外贸企业，或在有关进出口贸易的统计报表上了解到。

(三)农产品市场趋势信息

我们已经知道，产品的价格是由供求决定的；而消费者的需求变化与收入相关。这样我们就可以通过收集有关供求变化和收入变化等信息认识产品市场供求的未来趋势。如在猪肉市场上，母猪的饲养决定仔猪的数量，如果母猪大量减少，未来市场的仔猪必然减少，在一定时期内猪肉的供应也会减少，如果需求不变，将使猪肉的价格上涨。2005年，我国部分生猪饲养单位通过这种趋势信息预计到猪肉价格的有可能上涨，在2006年增加了生产的数量，获取了可观的盈利。

【典型思考】

决策要靠信息分析 单纯的经验不可靠

在农业生产经营管理中，不可单凭过去的经验办事，将过去长期形成的经验当成客观规律有可能使经营受损。如我国春节是最重大的节日，春节期间农产品的需求明显增长，故此，一般情况下农产品价格会有一定程度的上涨。但并不是年年春节农产品的价格必然上涨。由于影响市场价格上涨的背后是供求变化，如果春节期间某种农产品供应大量增加也会出现价格的下降。1985年，湖南岳阳地区由于改革开放后收入提高，特别是农民收入的增加，对水产品的消费能力也显著提升，当年春节水产品价格比平时上涨了近一倍。到1986年，大部分水产养殖单位根据上一年的经验，认为将水产品留到春节上市可以卖高价，因此一直留着不销售，直到当年的农历腊月后，才开始销售水产品。因过多的水产品同时上市，使价格下降到1985年春节的1/4，从而使凭经验决策的水产养殖户损失惨重。

二、生产条件信息

农村生产受自然条件的影响较大，同时也受到生产资料供应、运输、技术等条件的制约，在决策时还需要掌握这些方面的信息。

(一)农村生产的基本条件

土壤、气候、水文是农村生产的基本条件。了解这些条件需要掌握长时间的资料，需要进行一定的分析，需要有科学的手段。如我国的寒潮往往几年一次，受这种寒潮的影响，南方的一些种植、养殖项目会受到很大影响，甚至有全军覆没的危险。在这类地区生产有关农产品时，掌握寒潮等信息就非常重要。类似的还有台风、洪水的影响等。

在某些产品的种植或养殖中，需要有一定的特殊条件。如决定柑橘甜度除了温度和日照外，还与土壤中氮、磷、钾的比例密切相关，与微量元素有关。种植柑橘时，如果不了解土壤的详细信息，就很难生产出高质量的柑橘。

(二)农村生产的竞争性条件

农村生产经营要取得好的经济效益，就要在市场上有竞争优势，这就需要掌握有关竞争者的信息，主要有：

1.竞争者的自然条件

农业生产是自然再生产与经济再生产的结合，拥有良好的自然条件才有生产优势。自然条件的优劣决定了不同地区具有不同的最适合、较适合与不适合生产的农产品，根据相关信息，找到最适合本地生产的农产品，可以获得最好的经济效益。

2.竞争者的外部经济条件

外部经济条件是指一个区域所形成的对某一产品生产销售的有利条件。当前，农村生产的专业化区域开始出现，在区域中已经形成了对相关产品的科学研究、销售组织、技术培训、生产资料供应、产品对外宣传等条件，而在其他区域内生产同种产品由于缺乏上述外部经济条件，就很难得到同样的经济效益。因此，了解竞争者的外部经济条件，知己知彼，尤为重要。

三、产业发展信息

农村经济管理除需要了解市场，认识竞争者外，还要详细了解与本村产业发展有关的信息。

（一）产品生产总量信息

在需求相对固定的条件下，了解未来产品生产的总量，便于正确预测市场价格的变化。如2006年，我国山药价格较高，看到不少种山药的农民当年收入较高，2007年，有大量的农民扩大了山药的种植，但也有一部分注重市场信息的农村经济管理者认识到在山药种植急剧扩大后，其销售价格有可能下降，这些农村缩小了山药的种植面积。到2007年秋天，由于山药大量上市，价格大幅度下降，当年扩大山药种植的农户亏损较大，而减少山药种植的农户则减少了损失。

（二）新品种与新技术信息

当前，我国农业生产的新技术、新品种、新产品不断涌现，合理运用新的技术，及时更换新的品种，在不增加或少增加投入的同时可以明显提高产量和收入水平。由于农业生产受地理条件、气候条件等因素的影响，对哪些新品种、新技术可以用于当地，需要有深入的了解和认识。

（三）服务信息

当前，农村服务项目在不断增加，甚至有些服务项目已经十分普遍，如种植业中的土壤分析、机耕、播种、插秧、机收等，养殖业中的饲料分析、防疫等。农村社会化服务能够提高生产的专业化水平，可以在较低投入的同时获得显著的经济效益，可以解决农村生产经营者的难题。因此，了解服务信息，对农村生产经营十分必要。

（四）相关产品信息

这里的相关产品是指替代产品和相关生产资料。

1.替代产品信息

日常生产和生活中，农产品可以相互替代，部分工业品也可以替代农产品。可替代产品的供求对市场价格也有很大的影响。替代性最主要的标志是：一种产品的供求发生变化时，另一种产品的供求也发生相应的变化。即在替代产品的供求发生变化时，会影响被替代产品的市场供求，从而使其价格发生相应的变化。因此，了解替代产品信息也很重要。

2.相关生产资料信息

农业生产资料价格是决定农产品生产成本的重要因素之一，影响农产品的经济效益。因此，对于农业生产资料信息也需要有一定的了解。

四、相关政策信息

农村经济管理者还必须全面及时了解各种有关的政策及相关法律、法规等，其中最主要的有：

（一）有关农业生产的政策

主要有土地政策、水利政策、农业生产资料政策、农产品收购政策，以及税费减免政策等。

除了国家的政策外，各地区对农村产业发展也有相关的政策，如有的地区为了加快某一产业的发展，出台的奖励政策、补贴政策等。了解这些政策并用好、用足，有利于在现有条件下加快农村产业的发展。

(二)有关运销的政策

农村产品的市场价格直接或间接地受到国家有关产品运输和市场销售相关政策的影响，农村经济管理需要了解这些政策，并研究这些政策对农村的影响。如国家制定了农产品运输的绿色通道政策，在一定程度上可以减少农产品的运输成本，使当地的农产品有可能运送到更远的区域销售，从而扩大其市场，提高其销售价格，进而提高其经济效益。

(三)相关的法律、法规

农村经济管理必须遵纪守法，这就要学习和掌握相关的法律、法规。涉及农村生产经营的法律、法规主要有农业生产法律制度、企业法律制度、农村自然资源法律制度、税收制度等。有些法律、法规与农村生产经营有间接关系，也需要有一定的了解，如环境保护法、能源法等。对于养殖户来说，如果要发展特种养殖，还需要了解野生动物保护法等。

任务二　掌握如何收集和应用农村经济活动所需要的信息

农村经济管理需要以较小的投入收集到较多的有用信息。为此，要了解信息的来源与收集的方法。

一、农村信息的来源

我们比较熟悉和经常使用的农村信息来源主要有：

(一)公共媒体

公共媒体是我们最熟悉、最常用的信息来源。农村中最普遍的公共媒体有：

1.广播

广播是农村中最早的信息来源之一。从广播中可以得到政策、市场等方面的信息，同时也可以得到新技术及生产经验的介绍等。广播收听方便，传递信息及时，但专业性差，有关信息不详细，同时广播信息不易储存，整理也不方便。

2.电视

电视的优点是直观，可以看到有关生产和市场的实际情况。目前电视中有专业的农村、农业频道，介绍新技术、新品种，以及生产经验和各地的市场信息等。电视比广播更生动、更直观，但目前储存信息还比较困难。

3.报刊

有关农村的报刊，特别是地区性专业报刊的针对性很强，是了解当地信息的重要渠道之一。报刊方便储存，有关信息的整理与利用很方便，但信息的传递时间长，时效性较差。

4.书籍

书籍的最大特点是专业性强，内容比较详细。目前越来越多的出版单位考虑到农村特点，出版的书籍简便易携带,有"口袋书"之称,这些书籍可以及时向农村经济管理者介绍有关政策、法律及农业新技术等。

5. 电子媒介

与书籍相比,电子媒介的成本更低、信息量大、出版速度更快、复制更为简单、普及更容易。由于音像媒介可将有关信息以多种形式表现出来,农民更容易理解和接受,逐步成为传递某些信息的主要渠道之一。

(二)电话与网络

电话与网络的优点是信息发布者与接受者可以相互沟通,从而可根据用户的要求提供信息。目前的渠道主要有:

1. 有线电话

这种形式的最大优点是可以实时了解有关人员是否已经收到相关信息,并根据信息进行工作安排。另外,农村经济管理可以通过有线电话询问相关信息,如可以通过有线电话询问以解决生产、技术及销售中的难题等。

2. 无线电话

近十几年中,我国农村经历了从寻呼机到手机的转变。手机也从简单的通话向短信、彩信、上网等转变。无线电话在农村信息的传递中正发挥着越来越大的作用。

3. 互联网

互联网信息量大、选择性强,有强大的查询功能,同时还可以与有关单位进行直接联系,并将本单位的信息发送给有关单位。互联网很可能成为农村未来最重要的信息渠道。

(三)交谈、报告与会议

目前,不少农村中最主要、最经常的信息来源,还是传统的交谈、报告和会议。

1. 交谈

当前,在信息传递中,面对面的交谈仍然占有非常重要的位置。特别是专业人员之间、各单位的主管之间、上下级之间,面谈还是获取可靠信息的最主要渠道。面谈往往能够通过身体语言、表情等更准确地传达相关信息。同时,交谈中可以根据对方的需求,提供对方最感兴趣和最需要的信息,并且可以通过回答提问以解释对方不清楚的地方,了解对方对信息的掌握和理解程度等。

2. 报告

对于有关政策、形势等需要相关人员普遍了解的信息,对于农业生产经验的传授,对于新品种的介绍等,现场报告有着比听录音、看录像更好的效果。虽然这种方法的投入比较大,但效果良好,目前还无可替代。

3. 会议

会议与报告的不同点是会议除了传达有关信息外还需要听取相关人员的想法和做法,是比较有效的信息传递形式。在会议中可以接收到来自各方面的信息,有的会议还有讨论、座谈等,类似于放大了的交谈。

(四)调研、学习与考察

在农村经济工作中,还需要使用某些专用的信息收集方法,主要有:

1. 市场调研

农村经济管理者本人或委派人员到市场上收集信息，是目前取得市场信息的最重要的渠道之一。农村经济管理中，收集最多的是两类信息，一是产品售价信息，二是生产资料价格信息。不少农村生产经营者反映，要掌握实用信息，非走进市场调查不可。

2. 外出学习

虽然目前有大量载有新技术的书籍、光盘等，但要掌握这些新技术还得通过外出学习才能真正学到手。有些农村经济管理者也反映，对于有些新技术虽然在外出学习之前已经反复阅读了相关资料，但到了实地往往还有完全不同的感受，真是百闻不如一见呀！

3. 专题讲座

目前，部分科研单位或企业为了推广其技术和产品，经常到农村举行各种专题讲座，主讲人往往是专家，并针对不同的听众调整讲座的内容。不少讲座提供的信息对农村生产经营有较大的帮助，有些信息甚至可以解决部分农村生产经营单位的难题。

4. 参观考察

每年，我国都有许多专业和综合的农业展览会、展销会，其集中反映了农业生产和销售的相关信息，参观展览会、展销会的同时还可与有关方面进行交流。实际上，对于农村所需要的信息，有时还需要通过实地考察才能详细了解。

二、收集信息的方法

收集信息的方法很多，常用的主要有：

（一）个人收集法

农村生产经营单位中的每个人都需要了解与工作相关的信息。个人收集法是指在工作之中以及工作之余，以有助于工作为目的收集相关信息的方法。

（二）专人收集法

对于重大信息，以及对于经常变化的信息等，个人兼业收集难以达到目标要求。这类信息需要有专人负责收集。专人收集法是指设专人或专业的工作小组负责收集信息的方法。

（三）委托收集法

有些信息对于生产经营单位有着特别重大的意义，同时这些信息又不能从公共媒体中及时准确地获得，此时就需要委托有关单位和个人专业或兼业完成信息的收集工作。特别是农村产品销售以外地或国外为主的生产单位，要及时、准确掌握外地、外国的产品市场行情，就需要通过付费的办法，委托有关人员或单位完成信息的收集。这种方法就称为委托收集法。

（四）购买信息法

目前，社会上有专业的信息中心、咨询中心等。这些单位的主要业务就是为有关企业或个人收集其所需要的信息。这些单位的专业性强、信息渠道广，通过合同可以对其工作提出明确要求，获得的信息比较可靠。在进行生产经营的重大决策，如投资决策时，可以通过购买的形式获取完整的信息。这种通过购买的方式获取所需信息的方法就是购买信息法。

三、收集信息时需要注意的问题

收集信息并不难，但用较小的投入收集到有用的信息并不容易。在收集农村经济管理信息时需要注意以下问题：

(一)有明确的目的

农村经济管理收集信息的目的就是为了获取更大的盈利，即取得良好的经济效益。在收集信息的过程中，要始终服务于这一目的。这也就是说，与生产经营无关、无助于提高效益的信息，应不在收集之列。

(二)收集有用的信息

判断信息有用与否，可以从以下五个方面来衡量：

1. 有效性

即该信息用于生产经营中能够获得相应的效果，提高生产经营的效率或降低生产经营的成本，或者解决生产经营中的问题等。对农村经济管理有效的信息可以是直接的，也可以是间接的。收集间接的信息并进行有效性判断也是农村经济管理者的一项重要工作。

2. 可靠性

在收集信息时，可靠的信息往往来自权威的信息发布单位，如政府及其有关部门发布的信息、专业刊物上有关专家发布的信息等。生产经营单位委托或派出人员收集的信息、经过验证的信息、可靠人员提供的信息等，一般都比较可靠。

3. 及时性

市场行情信息、产销信息等瞬息万变。这类信息只是在一定时间内才有效，超出一定的时间就是无用信息。因此，收集信息要注意及时性，使用信息也要注意及时性。否则就成了无效信息。

4. 准确性

信息不准确的原因是多方面的，信息收集人员的失误、计量工具的不准确、信息收集人员迎合信息需要者的偏好，以及有意发出的不准确信息等，都会影响信息的准确程度。即使是权威信息发布单位发布的信息，在特定情况下也会有较大的偏差。利用不准确的信息进行决策必然会导致决策失误。

5. 全面性

在农村生产经营中，收集信息时还需要注意信息的全面性。在实践中，对于新技术信息往往强调其好的一面，而对于这种技术的缺点、问题及不适用的场合等却很少提及；对于新品种也常常是强调其增产、增收的作用，而对于其缺点和问题也很少提及。因此，这就要求农村经济管理者要拓宽视野，全面了解这些新技术、新产品，包括其缺点与问题等。

(三)适当收集信息

在收集信息时要有必要的度，既不要忽视信息的收集工作，也不要过量收集信息。我们收集信息的目的是增加农村生产经营的收益。一般情况下，只要收集信息的投入小于所增加的生产经营产出，就可以认为信息收集的工作量是适当的；如果将投入的信息收集工作用于生产经营的其他方面会有更大的收益时，就可以认为此时信息收集的投入量过大，需要适当减少这方面的投入。

(四)打破观念定式

1. 不以当地的情况认识其他区域

不同文化、民族、地区、国家的人对产品的需求是不相同的，在收集信息时注意到这一点往往可以获得出人意料的经济效益。如我国江苏北部人不吃泥鳅，当地有吃泥鳅嘴尖的说法。但当地的自然条件很适合泥鳅的生产，当得知日本、韩国人喜欢吃泥鳅，且市场价格比较高的信息后，当地开始组织泥鳅的养殖并大量出口，在很短时间内就取得了可观的经济效益。

2. 不以过去的情况臆断现在和未来

收集信息时，还需要注意人们的生活习惯、消费需求都有可能发生变化，不能单纯凭借经验，主观地以过去臆断现在和未来。如历史上我国城乡消费牛奶的量很少，不少人不习惯喝牛奶，但随着人们收入水平的提高，加上有关方面大力宣传喝牛奶有益健康后，我国牛奶的消费水平迅速得到了提高。

四、信息的应用

信息的应用主要有以下五个环节：

（一）筛选

筛选是指对信息进行分类与挑选。筛选信息时，对信息有不同的分类方法，常用的是根据重大和紧迫程度对信息进行分类。首先选出重大而紧迫的信息，这些信息比较重要，而且需要立即予以应用；其次是选出不重要但很紧迫的信息，这些信息虽然没有重大影响，但也需要立即予以应用；第三是选出重大但不紧迫的信息，这些信息的内容需要认真考虑，但不需要马上处理；第四是选出不重要也不紧迫的信息，这些只是参考信息，有时间和精力时可以考虑，也可以不考虑。

（二）鉴别

要保证所应用的信息是正确的信息，还需要对筛选出来的信息进行必要的鉴别，去除虚假信息、不实信息，以及可疑信息，以保证信息真实可靠。鉴别信息真伪的方法有很多，简单的方法有三种：一是逻辑推理的方法，即不合乎逻辑的是可疑信息；二是验证的方法，即看通过其他渠道得到的信息与需要鉴别的信息内容是否一致，不一致的是可疑信息；三是通过判断信息发布单位的方法，即不可靠单位发布的信息应该是可疑信息。

（三）分析

对信息的分析是对有关信息去粗取精、去伪存真的过程。对信息的分析也有不同的方法，其中定性分析是对信息性质的认识，而定量分析是对信息中有关数量的认识。收集来的信息反映的是零星的、表面的、杂乱的情况，将相关的信息综合在一起，利用表格、图形等数量分析的工具，有助于认识所收集到的信息中的客观规律性。

（四）判断

判断是指在对信息进行分析的基础上判别当前以及未来可能发生哪些变化，根据这些变化来认识客观事物的发展规律。判断的基础是信息的收集、分析，以及对所掌握信息的深入思考。如对于某一产品市场价格的变化，仅仅能够判断未来是上涨还是下降是不够的，还要能够判断未来市场在哪一时点，有多大幅度的价格变化。只有这样才更有利于农村经济管理者做出正确的抉择。

（五）验证

如果有条件，在进行决策前还需要对相关信息进行验证。农村经济管理者验证信息的主要方法有两个：一是小型实验。特别是对于新技术、新产品是否适合当地的条件，则可以通过小型实验的方法来认识有关信息的真伪。二是进行实地调查。所谓眼见为实，即通过实地调查来认识信息，并检验其真伪。

任务三 了解如何发布农村生产经营信息

在生产经营中，农村经济管理者需要让社会有关人员了解本单位的生产经营情况和需求，从而需要对外发布信息。

一、农村经济管理者需要发布的信息

农村经济管理者需要对外发布的信息主要有：

（一）产品销售信息

农村生产经营的绝大多数产品都需要通过市场销售，目前虽然有大量的收购商直接到农村收购，但为了更有效地完成销售，还需要农村经济管理者发布有关产品销售的信息，使更多的消费者和经销商了解当地生产产品的品种、数量和质量等。

（二）生产资料需求信息

农村生产经营中需要多样的生产资料，常用的生产资料虽然有固定的采购渠道，但有些生产资料的购买并不容易。另外，市场上有大量的生产资料销售商，其掌握着不同价格和质量的生产资料。农村经济管理者及时发出对生产资料的需求信息，有助于沟通与供应商的联系，得到物美价廉的所需要的生产资料。

（三）服务需求信息

随着社会分工的深入，农村生产经营中专业化服务的内容也在不断增加。目前，从生产前的土壤分析，生产中的机耕、播种，到生产后的收割、储存和运输都有专业化服务的组织。在畜牧业生产中，从养殖场的设计、种苗的提供、畜禽的防疫，到饲料的供应、产品的运输等也都有专业化服务组织。及时发布服务需求信息，联系质量高、收费合理的专业化服务队伍，既可保证不误农时，又可以提高工作效率。

（四）经营管理需求信息

目前，社会上还可以提供农村生产经营所需要的劳动力、经营管理人才，以及土地、水面等，甚至还可以找到扩大生产所需要的资金、技术等方面的支持。通过发布相关信息，在社会上招聘生产经营所需要的相关劳动力和经营管理人才，可以扩大对生产经营及管理人员的选择面，找到更合适的员工，提高生产效率。

二、发布信息的渠道

发布农村信息的渠道多种多样，主要有：

（一）口头传递

通过交谈、电话等口头形式是目前最常用的渠道。以口头形式发布的信息多数需要农村

生产经营单位的负责人同意或本人表达，至少要得到授权或者认可。发布的口头信息要清楚、明确；发出信息后要守信，要落实有关承诺。

（二）发布广告

对于需要经常发布的信息，还可以采用广告的形式。最简单的广告有生产经营单位的宣传牌，说明本单位的性质、生产的特点，以及主要产品、联系人、联系方法等。另外，针对相关活动制作的印刷品，以及农产品包装物上的说明等也有广告的作用。如果有特殊的需要，还可以考虑在公众媒体上发布广告。

（三）展览、展销

大多数新产品在相关的展览会、展销会上进行宣传，往往能够获得较好的效果。由于参会的人员有明确的目的，专业性较强，对生产经营单位发布的信息比较敏感，而且其中的多数人还具有一定的决策或建议权。在这些活动中，有时只要有几个大中型生产经营单位的相关人员注意到所发布的信息，就能够收到明显的效果。

（四）专业会议

专业会议集中了相关行业的管理人员或技术人员，在这种会议上如果能够发布本村的信息也会有较好的效果。如林果生产者在饮料专业会议上发布果品生产信息、粮食生产者在饲料会议上发布饲料粮生产的信息等，常常可以带来直接的效益。另外，在相关的技术研讨会上发布对技术的需求信息、在生产资料行业举行的会议上发布对生产资料的需求信息等，同样可获得直接的效果。

（五）互联网

随着互联网的普及，利用互联网发布信息已经成为农村经济管理者普遍采用的方法。互联网上发布的信息可图文并茂、生动直观、随时更换。同时，在互联网上发布信息的投入不高、技术不复杂、覆盖的区域广泛，有利于将生产经营的产品介绍到世界各地。

（六）产品推销

在产品推销过程中，销售人员需要携带一定的宣传材料，需要口头介绍自己的产品，需要明确产品的价格，以及告知生产单位的联系方法等。产品推销要有明确的目的，由于直接与需求者交流，可以给人留下较深的印象。

三、发布信息时需要注意的问题

（一）信息发布的权限

只有负责人才有权力发布本单位的信息。员工和下属未得到许可是不能发布信息的。无论是发布本单位的产品销售信息，还是发布生产资料等的需求信息，都需要得到负责人的同意。

（二）保守生产经营中的秘密

生产经营单位在发布有关信息时，需要保守生产经营中的秘密，注意不要在发布信息时将自己的内部消息透露出去。如生产的成本、价格底线、与其他单位的交易情况等。发布信息时，也要注意不要将无关的内容同时发出。生产单位发布的只是需要让外部知道的信息，不宜于让别人知道的信息尽可能不要向外公布。

(三)把握机会

对于每个地区或特定的产品，在特定的时间发布信息常常有较好的效果。在发布信息时，要注意把握机会。如当地举办与农产品有关的活动时，或外来经销商、采购商大量涌入时，或外来人员较多时，此时发布信息可能让更多的专业人员或消费群体所了解、所认识；一旦错过这一时间，其工作将会事倍功半。

(四)突出重点

由于目前社会上发布的信息数量庞大，要让有关人员重视农村经济管理者发布的信息并不容易。这就需要在发布信息之前详细分析所需要解决的主要问题是什么，哪些有可能引起相关人员的兴趣，等等，即在发布信息时要对发布的内容精心设计以突出重点，发布的信息内容要短小精悍、一目了然。这样发布的信息才会有好的效果。

(五)衡量效益

发布信息时需要对发布信息的方式、方法、力度、投入量等有一定的选择，力求以最小的投入，获取最大的效益。在实际工作中，农村经济管理者发布信息时都不会只用单一的方法，而是多种形式的组合。此时，如何组合才有更好的效果，也需要有一定的考虑。从信息发布到收到效果，有时需要有一个过程。对于不能立竿见影的信息，则需要在一定的时间内坚持多次发布，以让有关的经销商对生产经营单位的供给与需求有更深的印象和了解。

任务四　学会运用计算机网络搜集农村经济管理信息

计算机网络，也称互联网。当前，计算机网络已开始进入农村，在指导农村生产经营，推动农村产品销售等方面发挥了重大作用。

一、计算机网络信息的特点

(一)信息量大

联网的计算机可以与世界各地实时联系，全世界上网单位和个人的信息都可以在计算机网络中找到。目前的计算机网络信息已经基本包含了广播、电视、报纸、杂志、图书等方面的信息，已成为农村经济管理者最主要的信息来源之一。

(二)专业性强

随着社会分工的深化，计算机网络上所载的信息也越来越专业化，如在国家农业部的农业信息网上专业网站就有近 40 个，同时，各个农业生产协会也有自己的网站。为满足农村经济管理对信息的需求，并提高其搜寻速度，可按专业分门别类地搜集所需信息。

(三)覆盖面广

2012 年，世界上网人数已经超过 17 亿，其中发达国家中超过 60%的人口和接近 100%的大中型企业都上网；而发展中国家上网的人数和比例虽然较少，但增长速度很快。计算机网络已经深入到世界的每一角落。

(四)进步速度快

计算机网络得以迅速普及的一个重要原因,就是其技术进步的高速度。由于技术进步的速度快,带来了以下结果:

1. 设备的费用在不断降低

20 世纪 90 年代中期,一台中档计算机的价格大约折合当时我国一个农民 5 年的平均收入,而到了 2011 年,性能提高了几十倍的计算机约合一个农民半年的收入。我国农村的收入水平还在不断提高,加上新农村建设中给予的优惠政策等,使计算机网络在我国农村很快得到普及。

2. 携带越来越方便

计算机的体积在不断缩小,重量不断减轻。目前小型的笔记本电脑已经可以装到信封中,上网的手机可以装在口袋中。同时,无线上网的普及使农村经济管理者可以在田间地头使用上网的计算机指导农业生产。

3. 传输速度不断提高

从统计数字来看,2011 年网络传输的速度是 1991 年的 80 倍。另据电信专家预计,2015 年还有可能在此基础上将网络传输速度提高 8 倍左右。由于传输速度的不断提高,生产技术的视频传送、相关信息的下载都可以在更短的时间内完成,同时相关的费用也在进一步降低。

4. 使用越来越方便

随着计算机性能的提高和软件的改进,计算机使用越来越方便。目前中老年人也可以很方便地使用计算机。在当前的农村,使用计算机已经基本没有什么困难。

(五)互动性强

计算机网络的另一个优点是可以实时对话。可以通过网络向不同的专家请教,可以将自己的问题和需求发布给相关人员。网络上互动的方法很多,主要有 QQ 聊天、留言、电子邮件等。

二、计算机网络信息的利用

计算机网络已在我国农村中得到广泛的使用。主要应用在以下几个方面:

(一)收集信息

由于计算机网络已经成为国家机关、企事业单位发布信息的主要渠道之一,因此通过计算机网络可以收集大量信息。对于农村管理者需要的特定信息还可以通过搜索等来查寻。

(二)联络购销

通过计算机网络介绍农村生产经营的产品以完成销售在我国正在普及,而且目前发展的速度很快。网络扩大了市场,同时也吸引了大量的生产资料供应商。

(三)获取技术

计算机网络为新技术的普及和推广开辟了一条崭新的道路。通过计算机网络可以远距离传授技术,解答问题,指导农村生产。

(四)发布信息

如果有好的生产项目,但缺乏资金、技术力量时,利用计算机网络发布信息寻找合作伙伴会事半功倍。目前,通过计算机网络不但可以得到国内有关单位的投资,而且不少农村生产经营单位还发展了与国外的合作。

三、如何提高计算机网络信息的利用水平

为利用好计算机网络信息，农村经济管理者至少要做好以下工作：

(一)掌握网络技术

虽然计算机的应用越来越简单，但由于网络技术的内容越来越丰富。因此，对于农村经济管理者来说，只有熟练掌握这些技术，才能使其在农村经济管理中发挥应有的作用。

(二)巧用网络资源

网络上的信息很多，而农村经济管理者的时间又有限，要学习和掌握网络资源应用技巧，可以通过向专业人员学习，也可以在网络上找相关知识进行自学，通过总结经验，不断提高对网络的利用能力和水平。

(三)挖掘网络上的资源

网络上虽有大量的信息资源，但农村经济管理者真正用上的只有很少一部分。未能将网络资源充分利用的原因主要有两个：一是对相关信息的搜索和寻找不足，二是只能利用中文信息，不会和不能利用外文信息。第一个问题比较容易解决，第二个问题解决难度大。但由于在计算机上既可以实现网上翻译，又可以直接联系有关外语人才进行翻译，通过发挥互联网的作用，充分利用外文信息。

(四)配合其他方法

虽然计算机网络已经在发挥重大作用，但现时还不能完全替代传统方法。计算机网络只是一个辅助的信息交流工具，农业生产经营中的基础工作做好后，这一工具才能发挥更大的作用。

任务五 做好农村信息管理工作

农村经济管理者要用好信息，需要搞好信息管理工作。

一、农村信息管理的必要性

(一)管好用好信息才有正确决策

农村生产经营信息往往影响着农村生产经营的经济效益。社会上有不少“一条信息救活一个企业”、“一条经济情报使人由穷变富”的实例。这充分说明了信息对农村商品生产所起到的显著作用。当前，信息已成为农村经济发展的重要条件。

我国地域广阔，农村情况复杂，如何从农村的实际出发，进行正确的决策，对于农村经济的发展有着非常重要的作用。然而，正确的决策必须以全面准确反映整个市场变化和农村经济活动的信息为依据。掌握信息和了解情况，是进行农村经济决策最起码的条件，也是决定决策正确与否的基础。如果缺乏全面、及时、准确的情报、资料和数据，“情况不明决心大，心中无数

办法多”,那就难免出现决策上的失误,造成严重的经济损失和不良的社会后果。

(二)管好用好信息才能沟通城乡联系

市场经济体制下农村经济的发展依赖于日益紧密的城乡联系,不但农产品的销售依赖于城市的需求信息,而且农村工业和服务业的发展以及劳务输出等,都依赖于城乡信息的沟通。我国农村信息条件差,农户收集和整理信息困难,单凭农户收集信息,很难了解外部的需求和供给条件,也难于全面、准确了解实时的市场价格,农村经济管理者要通过与上级加强联系,管好、用好信息,可以在一定程度上缓解农村信息不畅通的问题,促进农村经济的发展。

(三)管好用好信息才能提高效率

当前,世界科技发达、市场广阔,为农村生产经营效率的提高奠定了基础。然而利用好科技进步的成果,打开广阔的市场,首先要掌握相关信息。在信息化时代,国家疏通了信息通向农村的渠道,但有关信息鱼龙混杂、真假难辨,有用的信息时常混杂在大量的无用、虚假信息中,农村经济管理者一方面要收集信息,另一方面要管理好相关信息,去粗取精、去伪存真,掌握有用的、真实的信息,从而才能真正加快农村的科技进步,才能真正打开更加广阔的市场。

二、农村信息管理的特点

(一)农村信息管理要结合农村的实际需要

农村生产经营需要的信息非常具体,仅从公共渠道中很难找到。近几十年来,我国农村中不断出现的卖粮难、卖白菜难、卖柑橘难等问题,其根源是农村、农户还不能在种植农产品时了解该产品的需求和供给信息,这反映出虽然当前世界已经进入了信息化时代,但农村、农户在实际的生产经营活动中需要的不少信息还难以找到。解决这一问题,还需要农村经济管理者的长期努力,通过信息管理,从分析、判断、调查中找到农村发展所需要的有用信息。

(二)农村信息管理要沟通与上级的联系

改革开放以来,国家十分重视农村信息工作。目前已经建立起多个农村信息系统,从国家信息中心、国家发展改革委、农业部到各地都建立了农村信息的专业机构,不少乡镇还设立了信息服务站。农村经济管理者要充分利用好上级有关部门提供的条件,加强与有关部门和单位的联系,以缓解农村信息管理力量不足的问题。

(三)农村信息管理要满足农民的多种需求

农村经济管理者既要满足农户生产经营活动中对信息的需求,满足农民外出,包括到境外从事生产经营活动的信息需求;也要满足农民生活对信息的需求,如农民卫生防疫、健康养生、医疗保险,以及文化生活方面的信息等。

三、农村信息管理的主要工作

(一)建立信息管理的相关制度

农村的情况和条件不同,建立的信息管理制度也不尽一致。主要有以下几个方面:

1.历史信息的存档制度

农村中许多重大事件都有文字材料,这些材料既是本村历史事件发展的记载,又是日后工作的重要依据,需要将这些材料分类保管。农村中与外单位签订的合同、与村民签订的合同,以及重要会议的记录、重大事件记载的材料等，都需要通过制度保管起来。

2. 重大信息的收集制度

有些信息对于本村的发展至关重要，而社会上这些信息又相对零乱，农村经济组织对这类信息要建立收集制度。如甘肃省大王庄的主要农作物是马铃薯，为了掌握马铃薯的种苗、销售、运输及市场供求信息，村里设立了从几个渠道收集有关马铃薯信息的制度。几年下来，大王庄利用对信息的收集和分析，优化了种苗，联系了众多的收购商和运输车辆，不但提高了马铃薯的产量，而且还提高了销售价格，实现了农民的增产增收。同时，多年专业信息的收集使大王庄对马铃薯的市场增加了了解，在一定程度上减小了规模种植的风险。

3. 相关信息的公开制度

目前，不少农村实行了党务、财务、村务三公开的制度，要对农村生产经营信息和需要公开的其他信息，向村民一并公开。在制定信息公开制度时，除公开的内容外，还应包括公开的程序、公开的形式、公开的时间及对信息公开的监督等内容。

(二)落实信息管理的相关人员

为保证信息管理落到实处，农村经济组织需要安排信息管理人员。对于集体经济实力雄厚的农村，可以根据需要安排有关的信息收集小组；对于人口少、集体经济实力弱的农村，也应该安排专人或者兼职人员管理相关信息。

信息管理人员要有较高的文化程度和一定的专业能力，而且农村经济组织要为信息管理人员提供必要的条件，以使之能够切实完成信息管理的任务。

(三)用好现代信息技术与设备

农村信息管理中要用好现有的各种设备和技术。如有的农村通过群发短信向广大村民公开信息，速度快、效果好、费用省，受到了农民的欢迎；有不少农村还利用上级配给的计算机，开展与有关专家的网络对话和视频交流，解决了生产中的技术问题；也有不少农村通过专业的信息网络，了解农产品的产销信息；还有不少农村支持农民专业合作社发展电子商务，也取得了一定的成效。

【阅读与思考】

大冲村为村民搭建致富信息平台

2012 年，贵州省有关单位出资 10 余万元，在大冲村建立了多功能信息服务站，使农民可通过上网的计算机查询信息。

历史上，当地的野山椒品质不错，然而由于信息闭塞，村民时常为寻求销路、了解市场价格等犯愁。有了信息服务站后，村中的经纪人通过上网查询各地交易信息，有了更多的选择，销售得到了保障。同时，信息服务站的开通，催生了村中的农村经纪人，活跃了农村经济。在销售市场扩大的同时，农民也学会了从网上下载种植技术资料，提高了农艺水平，也提高了收入。目前，经常到信息服务站看看，逐渐成为村民的习惯。

(http://www.takungpao.com/sy/2012-08/29/content_1013114.htm)

思考：大冲村在信息管理上做了哪些工作，取得了哪些成效？

【实践训练】

农村信息收集、分析与发布调研

1. 实训要求：找一个行政村或农村企业，了解其主要信息收集、分析与发布的情况。

2. 实训目的：通过此次实训，加深学生对农村信息的认识与理解。

3. 实训组织：全班同学按每3～5人进行分组，每组制订切实可行的调研计划。

4. 实训实施：由学生自主联系或任课教师统一联系行政村或农村企业，在任课教师的指导下，具体进行调研。

5. 实训考核：每组撰写一篇不少于1 500字的调研报告，内容包括调查对象常用信息的种类、来源，以及收集的途径，分析与发布的情况，实际中遇到的问题，建议和要求等。教师对调研计划和调研报告进行考核评定并给出成绩。

【复习思考与练习】

1. 农村经济管理者可以通过哪些渠道收集所用的信息？
2. 收集信息时需要注意哪些问题？
3. 如何判断信息是否真实有用？
4. 农村经济管理者发布信息时需要注意哪些问题？
5. 农村经济管理者如何利用计算机收集和处理信息？

模块四　农村产业管理

项目十六

农村产业管理总括

【学习目标】

- 通过本项目内容的学习，了解农村产业管理所涉及的有关概念，理解产业、三次产业、农村产业和农村产业结构的概念、内涵和特点。
- 通过本项目内容的课堂学习、课外自学和实训环节，掌握农村产业结构调整和农村产业管理的原理和方法。

【能力目标】

- 通过本项目内容的课堂学习和实训环节，能运用相关知识思考和认识农村产业结构调整和农村产业管理实际中的问题。

【重点与难点】

- 本项目的重点：三次产业的划分；农村产业结构调整；农村产业管理的特点；农村产业管理的主要内容。
- 本项目的难点：农村产业结构调整与农村产业管理的内容。

【教学方法与手段】

- 案例式、启发式教学；多媒体辅助教学。

【引导性案例】

江苏江阴华西村产业调整进入“快车道”

在2011年10月8日举行的“江阴华西村50周年村庆”大会上，围绕加快产业结构调整、建设“十全(衣、食、住、行、用、玩、教、医、养、游)十美(主要集中在升级转型的十大项目上)新华西”的远洋物流、海洋工程、龙希大楼、航空公司、空中旅游、山林喷灌、化纤核钢、能源开发、现货交易、新市启动等十大重点工程正式启动建设，标志着华西村步入一个全新的产业发展阶段。

近5年来，华西村坚持实事求是，坚持科学发展，依靠科技人才、依靠资本优势，切实加快产业结构调整，不仅做大了产业规模，做强了经济实力，做响了华西品牌，而且成为中国社会主义新农村建设的杰出典范。到目前，华西村已从1961年建村时的0.96平方千米、人口1 600多人，扩展到方圆30多平方公里，下辖13个村，人口3.5万人。特别是通过产业结构调整，全村形成了海洋工程、金融、旅游服务业等主导产业，与40多个国家有贸易往来。2010年，全村实现销售收入512亿元，可用资金35亿元，人均缴税85万元，人均纯收入达到8.5万元。

为建设“十全十美”的中国新农村，华西村加大基础设施投资，加快推进科技创新，加紧引进各类人才，加速培育新兴产业并优化产业结构，为长远持续发展奠定基础。

(http://news.china.com.cn/rollnews/2011-10/09/content_10524334.htm)

任务一　了解农村产业的内涵、构成与结构

一、产业与三大产业划分

(一)产业的概念

产业是具有某种同类属性的经济活动的集合。产业是社会分工的产物，是社会生产力发展的必然结果。随着社会生产力的不断发展，产业的内涵不断充实，外延不断扩展。因此，要全面理解产业的概念，必须从以下几个方面把握其内涵：

1.产业是一种组织结构体系

简单说来，产业是指存在并发展于社会生产劳动过程中的物质、资金和技术等要素，以及其相互联系而构成的社会生产的基本组织结构体系。从宏观层面来看，产业是由国民经济中具有同一性质，承担一定社会经济功能的生产或其他经济社会活动单元构成的具有相当规模和社会影响的组织结构体系。

2.产业是具有一定内在条件并从事某种同类属性经济活动的经济组织的集合

要成为一个产业，首先，要形成一定的规模，并从事某种同类属性的经济活动；其次，产业构成还需要有一大批从事这一产业活动的职业人员。另外，一个产业还要具备一定的社会功能，即产业在社会经济活动中要承担一定的角色。

3. 产业是介于微观经济的细胞与宏观经济的单位之间的一个中间形态

所谓微观经济的细胞，是指包括企业和农户家庭在内的经济组织；而宏观经济的单位，是指国民经济；产业是介于微观经济与宏观经济之间的中间形态，称为中观经济。相对于经济组织，产业是某些同类经济组织的集合体；相对于国民经济，产业是其一个组成部分。

（二）三次产业的划分

我国国家统计局 2003 年印发的《三次产业划分规定》，对三次产业划分如下：

第一产业是指农、林、牧、渔业；

第二产业是指采矿业，制造业，电力、燃气及水的生产和供应业，建筑业；

第三产业是指除第一、二产业以外的其他行业，具体包括：交通运输、仓储和邮政业，信息传输、计算机服务和软件业，批发和零售业，住宿和餐饮业，金融业，房地产业，租赁和商务服务业，科学研究、技术服务和地质勘查业，水利、环境和公共设施管理业，居民服务和其他服务业，教育，卫生、社会保障和社会福利业，文化、体育和娱乐业，公共管理和社会组织，国际组织。

（三）钱纳里工业化阶段理论

美国著名经济学家钱纳里根据第二次世界大战后发展中国家，特别是其中的 9 个准工业化国家（地区）1960—1980 年间的历史资料，利用回归方程建立了 DGP 市场占有率模型，并根据人均国内生产总值，把从不发达经济到成熟发达经济的整个变化过程划分为三个阶段六个时期，认为从任何一个发展阶段向更高一个阶段的跃升都是通过产业结构转化来推动的。

第一阶段：初级产业阶段。这一阶段的经济发展，起主要作用的部门是初级产业，如食品、皮革、纺织等部门。这一阶段又可以划分为以下两个时期：

第 1 时期，不发达经济时期。产业结构以农业为主，没有或极少有现代工业，生产力水平很低。

第 2 时期，工业化初期。产业结构由以农业为主的传统结构逐步向以现代化工业为主的工业化结构转变，工业中则以食品、烟草、采掘、建材等初级产品的生产为主。这一时期的产业主要是以劳动密集型产业为主。

第二阶段：中期产业阶段。这一阶段的经济发展，起主要作用的部门是中期产业，如非金属矿产品、橡胶制品、木材加工、石油、化工、煤炭制造等部门。这一阶段也可以划分为以下两个时期：

第 3 时期，工业化中期。制造业内部由轻型工业的迅速增长转向重型工业的迅速增长，非农业劳动力开始占主体，第三产业开始迅速发展，也就是所谓的重化工业时期。重化工业的大规模发展是支持区域经济高速增长的关键因素。这一时期的产业大部分属于资本密集型产业。

第 4 时期，工业化后期。在第一产业、第二产业协调发展的同时，第三产业开始由平稳增长转入持续高速增长，并成为区域经济增长的主要力量。这一时期发展最快的领域是第三产业，特别是新兴服务业，如金融、信息、广告、公用事业、咨询服务等。

第三阶段：后期产业阶段。这一阶段的经济发展，起主要作用的部门是后期产业，如服装和日用品、印刷出版、粗钢、纸制品、金属制品和机械制造等部门。这一阶段也可以划分为以下两个时期：

第 5 时期，后工业化时期。制造业内部结构由资本密集型产业为主导向以技术密集型产业为主导转换，同时生活方式现代化，高档耐用消费品被推广普及。技术密集型产业的迅速发展是这一时期的主要特征。

第6时期，经济发达时期，或者现代化社会时期。第三产业开始分化，知识密集型产业开始从服务业中分离出来，并占据主导地位；人们消费的欲望呈现多样性和多边性，并追求个性化。

钱纳里的工业化进程划分，如表16-1所示。

表16-1 钱纳里工业化进程划分

人均GDP/美元（以1970年计）	时期		阶段	
140～280	1	不发达经济时期	第一阶段	初级产业阶段
280～560	2	工业化初期		
560～1 120	3	工业化中期	第二阶段	中期产业阶段
1 120～2 100	4	工业化后期		
2 100～3 360	5	后工业化时期	第三阶段	后期产业节段
3 360～5 040	6	经济发达时期		

资料来源：H·钱纳里等著，吴奇等译.工业化和经济增长的比较研究.上海：上海三联书店，1989.

二、农村产业及其构成

（一）农村产业的概念

农村产业是指由农村集体经济组织及农民创办的经济社会物质生产部门。一般而言，在农村，每个部门都专门生产和制造某种独立的产品，从而每个部门也就成为一个相对独立的产业部门，如农业、工业、交通运输业、乡村旅游业等。

（二）农村产业的构成

1.农村第一产业——农业

农业是农村的主体产业，其通过培育动植物来生产食品及工业原料。农业的劳动对象是有生命的动植物，获得的产品是动植物本身。因此，把利用动植物等生物的生长发育规律，通过人工培育来获得产品的部门，统称为农业。农业是支撑我国国民经济建设与发展的基础产业部门。

农业部门内部又划分为种植业、林业、畜牧业、渔业等具体的产业部门。

2.农村第二产业

农村第二产业的大发展是从改革开放以后开始的，主要包括农村工业和农村建筑业两大部类。其中农村工业又包含采矿业、加工业和制造业等具体的行业，而建筑业又包含建筑材料业、房屋和土木工程建筑业、建筑安装业、建筑装饰业和其他建筑业等具体的行业。

3.农村第三产业

农村第三产业是指农村中为生产和生活提供服务的部门，是连接农村生产与消费的桥梁和纽带。农村经济发展离不开第三产业，农民生活更离不开第三产业。特别是近年来，农村第三产业在我国农村经济可持续发展中的地位越来越重要。

目前，我国农村第三产业的形态日趋多样化，除了传统的交通运输业、商业、餐饮业、市场服务业以外，农业社会化服务业、乡村旅游业、新型农村社区物业等新业态的发展也非常迅速。

农村产业的大体构成，如图 16-1 所示。

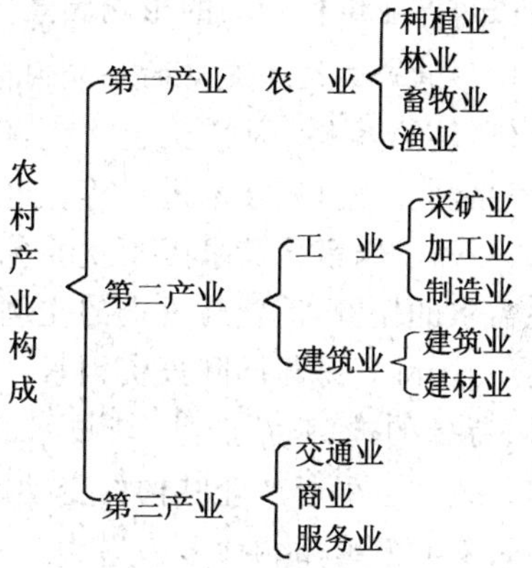

图 16-1　农村产业的大体构成

三、农村产业结构及其调整

(一)农村产业结构的概念与特征

农村产业结构是指在一定的地域内，农村各产业部门之间及各产业内部质的联系和量的比例。农村产业结构具有层次性、相关性和相对性三个特征。

农村产业结构的层次性，即农村产业结构所表现出来的分明的层次。如第一层次为农村第一、二、三次产业之间形成的结构；第二个层次是各次产业内部的结构，即第一产业的农、林、牧、渔业之间形成的结构，第二产业的工业与建筑业之间形成的结构，第三产业的流通业、生产服务业、生活服务业等之间形成的结构；第三个层次是各个具体行业的内部结构，如种植业结构、林业结构、畜牧业结构、渔业结构、工业结构、建筑业结构、流通业结构等等。

农村产业结构的相关性，即构成农村产业结构的产业、部门、行业及要素之间的联系及合理的比例关系。产业结构的形成与消费结构、投资结构、技术进步等因素密切相关，这些错综复杂而又有规律地运动着的要素，从各个方面影响着产业结构的构成。

农村产业结构的相对性，即随着外界客观环境与条件的不断变化，农村产业内部各层次产业及要素之间的相互适应常常是暂时的、相对的，不是一成不变的。因此，实践中的农村产业结构调整，不可能一劳永逸，要随着客观条件的发展变化，不断对其进行调整和优化。

(二)产业结构演变的一般规律

产业结构是同经济发展相对应而不断变动的，这种变动主要表现为产业结构由低级向高级演进的高度化和产业结构横向演变的合理化。这种结构的高度化和合理化推动着经济向前发展。

从三次产业的内在变动来看，产业结构的演进是沿着以第一产业为主导到以第二产业为主导，再到以第三产业为主导的方向发展的。在第一产业内部，产业结构从技术水平低下的粗放型农业向技术要求较高的集约型农业，再向环境、生物、生化、生态等技术含量高的绿色农业、生态农业发展；种植业向畜牧业，野外农业向工厂化农业方向发展。在第二产业内部，产业结构的演进沿着"轻纺工业—基础型重化工业—加工型重化工业"的方向发展。从资源结构变动情况来看，产业结构沿着"劳动密集型产业—资本密集型工业—知识(技术)密集型工业"的方向演进。从市场导向的角度来看，产业结构沿着"封闭型—进口替代型—出口导向型—市场全球化"的方向演进。在第三产业内部，产业结构沿着"传统型服务业—多元化服务业—现代型服务业—信息产业—知识产业"的方向演进。

科学合理的产业结构，一是能充分合理地利用各种资源，二是各产业之间协调发展，三是能够动态地适应市场需求，四是具有良好的经济效益、社会效益和生态效益。

(三)产业结构变动的影响因素

1.影响产业结构变动的一般因素

(1)供给因素。从广义上来说,供给因素包括自然条件与资源禀赋、提供劳动力的人口、投资、商品供应、进口、技术进步等。这些因素的变动会引起产业结构的变动。

(2)需求因素。需求因素主要包括人口变动和人均收入水平、个人消费结构、中间需求与最终需求的比例、消费与投资的比例等。这些因素的变动也会引起产业结构的变动。

(3)国际贸易与国际投资因素。国际贸易因素主要包括资源、商品、劳务的出口,国内紧缺资源、劳务的进口,新产品、新技术的进口等;国际投资因素主要包括对外投资、外国投资等。这些因素也会引起产业结构的变动。

2.农村产业结构的影响因素

(1)自然资源与自然环境。农村多数以自然资源依赖性产业为主,自然资源对农村产业有着直接的决定性的影响。此外,农村应该是人类生存发展所处的自然环境的守护者,因此其产业发展不能以破坏自然环境为代价。换句话说,就是自然环境限制着农村产业结构的变动。

(2)城乡市场需求。农村产业是以为城乡居民提供所需产品或劳务为手段而获取效益的。因此,农村产业为获取预期效益,就必须为城乡市场提供适销对路的产品或者劳务并实现交换,其目标才能实现。这就是说,城乡市场需要什么、需要多少,直接影响或决定着农村产业生产什么、生产多少,而且还是不断发展变化的,即城乡市场需求影响或决定着农村产业结构的变动。

(3)国民经济发展状况。农村产业是国民经济的组成部分,而随着我国社会主义市场经济体制的日趋完善,市场配置资源的基础性作用日益凸显。在经济运行过程中,配置资源的市场所面向的不仅仅是国民经济各部门、各行业,而且还有农村产业。因此,国民经济各部门和各行业的发展状况也会影响农村产业结构的变动。

(4)农村已有和创造的条件。农村产业的形成既有外部因素,也有内部因素。主要是农村自身的组织,制定的规划,农村自身的组织能力,历史产业的延续,农村积累的资产和人员的素质等。由于认识和能力等的不同,在同一地区的相邻农村,产业结构可能完全不同。

(5)国家和地方的经济政策。经济政策是国家或地方政府为了达到充分就业、价格水平稳定、经济快速增长、国际收支平衡等宏观经济目标,为增进经济福利而制定的解决经济问题的指导原则和措施。因此,农村产业结构的变动也会受到国家和地方经济政策的影响。

(四)农村产业结构调整优化的基本思路

根据我国农村产业结构的现状,按照产业结构演变的一般规律,我国农村产业结构调整优化的基本思路是:

1.调优调高农村第一产业

要依靠科学技术,因地制宜地按照"一乡一业"、"一村一品"的思路,采取"公司+农户"、"农民专业合作经济组织+农户"、"农产品市场+农户"等形式,推进农业产业化经营,发展优质高产高效农业,为农村产业发展奠定基础。发展农村第一产业,要以市场需求为导向,进一步优化农、林、牧、渔等农业内部结构和粮、经、饲等种植业结构,促进农村第一产业持续健康发展。

2.做大做强农村第二产业

发展农村第二产业,要以工业园区建设为载体,大力发展以农产品加工为主的加工业和依托资源优势的制造业,做大农村第二产业。要加快新技术、新材料、新装备的应用和推广,加大技术改造力度,促进农村第二产业的转型升级;要在通过技术改造,提升传统产业工艺水平的基础上,大力引进以新能源、新材料、生物医药等为重点的新兴产业,着力做大做强农村第二产业。

3.加快发展农村第三产业

农村第三产业是农村发展的朝阳产业,非常有发展前景。要大力发展以满足城乡居民生活需要为目标的生活性服务业、以满足农村生产需要为目标的生产性服务业,以及以农村山水田园和历史文化资源优势为依托的乡村旅游业,大幅度提高农村第三产业的比重。

【实践训练】

农村产业构成与调整调研

1.实训要求:找一个行政村,了解其产业构成与调整情况。

2.实训目的:通过此次实训,加深学生对农村产业构成与调整的认识与理解。

3.实训组织:全班同学按每3～5人进行分组,每组制订切实可行的调研计划。

4.实训实施:由学生自主联系或任课教师统一联系一个行政村,在任课教师的指导下,具体进行调研。

5.实训考核:每组集思广益撰写一篇1 500～2 000字的调研报告,内容包括所调查行政村的基本情况,产业构成现状、近年来所采取的产业结构调整措施及所取得的成效,生产实际中遇到的问题,建议和要求等。教师对调研计划和调研报告进行考核评定并给出成绩。

【阅读与思考】

农村基层干部在农业产业结构调整中的带头作用

河南汤阴县韩庄乡工官屯村在进入新世纪前是一个人均收入不足千元的穷村。1998年,新的村领导班子上任后,就确定了一个目标:“如果不能让工官屯村三年脱贫,五年致富,十年小康,全体干部就集体离家出走!”他们不畏困难,背起干粮,五下江浙,终于选定了金针菇种植这个项目。村党支部要求每名干部都要带头建一栋大棚,当年就有6座由村干部自己投资建造的金针菇大棚投入使用,并赢利6万余元。

在村干部的带领下,村民们纷纷行动起来。为了激发村民们从事金针菇种植的积极性,村党支部出台了一系列鼓励措施,如无偿提供土地、奖励建大棚所需的材料等。结果第二年发展大棚20个,并组建了3家农产品公司,实现了制种、消毒、管理、运输、销售一体化;第三年就发展大棚40个;2003年发展大棚达到300个,基本实现户均一棚,组建的公司10余家,并建起了自己的长途运输车队和销售员队伍。近五年来,村民人均收入和村集体收入都成倍增长,其产品长期供应广州、深圳等地的市场。如今的工官屯村,已经成了远近闻名的金针菇生产专业村,他们在农业产业结构调整方面的突出成效,对周边村庄的经济发展起到了示范和带动作用。

(http://dmuseum.cdstm.cn/dmuseum/lwlswm06-05.html)

思考:工官屯村的产业调整对我们的启示是什么?为什么?

任务二 了解我国农村产业发展的特点与路径

一、我国农村产业发展的特点

新中国成立以来，特别是改革开放以来，我国农村产业的发展呈现出如下特点：

(一)产业发展水平呈现梯度性

其集中表现在两种尺度上：一是在全国大尺度上，从东到西，产业发展水平依次降低；二是在区域小尺度上，城市周边农村产业发展水平普遍高于远郊和纯农区农村。呈现出如此梯度性，与农村产业培育需要大量资金支持密切有关。在经济较为发达的东部地区，工业化进程中积累的较为雄厚的社会财富，为新农村产业发展提供了充足的资金支持。同时，该类区域由于信息及地理位置等区位优势，信息获取较为便利，进入市场便捷，发展观念超前，对政策与市场了解充分，从而农村产业发展较快。

(二)农村产业发展的基础设施得到完善

基于新中国成立60多年来国家发展积累的巨大财富，特别是自“十一五”启动社会主义新农村建设以来，在国家层面建立了“工业反哺农业、城市支持农村”的工作机制，并以此为基础，不断加大对农业的投入，着力推进农村基础设施建设，逐步改善了农村的生产、生活条件。围绕“道路硬化、饮水净化、生产优化、环境美化”的“四化”要求，进一步完善农村基础设施，优化农村人居环境和产业发展条件，为农村产业发展提供了基础条件支持。

(三)主导产业的优势和特色初步形成

在新农村建设过程中，各地政府依托已有的农业产业基础和资源优势将区域主导产业培育发展与新农村建设紧密结合起来，大力发展农产品加工业和农村第三产业，初步形成了优势突出和特色鲜明的农村主导产业，在壮大农村集体经济和增加农民收入的基础上，对促进农村经济发展的龙头带动作用日益显现。

二、新时期我国农村产业发展的路径

新农村建设中，农村产业发展关系到农民的切身利益，关系到农村建设与发展的现实需要，关系到城乡统筹和和谐社会的建设。选择合适的产业发展路径，是实现上述目标的关键。

选择农村产业发展路径，其基本原则是：充分发挥市场作为资源配置基本手段的重要作用，扬长避短，发挥比较优势，着力构建具有地域特色的农村产业，并实现错位发展。具体来说，应主要把握好以下几个方面：

(一)按照“一乡一业”的思路推进农业产业化经营

当今世界，农业的竞争，更多的已不再是个体竞争，而表现为综合性、整体性的竞争。农业产业化经营是以市场为导向，以家庭承包经营为基础，依靠各类龙头企业和组织的带动，将生产、加工、销售紧密结合起来，实行一体化经营的一种经营方式，是实现农业现代化的重要途径。目前，我国农产品大部分还处于小规模生产状态，生产规模小，聚集度不高，一些资源优势

突出、市场有需求、经济效益好的产业或产品，难以形成区域规模和竞争优势。此外，农村产业的产业链条还没有完全形成，农产品加工大多停留在初级阶段，科技含量低、附加值不高、竞争力较弱，“企业建基地、基地连农户”的利益连接机制尚未建立起来，龙头企业的带动能力不强。因此，以乡（镇）为单位的“一乡一业”发展思路，将有效带动农村农业生产的规模化，对推动区域特色产业之间的有效链接，并逐步扩大产业规模，形成产业集群，构建“市场牵龙头、龙头带基地、基地连农户”，供产销一条龙、农工贸一体化的产业化经营格局，培育和整合农产品品牌，做大做强名牌产品，具有十分重要的意义。

（二）以农产品加工企业群体建设为载体健全现代农村产业体系

现代农村产业体系是按照现代产业的理念、以产业关联关系为基础、以科技为支撑、以现代产业组织为纽带的可持续发展的产业体系。现代农村产业已经不是单纯的传统农业，而应该是前景广阔的涉农产业体系。农产品加工业既是现代农业发展的龙头，又是联系农村第二产业的主体和现代农业联系市场的纽带。发展农产品加工业，不仅可以从生产目的、资源配置、生产组织和市场开拓等诸多方面对农业进行深层次变革，而且可以通过培植现代企业群体，促进农村的工业化，进而实现城乡的统筹发展，增强农村经济的发展活力。

（三）以小城镇和产业发展基地建设为依托打造优势产业集群

结合小城镇建设，加强农村产业布局规划，建设好村镇工业园区和专业生产区，同时制定好本地资源开发和产业结构调整计划，从而使农村产业得到持续发展。以小城镇为依托，引导农村企业向工业集中区集聚，根据中心镇的区位、资源与产业基础，坚持规模化、集约化、集群化发展方向，积极培育特色优势产业集群。通过小城镇的聚集、辐射和示范等功能的发挥，不仅为面广量大的农村中小企业构筑一种有效的地域空间集聚平台，极大地推动农村工业化进程，有利于农村产业参与市场竞争，而且还有利于减少和避免农村企业因遍地开花而造成的乱占土地、重复建设、浪费资源、污染环境等问题，促进农村土地的集约利用，从而形成地方产业集群与工业化、城镇化互促共进的良性循环。

（四）以资源节约和环境友好为目标发展农村产业

党的十六届五中全会首次把建设资源节约型和环境友好型社会确定为国民经济与社会发展中的一项战略任务，农村产业需要按照这个要求进行发展。首先，农村产业要摒弃粗放型经济发展方式，采取集约型经济发展的路子。对于那些消耗高、效率低、经济效益差的发展项目要严格控制甚至不予立项；鼓励那些低能耗、效益好的行业发展。其次，在农村产业的发展过程中，要坚持产业与土地、资源、生态环境，以及人与人之间的和谐，推行清洁生产，形成低投入、低消耗、低排放和高效率的节约型发展方式；增强节约意识，推进节能节地节材，减少资源浪费，实现节约发展、清洁发展和安全发展；大力发展环保型农村产业，倡导绿色消费，合理控制白色污染、光污染等。再次，发展环境友好型农村产业，第一位的就是要因地制宜，根据环境、资源等条件选择适合的发展项目，如在历史文化浓厚的农村可以重点在文化上做文章；在风景秀美、地貌奇特的地区可以重点发展旅游业；结合自身条件和农民生产需求可以发展特色农业生产服务业；距离研发中心比较近或者研发实力强的地区可以配合有关机构发展科技服务业，等等。

【阅读与思考】

荷兰农民迪克适时调整种植内容

荷兰是花卉生产大国，世界花卉贸易市场的1/2以上产品来自于荷兰。迪克是典型的荷兰农民，它在中等园艺学校接受专业教育，获得了当农民的基本资格。从20世纪60年代开始，和父亲一起种植黄瓜，后来继承了父亲的农场。1998年，迪克开始种植比较耐阴的非洲菊，2001年改进温室的照明设备。从种植黄瓜转为种植非洲菊的初衷是温室开始老化，光线不足。从种植黄瓜到种植非洲菊的改变是全方位的，包括品种选择、种植方式、采集包装、销售途径、市场需求等。而且他无论是种植黄瓜还是非洲菊，其销售对象都是世界市场。经过5年努力，迪克的农场进入全荷兰非洲菊专业生产前20名，而且在世界花卉市场上也有了一定的知名度。

(http://www.cdagri.gov.cn/news.aspx? id=4160)

思考：迪克为什么要调整产业？是如何把握时机的？

任务三 做好农村产业管理工作

农村产业是农村发展的基础。因此，应加强管理，切实提高农村产业发展的经济效益、社会效益和生态效益。

一、农村产业管理的特点

由于我国农村产业的特殊性，其管理具有以下几个方面的鲜明特点：

(一)对象的广泛性

我国农村产业管理的对象内涵非常广泛，除了国家垄断的重要行业领域，绝大部分都有所涉猎。因此，农村产业管理的内容十分丰富而繁杂，从而也给具体的农村产业管理增加了难度，要根据每个具体产业发展项目的特点采取有针对性的管理措施，以求获得最为理想的管理效果。

(二)目标的一致性

虽然农村产业所具体涉及的行业领域广泛而多样，但其发展目标都是在为社会提供所需要的某种产品或劳务的基础上获得经济效益、社会效益和生态效益。因此，农村产业管理也具有各个行业管理中的共同规律，这就构成了农村产业管理的基本内容，成为农村产业管理的共性工作。

(三)结构的差异性

我国农村产业结构的差异性很大。部分地区，特别是沿海地区和城市郊区的农村，产业以非农业为主，加工业和现代服务业达到了较高的水平，个别地区农村第三产业已经成为经济和就业的主体。但在多数农村，还是以第一产业为主，其中又有种植业发达的区域和养殖业、水产业为主的区域。目前，有些区域的农产品加工业已经达到较高的程度，组织化程度较强，但多数农村的加工业还有待发展。对于产业结构不同的农村，要采用不同的管理方法。

二、农村产业管理应该处理好的几个关系

(一)保护耕地与发展非农产业的关系

农业是国民经济的基础，而耕地又是农业生产的基础。但发展非农产业就需要建设用地，即需要占用耕地。在农村产业管理中，要正确处理保护耕地与发展非农产业的关系，不仅要使农村产业发展惠及当代，而且还要惠及人类的未来。

(二)经济效益与社会效益、生态效益的关系

农村产业的发展，主要目的是获得经济效益。但其作为经济社会的组成部分，也具有一定的社会功能，而且其生长在农村，还具有保护农村生态环境的责任。因此，农村产业发展也有一个生态效益、社会效益的问题。在农村产业管理中，不能光一味追求经济效益，也要重视社会效益和生态效益，使三者得到有效兼顾，从而保障农村经济社会健康协调发展。

(三)农村“四化”的关系

农村“四化”即农业现代化与农村工业化、信息化和城镇化。在工业化、信息化、城镇化深入发展中同步推进农业现代化，是党中央站在新的历史起点上做出的重大决策。在推动传统农业向现代农业转变，统筹城乡经济社会协调发展，加快农业和农村现代化进程中，必须使农村工业化、信息化、城镇化与农业现代化协调联动，整体推进，同步发展。因此，在农村产业管理中，要正确处理农村“四化”的关系，要以小城镇建设为载体，积极发展产业园区和新农村社区，形成“就业在园区，生活在社区”的发展格局，切实提高广大农民的现代文明水平。

【典型案例】

“小土豆”做成“大产业”

甘肃省定西市日照强，气候凉，降雨少，谷物产量低，但适合马铃薯种植。1996 年，定西市启动实施“洋芋工程”，当年将马铃薯种植面积扩大了 1/3。为进一步提高单产，1997 年，定西市邀请加拿大马铃薯专家来“把脉开方”：针对当地的情况，提出选用优良种薯的建议。采用新品种后，单产大幅度提高。

2003 年，农业部将定西所在的甘肃省划定为全国马铃薯产业优势核心区。定西市加大马铃薯良种工程的实施力度，从 2006 年起，全市已累计安排专项资金 4 000 万元，重点用于扶持马铃薯良种工程，从而再次提高了马铃薯的产量和品质。

为保证马铃薯的销售，定西重点培育马铃薯加工产业集群，通过“扶大限中汰小”，扶持重点企业进行设备和工艺更新改造。许多企业先后引进国外先进的精淀粉、变性淀粉和膨化食品加工设备，马铃薯精淀粉及其制品加工能力进一步增强，同时，这些加工企业积极开

拓国内外市场，产品市场占有率和竞争力不断提高。为适应定西马铃薯深加工业的发展，定西市马铃薯淀粉行业协会、甘肃首家马铃薯淀粉质量安全检测中心等服务机构也相继成立。

为防止“薯贱伤农”，定西市在总结推广农户、大户和协会、企业创造的贮藏模式基础上，扶持他们加快贮藏设施建设，采取“贮藏营销”策略，实现“深挖窖、广积薯、均上市、稳价格、保加工、增收入”的目的。正是靠“贮藏营销”模式，解决了以往销售期限短、集中上市、无序竞争、压级压价的问题，提高了马铃薯的销售价格；同时，也为马铃薯淀粉加工企业均衡提供原料，解决了企业生产周期短、不能满负荷生产、难以达产达标等问题。此外，定西人还为了将马铃薯卖到全国去、卖到国外去，从2001年开始，连续9年举办“中国·定西马铃薯产业发展暨经贸洽谈会”，吸引了大批客商。

（http://cpc.people.com.cn/GB/67481/94158/232162/232165/17050649.html）

三、农村产业管理的重点工作

（一）要做好农村产业发展规划

规划、计划是管理的重要职能。因此，要强化农村产业管理，就要通过制定农村产业发展规划，体现农村产业管理的特点及应处理好的关系。编制农村产业发展规划，要按照科学发展观的要求，既考虑农村经济发展的需要，又考虑农村资源的承受能力，使二者在合理的临界点上得到最佳结合，从而确保农村经济社会的可持续发展。

（二）要对涉及农村产业管理的重大问题进行科学的民主决策

为了避免在农村产业管理过程中出现主观决策和决策失误，一定要坚持科学的民主决策。要对农村产业管理的一切重大问题，坚决按照科学的决策程序和民主的决策方法进行决策，从而保障决策的客观公正性及管理目标的实现。农村中的“一会两票法”、“四议两公开法”和“八步工作法”等民主决策方法，是农村基层决策实践探索的结果，可以用于农村产业管理决策，但要加强对备选方案的可行性论证这一环节，有必要请专业人员承担，以弥补农村干部在专业素质上的不足。

（三）要不断调整优化农村产业结构

由于市场的需求结构是不断发展变化的，因而农村的产业结构也不能一成不变。因此，农村产业管理的一项重要内容，就是要以市场为导向，合理配置资源，调整产业结构，以实现最佳的经济效益、社会效益和生态效益。

（四）要对农村产业发展过程中的重要环节和领域严格控制

由于农村产业发展过程中的一些环节与领域往往对农村经济的持续健康发展起着决定性作用，所以在农村产业管理中，要对这些环节和领域采取严格而有效的措施进行监控，以随时关注其运行情况，高度注意信息反馈，并及时采取有效措施，确保控制目标与系统目标的实现。

【实践训练】

农村产业管理调查

1. 实训要求：找一个行政村，了解其农村产业管理情况。

2. 实训目的：通过此次实训，加深学生对农村产业管理的认识与理解。

3. 实训组织：全班同学按每3～5人进行分组，每组制订切实可行的调研计划。

4. 实训实施：由学生自主联系或任课教师统一联系一个行政村，在任课教师的指导下，具体进行调研。

5. 实训考核：每组集思广益撰写一篇1 500～2 000字的调研报告，内容包括该村的基本情况，产业管理的规章制度、产业发展规划及产业管理的具体措施，生产实际中遇到的问题，建议和要求等。教师对调研计划和调研报告进行考核评定并给出成绩。

【复习思考与练习】

1. 产业的内涵都有哪些方面？
2. 三次产业是如何划分的？
3. 什么是农村产业结构？农村产业的构成如何？
4. 产业结构演变的一般规律是什么？其影响因素有哪些？
5. 影响农村产业结构的因素有哪些？当前应如何调整农村产业结构？
6. 农村产业管理的特点是什么？应该处理好哪些关系？
7. 当前的农村产业管理应重点做好哪些工作？

项目十七 农村第一产业管理

【学习目标】

- 通过本项目内容的学习，明确农村第一产业的内涵及其发展原则；理解农村第一产业不同发展业态的内涵；熟悉农业生产条件建设的内容和任务，掌握农村第一产业管理的主要内容。

【能力目标】

- 通过本项目内容的课堂学习和实训环节，能按照第一产业的发展原则选择其新型业态；能根据农村第一产业管理的特点开展第一产业管理的主要工作。

【重点与难点】

- 本项目的重点：农村第一产业发展原则；农业生产装备与条件建设的内容；农村第一产业的管理。
- 本项目的难点：农村第一产业的管理。

【教学方法与手段】

- 案例式、启发式教学，多媒体辅助教学，以及现场考察等体验式学习。

【引导性案例】

桤泉镇的“高新现代农业产业园”

桤泉镇位于四川成都崇州市西南部，耕地面积1 213公顷，人口1.4万，98%为农民，属典型的平坝纯农业乡镇。2003年以前，桤泉镇以传统农业、小型企业和小型商贸为主，农业基础薄弱，农村发展落后，农民增收困难。2003年，桤泉镇作为“成都市统筹城乡综合示范项目建设试点镇”，以建设“高新现代农业产业园”为依托，大力推进土地流转，发展现代农业产业，创新农业服务体系，实现了农业由小到大、由弱到强、由传统经验到现代技术、由小农经营到规模集约、由单一种养到与生态观光并重的转变。到2008年，全镇农民人均纯收入5 935元，高出全市平均水平400多元，比2003年增长73%。

(http://www.tdzyw.com/2010/0806/3419.html)

任务一 了解农村第一产业的内涵、特点与发展原则

一、农村第一产业的内涵

第一产业即农业，是农村的主体产业，主要包括种植业、林业、畜牧业、渔业和副业。

1. 种植业

种植业即植物栽培业，通过栽培各种农作物以获得植物性产品的农业生产部门，是第一产业的主要组成部分之一。它不仅是人类赖以生存的食物与生活资料的主要来源，还为轻纺、食品等工业提供原料，为畜牧业和渔业提供饲料。就其本质而言，种植业生产，主要是以土地为重要的生产资料，利用农作物的生物机能，通过光合作用把自然界中的二氧化碳、水和矿物质合成为有机物质，同时把太阳能转化为化学能贮藏在有机物质中，从而获得植物性农产品。种植业按其产品特点可分为粮食作物、经济作物、蔬菜作物、饲料作物和绿肥作物等类作物的种植，其中的每一类作物又包括若干个具体的作物。在我国，通常把种植业包括的作物具体分为粮、棉、油、麻、桑、茶、糖、菜、烟、果、药、杂共12项。

2. 林业

林业是指培育和保护森林以获得木材和其他林产品、利用林木的自然特性以发挥保护生态环境、保持生态平衡作用的生产部门，是第一产业的重要组成部分之一。它除了提供大量国民经济和人类生活所需的木材和其他产品以外，还发挥其保持水土、防风固沙、调节气候、净化空气、涵养水源、防治污染、保护环境、美化环境、保持生态平衡等重要作用。就其本质而言，林业生产以土地为基本生产资料，对包括天然林和人工林在内的森林资源，进行培育、保护、利用，以获得国民经济和人类社会所需要的木材和其他林产品，并利用林木的自然特性，通过森林生态系统，形成和改善人与生物圈和谐相处的环境条件。林业的整个生产过程一般包括造林、育林、护林、森林采伐和更新、木材和其他林产品的采集与加工等环节。林业具有生产周期长、见效慢、商品率高、占地面积大、受地理环境制约强、林木资源可再生等特点。发展林业，除

可提供大量国民经济所需的林产品外，还可以发挥其保持水土、防沙固沙、调节气候、保护环境等作用。

3. 畜牧业

畜牧业是利用放牧、圈养或者二者结合的方式，通过饲养畜禽以获得动物产品或役畜的生产部门，也是第一产业的主要组成部分之一，与种植业并列成为第一产业生产的两大支柱。就其本质而言，畜牧业生产，主要利用畜禽等已经被人类驯化的动物，或者鹿、麝、狐、貂、水獭、鹌鹑等野生动物的生理机能，通过人工饲养、繁殖，使其将牧草和饲料等植物能转变为动物能，从而获得肉、蛋、奶、羊毛、羊绒、皮张、蚕丝和药材等畜产品。畜牧业一般包括牲畜饲牧、家禽饲养、经济兽类驯养等。它不仅为人类生存提供肉、奶、蛋等动物性食品，为农业提供役畜和粪肥；而且还为纺织、油脂、食品、制药等工业提供羊毛、羊绒、皮、鬃、骨、肠衣等加工原料。搞好畜牧业生产，对于促进经济发展、改善人民生活、增加出口物资都具有十分重要的意义。

4. 渔业

渔业是指利用自然和人工形成的水域，以采集、栽培、养殖、捕捞等方式获得具有经济价值的水生动植物产品的生产部门，是第一产业的组成部分之一。它不仅能为人类提供优质动物蛋白食品，而且还为医药、化学、饲料等工业提供原料。就其本质而言，渔业生产主要是利用自然和人工形成的水域，按照水生动植物的生态习性和对水域环境条件的要求，从事水生动植物的养殖、种植和捕捞，从而获得水产品。渔业一般包括水产捕捞业和水产养殖业两部分。大力发展渔业，不仅可充分利用水面资源和水生动植物，而且还可为人类提供丰富的优质动物蛋白食品，为工业提供加工原料。

5. 副业

对于副业，一般有两种认识：一是农户所从事的某一主业之外的其他生产门类，如以种植业为主的农户所从事的养猪、养鸡等；二是从事种植业、林业、畜牧业、渔业等主业以外的生产门类，如采集野生植物，捕猎野生禽兽，以及像家庭手工业、农副产品加工、采砂、砖瓦制作、烧制石灰等依附于主业并具有工业等第二产业性质的小规模生产活动。随着副业中的某些生产项目规模的扩大，其便被归于相应的产业领域，而不再属于副业范畴。

农村第一产业内部结构是指包括种植业、林业、畜牧业、渔业和副业等各行业在内的比例关系和结合形式。调整农村第一产业内部各业结构，是提高农业生产力水平、促进农村经济发展、改善农民生活的现实选择，也是解决“三农”问题的重要途径。

二、农业生产经营的特点

从事农业生产经营，开展符合客观规律要求的生产经营及其管理活动，取得预期效益，首先要了解农业生产经营的特点。我国农业生产经营的特点主要有以下几个方面：

（一）自然再生产过程与经济再生产过程交织在一起

农业自然再生产是指各种农作物和畜禽等在一定的自然条件下，依靠其特有的新陈代谢机能，通过生长、发育和繁殖等一系列生命活动，不断地与外界环境进行能量转化和物质交换，以维持自身的生长、发育和繁衍后代的过程；农业经济再生产是指农业通过生产、交换、分配、消费等四个环节来实现农产品、劳动力和生产关系等三个方面的再生产的过程。农业再生产的这两个过程相互依存、相互制约。农业自然再生产活动是农业再生产的基础，而人们的经济活动则是推进或指导自然再生产，尽可能使自然再生产沿着人们预定的目标来进行，即农业经济再生产过程影响和调节着农业自然再生产的过程。因此,农业生产经营的本质就是人们利用农业生物和环境的自然再生产,投入劳动、技术和资金等所进行的经济再生产活动。

(二)土地是最基本的不可替代的生产资料

土地为人类的生存和发展提供了客观的、基础性的物质条件,人类从土地中得到了赖以生存的衣食住行的基本条件,从而使人类得以持续繁衍和发展。特别是随着人类社会的发展,土地成为农业生产经营最基本的不可替代的生产资料。在土地单位面积产量和效益一定的条件下,农业生产经营的效益取决于土地面积的大小。因此,为了搞好农业生产经营,就要科学地开发、利用、改造、保护土地,实现土地的可持续利用和较高产出。

(三)生产时间与劳动时间不一致

在农业生产经营过程中,农业劳动时间仅是农业生产时间的一部分,有农忙与农闲之分。由于农业动植物生长的季节性、周期性特点,从而也使农业生产经营具有季节性、周期性的特征。因此,农业生产经营,一方面,要根据农时季节配置资源,以保证农事的需要;另一方面,要在农闲时充分利用闲置的劳动力、设备、物资和资金,发展多种经营,切实增加收入。

(四)对自然环境有着特殊的依赖性

由于农业动植物的生长、发育与繁衍要依赖一定的自然条件,因此在自然环境条件下从事的种植、养殖等农业生产经营项目,应根据当地的地域特点和自然环境,因地制宜地发展适合的种植、养殖等品种,形成有地方特色的区域产品品牌和区域经济特色。此外,不可抗御的自然灾害也会对农业生产经营造成影响,因此要根据自然灾害发生的特点与规律,安排好农业生产经营活动,尽可能减少自然灾害造成的损失。

三、发展农业应遵循的原则

发展农业,应遵循以下原则:

(一)因地制宜原则

我国地域面积大,农村条件千差万别,各地农村需要根据当地的自然条件确定农业产业的发展方向。要因地制宜、因时制宜,顺从自然规律,以较小的投入取得较大的收益,不断提高经济效益。

(二)市场导向原则

在市场经济体制下,产品没有市场,既不会实现产品的价值,又会使再生产受阻。因此,在农业生产经营过程中,要充分考虑市场前景、当地资源条件和技术可行性,注重发挥市场的先导作用,形成有效的利益联结机制,使参与农业生产经营的各方都能获益。

(三)比较优势原则

在发展农业中,要立足区域优势和资源优势,突出重点和特色,发展优势农业产业带、经济区,做优做强农业主导产业和主导产品,形成亮点,打造区域品牌,为农村发展奠定产业基础。

(四)可持续发展原则

应把保护资源和环境作为发展农业的基本方针贯穿到产业发展的各个方面和各个环节。要积极推行标准化生产,使农业产业化经营与农田基本建设、耕地保护、生态环境治理、经济社会发展有机结合起来,实现经济、社会、生态效益的有机统一。

(五)拓展功能原则

要加快农业由单一生产型向生产、生活、生态、示范等多功能转变,即要巩固提升农业的食品保障功能,增强粮食综合生产能力,确保国家粮食安全;扩大农业的增收和就业功能,促进农民持续增收,提高农民的生活保障水平;强化农业的生态环境保护功能,提高农业资源利用效率,实现农业资源的循环利用;充分发挥农业的文化传承功能,保护和弘扬民族传统文化;开发农业的生物能源功能,缓解能源供求矛盾;拓展农业的文化、休闲和娱乐功能,为人们提供更多的休闲娱乐资源,建设宜居宜业的新农村。

(六)科技兴农原则

要综合运用国际国内现代农业科技成果、现代农业生产手段和现代农业经营管理方法,加强新品种、新技术、新体制的引进、集成、提升、展示和推广,优化种养模式、产品结构和经营策略,建立高效农产品生产体系,提高农产品附加值,提升农产品竞争力,促进主导产业升级,实现农业的科技化、集约化和高效化。

任务二　了解农村第一产业发展的新型业态

随着人类社会的发展和科学技术的进步,农村第一产业的发展出现了许多新型业态,主要有以下几种:

一、籽种农业

籽种是农业生产的基本生产资料,是保证农产品产量和质量的根本内因,控制住籽种,就掌握了现代农业竞争的主动权。籽种农业是指在大农业范围内,以自身的区域、技术和品种优势,生产和销售籽种的农林牧渔业生产部门。发展籽种农业是发挥区域优势与技术优势、品种优势的必然选择。

从现代农业产前、产中、产后的产业化链条来分析,籽种对农业产业增长的贡献率达到了30%～40%,在现代农业中发挥着首要的引领与基础性作用。未来农业的竞争已变成籽种农业的竞争,发展籽种农业关系到国家的粮食安全,关系到国家的政治经济利益。

二、精品农业

精品农业主要是指能够生产出名、特、优、新、稀产品的农业。近年来,随着我国社会主义市场经济体制的完善,我国各地的农村采取了多种手段发展精品农业,引进、选育市场稀缺的名特优新品种;采用精良的栽培、饲养技术,生产优质产品;实施反季节种植,淡季上市,由大路货变成精品;通过筛选、分级、包装、加工、储存等,使产品变精品等,使精品农业的内涵越来越丰富。

三、绿色农业

绿色农业是指充分运用先进的科学技术、先进的工业装备和先进的管理理念,以促进农产品安全、生态安全、资源安全和提高农业综合经济效益的协调统一为目标,以倡导农产品标准化为手段,推动人类社会和经济全面、协调、可持续发展的农业发展模式。发展绿色农业的目标:一是确保农产品安全,即要求利用有限的资源保障农产品的大量产出,满足人类对农产品数量的需求,同时要求加强农产品质量安全体系建设和农业的标准化全程控制,提高农产品的质量安全水平;二是确保生态安全,即要求优化农业环境,强调植物、动物和微生物间的能量自然转化,确保生态安全;三是确保资源安全,即要求确保农业发展所需要的相应数量和质量的耕地、水资源等生产要素安全;四是确保农业的高效益,即要求提高农业的综合效益。

四、白色农业

白色农业是指以微生物资源产业化为目标的工业型新农业,包括高科技生物工程的发酵工程和酶工程。白色农业生产环境高度洁净,生产过程不存在污染,其产品安全、无毒副作用,加之人们在工厂车间穿戴白色工作服和工作帽从事劳动生产,故形象化地称之为"白色农业"。其特点是科技含量较高,经济效益显著。目前,白色农业已形成微生物饲料、微生物肥料、微生物食品、微生物农药、微生物能源、微生物环境保护剂六大产业。

当前,我国将组织培养技术已成功用于农业生产,如花卉、草莓、甘薯等,脱毒组培苗生产已经产业化。微生物发酵工程应用于农业领域,可以生产生物肥料、生物农药、兽用抗生素、食品和饲料添加剂、农用酶制剂、动物生物调节剂等。

五、蓝色农业

蓝色农业又称海水农业,是指在海洋水体中开展的水产农牧化活动。具体来说,包括所有在近岸浅海海域、潮间带、潮上带、室内外水池水槽内开展的海洋水产农牧活动等。其不同于传统的海洋渔业,是在原有捕捞、养殖和加工的基础上,利用新的科学技术手段,充分合理地开发海洋生物链各环节的资源,并实现可持续利用的新型产业。蓝色农业还包括利用海水灌溉所种植的陆生耐盐植物等。随着科学技术的发展,蓝色农业发展潜力巨大。

六、外向型农业

外向型农业是指一国或一地区面向国际市场,借助于国际分工来实现再生产的农业。其发展的出发点、立足点不是国内市场,而是国际市场,同国际市场进行广泛的生产要素和最终产品的双向交流,借助于国际市场来完成再生产的循环活动,并建立起同国际市场需求变化相适应的生产结构、产品结构、技术结构和组织结构,形成符合国际规范、有利于双向交流的农业运行机制和宏观管理体系。近年来,随着经济的全球化及国际大流通格局的形成,为我国农业走向国际市场发展外向型农业提供了良好的商机。

任务三 搞好农村第一产业的生产装备与条件建设

农业生产装备与条件主要包括农业机械化、设施农业建设、农田水利基本建设和农业生态环境建设四个方面。

一、农业机械化

农业机械化是指运用先进适用的农业机械装备农业，改善农业生产经营条件，不断提高农业的生产技术水平和经济效益、生态效益的过程。当前，我国的农业机械化实现路径有：

（一）推进以跨区作业为代表的农机服务市场化、社会化和产业化

农机跨区作业开辟了一条小规模农业使用大型农业机械进行规模化、集约化和现代化生产的现实道路。从1996年开始，农业部、公安部、交通部等有关部门相互配合，利用小麦收割从南到北的时间差，组织开展联合收割机跨区机收小麦作业，及时发布农机作业供求信息，并出台了跨区作业的车辆、机具免征过桥过路费等政策，受到农机手的拥护和欢迎，获得了巨大成功。这一举措，不仅大幅度提高了联合收割机的利用率，降低了作业成本，提高了购机者收益，而且满足了农民对机械化收割的需求，大幅度提高了小麦机械化收割水平。目前，跨区作业已从小麦机收扩大到小麦机播和机耕，水稻机收和机插，玉米机收等环节。

（二）坚持"因地制宜、经济有效、保障安全、保护环境"的发展原则

我国地域广阔，农业生产条件各异，因此，我国的农业机械化必须坚持因地制宜的原则。要找准制约农业机械化发展的薄弱环节，集中人力、物力、财力，在重点地区、重点作物和重点环节的机械化发展上进行突破，以点带面，稳步推进。东部地区、大中城市郊区和有条件的垦区，应在继续提高粮食生产机械化水平的基础上，将农业机械化生产范围拓展到外向型农业、城郊型农业和观光农业，率先基本实现农业机械化；中部地区和粮食主产区，应重点为提高粮食综合生产能力提供农业机械化支持；西部地区和经济欠发达地区，应因地制宜地发展特色农产品生产机械化、草原建设和草场改良机械化，提高主导产业的机械化水平。

（三）坚持技术创新、完善法制、推进社会化服务的道路

建立健全农业科技研发和推广体系是世界各国农业机械化快速发展的有益经验。要采取技术攻关、试验、示范等措施，促进基础性、关键性和公益性农业机械的科学研究和先进适用农业机械的推广应用；通过政策引导，充分发挥企业的技术创新主体作用，支持产学研结合，鼓励根据不同的农业生产条件和农民需求，研究开发先进适用、安全高效的农业机械；在全面落实《中华人民共和国农业机械化促进法》规定的燃油补贴、税收信贷优惠、建设农机化示范基地和建设机耕道等扶持措施的同时，建立和完善各项配套法规，构建促进农业机械化的保障机制；按照市场化、社会化、产业化方向，发展和完善适应家庭承包经营和现代农业要求的农机社会化服务体系，鼓励农业生产经营者共同使用、合作经营农业机械，支持农业机械大户开展农业机械化服务；积极引导各类新型农业机械服务组织发展，实现规范化运作。

二、设施农业建设

设施农业是利用人工建造的设施，使传统农业逐步摆脱自然的束缚，走向现代工厂化农业、环境安全型农业、无毒无公害农业的必由之路，同时也是农产品打破传统农业的季节性，实现农产品的反季节上市，进一步满足多元化、多层次消费需求的现代农业发展模式。设施农业从种类上分，主要包括设施栽培和设施养殖两大部分，而设施养殖又分设施畜牧养殖和设施水产养殖两大类。有关方面的调查研究显示，近期及未来世界设施农业的发展趋势为：

(一)无土栽培发展迅速

在发达国家的设施农业中,无土栽培与温室面积的比例,荷兰超过70%、加拿大超过50%、比利时达50%,而美、日、英、法等国的无土栽培面积达到250～400公顷。

(二)覆盖材料多样化

北欧国家多用玻璃,法国等南欧国家多用塑料,日本应用聚氯乙烯膜,美国多用聚乙烯膜双层覆盖。覆盖材料的保温、透光、遮阳、光谱选择性能渐趋完善。

(三)温室生物防治技术得到进一步发展

为防治温室内部的化学物质污染,发达国家重视在温室内减少农药使用量,大力发展生物防治技术。如荷兰温室甜椒生物防治的商品率已经达到80%～90%。

(四)广泛应用智能化喷灌、滴灌系统

以往,发达国家灌溉是以土壤含水量或水位为依据进行喷灌管理,现在世界上正在研究以作物需水信息为依据的自动化灌溉系统。

(五)向大型化方向发展

目前农业技术先进的国家,每栋温室的面积基本上都在0.5公顷以上,连栋温室得到普遍推广。温室的栋高在4.5米以上,玻璃面积增大。温室空间扩大后可进行立体栽培和便于机械化作业。

(六)向机械化、自动化方向发展

设施内部环境因素,如温度、湿度、光照、二氧化碳浓度等的调控由过去单因子控制向计算机多因子动态控制系统发展。发达国家的温室作物栽培已普遍实现了播种、育苗、定植、管理、收获、包装、运输等作业的机械化、自动化。

三、农田水利基本建设

农田水利基本建设就是通过兴修为农田服务的水利设施,包括灌溉、排水、除涝和防治盐渍灾害等,建设旱涝保收、高产稳产的基本农田。目前,我国农田水利设施脆弱的问题依然相当突出,农业抵御自然灾害能力偏低的状况尚未根本改变,加强农田水利基本建设既是一项长期的战略任务,也是当前极为紧迫的重要工作。

农田水利基本建设的主要内容是:整修田间灌排渠系,平整土地、扩大田块,改良低产土壤和农田,修筑道路和植树造林等。

小型农田水利建设的基本任务是:通过兴修各种农田水利工程设施和采取其他各种措施,调节和改良农田水分状况和地区水利条件,使之满足农业生产的需要,促进农业的稳产高产。其包括:采取蓄水、引水、跨流域调水等措施,调节水资源的时空分布,为充分利用水、土资源和发展农业生产创造良好条件;采取灌溉、排水等措施,调节农田水分状况,满足农作物需水要求,改良低产土壤,提高农业生产水平。

四、农业生态环境建设

农业生态环境建设主要是通过开展植树种草,治理水土流失,防治荒漠化,建设生态农业等方式,保护和建设好生态环境,实现可持续发展。搞好生态环境建设要做到三个结合:

一是小流域综合治理与生态修复相结合。在水土流失重点区域,除了实施综合治理外,在地广人稀、降水条件适宜、水土流失轻微的地区,应实施以封育保护为主的生态自我修复工程。通过综合治理与自然修复相结合,加快水土流失防治的步伐,促进生态环境的改善和区域经济的发展。

二是梯田建设与径流控制相结合。在有条件的地方,除发展小型水利工程外,要充分发挥径流调控体系的作用,科学地修建水窖、涝池、蓄水池、古坊、塘坝等水土保持工程,就近拦蓄利用降水产生的径流,为梯田林果等提供生态用水。通过梯田工程与径流利用工程的有机结合,实现基本农田的集约化经营。

三是工程措施与生物措施相结合。依据自然规律,实行坡、沟、水、路、田统一规划,综合治理,优先建设坡面径流聚集工程、鱼鳞坑整地以及沟道拦蓄工程,为林草提供生长环境,达到以工程保生物,以生物护工程。通过工程措施与生物措施的有机结合,实现退耕还林和生态环境的改善。

任务四　做好农村第一产业管理工作

农村第一产业是农村的传统产业和主体产业,是农民收入的主要来源,因此必须着力做好农村第一产业的管理工作。

一、农村第一产业管理的必要性

(一)加强农村第一产业管理是履行社会职责的客观需要

农村第一产业——农业,是国民经济的基础,又是为人类提供生活资料的物质生产部门。因此,加强农村第一产业管理,保证农产品的生产、供应与质量安全,是国民经济发展和社会稳定的现实需要。

(二)加强农村第一产业管理是发展农村集体经济的必然要求

农村第一产业——农业,是农村的主体产业,是农村集体经济的支柱。因此,加强农村第一产业管理,对于充分利用农村最基本的生产资料——土地,以及其他资源要素,增产增收,壮大农村集体经济,意义十分巨大。

(三)加强农村第一产业管理是促进农民增收的重要途径

农村第一产业——农业,是广大农民稳定地获得经营性收入的重要来源。因此,加强农村第一产业管理,促进农业增产增收,提高农业生产经营的经济效益,对于增加农民收入、提高农民生活水平具有极其重要的意义。

二、农村第一产业管理的特点

现阶段我国农村第一产业的管理,具有以下几个方面特点:

(一)既尊重自然规律又尊重经济规律的特点

由于第一产业——农业具有自然再生产与经济再生产相交织的特点,即发展农业既要考虑农业中动植物的生长、发育及繁衍条件，又要投入与产出合理，能产生预期的经济效益。因此，对农业产业的管理，就要既尊重农业生产的自然规律，按照农事季节的客观要求办事；又要尊重农业产业发展的经济规律，按照其生产、交换、分配和消费的客观需要处理问题。

（二）以农户家庭承包经营为基础的特点

由于我国农村对第一产业——农业的生产经营采取的是以家庭承包经营为基础的统分结合的双层经营体制，而且对基本的生产资料——土地实行经营承包期长期不变的政策。因此，对农业的管理，要从家庭承包经营这一基础出发，调动农户发展生产的积极性，发挥集体经济组织的服务功能，促进农村第一产业——农业的发展。

（三）以市场为导向的特点

随着我国社会主义市场经济体制的日趋完善，市场需求将是一切产品的晴雨表，农产品也不例外。因此，对农业产业的管理，一定要坚持市场导向的原则，根据各种农产品的市场需求和价格变化，调整农业产业的内部结构，组织农业生产要素，开展农业生产，以生产出适销对路的农产品，并通过参与市场竞争获得发展上的主动权。

（四）重视生态环境保护的特点

农村第一产业——农业，担负着维护和改善人类生活质量和生存环境的使命。因此，对农业产业的管理，要有助于生态环境的改善。在发展农业的过程中要维护生态平衡，形成良好的循环系统；要严格控制化肥农药用量，既减少面源污染，又保障农产品质量安全；要注重农业废弃物的循环利用，减少农业废弃物对环境的污染。

三、农村第一产业管理的主要工作

从促进农村第一产业发展的角度看，农村第一产业管理的主要工作包括：

（一）完善统分结合的双层经营体制

统分结合的双层经营体制要求，统一土地所有权，分散土地使用权，使土地使用权与所有权相分离。而且为了调动农户珍惜土地、增加投入、发展农业生产的积极性，必须使农户具有长期的土地使用权和稳定的收益权；为了切实保障农户的土地使用权和收益权，必须壮大农村集体经济，使农村社区合作经济组织具有统一的土地所有权和确定的剩余索取权（统筹权）。十五届三中全会强调：“要坚定不移地贯彻土地承包期再延长30年的政策，同时要抓紧制定确保农村土地承包关系长期稳定的法律法规。”土地承包关系是当前农村最基本的生产关系，完善稳定土地承包关系应本着兼顾集体、农户双层经营主体的经济利益，既要切实减轻农户负担，调动农户发展农业生产的积极性，又要发展壮大集体经济，确保农村集体经济组织土地发包的有效性。

（二）制定农村第一产业发展规划

农村产业发展要有长远考虑，特别是对于以家庭承包经营为基础的农村第一产业，其家庭经营的分散性，更需要通过规划来达到引导和组织农民进入市场、参与竞争、打造品牌、形成特色、发展产业的目的。制定农村第一产业发展规划，要从本村实际出发，立足市场需要，发挥自身优势，着眼长远发展，壮大集体经济，增加农民收入，实现多赢目标；制定农村第一产业发展规划，要充分发扬民主，虚心倾听农户特别是种养大户的意见和建议，使所形成的发展目标和所采取的措施能够切实可行。

(三)组织引导农村第一产业内部结构调整

产业结构调整,是产业发展中的永恒主题。特别是对于农村第一产业——农业,其与人们的生活息息相关,而人们的生活需求越来越多样化,而且还在不断发展变化,其对提供农产品的农村第一产业来说,要求内部结构的变化也越来越快。因此,对农村第一产业内部结构的调整,要以市场为导向,在市场预测的基础上,作出结构调整的具体决策;要对农户进行组织和引导,不搞"一刀切",让农户根据自身实际自主作出选择,并确定种什么、种多少,以及养什么、养多少。

【典型阅读】

施官镇西武村党支部积极引导群众调整产业结构

在安徽滁州来安县施官镇西武村蔬菜批发市场,来自全国各地的商贩和本地种植毛豆的农户交织在一起,一天就有近10万千克毛豆从这里运送到全国各地。这一火热的场景与西武村党支部引导群众调整农业产业结构是分不开的。

2009年,西武村"两委"认真分析当前的村情和民意,制定经济发展规划,即利用本地种植毛豆的传统,依托协会和农副产品交易市场,做大做强西武毛豆的种植规模。在产业结构调整过程中,村党支部以"老干爹"农副产品专业合作社为轴心,及时把市场信息提供给农户,并建设蔬菜交易市场,解决农户的产品销售问题。2009年,村党支部预先垫付资金从东北购买6万千克毛豆优良品种,发给种植户,聘请镇科技人员上门头、找人头、跑田头,进行科技指导、技术扶持;毛豆上市季节,支部积极联系南京等地的市场,引来客源到市场收购。在毛豆收购初期,为打开市场,价格较低,村党支部本着让利于民的宗旨,凡进入蔬菜交易市场的一律不收市场交易费。由于该村党支部的全方位服务,使群众调整结构、种植毛豆的热情空前高涨,辐射面越来越大,由本村迅速扩展到邻村。目前,种植毛豆已延伸到9个村,1 600户。

(http://la.ahxf.gov.cn/html/jicengdangjian/nongcundangjian/200909/13-1072.html)

(四)积极推进农业产业化经营

农业产业化经营是农村第一产业延长产业链,实现产业融合的一种经营模式。为了使农村第一产业生产能分享延长产业链各环节的平均利润,提高农村第一产业生产的经济效益,就需要推进农业产业化经营。要积极培育龙头企业,形成"龙头企业+农户"、"龙头企业+农民专业合作经济组织+农户"、"龙头企业+农村社区合作经济组织+农户"等产业化组织体系;要引导农户按照规模化、专业化、标准化、集约化的要求,联合起来建设农产品生产基地,以满足农产品加工龙头企业对农产品的需求。

(五)大力提高农业社会化服务水平

农业社会化服务是现代农业的重要标志。随着农业的发展和市场需求的扩大,要加快发展农资服务、农机服务、水利灌排服务、植物保护服务、畜牧防疫与兽医服务、金融服务等农业社会化服务,特别是当前要着力将农资连锁经营(配送)服务与技术配套服务相结合,建立村级科技服务站,切实解决农业技术推广"最后一千米"的问题。

【典型阅读】

村级综合服务站建立和运行的做法

村级综合服务站的建设大多采用市场化的理念，按照“民办民营”的运行模式，以农业部门为技术依托，以农资经营为经济支撑，采取技物结合的方式，有偿为农户提供种子、农药、化肥等农用物资。各地根据本地区特点，在村级站的建立和运行方面有以下做法值得借鉴：

1. 村集体承建村站。这种做法有“村办村管”和“村办民管”两种模式，实行“以岗定责，工资定额”的运作机制。由村委会和县农业局签订协议承建村站，前者由村集体出房子，指定人员负责管理使用省市配套设备和村站日常服务工作，并发放一定的补贴；后者由村集体统一管理省市配套设备，指定村内农资经营户开展农资供应。

2. 村社合作承建村站。即在每一个行政村建设一个由村集体提供场地及有关配套设备，供销部门加强运营管理并作为供货主渠道，由村级远程教育终端接收站点管理员或协管员经营，向村民主要销售化肥、农药等农业生产资料，并提供远程技术培训和信息服务的农村零售(或批零兼营)店铺。

3. 农民个人承建村站。即“民营民管”模式。由农机行政管理部门在农资经营者中选择具有一定专业知识的农民承建村站，经营门市加挂“科技进村服务站”牌子，以农资经营收入作为经济支撑，无偿承担村站公益职能。

(http://www.doc88.com/p-991191827665.html)

【实践训练】

农村第一产业发展调研

1. 实训要求：找一个行政村，了解其第一产业的发展情况。

2. 实训目的：通过此次实训，加深学生对农村第一产业发展的认识与理解。

3. 实训组织：全班同学按每3～5人进行分组，每组制订切实可行的调研计划。

4. 实训实施：由学生自主联系或任课教师统一联系一个或若干个行政村，在任课教师的指导下，具体进行调研。

5. 实训考核：每组集思广益撰写一篇1 500～2 000字的调研报告，内容包括调查地的基本情况(村域面积、耕地面积、户数、人口等)、主导产业、第一产业的内部结构及其调整情况，实际工作中遇到的问题，建议和要求等。教师对调研计划和调研报告进行考核评定并给出成绩。

【复习思考与练习】

1. 农村第一产业包括哪些内容？有哪些特点？
2. 发展农村第一产业应遵循哪些原则？
3. 农村第一产业发展的新业态主要有哪些？
4. 农业生产装备与条件建设的主要内容有哪些？
5. 结合实际阐述农村第一产业管理的主要内容。

项目十八 农村第二产业管理

【学习目标】

- 通过本项目内容的学习，认识农村发展第二产业的必要性与可能性，了解农村发展第二产业的内容、特点，以及农村经济组织发展第二产业时需要注意的问题，掌握如何通过发展第二产业使农村走上富裕路。

【能力目标】

- 通过本项目内容的课堂学习和实训环节，全面提升对农村发展第二产业的认识，把握发展农村第二产业的优势条件和措施，以最有利的形式发展农村第二产业。

【重点与难点】

- 本项目的重点：适合农村发展的第二产业；发展农村第二产业的举措；农村第二产业管理的主要工作。
- 本项目的难点：发展农村第二产业的举措；农村第二产业管理的主要工作。

【教学方法与手段】

- 案例式、启发式教学；多媒体辅助教学。

【引导性案例】

从富裕村的实际认识农村第二产业

河南省新乡市的刘庄村是我国农村的先进典型之一。目前，该村绝大多数村民在村办的工业企业上班，家家居住在配有中央空调和集中供暖设施的小楼上，面积约400米^2，2010年，全村人均可支配收入2.6万元，户均存款20万元以上。全体村民享有住房、上学、医疗等30多项福利，村庄道路有华丽的路灯，村中有中心花园，有设施完善的幼儿园和中小学。刘庄村致富的最主要原因是，从20世纪70年代就开始发展工业。进入21世纪时，村办的华星药厂已拥有10个分厂，能生产肌苷、红霉素、青霉素等几十种成品药和原料药，产品出口到世界30多个国家和地区。

当前，像刘庄这样靠工业致富的农村在国内已数以万计。这些农村在改革开放后想方设法发展第二产业，终于走上了富裕路。

(http://www.xinxiang.gov.cn/sitegroup/root/html/4028815814acaf060114acb73a1c0038/20110420142931825.html)

任务一 了解适合于农村发展的第二产业项目

第二产业是指对产品原料进行加工的产业部门，包括采矿业，制造业，电力、燃气及水的生产和供应业，建筑业等。

一、适合于农村发展的加工业

当前，农村发展第二产业，要找到有优势、有基础，又有较好条件，适合于农村发展的项目。主要有以下几个方面：

(一)农产品加工业

农村发展农产品加工业可以就地取材，减少运输。不少农产品通过加工还可以实现增值，扩大销路，特别需要在农村大力发展。适合农村发展的农产品加工项目主要有：特色食品加工，如面条、酱菜、糕点、罐头、果脯、饮料、淀粉、粉条、方便食品等；纺织加工，如棉纺、麻纺以及蚕丝加工等。还有竹木产品加工、饲料加工、皮毛加工等。在发展农产品加工业时，除了要利用农业的主产品外，副产品也可成为加工的原料，如鸭毛、鹅毛、猪鬃、秸秆等。再有，除当地农产品外，还可以考虑利用全国，甚至全球范围内的农产品原料发展有特色的加工业。

(二)小型制造业

有些制造业项目特别适合安排在农村发展，主要有，轻纺工业的服装、鞋帽、玩具、五金、家具、箱包等，还有像包装产品、小家电产品、电子零件的生产等。有些产品规格差异很大，其大型产品要由大中型企业组织生产，但小规格产品非常适合由中小企业组织生产。如小风机、微电机、小轴承等。小型制造业虽然企业的规模不大，但对外部协作多数有着强烈的要求，多数企业都需要有设计、原料供应、辅料生产等与之配套,这使小型制造业生产往往容易集中在一个乡镇、一个县区,甚至几个县区。目前,我国不少地区已经形成了专业化生产区域,发展同类型的工业有一定的优势。

(三)零配件生产

为大中型企业配套生产也是农村适合发展的项目之一。进入21世纪后,受市场竞争的影响,企业间的分工越来越细,分解到农村生产的项目也越来越多,为农村工业发展创造了更好的条件。农村生产零配件的企业在为周边城市配套的同时,也要注意开辟更多的业务渠道,将产品销售网络铺到更广阔的区域。农村企业的规模虽然小,但销售网络可以铺得很大,目前已有不少农村小企业的配套件为国外企业选购。

(四)都市工业项目

都市工业是指以大都市特有的信息流、物流、人才流、资金流和技术流等社会资源为依托,以产品设计、技术开发、加工制造、营销管理和技术服务为主体,为大城市需要而发展的项目。由于受到城市内的土地等条件限制,这些项目目前多数布局在大城市周边的农村。这类项目主要有,为城市居民生活服务的食品,如面包、糕点等的生产,以及印刷、演出服装、时装等的生产。

(五)手工业产品

历史上,我国不少农村中有纺织、编织等项目,农民在农闲时生产的手工业产品多数在集市上销售,是家庭收入的重要补充。但在机器工业发展起来后,这些手工业项目的绝大多数走向衰亡。当前农村发展的手工业项目,一方面有历史传统,另一方面符合市场的需要。不少手工业产品针对更大的市场,填补了机器生产的空缺,收到了较好的效果。目前,大部分手工业项目已不再仅仅在农闲时生产,而成为农村发展的专业化生产项目。

(六)传统工业

传统工业是有长期历史,产品有一定特殊需求的工业。如宣纸、端砚的生产,以及一些传统食品的生产等。由于人们的收入水平提高后,其消费会出现多样化的特点,传统工业产品目前还有一定的市场,同时传统工业也是文明的传承之一,在我国的少数农村保留的传统工业项目,一方面满足了人们对这类特殊产品的需求,另一方面也有利于带动旅游业的发展。

二、适合于农村发展的建筑业

建筑业是发展中国家发展较快的产业之一,适合于农村发展的建筑业项目主要有:

(一)承接建筑工程

农村建筑在历史上一直是由农民自己完成的,广大农村因此培育了相当数量的能工巧匠,只要组织起来,适应市场的需要,就能从传统建筑业向现代建筑业转变。

农村组织的建筑施工队伍起步时主要是面向中小建筑工程,在发展到一定规模,有了较高的资质后,就可以承接比较大的建筑工程,少数还跨省区承接大中型建筑工程,形成了农村的建筑业。

(二)完成基础设施建设

我国农村的道路、水利、管道等基础设施建设工程,一般都是由农村组织的基建队伍完成的。这些工程不但提供了农民就业的渠道，增加了收入，而且还降低了施工费用。

近年来，国家对农村基础设施建设的投入，主要用于农村的水、气、路、电及生态环境建设。这些工程不少涉及农村内部，如村内道路的施工、农村自来水的安装等，也适合由农村的基建施工组织完成。

(三)承接装修工程

装修工程需要的机械设备不多，技能也容易掌握，目前的市场需求还在逐年增长，很适合由农村组织的施工队完成。多数农村组织的小型装修队主要承接家庭装修，特别是农村住房的装修，也有一些装修队开始进城承揽工程，部分有一定规模的农村装修队开始承揽城乡的商店、办公楼等公用建筑的装修工程。

三、适合于农村发展的采矿业

我国不少农村都有矿产资源，可以发展采矿业，主要形式有：

(一)小型采矿

《中华人民共和国矿产资源法》规定："矿山资源属于国家所有。"在农村发现的矿产资源归国家所有，农村一般无权开采。然而，我国矿产资源种类多样，除大中型、富有的矿产外，还有大量分散的小、贫、尾、废等国家不愿意或不可能组织开采的矿产资源，利用这些矿产资源同样可使农村走上致富路。

我国不少地区有煤炭、少数地区还有石油等能源，铁矿也适合于农村开采。另外，珍珠岩、膨润土、云母、石膏、石墨、玛瑙，以及多种有色金属的矿产在我国的不少山区都有分布。有些小、散的金矿也可由农村组织开采。随着科学技术的发展，可利用的矿产资源种类逐步增加，农村采矿的机会在增加。

(二)采石

采石的内容很多，除直接利用的石材外，还涉及一些工业原料的开采、石灰石开采等。另外，混凝土用的石子，公路、铁路建设用的石碴等用量一直很大，为农村发展采石业提供了条件。

(三)挖沙

为保护耕地，国家规定不得在耕地中挖沙，但有条件的可以在一些干涸的河道中挖；也有不少地方，利用采沙船从江河中挖沙。根据《中华人民共和国矿产资源法》，河流江沙属于矿产资源，开采河道沙石必须办理采矿许可证及缴纳矿产资源费。《中华人民共和国水法》第三十九条规定，国家实行河道采沙许可制度。只有在得到许可的条件下，才能够在河道中采沙。

任务二 了解农村第二产业的来源

我国农村第二产业虽然多种多样，但归结起来，主要来源于四个方面：

一、历史产业的继承

历史上，我国不少农村一直有工业生产项目。改革开放后，农村中的绝大多数手工业项目在市场竞争中衰落，大部分作坊关闭，但也有部分项目通过改造，或适应了现代市场的需要，逐步发展起来，有的项目甚至发展成为区域品牌，在国内外有了一定的名气。部分农村通过挖掘传统产品优势，走上了致富道路。

对于历史上村中曾有的第二产业，要注意挖掘其潜力，使其保持一定的特色，并制定生产标准且严格执行。

【典型案例】

后乾村加工鱼干获得千万元财富

福建省武夷山市吴屯乡的后乾村以种植水稻为主，稻田里养着特殊的高山鲤鱼。村里有传承了上千年的加工稻田鲤鱼的手艺。历史上，加工的鲤鱼主要是自己吃，生产量不大。2007年，外来扶贫干部发现了这一项目，将其改名为稻花鱼，并制定了生产标准，要求每公顷地只能养75千克，销售的鱼只能吃稻花，不准喂饲料。对加工方法也进行了统一，包括鱼的规格、色泽、加工的时间等。由于当地农业用的是高山泉水，同时加工方法独特，稻花鱼干在城市中卖到400元/千克，当地的水稻价格也相应提升，使后乾村的农民逐步富裕起来。

(http://www.foods1.com/content/851835/)

思考：后乾村的加工业为什么能够发展起来，关键因素是什么？

二、村中自办工业企业

改革开放后，我国农村形成了大办工业企业的高潮，自办现代型工厂、建筑业企业，以及组织采矿等在一个时期成为主流。

(一)乡村集体办的工业企业

改革开放之初，我国农村主要是乡村集体办的工业企业。这些企业利用集体的积累，集体的土地，集体的生产资料，由集体投资兴办，集体组织生产。

由于农村技术和管理能力差，在自办工业企业时，部分农村采取了与相关单位合作的办法。利用科研单位和有关企业的技术、销售渠道、品牌等实现发展。如浙江省上虞风机厂是村办企业，但利用了上海交通大学的技术。上海交通大学在企业中设有研究小组，长期驻厂研究风机新技术，投入的技术通过股份分红。由于技术先进，该厂虽然在农村，但产品能够销售到全国各地。

(二)个人和家庭办的工业企业

农村个人和家庭办的工业企业在改革开放后发展速度很快。虽然规模小，但面大量多，目前在我国多数农村中都有分布。

进入21世纪后，农村个人和家庭办工业企业有了一个新特点，即早期进城务工的农民中有一部分返乡，利用在城市打工形成的积累、掌握的技术，以及销售渠道，在农村开办工业企业，使部分工业相对不发达地区的农村也开始有了工业企业。当前，为鼓励返乡农民工创业，各地政府都出台了贷款、补贴、税收及培训等优惠政策，为农村个人和家庭创办企业提供了更为有利的条件。

(三)合作经济组织办的工业企业

近几年，农民专业合作经济组织得到了政府的大力支持，在农村发展的速度很快。除了农业生产和服务项目外，也有部分农民专业合作经济组织涉足于农产品加工等工业项目。由于农民专业合作经济组织常常是跨区域合作，同时又能够吸收城市的专业人员等参与，其原材料的来源更广，销售渠道更宽，有利于举办工业企业，而且在实践中取得了明显的成效。

农村自办工业企业能够解决就业问题，收入的绝大部分留在了农村，工业发展后还有利于带动服务业的发展，特别有利于增加农民的收入，改变农村的面貌。

三、外部迁入的工业企业

改革开放后，开始是港澳以及台湾的大量劳动密集型工业企业迁到我国的东南沿海，最集中的是珠江三角洲，使这一地区的农村工业飞速发展起来。

20世纪90年代，城市中的工业企业不少迁到农村，推动了农村第二产业的发展。迁到乡村的既有国有中小型企业，也有数量更多的股份制及个人企业，多数是劳动密集型工业企业，但也有部分高新技术企业，其中不少企业有很明显的技术优势，有较大的发展潜力。除了国内企业、港澳台企业外，从20世纪80年代起，还有不少外资企业也开始进入农村。我国不少农村工业是由于工业企业的大量迁入而发展起来的。

与农村自办工业企业不同的是，迁入农村的工业企业管理人员主要由外来人员组成，不少企业的技术工人甚至部分生产工人也是外来人员，在解决当地人就业方面远不如农村自办的工业企业。同时，企业的利润由投资人所有，与农村的利益关系也不大。但总体上看，外来工业企业的最大贡献是带动了农村基础设施建设及服务业的发展。

进入21世纪后，外来工业企业无论在规模、档次、效益、竞争力还是发展速度、总体数量、安排就业等方面，明显超过了农村自办的工业企业，开始成为农村工业的主流。

四、引进外来工业企业

在实践中，不少农村看到外来企业既能安排劳动力，又能够带动村里的发展。即在外来企业多的农村，村民就业机会多，收入高，农村发展快。但仅仅坐等，来投资的毕竟有限，在解放思想后，不少农村开始主动出击，组织对外招商引资。

引进外来工业企业与外部迁入企业的不同点是，外部迁入企业是主动找上门的，是农村被动接收的；而引进的外来企业是招商者走出去主动引进的。

引进企业扩大了投资的渠道，丰富了农村第二产业发展的内容。有些农村在认识到引进的重要性后，积极创造条件，增加宣传投入，组织招商队伍，主动参展、参会，以诚心感召投资者，很快通过引进企业改变了农村的面貌。

【阅读与思考】

五和村依靠引进走上强村路

江苏省江门市的五和村1994年还是以农业为主的低收入村，年集体经济收入只有8万元。但到2005年，已经成为年产值3亿多元的富裕村。其转变源于1995年，当时村“两委”共同决定，要进行招商引资，引进优质大项目。为落实既定目标，村里成立了招商引资工作组，落实招商引资责任到人、任务到人，同时充分利用该村的区位优势，建厂招商，筑巢引凤，并积极与上级招商部门联系，在招商中，一方面抓住大企业，另一方面，也注重效益好、发展潜力大，能够有效安排就业的民营中小企业。1995到2000年之间，该村先后引进企业22家，其中规模以上的大企业就占了80%，逐渐形成了以电机、纺织、塑料、五金不锈钢为支柱的产业群，使五和村成为江门市的工业强村之一。

(http://www.jmnews.com.cn/c/2005/03/03/09/c_521168.shtml)

思考：五和村在引进外来企业方面做了哪些工作？

任务三 了解如何发展农村第二产业

要发展农村第二产业，需要有一定的条件和方法。

一、创造发展的基本条件

农村第二产业发展需要的条件很多，其基本条件主要有：

(一)交通和运输条件

无论是发展加工业、建筑业还是采矿业，都需要良好的交通运输条件。要有一定等级的公路，方便运输原材料、设备和产品车辆的通行。要方便企业人员的对外交往，要争取公共交通进村，以扩大员工的来源。如果周边有物流企业，有专业的运输企业，还可进一步降低企业的运输费用。

(二)信息和通讯条件

目前我国绝大多数农村不但通了电话，而且有了手机信息。为了方便企业间的联系，有些地区还应争取更为有利的条件。如河北省的不少农村与北京、天津是近邻，为了吸引北京企业的迁入，部分农村还将北京、天津电信的电话安装在村中，方便了与北京、天津企业的业务联系，对引进企业起了一定的作用。

当前的信息条件中，最重要的是计算机网络信息，农村不但要争取有与城市同等的安装条件、同等的网络速度，而且还要逐步扩大和提高无线网络的覆盖范围和使用水平。

(三)能源条件

农村第二产业需要的能源最为重要的是电力。农村电力一要充足，二要尽可能减少停电，三要有稳定的电压,四要争取与城市同等的价格。同时,油料、煤炭的供应等对于不少企业的发展也很重要。当前农村最难解决的是管道天然气的供应。村中能够有管道天然气,往往能够为企业的发展创造更好的条件。

(四)原材料条件

专业于一个或几个农产品的生产,形成重要的原材料产地,无论是对于自办还是对于外部的农产品加工企业都有较强的吸引力。农产品生产的专业化、区域化,不但是农业发展的需要,也是农产品加工业发展的基本要求。

二、争取相关的政策支持

改革开放以来,我国出台了不少支持农村非农产业发展的政策。用好这些政策,可以减少农村第二产业发展的投入,降低生产成本,提高产业的竞争力。目前国家支持农村第二产业发展的政策主要有:

(一)产业发展政策

主要是鼓励部分产业在农村的发展。目前在农村得到鼓励的有以下几类企业,一是加工当地农产品的企业,二是有利于村民就业的劳动密集型企业,三是有利于技术进步的高新技术企业,四是有利于节能减排的新能源企业,五是有利于减少污染的环境保护型企业。

(二)产业组织政策

为了吸引外来企业,不少地区推出了优惠政策,对于境外企业还有更为特殊的优惠。国家对于农民专业合作经济组织发展第二产业有明确的鼓励政策。部分地区为鼓励家庭企业的发展,制定了相应的激励政策;还有不少地区对于农民创业、大学生回乡创业、农民工返乡创业制定了优惠的政策。我国对于能够安排残疾人就业的企业一直就有特殊的扶持政策。

(三)产业发展布局政策

为了促进第二产业的集中发展,不少地区提出了鼓励企业向园区集中的政策;为了促进区域生产专业化,不少地区对发展符合专业化要求的企业实行优惠的政策。另外,对农村企业引进管理和技术人才、与科研单位进行合作,以及注册专利、研究开发新产品等也有不少优惠政策。

利用相关政策,可减轻企业的负担,加快农村第二产业的发展。

三、实现专业化发展

专业化生产要求农村在发展第二产业时,专注于一个或几个相关产品,实行“一乡一业”、“一村一品”,以提高生产技术水平,方便产品销售。

目前我国农村的专业化生产区域初步形成,有些在世界上已有一定的名气,如义乌市的小商品、桥头镇的纽扣、香河的家具、清河的羊绒加工、大唐的袜业、白沟镇的箱包、嵊州的领带等。

专业化生产要求农村在发展中选准项目,根据当地的特点和优势从多样化生产转向专业化生产,集中农村的资源于有优势、有潜力、有竞争力的项目。通过发展规划、结构调整,以及村内的组合和村外的协作,利用组织的力量进行发展。对于已经形成的产业、有一定优势的产品，要通过创新，提高质量、扩大规模，解决发展中的问题，并通过挖掘产品的内涵，打出产业的知名度。

四、争取外来投资

从20世纪90年代开始，我国不少农村就将引进外来企业作为促进农村发展的重要举措之一，并摸索出引进外来企业的经验和办法。主要有：

一是设立招商引资机构。目前，我国多数县区设有招商局，乡镇设有招商办公室，村里的招商多数由村委会负责，个别大村设有招商小组。这些机构和人员一方面负责到外部宣传，另一方面接待投资者来村里考察。由于农村对外联系面窄，与乡镇、县区加强联系，用好上级招商单位的信息往往会有较好的效果。

二是用足招商引资政策。目前我国多数地区的县区、乡镇都有招商引资的优惠政策，主要在税收、土地使用，劳动力培训等方面，同时对投资人的生活安排提供条件。农村一方面要充分利用这些政策，另一方面要对引资和提供信息者出台明确的奖励政策。

三是划定企业集中区域。工业项目适合于集中成片发展。为此，农村应该尽可能将发展工业的建设用地集中起来。在有条件的农村可以建设开发区，或者农村工业发展基地等。

四是搞好基础设施建设。工业项目对道路、供电、供水、排水、通讯、公交等有着更高的要求，要引进工业项目，首先需要搞好农村的基础设施建设，至少要在工业生产区内保证基础设施能够满足生产和生活的需要。

五是建设标准厂房。目前，我国各地都在招商，竞争十分激烈。为了更好地引进投资，我国的一些农村利用当地的工业生产基地，建设了标准厂房，让工业企业直接入驻，一方面加快了企业建设的进程，另一方面减少了投资者的风险。同时，农村从单纯的出租土地转向出租厂房，也提高了收入。

六是搞好劳动力的培训。新农村建设以来，国家对农村劳动力培训的投资有所增加。通过培训，掌握了一定技能的劳动者更受企业的青睐。同时，当地是否能够有足够的劳动力也是不少企业，特别是劳动密集型企业投资的条件之一。针对外来企业的需求，搞好劳动力的培训能够有效地促进招商引资工作。

七是积极对外宣传。有些农村发现，招商引资的成效与农村的知名度有着密切的关系，有名气的农村招商往往更容易。特别是外部了解本村有招商的愿望和政策，有发展第二产业的条件后，会有一定的企业找上门来。经济实力不强的农村宣传的投入少，要学会巧宣传，如参加当地组织的推介会、利用媒体宣传农村的发展条件等。

八是形成整洁的村容与文明的乡风。一般来说，投资者都愿意在整洁的村庄与文明的村民交往。整洁的村容不但提升了村民的生活质量，而且能够给投资者留下良好的印象。同时，文明的乡风也是吸引客商的重要条件之一。

九是解决投资者的生活等问题。投资者除了生产方面问题外，由于是外来人员，还有不少个人和生活上的问题。如有的地区有户口问题，有住房问题，有子女上学问题，还有的境外投资者有出境手续办理问题等。解决好这些问题，让投资者无后顾之忧，也是吸引外来投资的条件之一。

五、坚持依法办事，依规管理

涉及农村第二产业发展有大量的法律、法规、制度等。在农村办企业，要按照有关土地使用方面的法律、法规要求，应该先有规划、有审批，不违法占地，不搞违规建设，不随意变更土地的用途，也不违规向外来企业出租土地。企业招工要按有关劳动合同的法律、法规办事，要依法保护生态环境。要依法纳税，承担国家要求的责任和义务。

农村发展工业要反对假冒伪劣，要尊重他人的知识产权，要保证产品的质量符合相关标准。企业要坚持清洁生产，不破坏生态，不污染环境。对影响环境造成污染的企业要及时治理，治理达不到要求的要停产。

农村发展采矿业，要取得采矿许可证，按要求保管爆炸物品，在采矿中不破坏环境、不污染环境。只有依法办事，依规管理，才能够使农村第二产业走上健康发展的道路，才有持续发展的基础。

六、坚持可持续发展

农村发展第二产业是长期的工作，需要按可持续发展的要求办事。

(一)不污染环境

工业项目中有不少会对环境产生污染，主要有废液、废渣、废气以及噪声等。农村在接受或引进外来项目时，首先要考查项目是否有污染。对于有污染的项目，则要进一步考察其是否能够得到有效的治理。只有不产生污染或污染能够得到有效治理的工业项目才能在农村发展，同时还要逐步采用清洁生产方式。

(二)珍惜节用自然资源

在农村矿业的发展中，无论是乡村自办的企业，还是外来企业承包的开采，都不能在开采中挑肥拣瘦，要综合利用当地的资源，通过科学方法合理利用，要挖掘资源的潜力，要有长期利用的规划和安排，将可用资源尽可能地利用起来。

采矿要与环境建设和山林绿化结合起来，尽可能减少对土地和林地的破坏，通过人工措施，恢复山体的绿化与环境的美化。

在工业项目中，要注重对土地的集约利用，提高土地的容积率和建筑系数，选择集约程度高、生产效益好的工业项目。

(三)提高产业和区域的竞争力

农村工业生存在市场竞争的条件下，要想持续发展，还需要持续提高其市场竞争能力。这就要持续提高产业的技术水平、专业化程度，形成产业集群，扩大销售渠道，提升产业的档次。如不少农村开始试行网络销售，也有的农村开始培育品牌产品，使产品逐步升级换代。

【典型阅读】

绍兴市白洋村家庭工业通过升级实现可持续发展

白洋村家庭工业起源于20世纪80年代。1985年，村民在家中率先办起了蛋品加工厂，开创了白洋村家庭工业的先河。到2010年已有家庭企业46家。白洋村在1997年启动了一个家庭工业园区，让家中无房容纳和扩张的企业落户其中，由村委会负责建好路、水、电等基础设施，还为村民提供办理工商执照、纳税执照的全程服务。

2008年起，白洋村的家庭工业在转型升级中取得了质的飞跃，一方面将产品销售到世界各地，另一方面涉足高新技术产品的生产，从而使该村进入到一个可持续发展的新阶段。

(http://epaper.zgkqw.com/html/2010-05/28/content_52652.htm)

任务四 做好农村第二产业管理工作

当前，在我国的一部分农村，第二产业已经成为经济的主体，成为农民收入的主要来源。这些农村特别需要加强对第二产业的管理。

一、农村第二产业管理的必要性

(一)有助于提升农村第二产业发展的竞争力

农村第二产业的发展需要不断提高其竞争力。由于我国农村基础条件差，要形成竞争力，需要集中有限的资源，致力于发展一个项目，甚至是一个产品。这就要求通过管理为农村第二产业的发展创造条件，通过政策促进产业的集中，扶植农村中有优势的项目，促进产业的更新换代和技术进步，增强产业在市场上的竞争力。

(二)有助于形成产业发展的秩序

我国农村第二产业的绝大多数经营管理者是好的，但也有极少数人存在投机取巧的心理，主要表现是假冒伪劣、以次充好、偷工减料、仿冒侵权等。如20世纪90年代，某县一个农村企业生产的假酒使多人饮后眼睛失明，问题曝光后，不但使该县酿酒企业全部下马，而且造成该省白酒在三年内销量大减。再如因某地区有一家企业生产的皮鞋用纸板替代牛皮，电视上报道后被社会上称为“过街鞋”，结果影响该地区几百家企业生产的鞋普遍难以销售。大量事实证明，没有管理，就没有秩序，也不可能有农村第二产业的发展。

(三)有助于缓解过度竞争

限于产业条件，农村第二产业以中小企业为主，以完全竞争型企业为主。各地农村第二产业之间，第二产业内的企业之间竞争非常激烈。竞争虽然促进了企业的改革和发展，降低了生产成本，提高了工作效率，但过度竞争使企业利润过低，难以改进设备和工艺，难于扩大再生产，也在一定程度上制约了发展。针对这一问题，有些农村成立了产品或产业协会，促进当地企业联合起来，以群体对外，收到了较好的效果。

二、农村第二产业管理的特点

(一)管理对象多样

农村第二产业构成十分复杂,既有加工业,又有采矿业和建筑业。企业的规模大到几千人,上万人,少到几个人,企业的性质有集体、个体、家庭、家族,还有股份制,甚至还有上市公司。不但在一个地区其管理对象有多样化的特点,就是在一个村,第二产业的构成也多种多样。对于不同的对象,需要采用不同的方法,需要有的放矢,需要从具体的情况出发进行管理,没有一定的成规。

(二)管理以间接为主

目前,我国农村由集体经济组织举办的第二产业还有一定的比例,这部分产业可由农村集体经济组织直接管理。然而,目前我国绝大多数农村的第二产业为非集体经济组织所办,既有本村个人和家庭举办的企业,也有大量的外来企业。对于这些企业,农村集体经济组织的管理是间接的,管理的手段主要是提出发展的建议,提供发展的条件,提供有偿及无偿的服务,以及依法监督等。

(三)协调与合作的工作量大

对于非农村集体举办的第二产业,由于利益的不一致,一定会有企业与企业的矛盾,企业与村民的矛盾,同时还会有产业内的矛盾,产业与产业的矛盾等。这些矛盾往往需要农村经济管理者来协调和解决。农村企业规模小、底子薄、条件差,单打独斗很难发展起来,需要通过合作解决发展中的问题。农村经济管理者又是合作条件的创造者和牵线人,可以通过自己掌握的关系,促进有关各方通过合作获得发展。

(四)增加就业是主要目标之一

我国农村人多地少,富余劳动力多,解决就业是农村经济管理者的中心工作之一。第二产业能够提供更多的就业岗位,其发展能够较好地解决富余劳动力的出路问题。农村发展第二产业,除了考虑盈利外,增加村民就业也常常是农村发展第二产业的主要目标。

三、农村第二产业管理的主要工作

(一)明确第二产业发展的方向和目标

我国农村第二产业的内容丰富,选择性很大。只有选择合适的项目,农村第二产业才有可能顺利发展起来。对于当地适合发展哪些第二产业项目,农村经济管理者需要进行深入的研究,根据当地的条件和产业发展的实际,提出发展的方向和目标,并进行宣传。

(二)创造第二产业发展的条件

为实现第二产业的发展,农村经济管理者需要为其在村内的发展提供必要的条件。特别是为非集体经济的发展在产业用地、基础设施,以及用工政策等方面给予支持。对于外来企业,还要协助办理项目审批、厂房建设等。有条件的农村,可以将相关产业集中起来,在指定的区域内进行生产经营。同时,还要为产品和原材料的运输等创造更好的条件。

(三)监督企业依法、依规发展

农村经济管理者对村中的第二产业有检查、监督的义务,主要是监督企业依法、依规发展,监督企业的环境保护工作,监督企业是否遵守有关部门的用工制度、是否依法纳税,监督企业的产品或服务是否合乎有关部门的要求,防止村内企业出现违反国家法律和行政规章等问题。

(四)解决发展中遇到的共性问题

为促进农村第二产业的发展,农村经济管理者有义务,也有责任协助解决当地第二产业发展中遇到的共性问题。如通过电力建设解决产业发展中的电力不足问题,通过调整种植业结构等解决当地农产品加工业的原材料不足问题,通过引进金融企业解决企业融资难的问题,通过道路规划解决运输不畅问题等。农村经济管理者要经常了解企业发展的现状,通过解决企业发展中的问题,促进农村第二产业的发展。

【实践训练】

农村第二产业发展调研

1. 实训要求:找一个行政村,了解其第二产业的发展情况。

2. 实训目的:通过此次实训,加深学生对农村第二产业发展的认识与理解。

3. 实训组织:3~5人一个小组,每个小组中要至少有一个来自农村或在农村有亲朋好友的学生,而且每个小组制订切实可行的调研计划。

4. 实训实施:由学生自主联系或任课教师统一联系一个行政村,在任课教师的指导下,具体进行调研。

5. 实训考核:以小组为单位写出农村第二产业发展的调研报告,如果该村有第二产业项目,详细写出项目的内容、发展的条件、发展的原因、发展的障碍、发展的前景等。如果该村为纯农业村,则写该村发展第二产业的条件、可能性及发展的措施等。教师据此进行考核评定并给出成绩。

【阅读与思考】

蔡家畈的发展第二产业之路

浙江省诸暨市蔡家畈村有278户人家。1978年,村会计把在外地修理的织袜机带到了村里,并成立了村办针织厂。三年后,针织厂关门,但村中有了一批织袜工人,开始有人自己买织机生产。首批家庭企业仅用两个多月时间,就赚回了一台织袜机的投资。到1990年,村里已经有了30多家织袜厂。但到了1995年,因技术落后,一些企业的经济效益开始下滑,甚至有的开始倒闭。这时,依靠新型电脑织机发展的企业因花色多、质量好,产品受到欢迎,并开始出口俄罗斯和韩国。到2000年,不少村民开始参加各地组织的外贸交易会,有些家庭企业规模得到扩大,并形成了具有一定知名度的品牌。

2001年以后,随着订单的增加,设在各家的工厂已经不能满足发展的需要,于是在村中建起了占地超过2公顷的工业园区,部分企业开始进入园区。由于效果好,2003年,村里以土地出让的形式,建成了占地6公顷的二期工业园,并同时启动了村庄整治,让越来越多的人搬进了新房。为了适应经济和社会发展的需要,村里投资改建了通往外界的公路，并为服务业等的发展创造了更好的条件。2011 年，该村创造工业产值达到 4.2 亿元，人均收入 4.5 万元。

（http://3n.zjol.com.cn/05sn/system/2006/03/30/006542344.shtml）

思考：1.蔡家畈村发展第二产业利用了哪些条件？

2.蔡家畈村为发展第二产业创造了哪些条件？

3.为什么蔡家畈村能够通过发展第二产业实现致富。

【复习思考与练习】

1.什么是第二产业，包括哪些内容？

2.适合农村发展的第二产业主要有哪些？

3.农村发展第二产业需要哪些基本条件？

4.农村第二产业管理的主要工作都有哪些？

项目十九 农村第三产业管理

【学习目标】

- 通过本项目内容的学习，了解农村第三产业的概念、特点及意义；理解农业社会化服务业及农业社会化服务体系、乡村旅游业等概念与内涵；了解我国发展农村流通业、农村运输业、农村餐饮业及农村集市服务业的意义。
- 通过本项目内容的课堂学习、课外自学和实训环节，掌握乡村旅游业的发展模式、新型农村社区物业的概念，熟悉我国目前新型农村社区物业管理的内容，了解农村第三产业管理的主要工作。

【能力目标】

- 通过本项目内容的课堂学习和实训环节，能熟练运用本章有关知识思考和认识农村第三产业发展实际中的一些问题。

【重点与难点】

- 本项目的重点：发展农村第三产业的重要性；乡村旅游业的模式与类型；目前新型农村社区物业管理的内容。
- 本项目的难点：因地制宜发展农村第三产业的思路与措施。

【教学方法与手段】

- 案例式、启发式教学；多媒体辅助教学。

【引导性案例】

怀柔区第三产业成为农民获取收入的主要来源

2012年上半年，北京市怀柔区农村经济主营业务收入139.2亿元中，一、二、三产分别实现收入4.8亿元、61.9亿元和72.5亿元，分别占主营业务收入的3.4%、44.5%和52.1%。由此可以看出，农村经济收入呈现出“三二一”的产业布局。

从农民收入水平看：上半年实现农民人均劳动所得6 404.4元，同比增长6.0%。其中，农民从一、二、三产分别获取的所得为640.8元、1 120.7元和4 642.9元，分别同比增长1.0%、-1.5%和8.7%，分别占农民人均所得的比重为10.0%、17.5%和72.5%，有七成以上农民收入来自第三产业。以上数据表明，第三产业已成为怀柔农民获取收入的主要来源。

(http://www.bjnyzx.gov.cn/ncjgbsk/huairoubsk/huairouwangkanbsk/201207/t20120712_300689.html)

任务一 了解农村第三产业的概念、作用与发展思路

农村第三产业是农村发展的朝阳产业，其发展对农村经济社会的发展具有举足轻重的作用。

一、农村第三产业的概念与特点

(一)农村第三产业的概念

农村第三产业是指在农村经济中除农业、工业和建筑业以外的，为农村生产和居民生活提供服务的机构、组织、企业的集合。农村第三产业是农村未来发展的希望产业，是增加农民收入、提高农民生活质量的重要源泉。

(二)农村第三产业的特点

1. 地区差异性

农村第三产业的地区差异性是由两个因素决定的，一是基于不同农村地区的地质、资源、风俗、历史文化等所形成的发展模式、经营内容和方式的差异，同时也表现在质量和数量上的差异；二是由不同地区有差异的需求偏好决定的。这两个因素共同决定了农村第三产业的发展具有明显的地域差异性。

2. “两高一低”性

“两高”是指劳动密集度高和技术密集度高。劳动密集度高就是农村第三产业对劳动力的数量需求大，如旅游、餐饮等；技术密集度高是指农村第三产业对技术要求高，如科教文卫等领域。“一低”是指资源需求量低。因为农村第三产业主要是为农村生产和居民生活提供服务，其产品是无形的服务，具有低投入、高附加值的特点，对有形物质设备及资源的依赖程度相对

较低。

3. 高就业吸纳性

第三产业具有相对较高的就业增长弹性。随着经济的发展，无论城乡，大部分劳动力都会转移到第三产业。

二、发展农村第三产业的作用

具体来讲，加快发展农村第三产业，主要有以下三大作用：

1. 提高农村生产效率

要提高农村生产效率，就离不开科学技术、离不开教育培训。农村生产的产品要销售需要有交通运输，有商业贸易；农村的产品特别是农产品季节性强，需要仓库储存；农村要了解市场信息，就需要通讯、广播；农村工业的发展也需要有设计、研发等。在现代社会中，生产效率的提高与第三产业的发展具有密切的关系。

2. 增加农村就业途径

第三产业具有投资少、见效快、经营灵活、吸纳劳动力多等特点。因此发展农村第三产业，能够为农民提供更多的就业机会，增加农民收入，促进农村经济繁荣和农村社会稳定。

3. 提高农村生活水平

农村生活水平的提高需要有发达的商业，以及餐饮、生活服务业，还需要提高医疗水平、提升文化生活水准。农村生活水平的提升，也使家用电器大幅度增加，这就需要家电维护修理等业务的发展。这些都离不开第三产业在农村的发展。

三、我国农村第三产业的发展思路

(一)改善农村第三产业的发展环境

1. 完善农村市场价格机制，创造良好的市场秩序

通过市场的培育和建设，健全农产品价格形成机制、市场供求机制、竞争机制和利益分配机制，维护和创造良好的市场秩序和环境。

2. 完善农村要素市场，实现要素的合理流动和配置

通过网络化、产业化和中间机构确保信息流动畅通；通过调动社会资本和民间资本的积极性确保第三产业发展所需资金；通过政策引导，提升第三产业的技术含量。

3. 加强法治宣传和教育，健全农村市场管理规则

目前，我国农村地区亟需加强市场管理法制的宣传教育，要切实做好这方面的工作，并加大市场管理的执法力度，使市场管理规范化、制度化和法制化。

4. 缩小城乡差别

城乡在诸如医疗、养老、劳动保护等方面差别甚大，农村居民缺乏应有的保障和福利，严重阻碍了第三产业的发展，应逐渐缩小城乡差距。

(二)因地制宜地发展特色第三产业

我国农村各地基于历史、文化、地貌等方面的差异，都有属于自己的优势，在做好基础产业发展的同时，可以有规划地发展一些特色产业。历史文化浓厚的城镇农村可以重点在文化上

做文章;风景秀美、地质奇特的地区可以重点发展旅游业;结合自身农产品和农民需求的差异,可以发展特色农业服务业;离研发中心比较近或者研发实力强的地区,可以联合相关机构发展科技服务业,等等。

(三)发展资源节约、环境友好型农村第三产业

首先,第三产业要摒弃粗放型发展方式,采取集约型发展的路子。对于那些消耗高、效率低、经济效益差的项目,要严格控制甚至不予立项;鼓励那些低能耗、效益好的项目发展。其次,第三产业的发展要坚持环境友好的原则。在第三产业的发展过程中,坚持产业与土地、资源、生态环境,以及人与人之间的和谐,推行清洁生产,形成低投入、低消耗、低排放和高效率的节约型增长方式。

(四)加快人才培养

发展农村第三产业,必须不断提高农民的文化素质和经营管理水平,培养专门人才。由于农村第三产业涉及的人才类型多,且个体经营者多,流动性大,因此需要采取灵活的方式,长期与短期结合,集中和分散结合,传统培训和网络培训相结合,有目的、有计划、因地制宜地为本地农村第三产业发展培养有用的专业人才。

任务二 搞好农业社会化服务业管理

一、农业社会化服务业及农业社会化服务体系的内涵

农业社会化服务业,是指国家专业经济技术部门、乡村合作经济组织和社会其他方面兴办的为农业发展提供服务的产业部门。从属性上说,农业社会化服务业归于第三产业范畴。

我国在实行家庭联产承包为主的责任制以后,农村商品经济有了较快的发展,开始产生了提供社会化服务的要求。1983 年在个别地方出现了“农业服务公司”,并开始提出“一体化服务”、“系列化服务”、“全程服务”、“社会服务”等说法,直到 1985 年初才明确使用了“社会化服务”这个概念。1991 年 10 月 28 日国务院发布《关于加强农业社会化服务体系建设的通知》,随后普遍沿用“农业社会化服务体系”这个提法。事实上,农业社会化服务体系是为农业生产提供社会化服务的成套的组织机构和方法制度的总称。它是运用社会各方面的力量,使经营规模相对较小的农业生产单位,适应市场经济体制的要求,克服自身的弊端,获得大规模生产效益的一种社会化的农业经济组织形式。党的十七届三中全会通过的《中共中央关于推进农村改革发展若干重大问题的决定》提出,要加快构建以公共服务机构为依托、合作经济组织为基础、龙头企业为骨干、其他社会力量为补充,公益性服务和经营性服务相结合、专项服务和综合服务相协调的新型农业社会化服务体系。这对于促进农业稳定发展、农民持续增收,加快改造传统农业、走中国特色农业现代化道路具有重大意义。

二、发展农业社会化服务业的意义

(一)有利于促进农村基本经营制度的稳定和完善

由于我国农户生产经营规模小,生产标准化水平低,产品交易成本高,抵御市场风险和自然风险的能力弱,小规模生产与大市场的矛盾相当突出,不少农民在市场迅速变动和严重自然灾害中遭受重大损失。解决这一问题,根本出路在于发展农业社会化服务业,建立新型农业社会化服务体系,为农民提供全方位的生产经营服务。只有这样,才能把千家万户的分散生产经营变为千家万户相互联结、共同行动的合作生产、联合经营,实现小规模经营与大市场的有效对接,大幅度降低市场风险和自然风险。

(二)有助于实现农业现代化

首先,农业社会化服务是农业生产手段现代化的保障。传统农业向现代农业发展的重要标志之一,就是实现农业生产手段的机械化。实现农业机械化,不仅要有强大的农业机械工业和相应的农机科研机构为后盾,同时还要建立起相应的销售、维修、管理社会化的农机服务体系,形成农机作业、技术推广、人员培训、机具维修、零配件及油料供应等系列服务。其次,农业社会化服务是农业生产技术现代化的保障。农业科学技术是知识形态的生产力,只有通过一系列的传递和转化,被亿万农民真正应用,才能最终变成现实的生产力。第三,农业社会化服务是农业生产管理现代化的保障。就农业经营管理服务来说,如帮助经营者签订和履行各种承包合同;帮助指导乡、村合作经济组织管理财务;提供审计及审计咨询服务;提供经济信息和经营管理服务;辅导、培训农村合作经济组织财会人员和其他管理人员;帮助指导农户记账核算等等,只有通过社会化服务,才能改进农业生产经营管理。

(三)有效转移农业富余劳动力和提高劳动者素质

农业社会化服务业的发展,将会大大增加农村劳动力的就业容量,有效促进农村富余劳动力的就地转移就业。同时,农业社会化服务业为农民提供各种技术咨询和技术培训,使农民成为有文化、懂技术的新型农民,对加速我国农业现代化将起到举足轻重的作用。

三、我国农业社会化服务体系建设的现状及趋势

(一)我国农业社会化服务体系建设的现状

近些年,我国农业社会化服务体系的格局发生了重大变化。一方面是传统体系发生了深刻的变革:传统的一般化服务模式逐渐被个性化的服务模式所取代;现代信息技术在农业社会化服务中得到广泛应用;社会化服务的范围不断扩大,对农业、农村和农民的生产生活服务全覆盖。另一方面是新型农业服务主体蓬勃发展。在市场化改革中,传统服务主体在改革中不断创新体制机制,以适应市场经济发展的需要。与此同时,各类新兴服务主体大量涌现,农民专业合作社、农民专业协会、农村经纪人、龙头企业、批发市场、高等院校、科研机构等新兴服务主体在现代农业服务体系中的作用越来越突出。

(二)我国农业社会化服务体系的发展趋势

1. 一体化

一体化是指农业生产本身与产前、产中、产后服务结为一体,共同经营和共同发展,形成供产销一条龙、贸工农一体化。由于农业生产、加工和销售组织具有共同的利益,而这种共同的利益就从客观上要求将产前、产中、产后的服务与农户的生产结合起来,相互促进,使整个农业社会化服务体系向一体化方向发展。

2. 产业化

产业化是农业社会化服务体系发展的一个必然趋势。农业社会化服务体系实现产业化,也是符合社会分工的一般原理的。我国农业的社会化服务需要在保持农业作为一个独立产业的基础上,逐步使农业社会化服务也在延长产业链条中成为一个相对独立的产业。

3. 企业化

所谓企业化是就经营方式而言的,也就是通常所说的企业化经营。这是与产业化紧密相连的。农业社会化服务既然作为一个相对独立的产业,就必然要求主要依靠自身的运转求得生存和发展。实行企业化经营是形成农业社会化服务体系自我积累、自我发展能力的唯一途径。其意味着开展生产服务不仅要收回成本,而且要形成最低限度的利润。绝大多数服务项目一般都要逐步实行有偿服务,以使其能够长期生存并逐步发展。

四、农村农业社会化服务业的主要管理工作

(一)发挥信息技术作为农业社会化服务体系基础平台的支撑作用

围绕农业生产经营信息需求多样化的实际,切实加强信息采集和分类整理,深入进行信息分析、加工,及时发布符合农民需求的有用信息。当前,尤其要加强农业数据库的建设,重点建设农村综合信息、农业批发市场行情、农业科技成果、农业科技人才、农业资源、农业企业、农业政策、项目开发、招商引资,以及气象、水文、抗旱防汛等数据库,开发特色产品的多媒体系统,为更好地开展农业社会化服务奠定基础。

(二)通过促进各种形式的合作提升农业社会化服务能力

一是依托各种专业学会、专业技术研究会,以农业技术交流、信息服务为主,围绕地区主导产业开展产前、产中、产后的综合服务;二是依托乡村经济、技术服务实体,以农村专业技术人员、能工巧匠、"土专家"为骨干,在农户中开展技术交流、信息传递、资金融通、统一销售等协作服务;三是鼓励农村专业大户、有一技之长的能人,以及农村经纪人等,把当地农户联合起来从事农副产品的生产、加工及经营活动,发展规模经营;四是以科技团体为主体,集中组织开展区域主导产业和重大开发项目的技术承包,结合当地行政推动,促进区域高产优质高效农业的发展。

(三)通过创新服务类人才培养机制为农业社会化服务业培养所需人才

农业社会化服务业发展需要大量人才,应加快对专业人才的培养。要依托本地普通高校和职业技术院校,增设紧缺的专业学科,为农业社会化服务业发展提供智力支撑。要整合城乡劳动技能培训资源,为农民提供劳动技能培训和转移就业服务,形成农业社会化服务业人力资源的梯度配置。近年来,深入基层的大学生"村官"也是一种可以调动的力量,使其在农业社会化服务体系建设中建功立业。

任务三 搞好乡村旅游业管理

一、乡村旅游的概念与内涵

乡村旅游是利用农业和乡村资源开发的一种集休闲、观光、体验、度假于一体的综合性旅游产品。乡村旅游是一个地域概念，与城市旅游相对应。

乡村旅游与休闲农业相辅相成。从功能定位来看，休闲农业的价值需要以乡村旅游的形式来体现。没有乡村旅游，休闲农业就没有发展的动力；休闲农业是乡村旅游的基础，乡村旅游的发展需要依赖休闲农业的开发和建设来推动。

二、我国乡村旅游的模式及类型

（一）田园农业模式

它是以农村田园景观、农业生产活动和特色农产品为旅游吸引物，开发农业游、林果游、花卉游、渔业游、牧业游等不同特色的主题旅游活动，以满足游客体验农业、归回自然的心理需求。主要类型有田园观光游、园林览胜游、农业科技游、务农体验等。

（二）民俗风情模式

它是以农村风土人情、民俗文化为旅游吸引物，充分突出农耕文化、乡土文化和民俗文化特色，开发农耕展示、民间技艺、时令民俗、节日庆典、民间歌舞等主题旅游活动，增加乡村旅游的文化内涵。主要类型有农耕文化游、乡土文化游、民俗文化游及民族文化游等。

（三）农家乐模式

农家乐是指农户利用自家庭院、自己生产的农产品及周围的田园风光、自然景点，吸引游客前来吃、住、玩、游、娱、购等旅游活动。主要类型有农业观光农家乐、民俗文化农家乐、民居体验农家乐、休闲娱乐农家乐、食宿接待农家乐，以及健身养生农家乐等。

（四）乡村宅院旅游模式

乡村宅院旅游是指以古乡村及其宅院建筑和新农村风貌为旅游吸引物，开发观光览胜等的旅游活动。主要类型有古民居和古宅院游、民族村寨游、古镇建筑游及新村风貌游等。

（五）休闲度假模式

它是依托优美的乡野风景、舒适宜人的气候等，结合周围的田园景观和民俗文化，兴建一些休闲、娱乐设施，为游客提供休憩、度假、娱乐、餐饮、健身等服务。主要类型有休闲度假村、休闲农庄、乡村酒店、市民农园等。

（六）科普教育模式

它是指利用农业观光园、农业科技生态园、农业产品展览馆、农业博览园或博物馆、农业主题公园等，为游客提供了解农业历史、学习农业技术、增长农业知识的旅游活动。主要类型有观光休闲教育农业园、农业科技教育基地、少儿农业教育基地、农业博览园等。

(七)返璞归真模式

它是指利用农村优美的自然景观、奇特的山水、绿色森林、静谧的湖泊,发展观山、赏景、登山、森林浴、滑雪、滑水等旅游活动,让游客感受回归大自然的美好情趣。主要类型有森林公园、湿地公园、水上公园、自驾车营地、露宿营地、自然保护区等。

三、我国乡村旅游业的发展现状及趋势

(一)我国乡村旅游业的发展现状

1. 规模扩大

伴随着工业化和城市化进程的加快,我国乡村旅游快速发展。据统计,2011 年全国乡村旅游共接待游客 6 亿人次,实现收入 1 500 亿元;安置农民就业 1 500 万人;规模以上企业 2 万余户。

2. 类型多样

各地根据自身自然资源、文化底蕴、产业特色,发展形式多样、功能多元、各具特色的乡村旅游产业类型,如农家乐、休闲农庄、观光采摘、现代农业科技示范、乡村旅游集聚区等。

3. 方式转变

从发展过程来看,从农民自发发展向各级政府适度规划、引导转变;从休闲功能上来看,从原来简单地以农家乐形式为主的"吃农家饭、住农家院、摘农家果"向回归自然、认识农业、怡情生活等多功能的休闲方式转变;从布局来看,从最初的景区周边、大城市周边,向更多的适宜区域发展转变;从规模上看,从最早的一家一户发展农家乐,向现在的园区和集群化方向转变;从经营主体来看,从原来的农民个体为主,向现在的多种经营主体并存转变。

4. 品牌打造

各地在发展过程中,努力打造自己的乡村旅游品牌,发展形成了江西婺源的油菜花节、成都的"五朵金花"、内蒙古的草原度假、贵州的少数民族村寨游等知名品牌。

(二)我国乡村旅游业的发展趋势

展望未来,我国乡村旅游将呈现以下发展趋势:

1. 开发模式产业化

随着城乡居民收入水平的不断提高,未来乡村旅游的档次结构会更加丰富和多元化。因此,开发乡村旅游的思路之一,就是进行资源要素整合,通过规划设计,形成一个全新的产业体系。即以企业为龙头,形成乡村旅游产业集群,通过一体化经营和相关产业的发展,不断推进乡村旅游的市场化、规模化、现代化和国际化。

2. 经营方式集约化

我国乡村旅游由于受到现有土地流转制度的限制与农户自身资金的限制,起点低,规模小,分布散,为此必须走集约化道路,并在组织制度方面进行创新。如实行股份合作制的形式,农民以土地投资入股,使土地的承包权与生产经营权实现分离。农民以土地入股后,要允许农民优先以职工的身份进入乡村旅游企业就业,让农民既从土地入股中拿到红利,又从就业中获得工资。

3.经营管理科学化

乡村旅游必须推进现代企业建设与管理，逐渐摆脱现有的单家独户式的管理模式。现在已经推行的酒店集团顾问管理乡村旅游中乡村酒店的形式已经凸显出这种趋势。在项目开发选择上，一定要在对本地区的地理位置、旅游资源、客源市场等进行充分有效的评估和分析之后确定开发方案，不能盲目跟进。在日常经营管理中要加强培训，强化服务意识，提高科学管理水平。

4.产品开发特色化

乡村旅游的产品开发必须与当地的民风、民俗紧密结合，挖掘文化底蕴进行有创意地规划设计和包装。同时实行错位开发，因地制宜地设立乡村旅游项目，并从城乡统筹的高度，打造与当地自然环境和人文环境相协调的特色产品。

5.形象提升品牌化

我国乡村旅游要做大做强，必须突破"小而全"的经营模式。对一些有资源特色、有管理能力的乡村旅游项目，要整合优势资源，进行品牌整体包装与市场化运作，提高乡村旅游产品的品牌化水平和乡村旅游企业的知名度。

四、农村乡村旅游业的管理

尽管我国乡村旅游发展取得了一定的成效，但就全国而言，乡村旅游发展还存在以下主要问题：一是部分地区对发展乡村旅游的意义认识不足；二是缺乏整体规划，项目建设缺乏特色；三是经营管理不规范，从业人员素质较低；四是政策扶持缺乏力度，发展环境有待优化等。因此，目前对农村乡村旅游业的管理，应着重从以下几个方面入手：

（一）统一思想，进一步提高对发展乡村旅游的认识

实践证明，乡村旅游业在统筹城乡发展、扩大内需、增加农民收入等方面具有积极作用。因此，在乡村旅游资源丰富并具有特色的地方，要把发展乡村旅游提到议事日程上来，作为发展农村经济和建设社会主义新农村的重要内容，积极引导，稳步推进。

（二）科学规划，创新机制，引导乡村旅游实现良性发展

要将发展乡村旅游与当地的新农村建设统筹考虑，并制定切实可行的乡村旅游发展规划；要创新投融资体制与机制，除了政府投入之外，积极加强招商引资和调动农民的积极性，大力促进投资主体、经营主体多元化；进一步优化乡村旅游发展环境，制定发展乡村旅游的优惠政策，加大对乡村旅游的资金扶持力度。

（三）合理开发资源，挖掘乡村旅游的文化内涵

乡村旅游资源开发和保护是可持续发展理念在旅游业的集中体现。在乡村旅游项目开发中，必须树立开发与保护相结合的战略意识，防止对生态环境和农村传统景观的破坏性开发。文化是旅游的灵魂，应充分挖掘当地的乡村文化底蕴，不断运用创意满足游客求新求变和追逐文化品位的客观需要。

（四）宣传推介，多渠道开拓乡村旅游市场

依托政府举办的农村节庆活动推介自己的乡村旅游产品；借助广播、电视、报纸等开设专栏或专题，系统介绍当地的乡村旅游资源；加强与旅行社合作，与周边景点、景区形成联动效应；开展多种形式的网络营销活动等。

(五)规范管理和加强培训,提高乡村旅游从业人员的素质

要高度重视乡村旅游的饮食卫生、公共安全和服务水平提升;要通过加强监督检查、引导行业自律等多种形式,强化乡村旅游业的规范化管理;要加强乡村旅游的相关研究和人才培养,为乡村旅游发展提供持续动力;要采取走出去、请进来的办法,长短结合、内外结合,抓好人员培训,进一步提高乡村旅游从业人员的素质。

【典型案例】

2012 国庆“黄金周”:南京市乡村旅游大放异彩

2012 国庆“黄金周”前,南京市推出了众多乡村旅游线路,引发了“乡村游”热潮,不少游客避开主城区热点景区,赴郊外呼吸新鲜空气。

国庆节期间,高淳县正值固城湖螃蟹节,在桠溪国际慢城,游客们参加“慢城徒步行”,体验慢休闲、慢运动。在高淳老街看大马灯表演,在茶馆听戏喝茶;六合区《茉莉花》·雨花石文化旅游节暨龙袍汤包·乳鸽美食嘉年华在国庆前隆重开幕,金牛湖景区开展了“迎青奥”嘉年华广场系列活动,美食美景吸引了大江南北的食客和游人;浦口区推出“88 元畅游浦口”和“88 折让利”两道优惠大餐,吸引很多市民和外地自驾游客;江宁区五朵金花巡回展,如布艺、剪纸、烙铁画、方山裱画、石锁等民间艺术,增加了游客的游玩兴趣;在溧水县天生桥景区,游客们或泛舟湖面或登高远眺,体验天然氧吧的清新与安宁。

据统计,国庆长假期间,江宁区共接待游客 87 万人次,旅游收入达到 1.52 亿元,分别比去年国庆增长 41.5%和 87.2%;高淳县接待游客 93.6 万人次,旅游收入达 1.25 亿元,分别增长 46.3%和 75.6%;浦口区接待游客 63 万人次,同比增长 88%;溧水县接待游客 40.3 万人次,同比增长 32%;六合区接待游客 55.1 万人次,同比增长 77.3%。

(http://www.nju.gov.cn/web_zw/public_detail/detail/103/28274.shtml)

任务四 搞好新型农村社区物业管理

一、新型农村社区物业的概念

目前,将传统村落改造建设为新型农村社区,已成为国内推进新农村建设的重要举措。在新型农村社区建设过程中进行有效的物业管理,将使农村社区提高物业使用效率、减少邻里间物业纠纷,并以此带动农村物业产业的发展。

新型农村社区物业,是以村为单位,建设物业管理服务机构,由专人或专门机构负责农村生活垃圾、污水、人畜粪便、农作物秸秆等收集和处理利用,以及相关设施的运行维护和修理,其目的在于为农村居民提供便捷的生活服务。广义的新型农村社区物业还包括村民委员会通过民主程序,自主选择专业人员或专门机构,按照村民意愿和物业服务约定,对农户在生产经营和生态环境建设中涉及的相关设施、设备、技术和产品等的维修、养护、处理、运营所进行的市场化、专业化和社会化的管理和服务活动。

【典型阅读】

西安6个重点示范镇129个村庄将整合成28个新型农村社区

经陕西省政府同意，西安市在6个重点示范镇建设过程中，将把现有的129个村庄整合成28个新型农村社区，并根据各个示范镇的区域地位、交通条件、用地条件及镇村发展现状进行科学合理的布局规划，并对每个社区的人口、村庄构成、规划用地面积、公共服务设施、基础设施、产业发展进行了周密安排。

滦镇街办：大力发展文化生态和乡村旅游

滦镇街办位于西安市长安区南部，距西安市区20千米，是西安市的南大门，人口5.8万人，面积245平方千米。规划以中心村及条件较好的基层村为重点，对现状13个村庄进行整合，建设2个新型农村社区（西留堡社区、内苑社区），改善农民住房条件，配套完善污水、垃圾处理等基础设施与小学、幼儿园等公共服务设施，建设社区综合服务中心。共节约土地163.99公顷。

零口街办：重点发展养殖种植旅游观光产业

零口街办位于西安市临潼区与渭南市高新区交汇处，总面积49.75平方千米。以发展条件较好的村庄为基础，对现状11个村庄进行整合，建设3个新型农村社区，大力发展生猪养殖，花椒、蔬菜、杂果种植和旅游观光服务等产业。共节约土地117.60公顷。

关山镇：大力发展文化生态乡村游

关山镇位于西安市阎良区东部15千米处，总面积85.1平方千米。以中心村及条件较好的基层村为重点，对现状50个村庄进行整合，建设8个新型农村社区，结合当地资源禀赋，大力发展文化与生态旅游。共节约土地408.25公顷。

草堂镇：发展设施农业休闲观光旅游业

草堂镇位于西安市户县东南部，总面积40平方千米，镇区建设用地面积2.5平方千米。以发展条件较好的村庄为基础，对现状22个村庄进行整合，建设3个新型农村社区，大力发展设施农业、林果种植业、休闲观光旅游业、农副产品加工业等。共节约土地228公顷。

汤峪镇：创建国际化温泉旅游名镇

汤峪镇位于西安市蓝田县南部，距西安市区45千米，总面积132平方千米。以“打造天下第一名汤，创建国际化温泉旅游名镇”为目标，对现状22个村庄进行整合，建设4个新型农村社区，大力发展特色设施农业、休闲观光旅游业等产业。共节约土地161.40公顷。

哑柏镇：大力发展猕猴桃种植生态农业

哑柏镇位于周至县城西11.5千米处，总面积44.16平方千米。该镇将以周至县城镇发展战略为指引，对现状11个村庄进行整合，建设8个新型农村社区，大力发展苗木花卉集散、猕猴桃种植、生态农业旅游等产业。共节约土地291.03公顷。

（http://www.fang99.com/Property/Article.aspx? Id=0000054701）

二、新型农村社区物业管理的主要模式

(一)由村民委员会牵头成立物业公司开展物业管理工作的模式

此模式的特点在于它突出农村基层组织的行政管理作用,在实施管理时具有权威性。包括村物业公司在内的村各专业管理机构,在村民委员会的领导下,各自履行自己的职责,能做到统一安排、分工明确、专业协作、各负其责,使农村社区建立起一个完整的管理体系。此模式在农村公共资源的单一产权管理中,尤其能体现其行政管理效用。在产权多元的情况下,这种以行政为主体的管理模式,应避免村民委员会大包大揽,要充分发挥包括村物业公司在内的村各专业管理机构的职责和功能,防止行政管理代替一切的情况。

(二)建立民营物业企业的模式

在物业管理中,民营经济具有广阔的发展前景,潜力巨大。如供排水设施管理、农村道路建设和维护、农用机械的管理、农村房屋的维修和管理等。这些资源分布分散、规模不大,比较适合民营物业公司管理。民营物业公司以市场为导向,实行企业化经营、专业化管理、社会化服务的运行机制,能适应农村社区发展的多方面需求。

(三)委托型物业管理模式

这种模式是将农村物业如供排水设施、农村道路、农用机械、农用房屋等由所有权人(业主)采用招投标或协议方式,通过签订合同、支付费用委托给专业物业管理公司进行管理,而享受物业服务的形式。该模式的特点是物业所有权者和经营者是两个各自独立的主体,通过委托和被委托实现了物业所有权与经营管理权的分离。从长远看,委托型模式是农村物业管理发展的方向,因为该模式符合物业管理的企业化、社会化和专业化要求,同时引进市场机制,能够促进农村物业管理的进一步发展。

(四)按照现代企业制度组建物业公司的模式

在一些经济比较发达的农村,由于物业设施丰富,房屋相对集中,经济实力相对较强,管理水平也较高,人们的市场意识也相对较强,可以组建现代化物业管理企业,完全按照现代企业制度运行。在运作过程中,先从管理农村公共资源、设备、设施等开始,然后结合当地特点,规模可由小到大,由点到面,服务项目可由少到多,逐步发展。

三、新型农村社区物业管理的主要项目

(一)物业环境管理

物业环境管理是指物业管理企业通过为业主和使用人提供保洁服务、绿化管理等业务活动,为业主和使用人获得整洁、舒适的居住和工作环境的过程。主要项目有:

1. 保洁服务

主要包括对区域环境的清扫、擦洗、整理等工作,以实现环境整洁。

2. 绿化管理

主要包括绿地建设和绿化养护管理。绿地建设包括新建小区绿地建设、恢复整顿绿地和提高绿化水平三个方面的内容;绿化养护管理主要指经常性地对辖区内的绿地进行浇水、施肥、除草、灭虫、修剪、松土、维护,以及巡视检查、保护绿地等工作。

3. 垃圾的收集及清运

这是环境管理的重要项目。新型农村社区垃圾收集及清运的要求：一是所有垃圾集中堆放在指定位置；二是垃圾堆放点应定期喷洒药水，不得产生异味，防止发生虫害；三是垃圾要日产日清。

（二）房屋及设备设施管理

房屋维修管理是指对已建成的房屋进行小修、中修、大修、翻修以及综合维修和日常维修养护，还包括对房屋维修完损等级的检查与评定、不同等级房屋功能的改善与更新改造等；物业设备设施管理是指物业管理企业的工程管理人员通过熟悉和掌握设备设施的原理性能，对其进行保养维修，使之保持最佳运行状态，有效地发挥效用，从而为业主和客户提供一个更高效、更安全和更舒适的环境。在新型农村社区物业管理中，设备设施管理可以有效减少物业设备设施的损坏，提高物业设备设施的使用效率。

（三）报修与投诉接待管理

报修接待管理是指物业管理企业对在接待客户报修过程中的作业程序和礼仪规范的管理；投诉接待管理是指物业管理企业对在接待客户投诉意见、建议过程中的作业程序和礼仪规范的管理。这两项管理业务直接关系到客户（业主和使用人）所需维修项目的解决效率，并体现服务人员的道德修养、业务水平等综合素质。

四、我国新型农村社区物业管理的主要内容

由于各地农村经济发展水平不尽相同，农村物业的现代化程度也不完全一样。因此，新型农村社区物业管理的内容也不能“一刀切”，要区别对待。

（一）“城中村”的物业管理内容

其特点是，由于历史遗留问题，实施完全的城市化“改造”面临一系列政策与法律难题，难以一蹴而就。关键要解决公共设施、配套设备不够完善的问题，“城中村”村民委员会应通过多渠道筹措资金予以完善。

（二）村民住宅集中且容易封闭的农村物业管理内容

这类农村可实行“封闭式农村物业管理”，不仅要对农村住宅物业及相应公共配套设施进行保洁、维修等物业服务，而且还应开展物业保安服务等物业管理工作。

（三）村民住宅集中但不易封闭的农村物业管理内容

这类农村目前主要的物业管理是保洁及生活秩序的一般服务，如绿化管理、停车管理、主要公用设施与设备的管理等，安保服务可能一时难以开展。

（四）村民住宅尚未集中的农村物业管理内容

这类农村目前主要的物业管理是保洁服务，可进行农村生活垃圾集中处理等。

此外，新型农村社区物业管理不应仅局限于农村住宅物业管理，对于农村中大量存在的如基础设施、设备等农村公共资源，也应纳入物业管理的范畴，以提高其使用寿命和利用效率，降低维修成本。

【典型阅读】

山东聊城积极规范新型农村社区物业管理

山东省聊城市结合实际情况，根据《聊城市新居工程物业实施意见》，参照《物业管理条例》，制定了聊城市新型农村社区物业管理实施办法。

聊城市要求新型农村社区业主入住时，在县（市、区）、乡镇（办事处）的指导下，自主选择专业化物业管理或社区业主自治管理模式。管理模式的选择充分尊重社区业主意愿，达不到物业管理条件的新型农村社区，实行社区与业主自治管理模式。达到物业管理条件的新型农村社区，在移交前成立业主大会筹备组，在所在地的房产管理部门的指导下，召开首次业主大会，选举产生业主委员会。业主委员会通过招投标方式选聘具有资质的物业管理企业，签订物业服务合同，会同物业管理企业参与社区移交。

乡镇（街道）根据社区管理的实际情况进行物业服务成本测算，所需费用以业主缴纳为主，所在县（市、区）适当补贴为辅的方式解决。入住社区的低保户、特困户、残疾人家庭，可向业主委员会申请减免费用。申请减免物业服务费用的家庭，必须由业主委员会在社区公示无异议后，报经乡镇（办事处）批准后减免。

聊城市要求新型农村社区必须按城市居住小区标准配备物业管理用房，建立住房专项维修资金。物业管理用房产权归全体业主共有，房屋专项维修资金参照《山东省住宅专项维修资金管理办法》，结合新型农村社区建设的特殊情况缴存、管理、使用、续筹。建设单位缴存的首次专项维修资金归全体业主共有。

受聘物业管理企业按照规定，对物业共用部位、共用设施设备进行查验，并与建设单位或新型农村社区所在地乡镇、街道办事处办理物业管理承接验收手续。

专业化物业服务内容包括社区共用部位、共用设施设备和场所的维修、养护管理；社区公共区域卫生保洁管理；社区安全护卫及秩序管理；社区车辆行驶及停泊管理；社区园林绿化养护管理；社区装饰装修管理；社区物业档案、资料管理；社区生活服务及社区文化建设管理；社区共用部位和共用设施设备经营、收益分配及社区智能化管理等。

为充分考虑社区业主就业需要，聊城市要求新型农村社区物业管理从业岗位优先招聘本社区人员，并且不得低于岗位数的50%。

（http://www.dzwww.com/rollnews/news/201109/t20110926_7287127.htm）

任务五 搞好农村第三产业其他业态的管理

一、农村流通业

流通是指从生产领域向消费领域转移的过程，是连接生产和消费的桥梁。实践中，流通发挥着缩短生产与消费距离的作用。因此，建立健全现代农村流通体系，不仅对扩大内需、保障农村居民基本生产生活需求有着重要的作用，而且对于协调拉动国民经济发展也具有重要的战略意义。

(一)农村商贸流通

1.我国农村商贸流通的特点

(1)现代流通网络框架初步形成。到2011年底,全国建成连锁化农村超市60万个,覆盖全国75%的行政村,以连锁经营为代表的现代流通方式在我国农村快速发展,以城区店为龙头、乡镇店为骨干、村级店为基础的现代流通网络正在形成。

(2)商业网点数量与质量同步提高。经过引入超市、便利店等新型业态和进行标准化改造,农村商业面貌得到明显改善,农民在家门口就能买到所需商品。许多改造后的农村超市成为一道新的风景,缩小了城乡居民消费环境上的差距。

(3)物流配送体系不断完善。近年来,我国农村新增了一大批物流配送中心,其物流配送能力快速增强,全覆盖、多层次的农村商品配送体系初步形成,物流成本高这一开拓农村市场的瓶颈逐步得到解决。

(4)商品质量安全逐步改善。2005年,商务部启动"万村千乡市场工程",要求实施企业具有较强的经营实力和完善的管理制度,农村超市统一配送率平均达到50%,有效控制了商品采购渠道。

(5)商品应急体系得到加强。农村市场的开拓,培育了一批走进农村、立足农村的快速成长型商业零售企业。这些企业发展壮大后,社会责任感不断增强,成为各级政府部门应急供应的重要力量,对商业网点重建做出了重大贡献。

【典型阅读】

商务部实施"万村千乡市场工程"

2005年2月,商务部正式启动旨在建立农村现代化流通网络的"万村千乡市场工程"。

工程目标:从2005年开始,力争用3年时间,在试点区域内培育25万家左右"农家店",形成以城区店为龙头、乡镇店为骨干、村级店为基础的农村消费经营网络。

主要内容:引导城市连锁企业和超市向农村延伸发展"农家店"。乡镇级"农家店"原则上以批零结合的综合性服务为主,村级"农家店"以零售服务为主。倡导大型流通企业与生产企业进行"工商联手",研发并生产适合当地消费特点的自有品牌消费品。

扶持措施:承担"万村千乡市场工程"的企业为建设或改造配送中心而向银行借贷的中长期固定资产投资贷款,将获得一年贷款利息补助。企业开办的每个乡级"农家店"将得到2 000元补助,每个村级"农家店"补助3 000元,中、西部地区每个农家店补助标准还可在此基础上增加800元。

(http://www.mofcom.gov.cn/aarticle/difang/sichuan/200704/20070404547442.html)

2.农村集贸市场

集贸市场是指由市场经营管理者经营管理,场内经营者集中进行农副产品、日用消费品等现货商品交易的固定场所,包括以个体经营为主、多种经济成分参与的各类专业性、综合性市场,以及以个体工商户为主的租赁商场和各种定期不定期的民间物资交流会等。

农村集贸市场是农民进行市场交易、购物消费的主要聚集地。食品安全问题是农村集贸市场管理的主要内容，也是工商行政管理等部门食品安全监管的重点和难点。农村集贸市场食品质量监管机制有以下几种类型：

(1)属地监管制。对农村集贸市场细化监管区域，明确辖区监管人员的区域食品质量安全监管责任、假冒伪劣食品查处责任、市场日常巡查责任和消费投诉调处责任等。

(2)联村监管制。与村级组织建立密切联系，实现群防群控。

(3)错时巡查制。实行各个时间段不间断监控，防止少数经营者利用监管“时间差”违法经营和逃避监管。

(4)商品追溯制。对查出销售假冒伪劣商品的经营者，辖区工商所在立案查处的同时，由执法人员入户检查，做到查终端、堵源头。

(二)农用物资流通

1.农用物资流通的概念

农用物资流通是保证农业生产顺利进行而供给和补充所需生产资料的物流形态，其流向主要是从城镇向乡村流动。农用物资流通是农业生产的前提条件，是农业生产的物资保证。它是将工业产品向广大农村输送，属于工业和农业两大物资生产部门之间的物质流动范畴。而且农用物资流通又处在社会再生产过程中，所以它又是国民经济物流即社会大物流的重要组成部分。

2.农用物资流通的内容、方向和环节

(1)农用物资流通的内容。农业消费的对象是农业生产资料。农业生产资料包括种子、农药、化肥、农膜、农业机械设备及其原料、燃料、辅助材料等。这些商品有的技术含量高，对储运的条件要求高；有的有毒、有害和有刺激性气味，属于特殊商品，需要专业化储运条件等。这都给连锁经营中的货品管理、仓储运输、销售服务等提出了新的要求，如不能有效管理也会加大经营成本和经营风险。

(2)农用物资流通的方向。农村市场是国内市场的重要组成部分，是农业生产资料的销售场所，并遍及全国的农村地区。农用物资流通是从干线运输到支线，从一级批发市场向二、三级市场，一直到农业生产者手中的定向运输。

(3)农用物资流通的环节。农用物资流通环节的多少，主要取决于农用物资的供销形式和运销的距离。如果是间接供应，而且运销距离远，则其环节就可能会增多，否则就会减少。农用物资流通环节过多，就会延长其持续的时间，造成其损耗，增加其费用，降低其效益。

3.农用物资流通的主体

农用物资流通的主体主要有以下几种：一是供销合作社系统，目前是农资供应的重要主体之一；二是农业系统，其涉足农用物资流通的主要是种子、植保、土肥、饲料和畜牧、农机等部门或企业；三是其他农用物资流通主体，主要包括农资生产企业的运输销售部门，农产品生产者本身和有关公路、铁路、水运和物资等仓储运输企业。近些年，一些个人和农民专业合作经济组织也参与到农用物资流通中来。

(三)农产品流通

1.农产品流通的概念

农产品流通是指农产品从生产领域向消费领域转移的过程，包括社会性转移和经济性转

移。社会性转移是指农产品所有权的转移和农产品的空间移动;经济性转移是指通过农产品转移可以增加农产品本身的附加价值和提高农产品的效用。农产品流通是以货币为媒介的农产品交换的过程,是连接农产品生产和消费的桥梁。

2.农产品流通的特点

农产品流通的主要特点表现在以下几个方面:

(1)农产品生产季节性、区域性明显,而农产品消费是常年的、普遍的,在流通过程中需要有储藏、运输和分销环节,以保证均衡上市和满足城乡消费者对农产品的普遍性需求。

(2)农产品具有易腐、易损,不耐储存的特点,特别是生鲜农产品在运输和储藏过程中容易出现质量下降,容易造成损失。因此,在流通过程中采取技术措施保持农产品鲜度十分重要。

(3)农产品体积偏大、重量偏重,运输成本在价格中所占比例较大,不太适合远距离运输。

(4)农产品还具有消费者零散购买和依靠感官感受评价的特点,这就使得消费者对农产品的一次购买数量少、购买频率高;以及凭大小、颜色、新鲜度等论价,而难以准确把握农产品的真正质量。

(5)农产品的供给价格弹性、需求价格弹性和需求的收入弹性都相对较小。

根据以上特点,农产品流通一般需要在产地有一个集货环节,而在销地有一个分货过程,要种类搭配、花样齐全,满足最终消费者的购买需求。

3.农产品流通渠道

农产品流通需要有承担流通职能的部门参与,这些具有纵向分工关系的部门或经济组织构成了农产品流通渠道中的各个环节。通常根据农产品的销售形式将流通渠道分为直接流通渠道和间接流通渠道。直接流通渠道是指农产品由生产者直接销售给消费者,中间不需要其他交易环节的形式,也称之为短渠道;间接流通渠道是指生产者生产的农产品经过批发、零售等中间环节后,才能到达消费者手中的形式,又称之为长渠道。间接流通渠道是随着商品经济和社会分工的发展而出现的,是农产品流通渠道的主要形式。

一般来说,间接流通渠道主要包括四个主要阶段:生产阶段→批发阶段→零售阶段→消费阶段。生产阶段是农产品流通的起点和源头;批发阶段和零售阶段处于农产品流通渠道的中间,批发通常由一个或两个批发环节构成,是一个大进大出的批量交易过程,农产品经过批发环节后进入到零售阶段,由许多零售商将农产品再销售给消费者;最后进入消费者消费的阶段,最终完成农产品的整个流通过程。

消费阶段包括居民家庭消费、团体消费及户外餐饮消费。近年来,随着餐饮业的发展和人们生活水平的提高,居民的户外餐饮消费呈增长的趋势。

二、农村运输业

(一)发展农村运输业的意义

首先,发展农村运输业,可以让农民群众出行更安全、更便捷,促进农村现代文明发展;其次,发展农村运输业,能够加快农产品流通,促进农业现代化建设,增加农民收入;第三,发展农村运输业,能够促进农村生产要素的流动,带动农村产业结构调整,促进农村富余劳动力进城转移就业,并吸纳农村富余劳动力就地就近转移就业,繁荣农村经济。

【资料阅读】

调兵山市发展农村运输业，促进农民快速致富

辽宁铁岭调兵山市晓南镇宋荒地村毗邻铁煤集团晓南矿，与铁岭县接壤，村内两条公路穿村而过，交通非常便利。2006年开展“一村一品”建设以来，宋荒地村利用得天独厚的地理条件发展交通运输业，成效显著。目前，运输业已经成为该村的主导产业。现在全村有大小车辆130多辆，从业人员达到400多人，占到全村劳动力的一半以上。每年收入超过1 200多万元，占到全村总产值的70%左右。

依靠发展交通运输业，宋荒地村农民迅速富裕起来，全村人均收入达到7 250元。与此同时，运输业的发展已经由单一的、小型的车辆向大型的联合车队的方向发展，管理的集中统一进一步保证了运输安全和运输户的利益。

(http://www.jinnong.cc/info/news/guonei/dongbei/ln/2009/content_237806.shtml)

(二)农村运输业的类型

农村运输业按运输对象的不同，一般分成农村客运和农村货运两大类。

1.农村客运

农村客运是指为满足农民赶集、走亲访友，或从事生产经营活动等短途乘车需要，经道路运政管理部门批准，并核发经营手续，使客运车辆在乡镇之间，且不进入城区，按照规定的线路、时间、站点、班次从事旅客运输的行为。从事这种经营行为的车辆称农村客运车辆。

随着我国社会主义市场经济的不断发展，农民的生活条件不断改善，人们的出行需求也不断增加，出行消费能力也不断提高，从而也使农民对于客运出租的需求不断增加，由此农村客运出租车应运而生。所谓农村客运出租车，是指那些经营对象为农村或城郊某一特定区域内的乘客，经营范围类同于普通客运出租的营业性车辆。也就是说，这些车只针对一些特定人群如本村村民、来本村走亲访友或联系业务的人员。农村客运出租车在农村有着广阔的发展前景。

2.农村货运

农村货运是指在农村由运输业者提供货物运输服务，以获得利润的运输行为。一般来说，农村货运具有批量小、易组织、机动灵活、可延伸到田间地头等优势。随着农副产品外销的数量逐年增加，生产和发货的周期越来越短，尤其是鲜活农副产品需要在极短时间内送达目的地，从而使农村货运得到了快速发展。目前农村货运无论在费用上还是在时间上，与其他运输方式相比都占有绝对优势。因此，加快农村货运发展步伐，组建农村货运有形市场，有着巨大的市场潜力和广阔的发展空间。

(三)农村运输安全管理

1.农村运输安全事故多发的主要原因

(1)安全意识淡薄。农村相当一部分从事交通运输的人员没有经过正规培训，有的即使有了驾驶执照，但交通安全意识淡薄，交通违规现象十分突出。

(2)机动车辆车况差。一些并不富裕的农民为降低投入，往往钟情于一些具有安全隐患的“二手车”甚至报废车从事营运，给营运安全人为地埋下了“定时炸弹”。

(3)农村路况差。由于农村道路等级低、抗灾能力弱、养护维修不落实，加之交通标志少、安全设施差，客观上诱发了道路交通事故的发生。

2.提高农村运输安全水平的途径

(1)加强交通安全教育。加强农村驾驶员的法规教育和职业道德培养，增强驾驶员遵纪守法意识和职业道德素养。健全和完善农村中、小学生交通安全教育体系，将交通安全常识和交通法规纳入相关学科教育内容，使农村人口从小就受到交通安全和法规的教育，形成遵章守纪的良好交通习惯。

(2)依法强制车辆参加保险。农村特别是山区经济基础差，大部分驾驶员、车主经济承受能力低，只有依法强制其车辆参加保险，则一旦发生事故特别是重、特大事故，其善后处理才能有保障，工作才能相对顺利。

(3)严格对不合格车辆的管理。农村经济管理者需要配合有关部门检查本村上路车辆的状况，要求车辆所有者定时参加年检，年检合格后才可上路，配合有关部门防止不合格车辆上路行驶。

(4)加强公路建设，及时养护维修。在有条件的情况下，提高农村自建道路的等级和质量，并及时进行养护和维修，减少因道路问题出现的事故等。

三、农村餐饮业

(一)农村餐饮业的概念

农村餐饮业是指在农村的一定场所，对食物进行现场烹饪、调制，并出售给顾客主要供现场消费的服务活动。

(二)农村餐饮业的现状

改革开放以来，随着农村社会化服务体系的日益完善，特别是近年来农村“农家乐”的兴起，农村餐饮业也得到了快速发展。但从农村餐饮业的现状来看，还存在着经营环境差、菜品花样少、服务档次低，以及食品安全意识不强等问题。其食品安全方面的问题主要有以下三个方面：

1.农村群众食品安全意识不强

(1)食品安全法律意识不强。在农村，食品安全法制宣传不够深入，广大农民群众，特别是边远山区的群众，食品安全法律法规方面的知识相对不足，食品消费权益受到侵害时，自我保护能力不强。

(2)食品安全知识相对匮乏。农民群众文化水平相对偏低，缺乏基本的食品安全常识。在就餐过程中，看重的只是食品价格、色泽、数量等，对购买的食品是否过量使用色素、防腐剂、激素等，是否符合食品安全相关强制性标准等，往往不重视或并不知道如何识别。

(3)不良饮食习惯对健康造成威胁。在广大农村，传统节日里，喜欢食用一些腌制品、腊制品、卤制品和油炸食品等等，这类食品虽然口感不错，但在加工过程中，其营养成分大多受到破坏，并增加了有害成分，长期食用容易对人体健康造成危害。

2.食品餐饮消费环节存在安全隐患

农村餐饮行业、学校周边饮食摊点、建筑工地食堂等，经营面积不足，设施设备简陋，人员大多未经体检、培训，管理制度不健全，餐具消毒不严格，很难达到食品质量化分级管理和颁发卫生许可证的要求。低标准经营、无照无证经营的现象较普遍，在很大程度上存在饮食安全隐患。

3. 农村食品安全信用体系建设滞后

(1)农村食品信用意识亟待提高。由于各方面的原因,农村食品消费者和经营者诚信意识都比较淡薄,一些消费者自我保护意识不强,法律法规知识缺乏,重价格、轻质量的现象比较普遍,制约了农村信用体系的建设。

(2)农村消费水平相对落后。产品质量、经营方式、消费档次和城市相比有较大差距,使信用体系建设在农村施行缺乏环境和技术支持。

(3)信用体系建设的推动力不强。在广大农村,很多人只顾眼前经济效益,对信用体系建设长久的社会效益认识不足,存在消极等待的思想,有的还存在抵触情绪。

(三)对农村餐饮业发展的展望

1. 农村餐饮业发展的经济社会环境将越来越好

经济的发展与人民生活水平的不断提高,是餐饮业发展的基础条件。近年来,随着经济的发展,城乡人均收入的持续增加,对农村餐饮业的发展起到了有力的推动作用。特别是农村"农家乐"和乡村旅游的发展,促进了农村餐饮业营业额增幅的显著攀升。

2. 假日消费将成为农村餐饮业发展的新亮点

元旦、春节、"五一"、端午、中秋、国庆等节假日,城市居民旅游出行大幅增加,团队用餐、家庭宴席、婚庆寿宴和散座业务等明显增多,而且呈现出销售高峰来势猛、节奏快、持续时间长的市场特点,表现出"散客多、家庭消费多、旅游团队多、预订包桌减少、人均消费减少"的"三多两少"特征;假日消费的突发性、时效性、品牌性和民间性的表现明显;而且假日经济以家庭消费为主,要求节奏快,并能品尝到特色风味。

3. 经营特色将更加突出,经营水平将进一步提高

在竞争不断激烈的情况下,农村餐饮业需要更加注重创新经营和特色经营,菜品质量、就餐环境和服务水平等需要逐步提升,经营水平要有所提高,需要由过去偏于重品种、重价格向重品牌、重质量方向转化,抓管理、上档次、创名牌。如一些地区的农村发展家庭小厨房,开展成品、半成品和菜点现做现卖的服务;一些地区的农村小吃、快餐市场不断扩大,以满足家庭私人消费的需要。

4. 营销观念将进一步加强,品牌促销力度将会加大

目前,农村餐饮业已从价格竞争逐步向质量、品牌、文化竞争转化,营销促销的作用越来越大。一些地区的农村,以节促销、媒体促销,节庆活动与美食相结合的特点更加明显;一些农村积极弘扬传统饮食文化,创新菜品、树立品牌,取得了良好的经营成果。

四、农村集市服务业

(一)农村集市服务业的概念

农村集市服务业是指在农村由服务于农村集贸市场的诸多业态构成的一大产业,是农村第三产业的重要组成部分。它的繁荣与发展对增加农村就业机会,以及壮大农村集体经济和增加农民收入都具有十分重要的作用。

(二)农村集市服务业的主要内容

1.营业摊位与门面的租赁与服务

主要是指为在农村集贸市场参与集市贸易的场内经营者提供营业摊位出租或营业门面出租,以及设备设施维护维修服务等,以获得收益的服务。

2.市场营销经纪人的组织与管理

主要是指为促进市场交易而从事的市场营销经纪人召集、培训、管理等服务。

3.市场秩序维护与管理

主要是指为维护市场秩序而从事的安保、消防隐患排查、交易纠纷调处等服务。

4.场所清洁与服务

主要是指为保持市场环境整洁、卫生而从事的保洁、垃圾收集与清运等服务。

(三)农村集市服务业的主要管理工作

1.主动服务

对农村集市服务业的有关参与各方要主动服务,使其感到便捷,以扩大该集贸市场的影响,提高客流量,增加交易量,使场内经营者受益,进而提高服务者的经济效益。

2.制定预案

由于农村集贸市场是人员集中度比较高的场所,因此一定要对如火灾、台风、洪涝灾害、地震等突发事件制定切实可行的预案,并定期不定期地组织演练,以防患于未然。

3.经常排查

由于农村集贸市场的场内经营者人员复杂、密集度高、短期行为严重,因而安全隐患较多。如私拉电线、乱用明火、易燃易爆物品乱堆放等,极易造成火灾。此外,由于集市人员的复杂性,极易为犯罪分子提供容留之地。因此,要经常进行排查,对发现的安全和治安隐患进行及时处置,把安全和治安事件消灭在萌芽状态,以减少由此造成的损失。

任务六 做好农村第三产业管理工作

一、农村第三产业管理的必要性

农村第三产业内容多、发展快、容纳就业人数多,无论国内还是国外,第三产业都是就业的重要场所。搞好第三产业管理,使其科学发展,可以增加农村就业,繁荣农村经济,同时为城市提供更好的服务,实现城乡一体化发展。

二、农村第三产业管理的特点

(一)应充分体现“抓大放小”

对农村第三产业的管理,对规模大的项目要积极予以支持,使其尽快做大做强,形成品牌;

而对于规模比较小的项目，要充分放开，让其尽快完成原始积累，形成必要的发展基础。“抓大放小”，不是打富济贫，而是要为大项目创造条件促进其加快发展，对小项目要多予少取，创造宽松环境，让其尽快长大。

（二）应重视引导示范

农村第三产业管理要按照统筹城乡发展、统筹区域发展的要求，引导城市第三产业向农村延伸、扩散，引导农村地区主动承接以大城市、特大城市为龙头的城市高端第三产业辐射，发挥城市第三产业对新农村建设的拉动效应，以及对农村第三产业发展和产业升级的示范、辐射和带动作用。

（三）要处理好内外部关系

农村第三产业管理一方面要处理好生产性服务和生活性服务的关系，既要围绕农村产业的产前、产中和产后服务发展第三产业，又要围绕农村居民生活消费的需求发展第三产业；另一方面要处理好农村第三产业与农村第一、二产业的关系，要三者兼顾，形成一个整体协调的农村产业结构。

三、农村第三产业管理的主要工作

当前，为加强农村第三产业管理，应重点做好以下工作：

（一）制定规划，引导发展

通过编制规划，明确发展思路和发展重点，引导农村第三产业有序发展。要积极创造条件，努力培育劳动力、技术、信息等生产要素市场，重点拓展农业社会化服务领域，大力发展农业社会化服务业；充分开发利用农村旅游资源，加快发展乡村旅游业；针对新型农村社区建设的需要，探索并发展农村社区物业服务。此外，要大力培育和发展各类市场中介组织和集市服务组织，加快发展市场服务业。

（二）改善设施，强化服务

要加强农村基础设施建设，积极改善农村的牛产生活条件，为农村第三产业发展奠定基础；引导成立农村第三产业行业协会，加强行业自律，规范行业管理，服务产业发展；加快农村第三产业的网络化建设，使城乡之间、地区之间及经济组织之间建立联系，共同组成农村第三产业发展服务体系，有效支持和促进农村第三产业的发展。

（三）重视人才，提高水平

要树立人才资源是第一资源的观念，抓好农村第三产业人才培训工作。采用多种方式，有计划地在现有普通高校和职业院校培养农村第三产业发展中的紧缺专业人才，探索加强和完善职业技术培训，不断提高农村第三产业从业人员的素质和能力。此外，要根据农村经济发展的要求和农村居民生活水平提高的需要，不断拓展农村第三产业的新领域，并切实提高已有农村第三产业的发展水平，积极引导农村产业不断完善结构，并提档升级。

【阅读与思考】

农村社区的物业管理到底该谁说了算?

2010年底,某地一社区居民楼由县里的一家房地产开发公司承建完成。2011年初,当地450余户农民搬进了新楼房。按理说,搬进了楼房是好事,可是,农民们却遇到了一个新的困扰——要缴纳物业管理费。在搬进新楼房的同时,农民接到了来自房地产开发公司和镇上的通知,社区的物业由甲物业管理公司承包了,每户要缴纳一定的费用,包括物业管理费、维修基金、水电费等。对刚刚住楼的农民来说,这些费用加起来,可不算低。

有心的农民就向在城里居住的亲戚朋友打听这事儿,得知这物业管理不是"上面"可以决定的,而是应该由上楼农民(业主)自己说了算。于是农民们自发选举出由十几位住户组成的业主管理委员会。业主管理委员会代表住户,决定与另外一家收费较低的乙物业公司签订委托管理合同。

与此同时,不少农民也打听到,房地产公司在建楼之初就已经与甲物业管理公司签订了《社区物业管理承包合同》和《维修承包合同》,承包期为10年,为此甲物业管理公司已经向房地产公司支付了50万元的保证金,在合同开始执行后,甲物业管理公司还需要向房地产公司继续支付承包费用等。

这事儿一传开,立刻引起了房地产开发公司和当地政府的不满。村干部开始上门做农民的工作,声称物业管理权属于开发商,不是由农民自己说了算;如果不按原来的通知办,农民将被取消当初购楼时的打折优惠,补足全额购房款。

村干部的话和亲戚朋友的意见大相径庭,真让农民纳闷!这农村社区物业管理到底该由谁说了算?

(http://sd.ce.cn/jsxw/201205/30/t20120530_561953.shtml)

思考:有关法规对物业管理权是如何规定的?这个农村社区物业管理的纠纷应该如何处理?

【实践训练】

农村第三产业发展调研

1. 实训要求:找一个行政村,了解其第三产业的发展情况。

2. 实训目的:通过此次实训,加深学生对农村第三产业发展的认识与理解。

3. 实训组织:全班同学按每3～5人进行分组,每组制订切实可行的调研计划。

4. 实训实施:由学生自主联系或任课教师统一联系一个或若干个行政村,在任课教师的指导下,具体进行调研。

5. 实训考核:每组集思广益撰写一篇1 500～2 000字的调研报告,内容包括调查地的基本情况(村域面积、耕地面积、户数、人口等)、主导产业、第三产业发展情况,实际工作中遇到的问题,建议和要求等。教师对调研计划和调研报告进行考核评定并给出成绩。

【复习思考与练习】

1. 我国农村第三产业包含哪些内容？在我国为什么要大力发展农村第三产业？
2. 什么是农业社会化服务业？我国发展农业社会化服务业的意义如何？
3. 我国的乡村旅游主要有哪些模式？
4. 我国乡村旅游业的发展现状如何？
5. 我国目前的新型农村社区都有哪些物业管理类型？其管理的内容有何不同？
6. 我国农用物资流通的主体都有哪些？
7. 我国农产品流通有哪些特点？农产品流通渠道有哪两种？
8. 简述我国农村餐饮业的食品安全现状，并提出针对性的改进意见。

项目二十

农村产业融合及其管理

【学习目标】

- 通过本项目内容的学习，理解产业融合的概念、特征与类型，熟悉农村产业融合的典型业态，并能结合实际正确理解产业融合在当今农村经济发展中的重要作用。

【能力目标】

- 通过本项目内容的课堂学习和实训环节，使学生在充分理解产业融合典型业态的基础上，能正确理解产业间的联系，以及这种联系产生的融合所带来的经济效益。

【重点与难点】

- 本项目的重点：产业融合的概念、特征与类型；产业融合的典型业态；融合性产业管理的主要工作。
- 本项目的难点：产业融合的发展趋势和融合性产业的管理。

【教学方法与手段】

- 启发式、案例式教学；参与式研讨与现场教学；多媒体辅助教学。

【引导性案例】

莱芜市产业融合大步走

近年来，山东省莱芜市从加快发展现代农业入手，不断使农业这个第一产业向第二产业、第三产业靠拢。为发挥土地的最大收益，莱芜市积极开展土地流转工作。据统计，截至2012年上半年，全市土地流转面积累计达到1.8万公顷，占全市耕地面积的30%。流转出来的土地为“农字号”龙头企业的发展壮大提供了广阔的空间。目前，市级以上龙头企业发展到89家，其中国家级龙头企业2家。2012年，全市大项目建设战鼓擂动，“农字号”企业不甘落后，万兴、盛德泰等企业新上项目12个，完成投资6亿多元，新增加工能力8万吨。

单纯依附在土地上的农户数量正在减少，农民专业合作社的崛起，使更多的农民加入其中。合作社引导和组织农民有序进入市场，成为农民增收、农业增效的主力军。据统计，截至2012年上半年，全市农民专业合作社发展到670家，社员6 000多户。另外，“三辣”、精细菜、食用菌等八个现代农业板块建设也全面启动，莱芜成为山东省三个整建制创建现代农业示范区的地级市之一。

一些从事工业的企业也纷纷转向现代农业，做起了农业这篇大文章。前几年，固德化工在完成了资金的原始积累后，开始把目光盯向现代农业。经过几年的打造，集农业生产、休闲度假、康乐美食、科普教育于一体的雪野农博园成为一个具有多功能、高品位、综合性的AAAA级旅游度假区，每到节假日，各地的游人络绎不绝。

现代农业“接二连三”大步走，实现了农村经济的快速发展。2012年上半年，全市农村经济总收入达335亿元，农民人均现金收入5 800多元，同比增长均为18%。

(http://www.moa.gov.cn/fwllm/qgxxlb/sd/201208/t20120817_2860381.htm)

任务一 了解农村产业融合的概念、类型及作用

20世纪70年代以来，农业发展呈现出的农业内部子产业的重组融合、高新技术对农业的渗透融合、农业向二、三产业的延伸融合，以及新型产业的替代融合等发展趋势锐不可挡，生态农业、信息农业、生物农业、旅游观光农业、农业电子商务等新型业态日益兴起。产业融合丰富了农业多功能的内容，优化了农业资源的配置，它所引发的农业产业结构的转换和升级，极大地促进了农村经济社会的新发展。

一、产业融合的概念与特征

(一)产业融合的概念

产业融合是指不同产业或同一产业内的不同行业之间的相互渗透、相互交叉，最终融为一体，逐步形成新的产业形态的动态发展过程；同时在这一过程中还会发生既有产业的退化、萎

缩乃至消失的现象。产业融合不是几个产业的简单叠加，而是产业之间的渗透、融合，形成一个新的有机体；不是"混合物"，而是"化合物"，具有自身特殊的特征。

（二）产业融合的特征

产业融合是一个动态的发展过程，其具有以下几个方面的特征：

1. 开放系统是产业融合产生的前提条件

在封闭产业系统中，任何变化只能在系统内部扩散，而不会引起不同产业系统相互竞争与协作，因此不会出现产业融合现象。只有在开放的产业系统中，一个产业才能够向其他产业系统扩散，才有可能促使不同产业之间的互动与融合。

2. 技术创新是产业融合的内在驱动力

技术创新开发出了替代性或关联性的技术、工艺和产品，然后通过渗透扩散融合到其他产业之中，从而改变了原有产业产品或服务的技术路线，因而改变了原有产业的生产成本函数，从而为产业融合提供了动力；同时，技术创新改变了市场的需求特征，给原有产业的产品带来了新的市场需求，从而为产业融合提供了市场空间。

3. 竞争合作关系是产业融合的重要原因

产业融合可以突破产业间的条块分割，减少了产业间的进入壁垒，降低了交易成本，促进了产业间的竞争合作，提高了产业的生产效率和竞争能力，最终形成持续的竞争优势。

综上所述，产业融合是由开放系统中不同产业主体的竞争与协同而产生的，具有自组织的本质特征。因此，产业融合的产生过程本质上也是一个自组织的过程。

二、农村产业融合的类型

农村产业融合是指在农村地区不同产业或同一产业内的不同行业之间相互渗透、相互交叉，最终融为一体，逐步形成新产业的动态发展过程。在农村，特别是在农业发展领域，产业融合的类型可以从两个层面进行考察：

（一）农业产业内部各子产业之间的重组融合

最典型的表现是农业内部种植业和养殖业之间，以生物技术融合为基础，通过生物链重新整合，形成了新的业态，如生态农业、循环农业等。与一般的产业纵向一体化不同的是，这种融合过程既包括技术创新，又包括体制和制度创新，既适应了市场需要，又提高了农业的生产效率。

（二）农业与外部产业的融合

这类融合因范围和内容十分广泛，可以划分成如下三种类型：

1. 农业向外部产业的延伸融合

在农村，产业的延伸融合更多表现为农业产业向二、三产业的延伸，形成新的产业形态，如农业向第二产业延伸融合所形成的产业化农业、向能源工业延伸融合所形成的能源农业、向旅游业延伸融合所形成的旅游观光农业或休闲观光农业等。

2. 高新技术产业向农业的渗透融合

这种产业融合往往发生在高新科技产业和传统产业的交界处。科学技术的发展日新月异，高新技术不断取得突破，以高新技术为核心的产业发展十分迅猛。高新技术尤其是信息技术具有非常强的渗透性，使其可以无摩擦地渗透到传统产业中，并极大地提高传统产业的生产效率。如20世纪90年代以来，生物化学技术、基因技术、数字技术、光伏技术等对传统农业产业的渗透融合，产生了生化农业、基因农业、数字农业、光伏农业等新型产业。

3.新兴产业的替代融合

随着计算机和互联网的普及，以及电子商务的发展，有可能形成替代传统农产品销售模式的网上粮店、网上菜点等，而且其目前已在一些大中城市初见端倪。

三、产业融合对农村经济发展的作用

产业融合不仅拓宽了农村产业的新领域，形成了新业态，而且还促进了农村生产要素的重新配置，有利于农村经济社会的健康发展。

（一）吸引优秀人才回流农村

随着农业产业链条的延伸和农村产业的融合，农村产业的职业种类和数量将会随之增加，就业渠道得到拓展，势必会吸引优秀人才和优质劳动力回到农村，从事农村发展工作。加之农村产业的融合和社会化大生产的形成，农民可以从发展产业化农业、休闲观光农业、会展农业等中获得倍增效益。农村产业发展环境的不断优化，一部分完成知识、技术、资本积累的外出打工人员和完成学业的农村籍学生，就会被吸引回来，返乡参与农村经济建设。

（二）引导资本投向农业

产业融合对产业经济功能的突破性扩展，使得产业由低效向高效转变。而资本的趋利性会使其投向于高效益产业。农村产业融合的高效性会使得农村产业获得大量的资金投入，形成城市资本进入农村的大好局面。

（三）促进传统农业与高新技术的结合

高新技术融入传统产业，会影响和改变传统产业产品生产的特点，可以提升产业的核心竞争能力，极大地提高传统产业的效率。如生物化学技术和能源工业技术等对传统农业产业的渗透融合，产生了生物质农业这一新的业态，其生产的产品——生物质能源材料，改变了原有农产品市场竞争状况和产品的价值，加快了传统产业的优化升级，从而促进了产业创新。这种现实表现，反过来会促进传统农业与高新技术的有效结合。

（四）满足城乡居民的多样化消费需求

人们的消费偏好具有多样性的特点，而产业融合能催生出很多新的产品和新的服务，这些正好满足了人们随着经济收入和生活水平提高而对消费品的多样性需要的要求。

（五）带动农村可持续发展

农村产业融合带来的农业比较效益的提高，有利于增加对农业生产的资金投入，加上产业融合过程中一些先进适用技术特别是高新技术的采用，会带动农村步入可持续发展的轨道。

任务二 了解农村产业融合的典型业态

一、生态农业

(一)生态农业的概念

生态农业是农业内部行业之间相融合产生的新型业态,是指遵循生态学规律和经济学规律,吸收传统农业的经验,运用现代科学技术,通过现代管理手段,把农业生产、生态环境建设、资源高效利用融为一体,形成生态和经济良性循环的农业发展模式。即在良好的生态环境下,生产高产、优质、高效、生态、安全的农产品,实现农业的可持续发展。

(二)生态农业的特点

生态农业是在农业进入现代化建设新阶段所产生的生产转型模式,目的是推进农业生产与生态环境建设的良性互动,实现可持续发展。其有以下四个基本特点:

1.生态农业是保障农业资源与农业环境实现可持续发展的农业

生态农业强调农业的生态本质,强调生产系统的良性循环,强调系统功能的稳定性、持续性。因此,要求在结构上,体现多层次、多产业复合;在效益上,体现生态、经济和社会效益并重;在资源利用上,体现"减量化、资源化、再利用"的要求,充分发挥资源的自然生产潜力,有效利用和保护资源。

2.生态农业是传统农业文明与现代农业技术有机结合的农业

生态农业既吸收了传统农业技术的精华和现代科学技术的最新成果,又吸取了促进生态农业发展的生态技术和新方法,如提高太阳能的利用率、生物能的转化率和废弃物的再循环率等,通过现代管理技术协调农业生产、经济发展与环境资源利用及其保护的关系,以提高农业生态经济生产力和农业综合生产力,实现生态和经济的良性循环。

3.生态农业是从生产到消费环环相扣的标准化农业

生态农业从源头开始,在生产、加工、运输、储藏、销售和出口等各个环节,按照生态经济学的客观要求,根据国内与国际的实际情况,制定各类标准,包括土壤、水、投入品、技术、设备、基础设施、产品及其包装等,从田间到餐桌建立全面质量监控体系,对农产品进行全过程检测检验、层层把关,以形成从生产到消费环环相扣的标准化农业。

4.生态农业是推进生态和经济实现良性循环的农业

生态农业把农业生态系统的运行切实转移到良性的生态循环和经济循环的轨道上,以生态建设为基础,以市场为导向,以产业化经营方式为手段,龙头企业与农户紧密结合,因地制宜地实现种养加、产加销、农工贸一体化,发挥生态农业多样性、层次性、区域性的优势,实现生态效益和经济效益的有机统一。

(三)生态农业的典型模式

1.北方"四位一体"生态农业模式

"四位一体"生态模式是一种庭院经济与生态农业相结合的新的生产模式。它以生态学、经济学、系统工程学为原理，以土地资源为基础，以太阳能利用为动力，以沼气为纽带，使种植业和养殖业相结合，通过生物质能转换技术，在全封闭的状态下，将沼气池、猪禽舍、厕所、日光温室等组合在一起，形成一种全新的农业生产模式。由于其核心是将沼气池、猪禽舍、厕所、日光温室等组合到一起，所以称为“四位一体”生态农业模式。其具体形式是：在一个 150 米^2 塑膜日光温室的一侧，建一个 8～10 米^3 的地下沼气池，其上建一个约 20 米^2 的猪舍和一个厕所，形成一个封闭状态下的能源生态系统。

“四位一体”生态模式农业的实施，改变了北方地区“半年种田半年闲”的习惯，也摒弃了冬闲季节的陈陋习俗，促进了农村精神文明建设。此外，也由此出现了农村庭院整齐、清洁、卫生的新气象，有利于改变农村的旧面貌。

2. 西北“五配套”生态农业模式

“五配套”生态农业模式的具体形式是：每户建一个沼气池、一个果园、一个暖圈、一个蓄水窖和一个看营房。实行沼气、厕所、猪圈三结合，圈下建沼气池，池上搞养殖，除养猪外，圈内上层还放笼养鸡，形成鸡粪喂猪、猪粪入池产沼气的立体养殖和多种经营系统。“五配套”生态农业模式的好处可以概括为“一净、二少、三增”，即净化环境，减少投资、减少病虫害，以及增产、增收、增效。

3. 南方“猪—沼—果”生态农业模式

“猪—沼—果”生态农业模式是在农村沼气建设、生猪生产和果业开发的实践中创造的，在促进农村能源、生态环境建设和农业可持续发展等方面产生了积极的作用。其具体形式是：农户通过建沼气池，利用人畜粪便和生活污水下池发酵，产生的沼气用于农户日常做饭和照明，以及沼肥用于浸种、施肥、喂猪、养鱼等，实现了“户建一口沼气池，年人均出栏 2 头猪、种好一园果”的目标。此模式可节省饲料 20%，施用沼肥使生长的水果质量提高 1～2 个等级。实际上，“猪—沼—果”生态农业模式是以养殖业为龙头，以沼气建设与利用为中心，串联种植业和养殖业等，开展沼肥综合利用的现代农业生产方式。

除上述典型模式外，我国各地农村还创造了多种生态农业模式，广大农村可根据当地的条件选择或创造适合自己的模式。

二、立体农业

（一）立体农业的概念

立体农业，又称层状农业，是指根据各种动物、植物、微生物的特性及其对外界生长环境要求各异的特点，在同一单位面积的土地或水域等空间，最大限度地实行种植、栽培、养殖等多层级利用的一种综合农业生产方式，也是农业内部行业之间相融合产生的新型业态。

（二）立体农业的特点

立体农业的特点集中反映在以下四个方面：

（1）集约。立体农业能够集约利用土地，其主要体现在技术、劳动力、物质、资金的综合利用，能够提高整体效益。

（2）高效。立体农业能够充分挖掘土地、光能、水源、热量等自然资源的潜力，同时提高人工辅助能的利用率和利用效率。

（3）持续。立体农业能够减少有害物质的残留，提高农业环境和生态环境的质量，增强农业的发展后劲，不断提高土地（水体）生产力。

（4）安全。立体农业能够保证产品和环境安全，其主要体现在利用多物种组合来同时完成污染土壤的修复，促进经济与环境的融合发展。

（三）立体农业的模式类型

构成立体农业模式的基本单元是空间结构（多层次配置）、时间结构（时序排列）、物种结构（多物种组合）、食物链结构（物质循环）和技术结构（配套技术）。目前，立体农业的主要模式类型有：

1. 时空结构型立体农业类

这是一种根据生物种群的生物学、生态学特征和生物之间的互利共生关系进行合理组建的立体农业系统，使处于不同生态位置的生物种群在系统中各得其所，相得益彰，更加充分地利用太阳能、水分和矿物质营养元素，是在时间上多序列、空间上多层次的三维结构，其经济效益和生态效益均佳。具体有果林地立体间套模式、农田立体间套模式、水域立体养殖模式、农户庭院立体种养模式等。

2. 食物链型立体农业类

这是一种按照农业生态系统的能量流动和物质循环规律而设计的一种良性循环的立体农业系统，系统中一个生产环节的产出是另一个生产环节的投入，使得系统中的废弃物多次循环利用，从而提高能量的转换率和资源利用率，获得较大的经济效益，并有效地防止农业废弃物对农业生态环境的污染。具体有种植业内部物质循环立体利用模式（如间作套种、林下种菇等）、养殖业内部物质循环立体利用模式（如家畜—蝇蛆—鸡—猪—鱼、鸡—猪—鱼、羊—猪—鱼等）、种养业结合的物质循环立体利用模式（如稻田养鱼或蟹、蘑菇—蚯蚓—鸡—猪—鱼等）等。

3. 时空食物链综合型立体农业类

这是时空结构型和食物链型的有机结合，使系统中的物质得以高效生产和多次利用，是一种适度投入、高效产出、少废物、无污染的模式类型，其在合理利用自然资源的基础上，以追求高产、优质、高效为目的，将传统农业的精华和现代科学技术有机结合，注重农、林、牧、渔、副全面发展，具有较强的抵御外界干扰的缓冲能力和自我调节能力，是一种具有稳定和持续发展能力的产业融合新业态。同时，它还是一个自我维持系统，一切副产品都要再循环，尽量减少损失，提倡使用固氮植物、作物轮作，以及正确处理和使用农家肥料等技术来保持土壤肥力。

三、产业化农业

（一）农业产业化经营与产业化农业的概念

农业产业化经营是指以国内外市场为导向，以提高经济效益为中心，以科技进步为支撑，围绕支柱产业和主导产品，优化组合各种生产要素，形成市场牵龙头、龙头带基地、基地连农户，集种养加、供产销、农科教于一体的农业产业管理体制和运行机制。而产业化农业就是按照农业产业化经营的体制与机制发展起来的现代化农业新模式，是由农业生产领域向上下游的第二、三产业延伸而形成的新业态。产业化农业主要表现为农业生产者与其产前产后的关联企业或经济组织结合形成一种紧密或松散型的利益共享与风险共担的经济关系。

农业产业化经营与产业化农业，是我国农业由传统农业向现代农业转变，加快农业现代化进程的重要战略选择，是一种有效的现代农业组织形式。

(二)产业化农业的组织形式

1."公司＋农户"

它是指公司(包括农产品加工企业或流通企业)与农户之间建立某种契约关系，从而形成产前、产中和产后的一体化经营的组织形式。

表 20-1 "公司＋农户"经营的优缺点

优点	缺点
1.公司向农户提供生产服务，收购农户的初级农产品，进行加工和销售，并把加工和流通增值的一部分利润返还给农户； 2.农户按公司的技术要求进行生产，并把大部分产品交售给公司，农户承担生产风险，分享公司经营的部分利润； 3.公司与农户之间的经济联系有紧密程度之分； 4.紧密型的公司与农户之间，经济联系较为稳定和紧密。紧密型是"公司＋农户"的高级形式； 5.松散型的公司与农户之间，经济联系不固定，双方之间没有严格的契约约束。松散型是"公司＋农户"的低级形式。	1.公司与农户是对立的利益主体，公司不愿意向农户让利，或尽可能少向农户让利； 2.由于公司与分散农户之间谈判力量对比悬殊，农户谈判地位低，往往处于从属的地位； 3.公司与农户之间难以形成真正的一体化经营，产业链条极其脆弱。

2."公司＋专业合作经济组织＋农户"

在"公司＋农户"的基础上，通过兴办专业合作经济组织，建立起一个一头连着"公司"，一头连着"农户"的纽带，形成"公司＋专业合作经济组织＋农户"的模式。"公司"侧重于发展农产品加工，以契约关系和利益为纽带，向"农户"提供一定的生产资料或生产技术服务；"农户"负责生产农产品，并按照契约关系提供给"公司"；而专业合作经济组织则侧重于协调和服务，达成三方签订契约或协议，并密切"公司"与"农户"之间的联系。"公司"通过专业合作经济组织与"农户"结成利益联合体，以内部一体化替代市场组织以克服市场缺陷。

3."农产品批发商＋农户"

它是指农户根据农产品批发商提供的市场信息安排生产，并与农产品批发商达成购销协议的一种产业化经营方式。其运行在很大程度上要取决于专业批发市场的发育水平。

四、会展农业

(一)会展农业的概念

会展农业是指因各类农业会议、论坛，农业博览会、展览会、展示会、交易会和农业竞赛、节庆、旅游活动等带动发展起来的具有区域特色的集优质农产品生产、休闲体验、旅游观光、景观展示、科普教育于一体的农业产业体系，是农业与会展、旅游等第三产业相融合所形成的新业态。其表现形式为因上述活动的开展而形成的农业生产基地、农业园区、农业景观等。从会展农业的实践看，会展农业的构成要素包括特色农业产业、农业会展、龙头企业或经济组织、生产展示基地、政府政策等。会展农业延伸了农业产业链，有效实现了农业同二、三产业的融合，同时又具有鲜明的农业产业特征。如山东的寿光蔬菜，上海的马陆葡萄、南汇水蜜桃、金山蟠桃，北京的昌平草莓、大兴西瓜、平谷大桃等，都是通过举办各种形式的农业会展活动而发展起来的融经济、生态、生活为一体的新型农业产业。会展农业不仅是现代农业的一种新的实现方式，而且已经成为一种新的发展理念和发展方式。

(二)会展农业的功能作用

从国内现有会展农业实践效果看，会展农业集生产、生态、生活、展示功能于一体，其作用可以概括为：

1. 带动地区产业升级

会展农业借助有影响的农业会展活动，提高农产品的生产、加工、营销水平，实行园区化示范、基地化种养、标准化生产、企业化经营、产业化开发，实现高产出、高品质、高效益，成为现代农业的展示窗口和示范基地，进而发挥辐射、带动作用。如北京昌平的草莓产业借助第七届世界草莓大会的成功举办，实现了全区草莓产业规模的稳步扩大，科技含量的快速提升，形成了“小区域大产业、小草莓大市场”的产业集群。

2. 塑造农产品区域品牌

在这方面，北京市已经有了成功的先例。事实上，北京市借助农业会展活动，积极帮助行业协会、农业企业做好农产品区域品牌营销宣传，实施农产品区域品牌口碑传播，扩大农产品区域品牌知名度，营造多方合力推进农产品区域品牌建设的良好氛围，提高农产品区域品牌价值，使平谷大桃、大兴西瓜、昌平草莓等先后获得国家认定的地理标志保护产品。其中，平谷大桃进入中欧“10+10”地理标志互保试点产品清单，在欧盟得到地理标志保护注册，正式成为欧盟地理标志保护的产品。

3. 实现农民增收

会展农业通过对农业的生产、生活、生态、旅游等功能进行综合开发，拉长了农业产业链，为二、三产业发展提供了空间，能够提高综合经济效益，增加农民收入。如北京昌平成功整合了以草莓观光采摘为代表的休闲旅游产业链，其建成的1万余栋草莓日光温室，年接待草莓观光采摘游客达32万人次，平均单栋年纯利可达3万元以上。

4. 促进城乡统筹

会展农业的发展需要基础设施和周边环境的建设。因此，发展会展农业能实现城市基础设施向乡村延伸、城市理念和文明向乡村传输的目的，有助于加强城乡统筹，促进农业与其他产业的融合发展。

(三)会展农业的类型

根据对现有会展农业实践形式的分析，会展农业可以从不同的角度进行分类：

1. 按照会展农业发挥的主要功能作用分类

(1)商品生产型会展农业。它是指所在区域已形成某种农产品的大规模商品生产基地，农业会展的举办促进所在区域农业产业的升级和结构优化，实现了农业增效和农民增收。这类会展农业是以大规模的商品生产功能为主的。山东省寿光市通过连续成功举办的十二届蔬菜博览会，放大了寿光蔬菜产业的影响力和竞争力，使蔬菜产业成为寿光最具竞争力的特色支柱产业，产生了波及国内外的带动效应。

(2)展示型会展农业。它是指为农业会展配套设置的集展示农产品品种特性，普及农业科技知识，吸引各方客人交流沟通、洽谈业务、参观访问和休闲观光等功能为一体的农产品基地或园区。这类会展农业的主要功能是展示农产品的品种特性。如北京市为配合种子大会所建的庄户籽种展示基地，设有蔬菜、玉米、油葵和食葵、十字花科蔬菜、棉花五个展示区，集中展示了15大类620个新品种，使人直观看到了各类种子的生长情况，促进了种子交易。

(3)体验型会展农业。它是指利用农产品采摘等活动，引导人们参与、体验农产品收获的乐趣，刺激其消费购买有关农产品的农业产业。这类农业的主要功能是为消费者提供休闲、旅游、观光目的地，兼具农产品生产功能。如全国各城市郊区的农产品采摘园、农产品主题公园都属于此种类型。

2.按照会展农业的载体不同分类

(1)农业生产基地。即为农业会展服务或因农业会展带动形成的在全国或地区占有重要地位并能长期稳定地提供大量农产品的集中生产地区。

(2)现代农业园区。它是因展示需要或由展示带动而建设或形成的以技术密集为主要特点，以科技开发、示范、辐射和推广为主要内容，以促进区域农业结构调整和产业升级为目标的农业产业园。

(3)农业主题公园。它是因展示或旅游的需要而通过对某个农业主题的整体设计，创造出特色鲜明的体验空间，兼有休闲娱乐和教育普及等功能，以满足游客需求的一种现代公园式游览场所，也是一种社会效益、经济效益和环境效益并重的园林形式。目前我国已经建成的农业主题公园有：江西农业主题公园、上海马陆葡萄主题公园、北京昌平苹果主题公园、通州于家务南瓜主题公园等。

(4)农业博物馆。它是因展示或旅游的需要而通过对某个农业主题的整体设计和历史挖掘，创造出特色鲜明的展示空间，兼有休闲观光和教育普及等功能，以满足游客需求的一种现代化陈列展示场所。目前我国已经建成的农业博物馆有：西北农林科技大学博览园、山东寿光蔬菜博物馆、北京大兴庞各庄西瓜博物馆等。

【典型案例】

昌平区举办世界草莓大会推动特色产业发展

北京市昌平区以举办第七届世界草莓大会为契机，发展具有规模和特色的草莓产业，取得了显著成效。

一是科学规划。昌平区委、区政府以“办好世界草莓大会，拉动一个产业，富裕一方农民”为出发点，先后建立了中国草莓种质资源基因圃和400公顷种苗繁育基地，储备国内外草莓品种资源135个、先进栽培模式17种，成功获得了“昌平草莓”国家地理标志性产品保护，建设完成了国内首个农资配送体系以及首家草莓医院，草莓产业发展水平与国际接轨，加快打造具有国际水准的草莓种植高地。

二是规模发展。大规模发展以草莓种植为主的都市型现代农业，全区共建成草莓日光温室1万余栋，草莓年产量突破1 200万千克、年收入超过2.4亿元，带动3万余名农村劳动力就地实现就业；同时，引进了一大批国际农业科技合作项目和世界知名农业科技企业。

三是产业融合。在重点发展“一花三果”都市型现代农业的基础上，走一产与三产融合发展的道路，重点发展了以观光采摘、健康休闲为主的民俗旅游业，推出的“昌平寻莓”主题观光活动，形成了采摘、娱乐、就餐一条龙服务产业，辐射带动近万名农村劳动力在服务产业实现就业。

昌平区借世界草莓大会召开之势，在提升农户草莓种植技术、草莓深加工上做文章，让昌平草莓与世界接轨；打造昌平农业会展品牌，促进农业与旅游会展、文化创意等产业融合发展，加快形成具有昌平特色的会展农业聚集区；探索建立农业科技企业孵化器，积极发展农产品深加工及现代物流等业态，逐步建成农业产业科技研发、农产品电子商务和农业产业化国内外交流的重要基地，真正促进农民增收。

(http://www.bjwmb.gov.cn/xxgk/wmcj/t20120221_428272.htm)

五、休闲观光农业

(一)休闲观光农业的概念

休闲观光农业是为满足人们对精神和物质的需求而开展的、可吸引游客前来观、赏、习、品、考、书、画、摄、购的现代农业形态，是农业向旅游业的延伸融合而产生的。建设休闲观光农业基地及项目，可以成为人们观光旅游、丰富农业知识、交流农业经验、体验农业生产劳动与农民生活、享用农业生产成果、利用田园休憩健身和农业深层次开发的场所，从而促进农业产业的融合性发展。

休闲观光农业在我国作为一种产业，首先是在台湾地区兴起与发展的。20 世纪 70 年代，随着我国台湾地区经济的快速发展以及人民生活水平的提高，果园、农场在农闲或节假日逐渐成为一种新兴的农旅结合的产业发展形态，休闲观光农业作为一种新兴产业在台湾得到蓬勃发展。

在大陆地区，休闲观光农业于 20 世纪 90 年代最先在沿海大中城市郊区兴起。在北京、上海、江苏和广东等地的一些大城市近郊，出现了引进国外先进农业设施的农业观光园，展示由电脑自动控制温度、湿度、施肥、无土栽培和新特农产品生产过程，成为现代农业生产的科普基地，如上海旅游新区的孙桥现代农业园区、北京的锦绣大地农业观光园等。从此，我国的休闲观光农业发展便驶入了快车道，得到了突飞猛进的发展。

(二)发展休闲观光农业的现实意义

1. 发展休闲观光农业是适应城乡居民消费需求新变化的需要

改革开放以来，随着经济社会的快速发展，人民生活水平显著提高，消费需求也不断攀升，使越来越多的城市居民向往乡村美丽的风景、宁静的环境。休闲观光农业的发展，将农业观光、农事体验、生态休闲、自然景观、农耕文化等有机结合起来，迎合了人们返璞归真，回归自然的消费心理和对生活品质的追求。其既满足了城市居民崇尚自然、回归自然、享受自然的需要，又促进了乡村旅游业的崛起和发展。

2. 发展休闲观光农业是促进农民转移就业的有效渠道

休闲观光农业对农村劳动力的专业技能要求相对较低，具有投资少、风险小、门槛低、经营活等特点，是农民创业和就近转移就业的良好载体，而且还能带动周边从事农产品生产加工的农户增收致富，是一条创业富民、创新强农的有效途径。

3. 发展休闲观光农业是带动农村相关产业发展的火车头

休闲观光农业具有涉及面广、产业链长、带动力强、关联度大等特点，它除了直接促进农业产业的发展外，还能带动农旅产品加工业、商贸流通业、交通运输业、餐饮住宿服务业等相关产业的发展，成为农村经济发展的火车头。

4. 发展休闲观光农业是统筹城乡发展的新要求

休闲观光农业一方面为城市居民提供走进农村、亲近自然、体味田园之乐的机会，加深其对农业、农村、农民的接触，使之了解农艺知识、体验农家生活、享受田园风光；另一方面也给农村发展带来人流、物流、资金流和信息流；再一方面大量城市居民前来观光旅游，将先进理念、城市文明、市场意识、城市生活方式带到农村，促进农民思想观念的更新和生态意识、环保意识、市场意识的增强，形成了城乡互动发展的大好局面。

(三)休闲观光农业的发展模式

由于地理、气候、人文、经济等条件不同，我国各地休闲观光农业的发展模式也不尽相同。通常有以下模式：

1. “农家乐”模式

它是指农民利用自家庭院、自己生产的农产品及周边自然环境，吸引游客前来进行吃、住、玩、游、娱、购等旅游活动。主要类型有农业观光农家乐、民俗文化农家乐、民居型农家乐、休闲娱乐农家乐等。

2. 农民与市民合作模式

农民在自己承包的土地建立起休闲农园，通过“认种”、租赁经营的方式让城市居民参与到农业生产、营销、管理的各个环节，直接体验农事活动。

3. 休闲农业景区和旅行社联合模式

一些旅行社有计划地组织休闲农业旅游，农民主动与旅行社合作，引入资金改造景点设施、开发旅游商品，并大力宣传以吸引游客。

4. 连片开发模式

政府在有条件发展休闲观光农业的地区配套和完善水、电、气、路、卫生等基础设施，并引导农民以当地优美的乡村风景、清新的气候环境、环保的生活空间和纯朴的民俗文化为依托，结合市场需求开发各种休闲观光项目，为城市居民提供观光、休闲、娱乐的场所。

六、数字农业

数字农业是基于信息化条件而产生的一种新型农业模式，是信息技术等高新技术渗透于农业而形成的一种新型业态，是指充分运用以数字地球技术为核心的信息技术建成集数据采集、数字网络传输、数据分析处理、数控农业机械为一体的数字驱动的农业生产管理体系，实现农业生产的数字化、网络化和自动化。

数字农业以现代信息技术为基础，对农业生产要素、有关农业生产的各部门、各行业以及农业生产的全过程进行数字化管理。农业生产应包括种植业、林业、畜牧养殖业、水产养殖业及农产品加工业等；农业生产要素包括农业生物要素、农业环境要素、农业技术要素和农业社会经济要素等；与农业生产相关的部门包括农业行政主管部门、农业科研教育部门、农产品流通领域和服务行业等；农业生产过程包括影响农业生产的各种因素（环境的和社会的）及农产品的生产过程。农业生产过程的数字化就是通过建立农业数学模型，将各种农业生产过程的内在规律与外在关系用数学模型表达出来。数字农业就是要实现上述所有内容的数字化。

实践中，数字农业将遥感、地理信息系统、全球定位系统、计算机技术、通讯和网络技术、自动化技术等高新技术与地理学、农学、生态学、植物生理学、土壤学等基础学科有机地结合起来，实现在农业生产过程中对农作物、土壤等从宏观到微观的实时监测，以实现对农作物生长发育、病虫害、水肥，以及相应的环境进行定期信息获取，生成动态空间信息系统，对农业生产中的现象、过程进行模拟，以达到合理利用农业资源，降低生产成本，改善生态环境，获得合乎质量要求的农产品的目的。

具体地讲，数字农业技术系统是以大田耕作为基础，定位到每一寸土地，采用从播种、施肥、灌水、田间管理、植物保护、产量预测到产品遥控等先进技术，以实现农业生产的精细作业，使每寸土地都得到最优化的管理。

【典型阅读】

数字农业:靠信息种地

在北京市郊的小汤山现代农业科技示范园果蔬大棚内，一排排比人还高、枝繁叶茂的西红柿植株让人不禁称奇。这个西红柿品种口感极好。掀开盖在它根部的“被子”可以看到，它不是生长在土壤中，而是“泡”在水里。水中的探头能自动采集水温、养分含量等信息并发送到数据库，系统分析后发出各项指令，然后由工作人员进行温度的调节和营养的调配。

在大棚里，一位技术人员驾驶着一台新型施肥机正在田间穿梭。据介绍，这台液体施肥机大有讲头:机器内部有多个容器，分别装着磷肥、钾肥、氮肥，按照地理信息系统(GIS)提供的施肥用量图的指令，将不同肥料按量混合，也可以根据需要加入杀虫剂和微量元素，再将混合液送入喷嘴。施肥机根据地块对养分的需求，要多少，给多少，穿过空白地时，机器便自动停止施肥。

(http://www.amic.agri.gov.cn/nxtwebfreamwork/html/0/13602.htm)

七、太空农业与基因农业

(一)太空农业

太空农业是航天技术等高新技术融合于农业的一种新型业态，是指利用卫星或高空气球携带、搭载作物种子、昆虫等样品，在太空宇宙射线、高真空、微重力等特殊条件下，诱发染色体畸变，进而导致生物遗传性状变异，回到地球后经过专家对其进行培育、研究、筛选，形成具有多种优势的新品系、新品种，以用于农业生产的现代农业发展模式。用太空农业生产模式生产的农产品，不仅高产、优质、早熟，而且口感好。实践中，利用太空这一特殊的环境主要是研究和培育农作物新品种。在太空农业技术应用方面，我国已走在世界前列。我国利用太空农业技术育成了一批高产、优质、多抗的粮食作物、蔬菜作物、经济作物、观赏植物与药用植物等太空良种，如“87-2 甜椒”，单个重量可达 300～400 克，产量超过普通青椒的 25%～30%，同时，病情指数下降约 55%，维生素 C 含量大大提高，口感好，耐储存；“太空樱桃番茄”含糖量高达 13%，与柑橘含糖量相当，口感鲜甜，可当水果食用；“太空玉米”则可长出 5 种颜色，味道也比普通玉米好；水稻已获得株高、分蘖力、穗型、生长期等有益变异株，获得了比原品种增产 20% 左右的高产优质品系；小麦已获得矮秆、早熟、抗病、高产的太空 1 号、太空 2 号品种，平均单产比原品种增产 9%左右。

(二)基因农业

基因农业是基因技术等高新技术融合于农业的一种新型业态，是指人类利用 DNA 重组技术、克隆技术等生物技术培育新的、安全的动植物改良品种或新品种的现代农业发展模式。生物技术突破了动物、植物、微生物及物种之间的界限，实现了界限间转移，极大地拓宽了生物学科优势及其利用。利用基因工程技术改良现有农作物品种、创造崭新的动物品种，从而使高技术农业成为现实。

任务三 搞好农村融合性产业的管理

随着城乡一体化的推进和农村经济的发展，农村融合性产业领域越来越广、规模越来越大。因此必须搞好农村融合性产业的管理，以促进农村经济社会的健康发展。

一、加强农村融合性产业管理的必要性

(一)提高融合性产业整体竞争能力的需要

随着经济的全球化发展，产业的市场竞争越来越激烈。农村融合性产业作为一个产业整体参与市场竞争虽然具有自己特有的优势，但其在内部构成上的主体多元性，往往需要加强管理来统一其意志、统一其步调、统一其目标。因此，通过加强农村融合性产业管理，以使其构成主体协调一致运转，实现整体产业的共同目标。

(二)提高融合型产业整体运行效率的需要

由于农村融合型产业纵向有长度，由多环节构成，横向有宽度，涉及多个方面，从而对其管理的重点是如何提高整体产业的运行效率。因此，通过加强农村融合型产业的管理，以加快产业内部的信息传递和提高各个环节、方面的反应能力，有效提高产业整体的运行效率。

(三)及时解决实践中随时出现的现实问题的需要

我国农村的产业融合虽然在各地得到了长足发展，但在实践中对如何进行产业间的要素沟通与管理，如何拉长其产业链条，如何强化其联结纽带等，还了解得不多、认识得不深，对已经存在的融合性产业管理实践经验总结的也不够。因此，通过加强农村融合性产业管理，密切

关注其运作过程,以及时解决实践中随时出现的现实问题,以保持其正常运转。

二、农村融合性产业管理的特点

农村产业融合,形成了新型产业形态——融合性产业,其管理具有以下几个特点:

(一)协调性

由于融合性产业的构成主体往往呈现多元化,特别是带有松散型特点的融合性产业各主体,步调的一致性就更差,因此对融合性产业的管理就需要进行多方协调,以使其能协调运转,并获得良好的综合效益。

(二)利益性

由于产业融合的驱动力主要来自其多元主体对经济利益的追逐,因此对融合性产业的管理就要使各主体能最大限度地获得各自的经济利益,从而产生凝聚力,实现融合性产业发展的目的。

(三)均衡性

由于融合性产业往往是由多个产业单元构成的,在生产经营过程中,其过程产品和最终产品都表现出比例性的特点,因此对融合性产业的管理,要注意生产和经营上的均衡,避免由于"木桶效应"而造成浪费。

(四)效率性

由于融合性产业往往具有纵向长、横向宽的特征,这样就会造成融合性产业管理的环节多,影响管理的效率,因此对融合性产业的管理,要注重效率,追求各个环节的反应速度,以避免在其产品参与市场竞争时贻误时机。

三、农村融合性产业管理的主要工作

加强农村融合性产业管理就是要综合运用决策、计划、组织、领导和控制等管理职能,对农村融合性产业的人、财、物、信息、技术等要素进行整合,提高整体产业的运行效率。

(一)建立健全农村融合性产业管理系统

要按照农村融合性产业的构成与运行特点建立健全其管理系统,并要求各构成主体服从整体的统一指挥,并对自己的子系统做好管理工作。从管理学的角度来说,也就是要在农村融合性产业内部建立起一套完整有效的产业管理系统,以使各个组成部分协调配合,为了一个共同的目标。

(二)凝聚农村融合性产业各主体不断强化其内在动力

农村融合性产业内在动力的强化,在于其效率和效益。由于其构成主体的多元化,要通过认真细致的管理工作,使其在安全可靠、快捷方便的产品生产与供给过程中,提高效率,并由此获得显著的经济效益,进而进一步强化这种内在动力。

(三)为农村融合性产业的发展壮大创造宽松的环境

由于我国农村融合性产业发展刚刚起步,条块分割的体制还远没有打破,其发展的环境条件并不宽松,因此应在条件允许的范围内,许可融合性产业的主体在生产经营中有一些突破,以为农村产业的融合发展做出探索,积累经验。

【实践训练】

农村休闲观光园区调研

1. 实训要求：找一个行政村或休闲观光园区，了解其经营与发展情况。

2. 实训目的：通过此次实训，加深学生对农村一、二、三产业融合的认识与理解。

3. 实训组织：全班同学按每3～5人进行分组，每组制订切实可行的调研计划。

4. 实训实施：由学生自主联系或任课教师统一联系行政村或休闲观光园区，在任课教师的指导下，具体进行调研。

5. 实训考核：每组撰写一篇1 500～2 000字的调研报告，内容包括调查对象的基本情况(行政村或休闲观光园区发展情况)，近3年经营情况，市场反映，人员组成与生产成本，经营实践中遇到的问题，建议和要求等。教师对调研计划和调研报告进行考核评定并给出成绩。

【阅读与思考】

垛石镇是如何发展休闲观光农业的

2009年以来，山东省济阳县垛石镇成功举办了柿子文化艺术节暨徒骇河观光旅游活动，年接待游客2万多人次，旅游收入达150余万元，并增加了当地农产品等的销售，提高了区域知名度，取得了较好的经济效益和社会效益。该镇主要做了以下几个方面的工作：

一是深度挖掘人文资源，凸显旅游特色。在筹备柿子文化艺术节暨徒骇河观光旅游活动之初，垛石镇专门组织人员对徒骇河两岸的11个村庄进行了为期10天的走访，搜集了徒骇河的历史文化和两岸民俗，整理了禹王功浚徒骇河、燕衢通于垛石桥、名优风味土特产、长河古镇新风貌等典故、风俗，掌握了铁打的小开河、天下第一陀、黑风口等民间传说。在此基础上完善整理，形成2万字的翔实资料。

二是不断完善旅游设施，丰富景点内涵。在多方考察论证的基础上，投资10万元，在传说中徒骇河"黑风口"位置，修建了"银河观鹭台"，形成"小长城、观鹭台、乘游船、观骇河"的旅游特色。对进入柿子园的6.5千米柏油路进行了整修，对徒骇河桥、柿子园看护房等进行了统一粉刷，搭建了篱笆墙，增加了农家果园气息。聘请省级策划公司，设计了柿娃"多多"的品牌形象，增加了文化气息。

三是开展系列宣传活动，营造浓厚氛围。艺术节期间，在省道248线、249线交界处设置了大型广告牌，在通往柿子园的主要路口都悬挂了景点路标标识牌，在金镜柿子园门口建造了巨型柿子树雕塑。柿子节开始前3天，在济阳电视台、新济阳报等媒体进行广泛宣传。活动期间先后邀请齐鲁晚报、齐鲁电视台、济南电视台等10余家媒体进行了专题、追踪报道，营造了良好的舆论氛围。

(http://www.jiyang.gov.cn/art/2010/6/2/art_144_24056.html)

思考：垛石镇发展休闲观光农业给我们的启示是什么？

【复习思考与练习】

1. 什么是产业融合？有何特征？
2. 农村产业融合可分成哪几类？
3. 用产业融合的观点谈一谈生态农业的本质。
4. 用产业融合的观点谈一谈产业化农业的本质。
5. 用产业融合的观点谈一谈会展农业的本质。
6. 用产业融合的观点谈一谈休闲观光农业的本质。
7. 我国农村融合性产业管理具有哪些特点？
8. 我国农村融合性产业管理主要有哪些工作？

参考文献

[1] 王平,等.农村经济管理教程.北京:中国环境科学出版社,2010.
[2] 臧日宏.农村经济与管理.北京:中央广播电视大学出版社,2009.
[3] 陶益清.农村经济管理概论(修订版).北京:中国农业大学出版,2007.
[4] 徐勇,等.现代农村经营管理与案例.武汉:湖北科学技术出版社,2008.
[5] 刘瑞军.企业经营管理.北京:中国农业大学出版社,2007.
[6] 马俊哲,等.建设社会主义新农村100问.北京:中国农业大学出版社,2006.
[7] 马俊哲,等.如何当好村官.北京:中国农业大学出版社,2006.
[8] 马俊哲.大学生村官实用指导.北京:中国农业大学出版社,2010.
[9] 陈娆,等.农业经济管理.北京:高等教育出版社,2005.
[10] 钱东伟.农业生产经营管理.2版.北京:中国农业出版社,2005.
[11] 周跃峰,等.农村村务管理.大连:大连出版社,2009.
[12] 张林成.新型农村社区建设简明读本.北京:北京科学技术出版社,2012.
[13] 马俊哲.农民健康文明生活读本.北京:中国农业大学出版社,2008.
[14] 邓荣霖,等.社会主义市场经济与现代企业制度.北京:中国人民大学出版社,1997.
[15] 张神根,等.中国农村建设60年.沈阳:辽宁人民出版社,2009.
[16] 王贵宸.中国农村经济学.北京:中国人民大学出版社,1988.
[17] 周晓东.农村集体经济组织形式研究.北京:知识产权出版社,2011.
[18] 孙迪亮.新农村建设历程中的农民合作组织研究.济南:山东人民出版社,2012.
[19] 罗青平.当代农村经济管理实务教程.北京:中国农业科学技术出版社,2012.
[20] 荣兆梓.公有制实现形式多样化通论.北京:经济科学出版社,2001.
[21] 陈吉元.21世纪中国农业与农村经济.郑州:河南人民出版社,2001.
[22] 马俊哲.新时期农民专业合作社建设与发展.北京:中国农业大学出版社,2007.
[23] 李瑞芬.农民专业合作经济组织知识.北京:中国农业出版社,2006.
[24] 雷海章.现代农业经济学.北京:中国农业出版社,2003.
[25] 文承辉,等.现代农业经营.北京:中国农业出版社,2011.
[26] 刘冀生.企业经营战略.北京:清华大学出版社,1995.
[27] 陈全胜.如何创办你的种植企业.武汉:湖北科技出版社,2012.
[28] 蒋立亮.农业企业经营与管理.北京:中国农业出版社,2006.
[29] 吴何.现代企业管理.北京:中国市场出版社,2011.
[30] 马俊哲,等.现代农户生产经营管理问答.北京:中国农业大学出版社,2006.
[31] 马俊哲.现代农业科学新技术200问.北京:中国农业大学出版社,2008.

[32] 周玉泉.农户经营管理.吉林:吉林科学技术出版社,2010.
[33] 段文霞.农户经营管理.四川:四川教育出版社出版,2009.
[34] 马勇,等.政治经济学新教程.西安:西北大学出版社,2000.
[35] 李含琳.资源经济学.北京:经济科学出版社,2003.
[36] 赵宝璋.水资源管理.北京:中国水利水电出版社,1994.
[37] 明庆忠.自然资源学导论.昆明:云南科技出版社,1997.
[38] 邓先瑞.气候资源概论.武汉:华中师范大学出版社,1995.
[39] 刘虎星.农村资源管理.郑州:河南人民出版社,1997.
[40] 王磐基.生物资源概论.郑州:河南大学出版社,1992.
[41] 吴郭泉.旅游资源经济学.北京:林业出版社,2007.
[42] 王松江,等.资源的可持续管理.昆明:云南科技出版社,2001.
[43] 傅抱璞.气候资源与开发利用.北京:气候出版社,1995.
[44] 吴国清.旅游资源开发与管理.上海:上海人民出版社,2010.
[45] 刘芳.农村土地资源利用与保护.北京:金盾出版社,2010.
[46] 张正峰.土地资源管理学.北京:中国人民大学出版社,2008.
[47] 赵金龙,等.农村土地流转与征收.北京:金盾出版社,2011.
[48] 罗青平.当代农村经济管理实务教程.北京:中国农业科学技术出版社,2012.
[49] 周爱莲,等.农村劳动力开发与利用.北京:人民邮电出版社,2010.
[50] 马俊哲,等.北京郊区农村人力资源开发研究.北京:中国农业出版社,2010.
[51] 王家传.农村集体资金运行机制研究.济南:山东人民出版社,1996.
[52] 褚颖,等.农村财务管理.北京:中国农业科学技术出版社,2011.
[53] 汤锦如.农业推广学.北京:中国农业出版社,2010.
[54] 王慧军,等.基层农业技术推广人员培训教程.北京:中国农业出版社,2010.
[55] 穆庆贵,等.新编企业管理.上海:立信会计出版社,2000.
[56] 赵欢乐,等.农业信息检索与利用教程.北京:中国农业大学出版社,2002.
[57] 李应博.中国农业信息服务体系发展研究.北京:中国经济出版社,2006.
[58] 许世卫.农业信息技术与信息管理.北京:中国农业出版社,2003.
[59] 李军.农业信息技术.北京:科学出版社,2007.
[60] 刘世洪.农业信息技术与农村信息化.北京:中国农业科学技术出版社,2005.
[61] 李道亮.中国农村信息化发展报告(2008).北京:电子工业出版社,2008.
[62] 黄晓斌.农村实用信息的收集与利用.北京:经济管理出版社,2012.
[63] 蒋选,等.产业经济管理.北京:中国人民大学出版社,2007.
[64] 李秉龙,等.农业经济学.2版.北京:中国农业大学出版社,2009.
[65] 杜闻贞,等.农村工业区与农村发展新阶段.南京:江苏人民出版社,1992.
[66] 周维宏.农村工业化论.北京:中国社会科学出版社,2006.
[67] 王晓毅,等.农村工业化与民间金融.太原:山西经济出版社,2008.
[68] 杨万江.工业化城市化进程中的农业农村发展.北京:科学出版社,2009.

[69] 邓蓉,等.新农村建设中的农村产业发展研究.北京:中国农业出版社,2008.
[70] 郭光磊.城乡统筹发展的改革思维.北京:中国农业出版社,2012.
[71] 凌明雁,等.物业管理概论.北京:北京大学出版社,2010.
[72] 李美云.服务业的产业融合与发展.北京:经济科学出版社,2007.
[73] 芮明杰.产业经济学.上海:上海财经大学出版社,2005.
[74] 刘树,等.北京现代农业会展研究.北京:中国农业科学技术出版社,2011.
[75] 席晓丽.产业融合视角下的现代农业发展研究.福建师范大学博士论文,2008.
[76] 梁伟军.农业与相关产业融合发展研究.华中农业大学博士论文,2010.